U0452798

2023年度河北省哲学社会科学学术著作出版资助

河北省社会科学基金项目"20世纪前半期察冀区日本善邻协会民族志调查及其整理研究"(项目号:HB22MZ004)

RELATIVES, CHARACTERISTICS, AND SPATIAL-FIELD

亲属・人格・构境

中日社会文化人类学结构假设之检验

阿拉德尔吐 著

中国社会科学出版社

图书在版编目（CIP）数据

亲属·人格·构境：中日社会文化人类学结构假设之检验 / 阿拉德尔吐著. -- 北京：中国社会科学出版社，2025.8. -- ISBN 978-7-5227-4935-8

Ⅰ. C912.4

中国国家版本馆 CIP 数据核字第 2025T39F08 号

出 版 人	季为民
责任编辑	刘亚楠
责任校对	张爱华
责任印制	张雪娇

出　　版	中国社会科学出版社
社　　址	北京鼓楼西大街甲 158 号
邮　　编	100720
网　　址	http://www.csspw.cn
发 行 部	010-84083685
门 市 部	010-84029450
经　　销	新华书店及其他书店
印　　刷	北京明恒达印务有限公司
装　　订	廊坊市广阳区广增装订厂
版　　次	2025 年 8 月第 1 版
印　　次	2025 年 8 月第 1 次印刷
开　　本	710×1000　1/16
印　　张	24
插　　页	3
字　　数	391 千字
定　　价	138.00 元

凡购买中国社会科学出版社图书，如有质量问题请与本社营销中心联系调换
电话：010-84083683
版权所有　侵权必究

Culture

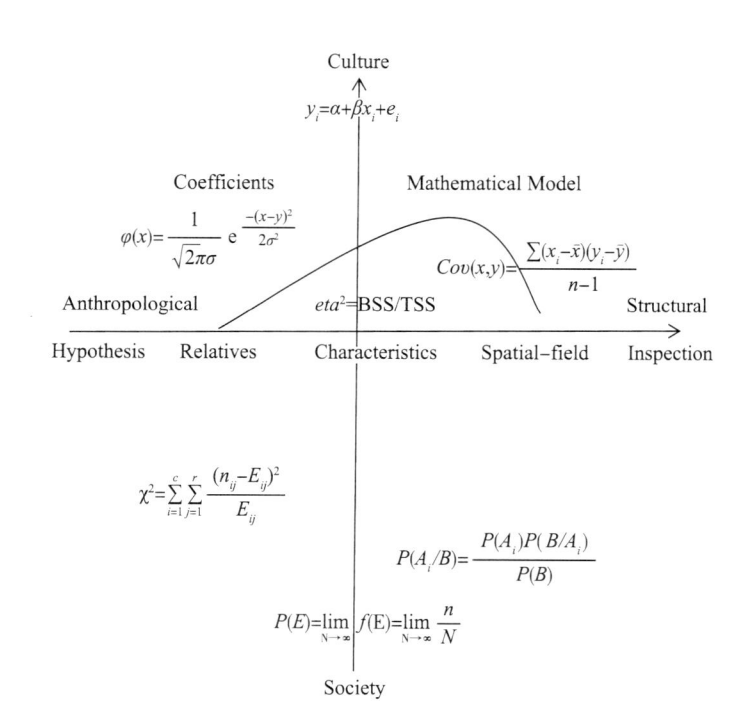

$y_i=\alpha+\beta x_i+e_i$

Coefficients Mathematical Model

$\varphi(x)=\dfrac{1}{\sqrt{2\pi}\sigma} e^{\dfrac{-(x-y)^2}{2\sigma^2}}$

$Cov(x,y)=\dfrac{\sum(x_i-\bar{x})(y_i-\bar{y})}{n-1}$

Anthropological eta^2=BSS/TSS Structural

Hypothesis Relatives Characteristics Spatial–field Inspection

$\chi^2=\sum\limits_{i=1}^{c}\sum\limits_{j=1}^{r}\dfrac{(n_{ij}-E_{ij})^2}{E_{ij}}$

$P(A_i/B)=\dfrac{P(A_i)P(B/A_i)}{P(B)}$

$P(E)=\lim\limits_{N\to\infty} f(E)=\lim\limits_{N\to\infty}\dfrac{n}{N}$

Society

前　言

本书共 10 章 22 节，包括总论、绪论、正文、结语和续评；同时也作为"2023 年度河北省哲学社会科学学术著作出版资助项目"和"河北省社会科学基金项目（HB22MZ004）"的结项成果。本书是一部国内首次试图检验、探讨和加以修正中日社会文化人类学的亲属（Relatives）、人格或性格（characteristics）和构境或空间场域（Spatial-field，场境）三领域及诸结构假说之专著，同时也是基于整体（世界—本土）社会文化人类学视角的基本领域及其最深刻挖掘所进行的数理统计原理系统探索方面的尝试性专题论著。亦即，书中从社会、文化本体（包含自然—生物条件之对应、转化）的基础领域出发，着眼于有关中、日社会文化人类学最根本、最典型的结构假设论说的理论分析和系统总结，并对其源于语言—人文或经验逻辑的诸结构假设及阐释进行数理统计视角的分析、检验和予以修正，进而提倡形成于数理统计逻辑——生成式路径内部的可能性的解说模型和客观—社会科学研究的新方向。

首先，第一部从"社会·文化人类学结构基本领域和理论展望"出发，分第一节即"总论"和第二节即"绪论"两大内容：书中认为，如同人文学科和社会科学的基本命题均源于自然（生物或生态—物理）、社会（生活、技术或文明）和文化（语言、习俗和精神）三大基本领域，中日社会文化人类学（含民族学和社会学）的诸结构论假设之源头活水无不与本书所讨论亲属关系、人格或性格模式和构境或场域模型三个板块密切相关或对应。具体而言，第一节即"总论"以"自然、社会和文化——诸领域假设和理论基础"为问题导向，其核心点包括"文化与社会：经验—自然主义视角""社会与文明：理性—结构主义视角"和"文化与文明：指号—心智主义视角"三方面。

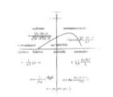

第一，文化与社会：经验—自然主义视角。在英国，依照布朗氏等的理解，英式民族学或社会文化人类学主要以语言文化—心理或心智（泰勒、里弗斯、马林诺夫斯基等）、行动配置—社会事实（弗雷泽、拉德克里夫-布朗等），加上史前考古和人体形质为基本领域或具体内容。第二，社会与文明：理性—结构主义视角。在法国，民族学滋长和发展于哲学的相关传统或后起之秀的社会学延伸，因此法式文明的"贵族者"（Norbert Elias 的用语）认为社会或文明是首要的，文化可能是次要的。与英国的经验—自然主义视角相比，法国人文学科—社会科学界追求理性或结构—自然主义，除上述社会哲学的基础外，也包括社会事实（fait social，涂尔干）或总体社会事实（fait social total，莫斯）、集体心理或心智（涂尔干、莫斯、列维-布留尔和列维-斯特劳斯）等，这些无疑聚焦于行动分工和思维分类之话题，从而铸就了其社会人类学的领域及基本范畴。第三，文化与文明：指号—心智主义视角。在德-美系中，德国对民族学和人类学的理解更多依附于哲学和"弱文化学"传统（含浪漫主义的民俗学等），而美国对民族学和人类学的接受和发展（除了摩尔根的《古代社会》）则多数皆是以受其德国之影响——对弱式文化的强化重构为底色或追求的。换句话说，本书以亲属、人格（性格或心态）和构境（空间场或场境）三领域为核心论题，这不仅是中日社会文化人类学（大约与民族学、社会学传统对应）所涉的最基础性论域，更是从《原始文化》（泰勒）到《种族、语言与文化》（博阿斯学派）等世界人类学（或民族学）所擎画出最根本的对象领域和关键所在。

第二节即"绪论"集中探讨"亲属、人格和构境——ZHISHI 逻辑和数理统计进路"，其以第一步骤即"行动或事件、关系：逻辑、集合论—因果检验"和第二步骤即"诸数学模型：对数线性、等级、回归-相关-方差"为具体内容。第一步骤的着眼点在于：本书所涉加以修正的设想以亲属、人格（性格或心态）和构境（空间场或场境）三论域和 12 种结构论说为考察和实例基础，并从数理统计的概率论和因果—反事实的假设检验等角度出发，就其事件集合、类型比喻之假设和行动整体的因果关系之场境或情境假说进行逻辑修正和深入挖掘、阐释。第二步骤的关键点在于：首先对上述三领域的层级关联进行识别或辨别，然后根据各层类现象本身——内部流通（因果—拟制或复制）和外部关联（对应或适应—模拟或移植）之深入观察和加以分析，最后借此去阐释层级内部形成的因果——拟制或复制、层级外部关联的对应或适应——模拟或移植，以及内外层互构所衍溢出的转型或转化运行等情况。譬如，在数理统计的假设检验中，社会文化研究的常用方法主要有列联表——对数线性模型、等级相关模型、回归分析——相关系数 R（或积矩相关）模型、方差分析——相关比率 E^2 的数学模型和非参数检验，等等。在此，尽管说从列联表到方差分析和参数检验均以因果关系推论为主线，但它们之间也存在许多不同之处。

其次，正文部分设有第二部即"亲属关系——横式和纵式的坐标结构"、第三部即"人格模式——行动-心智的互动结构"和第四部即"构境之网——社会文化的历史地理结构"。

第二部，"亲属关系——横式和纵式的坐标结构"关涉第一章即"亲属假设（一）：中国关系结构"（费孝通、林耀华）和第二章即"亲属假设（二）：日本关系结构"（蒲生正男、中根千枝）两方面。以上两点作为一种检验过程，通过进一步分析、阐明得以强化和完成：这类从自然——生物到社会、文化的拟制领域视角，以制度——差序格局（费孝通）、宗族组织——表象结构（林耀华）、地域类型——生活结构（蒲生正男）和场所·拟制——纵式结构（中根千枝）为根据地或材料内容，并从数理统计的假设检验角度试图修正或论证以继嗣——交换或联姻——继替为主的亲属制度论及质性阐释之间的逻辑延续和内在关联性，其包括"家庭——社会结构"（孔德）、"个体行为——社会结构"（斯宾塞）、"分工·合作的关系结构或功能"（涂尔干）、英式"社会结构——功能主义"（马林诺夫斯基、拉德克里夫-布朗）和后期强弱模式的经济社会结构（格兰诺维特等）等。第三部，"人格模式——行动-心智的互动结构"涵盖第三章即"人格假设（一）：中国人行为-心智结构"（许烺光、李亦园）和第四章即"人格假设（二）：日本人行为-心智结构"（大林太良、祖父江孝男）两个内容。上述两者合为一体，其检验过程之完成依赖于进一步的深入剖析和强化论证：这种社会、文化的拟制或模仿领域视角，以祖荫模型——人伦阶序结构（许烺光）、"三层次均衡和谐"——文化语法结构（李亦园）、神话·制度——秩序化的心智领域结构（大林太良）和人格层次和县民性的地域结构（祖父江孝男）为切入点或考察对象，并主要从数理统计的假设检验维度力图修正并考证中日心理人类学的这种结构探索与文化相对主义（博阿

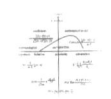

斯)、文化模式论(本尼迪克特)、社会心理学研究和欧美部分社会结构—功能主义等之间的对称逻辑及其内在关联性。第四部,"构境之网——社会文化的历史地理结构",包括第五章即"构境假设(一):单一文明考古结构"(张光直、埴原和郎)和第六章即"构境假设(二):跨地域类型结构比较"(梅棹忠夫、佐佐木高明)两方面。以上两者也形成统一体,作为检验过程借助其进一步的考析、解释加以强化,并得以完成:这类社会、文化的构境或场域对应(适应)或模拟领域视角,以中国青铜文明—行动·意义及聚落结构(张光直)、日本人起源和双重路线结构(埴原和郎)、历史类型—文化·文明坐标构型(梅棹忠夫)、日本文化的基层和多重结构(佐佐木高明)为聚焦点或着力内容,同时还用数理统计的假设检验法去修正并论证其体质—生物人类学的多线进化模式论、结构人类学(列维-斯特劳斯)和生态地理学的历史类型论之间的逻辑对称性及内在联系。

再次,第五部作为结论以"ZHISHI 领域的数理统计原理"为中心或主线,包括结语即"中日人类学的基本结构及领域假设"和续评即"基本领域结构假设及其相关检验过程"两方面。

"结语"以"中日人类学的基本结构及领域假设"为基本轮廓,就第一节即"亲属体系的基本结构领域和相关评述"、第二节即"人格形成的基本结构领域和相关论述"和第三节即"构境网络的基本结构领域和相关评述"进行了系统的分析和总结。第一节,以"亲属体系的基本结构领域和相关评述"为中心,指出在亲属(含家庭和家族)关系假设中,纵式和横式的结合方式从来不是分离开着的,两者在多数情况下易于形成一种组合或融合的坐标结构。就费孝通、林耀华、蒲生正男和中根千枝的结构论说而言,上述这四种有关自我社会或文化的结构性质或理论阐述等无疑均建筑在纵横或立体式的坐标结构—亲属关系(从生物到精神)的本质特性、类型或领域,以及内容或形式和构成方式等比喻或类比—直观假设之上。第二节,以"人格形成的基本结构领域和相关论述"为重点,提出在人格(含宗族或国民性格)模式假设中,行为—心理表象的结合方式不再是纵式和横式的单纯分离或组合,而是形成一种完形心理融合(格式塔效应)——作为动态整体的行为场(含自我或人格和环境)的坐标结构(符合背后数理统计逻辑)。以许烺光、李亦园、大林太良和祖父江孝男的业绩为例,上述这四种偏重社会或文化的行动—精神领域及理论化构建等无不起因于对这些表象—心智结构所见人格模式的价值观、行动范式，以及本质特性和相关类型进行还原的比喻或类比判断—直观假设。诚然，与亲属关系坐标的纵式和横式结构相比，人类学心理-人格结构论所关心是源于心理或心智活动本身的内外·深表型的拓展结构，主要与行为或行动的因果关系及其结果——形成静力学和动力学的多面因素交融的立体坐标有着内在的关联。第三节，以"构境网络的基本结构领域和相关评述"为焦点，认为在情景或环境—构境之网假设中，社会文化—行动或意义结构所显示的已不是环境适应与植物分布的直接或单一映射方面，而是遵循其以上诸多因素或现象的内在对应原则的关系表达或反映，这种对应律之核心是对那些模仿、拟制、复制或移植等手段或过程的观测。从张光直、埴原和郎、梅棹忠夫和佐佐木高明的结构假说看，它们作为有关考古·自然·生态模型的四种对应或适应领域和理论阐述，这些显然反映了基于社会文化—生态地理学的对称结构、情境分布等科学主义猜想—直观类比假设及基本原理。

"续评"，以"基本领域结构假设及其相关检验过程"为主要实践或考证方向，侧重于第一节即"亲属、人格和构境：结构领域及数理统计路径"和第二节即"具体个案尝试的理论批评和数理统计检验"两点，并作为简要的延展性总结，展开了深入的探讨。第一节以"亲属、人格和构境：结构领域及数理统计路径"为发展蓝图，进一步认为亲属、人格（性格或心态）和构境（空间场或场境）三领域无疑来源于自然（生物和物理）—社会（生活、技术或文明）—文化（语言、习俗和精神）的更大背景或范围，因此本书所提倡的数理统计视角的假设检验之路径及其关键在于：遵循其分类、界定和指标化，以及内外部关系的层级规格和相关原理，阐释层级内部形成的因果—拟制或复制、层级外部关联的对应或适应—模拟或移植，以及内外层互构所衍溢出的转型或转化运行等情况。即，根据数理统计的原—备择假设惯例，去观察亲属、人格（性格或心态）和构境（空间场或场境）三领域的类型、性质和阐释之维度，并同样与以自然或生物的生成或对应律、社会或文明的拟制律和文化或精神的模仿律（对应或拟制）为根基的情况联系起来进行，或深入挖掘、加以评述。当然，在人文主义或实证社会科学的部分研究中，也存在一种带有极其偏见色彩的普遍观念：人类对社会文化的理解和解

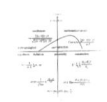

释应建立于传统人文主义的直觉整体和类比逻辑上，而不应建立在现代科学主义或理性主义的逻辑推理上。之后，这种观念在后现代主义的推动下得以放飞或发展，大力宣扬源于直觉整体和类比原则的"地方性知识系统"（韦伯-格尔兹式），形成了一种沉浸于整体或总体的动态过程的新人文主义。可以说，尽管在学界仍存在将人文主义传统当作社会文化研究的唯一途径和把数理统计模式看作单一的微观研究范式的两种看法，但两者均是不合理的和不切实际的。（见笔者另一部书《社会·心智·模仿》，2023）

第二节聚焦于"具体个案尝试的理论批评和数理统计检验"，总结并指出在本书所涉亲属、人格（性格或心态）和构境（空间场或场境）三领域之考察中，除了人格层次—县民性的地域结构（祖父江孝男）、日本人起源—双重结构（埴原和郎）和日本文化的基层—多重结构（佐佐木高明）等初步地涉猎数理统计的粗线尝试外，其他所有结构观察的论说均以从自然或生物到社会、文化或精神的本质特性、类型或领域，以及内容或形式和对应—拟制或模仿方式等比喻或类比—直观推断为理式依据，很显然以上这种单一的语言—经验逻辑之论证做法不能满足人类学者对其进行侧重于数理统计—探究之现状需求，也不足以反映或阐明科学论证所需的更深度的材料根基和基础原理。另外，据本书的相关考证，在所有这些结构论者中形成较强逻辑推演和理论阐释力的并不多见。就列维-斯特劳斯、许烺光、道格拉斯等的相关结构假说而言，其借此更有必要去阐明这种数理统计的逻辑修正工作及其重要性，因为这起因于其对从自然或生物到社会、文化或精神的人类学基本领域探索所承载着的势在必行这一走向的现实或未来需求。众所周知，在过去乃至现在值得注意的是，人类学者常常与口语文化世界或无文字社会打交道，也因此对语言逻辑—地方性智识易于产生情有独钟的亲近感，这种支持类似语言转向者当推列维-斯特劳斯、许烺光、道格拉斯等莫属。正因如此，面对以上种种问题，根据 a、b、c、d 和其他维度等的变化情况，均可借助其 φ 系数、Q 系数、C 系数、V 系数、λ 系数和 t 系数等计算式，对道格拉斯等所说的强格强群（阶序或等级社会）、弱格弱群（个人主义或竞争社会）、强格弱群（孤立或宿命社会）、弱格强群（平等主义社会）进行数理统计分析和科学论证，这些皆具有重要或积极意义。

最后，所涉包括本书的创新或新颖点、相关价值，以及社会影响等。据对拙著的完成情况，其主要有四点新颖之处和学术价值所在：

其一，关于基本领域的经验—理性论看法（见总论和绪论）：认为如同所有人文学科和社会科学的基本命题均源于自然（生物或生态—物理）、社会（生活、技术或文明）和文化（语言、习俗和精神）三大基本领域，中日社会文化人类学的三领域及其12种结构论假设之源头活水不仅与英式传统的"文化与社会即经验—自然主义视角"、法式传统的"社会与文明即理性—结构主义视角"，以及德-美式传统的"文化与文明即指号—心智主义视角"有关，而且与本书所重点讨论的亲属关系、人格（性格或心态）模式和构境（空间场或场境）模型三个板块密切相关或对应。

与此衔接，该书所努力的方向和价值体现更多在于对社会文化人类学的原本领域，以及最根本基础的深度挖掘和映射效应之关注，而不在于对那些无关紧要的或支离破碎的相关领域或论题的偏差投入或无意义观照。

其二，有关对基本结构领域假设的系统总结、评述和数理统计修正过程之看法（正文核心即主体章节部分由第二部、第三部和第四部组成，还包括结语、续评之部分评论）：指出或系统梳理自20世纪初期至今中日社会文化人类学最重要或典型的诸结构论假设及后续进程，总结出所涉亲属、人格（性格或心态）和构境（空间场或场境）三域及其12种理论化构建和人文主义理路，试图修正并阐明了其以一般语言—人文传统逻辑为根基的比喻或类比、对应或对称——拟制（模拟或模仿）等创制情况。

与以上情况对应，其学术期望及其价值指向在于：根据以上各类论题的数理统计原理，并与本书所讨论三个领域和12类结构假说的已有阐释框架相结合加以丰富，以展望对源于自然、社会和文化的三大总体类型，并对应或延伸至亲属体系、人格或行动范式和构境（空间场或场境）关联的基础分类和具体变量等进行逻辑修正的深刻改变和新的走向。

其三，根据以上基本领域论、诸结构假说论和数理统计修正论，形成有关经验—理性（或语言—逻辑）统合体的数理统计检验论看法，以及鉴于基本结构领域假设（列维-斯特劳斯、许烺光、道格拉斯等）的数理统计—延伸检验之看法，其借助数理统计逻辑的可能性模型及过程检验，来评估并修正偏重于一般语言—人文逻辑的诸结构假设及阐释经验，进而以提倡定性（=质性）范式和定量范式的统合视角等进路。

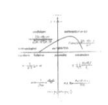

以上情况及其学术追求的期望值和走向在于：中日社会·文化结构假设及检验工作，以对上述人文传统——三领域结构和语言逻辑假设的补充或修正为切入点和论证基础，旨在探索语言逻辑—人文结构假设背后的数理统计逻辑及其原理，并从语言逻辑（人文传统）到数理统计逻辑的结合角度总结和阐明其以往人文阐释经验的存在问题和改进路径。

其四，除了上述理论假说和检验工作，还涉及人文学科、社会科学的基本研究方法之论题。就本书所用的理论分析和方法而言，其可分为理论个案分析法（含文本细读法）、比较批评法和数理统计检验法。理论个案分析法，指根据代表性作家的代表作和核心理论而进行的特定理论之个案分析，即指对代表作和核心理论进行深入解读和逻辑分析的方法；比较批评法是指根据理论个案分析法、文本细读法而得出的进一步深化和比较论证法；数理统计检验法指在以往人文—经验主义的理论比喻或类比推断基础上，进一步进行描述统计和推论统计检验的数理模型化研究和批评方法。

以上方法论的学理性规格及其作用在于：本书所涉加以修正的设想以亲属、人格（性格或心态）和构境（空间场或场境）三论域和12种结构论说为讨论基础，并从数理统计的概率论和因果—反事实的假设检验等角度出发，就其事件集合、类型比喻之假设和行动整体的因果关系之情境或场域假说进行逻辑修正和深入挖掘、阐释。

至于成果的学术影响、社会反映（学术价值）等，谈不上什么具体的影响或价值，作者只是做了些作为学者该做的微不足道的小事情而已。虽然说每次出版新书总有同样艰辛但不苦的经历——"抓紧完成"之感受，为了保证质量和不留遗憾也拼命般地挣扎一番，但也"痛并快乐着"的。在此，切身体会所在是不会因为以前有了出书经验就以后"一马平川"了，况且更有可能的是科研工作之精神所要求——每一次都要创新和出新东西之缘故吧。

笔者近些年的科研成果和学术工作集中于以下几点：从"社会共融论"（共生人类学）"比较民族志学"（超文化诗学）——《生活世界的跃动与呈现》（2016）到"结构模型-假设检验法"、"社会行动-心智的本体模仿"—数理统计检验——《社会·心智·模仿》（2023）和《亲属·人格·构境》（2025）等一些新的尝试，以原创性探索等为学术理想或追求并表现出其一定的学术价值，受到国内外蒙古学、民族学和人类学等领域学者小长谷有纪、

前　言

桑山敬已、名和克郎等研究员或教授，以及高丙中、曾少聪、石林等教授或研究员的关注、鼓励和支持，也在距离2015十年前左右探寻留日访学和从事博士后工作的过程中得到过藏持不三也、樱井义秀、木村秀雄、岩本通弥、吉田宪司、风间计博等教授或研究员的及时回应、鼓励。其实，本书的底稿来自本人与北海道大学桑山敬己教授合作完成有关本土（native）人类学——中日自社会·文化及其理论研究工作的客员研究员·博士后报告（2014—2016，日本语）之启发，桑山先生的代表作（『ネイティヴの人類学と民俗学―知の世界システムと日本』，弘文堂，2008）已被国内人类学者麻国庆教授等翻译为中文版书籍，并得以出版一度成为国内畅销书（《学术世界体系与本土人类学——近现代日本经验》，商务印书馆，2019）之一。近期，我还通电子邮件与名和克郎教授等沟通并征求相关评价或修改意见时，名和教授回信鼓励并鞭策说"我发现你在蒙古学研究和社会文化人类学理论方面工作得非常积极（are very vigorously working on……），当然也期待着能读到你将来出版的日本语著作"。现阶段，我只能把教授的这番话作为将来努力的方向，再次向桑山敬己教授、名和克郎教授等帮助过我的日方学者表示感谢。（两位教授的合作，见名和克郎「言語人類学」——收录于桑山敬己、綾部真雄編『詳説 文化人類学―基本と最新のトピックを深く学ぶ』，ミネルヴァ書房，2018）

另外，在从本书的写作到最终得以出版的前后过程中，资助出版的"河北省哲学社会科学学术著作出版资助"项目方和"河北省社会科学基金"项目方，还有帮助过的所有同行和相关人士，以及责任编辑刘亚楠等为本书之付梓成册提供了无私的帮助，在此一并致谢！！

作者

2025年5月7日

于河北保定·河北大学

目 录

第一部
社会·文化人类学结构基本领域和理论展望

总论　自然、社会和文化：诸领域假设和理论基础 ·················· 3
 第一节　文化与社会：经验—自然主义视角 ·················· 3
 第二节　社会与文明：理性—结构主义视角 ·················· 11
 第三节　文化与文明：指号—心智主义视角 ·················· 20

绪论　亲属、人格和构境：ZHISHI 逻辑和数理统计进路 ·················· 32
 第一节　行动或事件、关系：逻辑、集合论—因果检验 ·················· 33
 第二节　诸数学模型：对数线性、等级、回归—相关—方差 ·················· 45

第二部
亲属关系：横式和纵式的坐标结构

第一章　亲属假设（一）：中国关系结构 ·················· 55
 第一节　乡土社会的"格—纹"波状结构 ·················· 55
 第二节　宗族组织——集合表象结构 ·················· 74

第二章　亲属假设（二）：日本关系结构 ·················· 92
 第一节　地域类型——村落生活结构 ·················· 92
 第二节　单一社会·拟制场所的纵式结构 ·················· 112

第三部
人格模式：行动—心智的互动结构

第三章　人格假设（一）：中国人行为—心智结构 …… 131
　第一节　祖荫模型——主轴系谱的阶序结构 …… 131
　第二节　文化语法——"三层次均衡和谐"结构 …… 157

第四章　人格假设（二）：日本人行为—心智结构 …… 175
　第一节　神话·制度——秩序化的心智结构 …… 175
　第二节　人格层次和县民性的地域结构 …… 193

第四部
构境之网：社会文化的历史地理结构

第五章　构境假设（一）：单一文明考古结构 …… 219
　第一节　中国青铜文明——行动·意义及聚落结构 …… 219
　第二节　日本人起源——双重结构模型 …… 245

第六章　构境假设（二）：跨地域类型结构比较 …… 269
　第一节　文化·文明的历史类型或坐标结构 …… 269
　第二节　日本文化的基层和多重结构 …… 287

第五部
ZHISHI 领域的数理统计原理

结语　中日人类学的基本结构及领域假设 …… 311
　第一节　亲属体系的基本结构领域和相关评述 …… 311
　第二节　人格形成的基本结构领域和相关论述 …… 319
　第三节　构境网络的基本结构领域和相关评述 …… 329

续评　基本领域结构假设及其相关检验过程 …………………… 340
　　第一节　亲属、人格和构境：结构领域及数理统计路径 ………… 340
　　第二节　具体个案尝试的理论批评和数理统计检验 ……………… 344

主要参考文献 ………………………………………………………… 352

第一部

社会·文化人类学结构基本领域和理论展望

总论　自然、社会和文化：诸领域假设和理论基础

如同人文学科和社会科学的基本命题均源于自然（生物或生态—物理）、社会（技术或文明）和文化（精神）三大基本领域①，中日社会文化人类学（含民族学和社会学）的诸结构论假设之源头活水无不与本书所讨论的亲属关系、人格模式②和构境模型③三个板块密切相关或对应。

第一节　文化与社会：经验—自然主义视角

在英国，除了社会人类学（弗雷泽、拉德克里夫-布朗）外，民族学的工作应与语言文化—心理研究（泰勒、里弗斯、马林诺夫斯基）和"史前考古学"密切合作，而体质人类学则属于生物科学，应当作为"人类生态学这一

---

① 按照怀特的分类，有物理、生物和文化三个领域，对应的是时间、时空、空间。详见［美］莱斯利·A. 怀特《文化科学——人和文明的研究》，曹锦清等译，浙江人民出版社1988年版，第7页。L. A. White, *The Science of Culture*: *A Study of Man and Civilization*, Farrar, Straus, 1949; B. M. Harris, *Culture*, *People*, *Nature*: *An Introduction to General Anthropology*, New York: Crowell, 1975.

② 关于人格（Personality）或性格（Character）有不同的说法，可谓纷纭杂沓：脸面或脸谱、性格、品质、特性或特质、素质、德性、精神，等等。人格或性格形成本身，这里指因价值观等形成的行动范式，它具有集体或团体的属性。它非指个体的行为或反应等，是因为实则关涉个体、社会或文化、环境或构境等多因素。学界对人格或性格的相关表述，主要有"中国人的性格"（*Chinese Characteristics*，史密斯或明恩溥）、"中国人本色（德性）"（*The Real Chinaman*，何天爵）、"中国文化与人格"（*Chinese Culture and Personality*，许烺光）、"美国人的性格"（*The American Character*，费孝通），等等。另见 L. K. Hsu. Francis, *Under The Ancestors Shadow*: *Kinship*, *Personality & Social Mobility in China*, Stanford University Press, January 1, 1967.

③ "构境"一词，聚焦于结构层面的"背景"、或"环境"（environment）和场域（field domain）等考量，接近于人文学科的"语境"、或"生境"（habitat）、社会科学的"情境"或"环境"等概念。

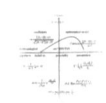

广泛范围的一部分"。① 依照布朗氏等的理解,英式民族学或社会人类学主要以语言文化—心理或心智、行动配置—社会事实,加上史前考古和人体形质为具体内容或基本领域。

作为自然概念的文化—进步观和发生基础。17世纪,尽管欧洲学者对进步观念的关注是不约而同地出现的,但同时也是"偶然地被洛克(John Locke)等表述了出来的"。② 直至18、19世纪,这种进步的观念才"得到系统的发展",之后《进步的观念》(1920)③ 对各类进步观念的来龙去脉进行了愈加详细的阐明。进步观念的支持者认为,人类的"社会制度——语言、法律、宗教等"无一例外,它们"都有一个自然起源和自然的发展过程"。与此同时,由于人们目睹了"实验推理方法的应用"和"自然界知识的巨大发展",于是"产生一种希望,即将同样的研究方法应用于人类生活的研究"。在《人性论》(1739)中,休谟(D. Hume)力图讨论"在精神学科(Moral Subjects)中导入实验推理方法的尝试"④ 工作,指出除对观念的直觉比较外,唯有因果关系才能够形成一般的推理。这种因果推理以类似联想、时空相近(基于无限可分性)、因果关系(因先果后的序列)为前提或内容。⑤

文化或文明概念真正进入人类学领域,归功于泰勒的《原始文化》(1871)之问世。根据泰勒的定义,文化或文明作为一个复合体,它包括人类制造并同时获得的全部方面:知识、信仰、艺术、道德、法律、风俗和社会成员所掌握或接受的任何其他的能力和习惯。⑥ 在此,《原始文化》未对文化

---

① [印度] M. N. 斯林尼瓦斯:《导言》,载[英]拉-布朗《社会人类学方法》,夏建中译,山东人民出版社1988年版,第2页。关于社会人类学或语言文化—心理走向之形成,详见弗雷泽(J. G. Frazer)、拉德克里夫-布朗(Alfred Radcliffe-Brown),以及泰勒(E. B. Taylor)、里弗斯(Rivers)、马林诺夫斯基(B. K. Malinovsky)等对相关社会或文化论题的人类学观察之看法。

② [英]拉-布朗:《社会人类学方法》,夏建中译,第122页。在欧洲,除了英国的洛克外,荷兰的格老修斯(格劳秀斯,Grotios)、法国的冯泰尼里(丰特奈尔,Fontenelle)等对进步观念进行了讨论,更早的还可追溯到卢克莱修(Lucretius)的"艺术进步"说,修昔底德(Thucydides)的"民族进步"说(从野蛮到文明)那里。另见[英]洛克《人类理解论》(全两册),关文运译,商务印书馆1983年版。

③ [英]约翰·伯瑞:《进步的观念》,范祥焘译,上海三联书店2005年版。

④ [英]拉-布朗:《社会人类学方法》,夏建中译,第122—123页。

⑤ [英]休谟:《人性论》(全两册),关文运译,商务印书馆1996年版,第22—23页。

⑥ [英]爱德华·泰勒:《原始文化》,连树声译,上海文艺出版社1992年版,第1页。另见[英]泰勒《原始文化——神话、哲学、宗教、语言、艺术和习俗发展之研究》,连树声译,广西师范大学出版社2005年版。

和文明两者加以区分，但这种复合体是指精神层面的心理或行动现象之总和。与泰勒式的文化或文明视角形成对比，弗雷泽开始使用社会人类学这一概念，他又明确指出"社会人类学的性质和研究范围"（1908），但这"并没有使那种对社会事实和事件作拟历史的和心理学的解释行为停止"。对此，布朗也强调"社会学的事实要根据社会学规律"，而不能"根据个体心理学或经过构拟的历史来解释"，①甚至反对有关社会事实和事件的历史或心理构拟的解释路径。

英式人类学（殖民色彩传统）以"深入研究"开启集中式民族志的革新阶段，哈登（A. Haddon）、里弗斯和塞里格曼（C. Seligman）等作为这一时期新方法论的代言者②，其对从"文化或文明"（泰勒）到"社会或结构、功能"（拉德克里夫-布朗、马林诺夫斯基）这一转型取得进展起到了桥梁作用。这就意味着，英国人类学者对"人的本性"持久地关注而并没有中断过，特别是直到里弗斯、拉德克里夫-布朗和马林诺夫斯基等亦即如此。布朗也承认：构成"人类社会体系的决定性因素"，就是"一般心理学家研究的基本人性"。③

功能主义—文化论。马林诺夫斯基的文化概念与泰勒有关文化心理的一致说倾向较为接近，两者的区别是马氏更重视或承认个体心理对文化形成的关键作用。因此，他认为文化通过本身需要及功能，成为活的文化。《文化论》（1944）提出一种严谨的经验—文化论，其关键在于"认清文化现实和文化历程的定律"；它应当"包括比较社会学，统一所有社会科学"，而充作其他一切需要—功能所必备"猜想的基础"。④该书以经验主义的文化路径为

---

① ［印度］M. N. 斯林尼瓦斯：《导言》，载［英］拉-布朗《社会人类学方法》，夏建中译，第3页。

② ［美］乔治·史铎金：《人类学家的魔法——人类学史论集》，赵丙祥译，生活·读书·新知三联书店2019年版，第264—267页。里弗斯的代表作，有《托达人》（1906）、《美拉尼西亚社会史》（1914）等。另见［英］W. H. R. 里弗斯《医药、巫术与宗教——1915年和1916年在伦敦皇家内医师学会的菲茨帕特里克讲座》，何钧译，商务印书馆2023年版。

③ 转引自［印度］M. N. 斯林尼瓦斯《导言》，载［英］拉-布朗《社会人类学方法》，夏建中译，第6页。

④ ［英］马凌诺斯基：《文化论》，费孝通译，华夏出版社2002年版。另见［英］马林诺夫斯基《文化论》，费孝通等译，中国民间文艺出版社1987年版。对马氏来说，经验主义的文化论统揽所有社会科学这一观点只代表他后期立场的变化，其与他认为社会人类学是"社会学的一个分支"，可谓"社会学对原始部落的应用"的早期看法（拉德克里夫-布朗的总结）并不完全冲突。

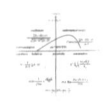

准线,包括以下几个方面内容。首先,功能主义者对文化概念的理解,涉及两个方面的基本内涵:一是,文化包括一套工具(器物)及风俗——"人体的或心灵的习惯"。其中,"心灵"和"社会嗣业"无疑也是最主要的概念和核心的领域。① 二是,文化作为一种"手段性的现实",其所采取的方式却"远胜于一切对环境的直接适应"。诚然,世间并没有"自然人",因为人性的由来就"在于接受文化的模塑"。在此,文明一词可以"用来专指较进展的文化中的一特殊方面"。② 其次,文化单位的核心是社会制度和具体结构,而制度的动力原则是满足需要或迫力而产生的手段或反应,其以基本或生物的、衍生或手段的、完整的或精神的为根本领域。当面对各方面的具体结构时,也应要考虑社会制度作为文化的真正单位一面,因为它"显然是混合着多种功能"的。③ 最后,马氏对文化功能的理解建立在物质(器物或体形)和精神(观念或风俗)、满足需要和回应效用的对应假设之上,即文化要素意味着它的"动态性质",其指示了人类学工作的重点在"研究文化的功能"。④ 该书所涉的大纲也指出文化本身含有——"物质的和精神的"两大主要成分,包括"已改造的环境"和"已变更的人类有机体"。在这样的关系中,"偏重其一,都会成为无谓的社会学(玄学)"。可以说,经验的文化论关涉两方面的核心话题:一是同一功能的一组雷同性;二是由基础功能衍化出的各种差异性。归根结底,一物的形式在"与社会事实和物质设备相关之后,它的意义才能明显",这些相关现象"常是该文化结构的主要特性"。⑤

进入20世纪30年代,英国多数人类学者企图"依据个体心理学的事实来解释复杂的社会制度",而布朗则支持涂尔干(E. Durkheim)所坚守"心理学和社会人类学在不同的层次上研究事实"之看法,甚至认为那种依据个体的简单组合或心智进化的历史构拟来"解释社会的做法是错误的"。⑥ 在布

---

① [英]马凌诺斯基:《文化论》,费孝通译,第15、2页。
② [英]马凌诺斯基:《文化论》,费孝通译,第99、101、106、3页。
③ [英]马凌诺斯基:《文化论》,费孝通译,第105、101页。
④ [英]马凌诺斯基:《文化论》,费孝通译,第15页。
⑤ [英]马凌诺斯基:《文化论》,费孝通译,第104、107、46页。
⑥ [印度]M. N. 斯林尼瓦斯:《导言》,载[英]拉-布朗《社会人类学方法》,夏建中译,第5页。

朗引入法国的社会学范式之后，英式人类学开始拒绝文化概念而接受了社会概念，实属用涂尔干式的社会概念来阐释社会人类学和民族学的相关问题之做法。

社会过程的结构论。根据《原始社会结构与功能》《社会人类学方法》等，布朗的核心论点包括以下几个方面。首先，《原始社会结构与功能》等指出社会结构（或体系）本质上既是实体的又是过程的，而社会整合以对立原则作为一般规律。与社会人类学者所说的社会这一具体事实相比，所谓"文化"的概念只是社会过程的某个认识侧面，因为文化是模糊的和抽象的，无法表示"具体的、真实的存在"。①诚然，这个社会生活"过程本身是由人类的各种行动和互动构成"的。②进而布朗（《社会人类学方法》）认为，社会结构指"制度化的角色和关系中人的配置"，这一"人的不断配置组合"也只能形成于"由制度即社会上已确定的行为规范"，或模式"所规定或支配的关系中"。③与此同时，这些特殊的行为或行动特征是"由社会体系所决定的"，而社会体系本身则是"由基本人性的一般特征所决定的"。④在此，他试图调和行为或行动和结构或体系之间的关系衔接，给出的理由是个体在相互交往中不断加入群体的行列，同时必定要遵守一些动态的行为模式和角色规范。布朗的这一观点，可归结于基本人性以一般特性—社会体系—意识或行为特征的逻辑层级关联，但与其不同的是，美国人类学者几乎把这种逻辑关联理解为社会人类学与社会心理学（"文化和人格"）之间的纯然联系。

其次，布朗尽管承认行为或行动和结构或体系之同时存在，但他对待它们的态度是矛盾的，其体现在社会结构或体系的事实或集体化和"人性假设"（理性进步，或人的自然属性）的个体行为或行动化这对关系上。在英国，苏格兰的休谟、亚当·斯密（A. Smith）等均以道德哲学作为学理性的底色，坚守并认为社会不仅是群体"契约的产物"，同时也是"一个自然体系"，甚至与"由人性派生而来的"观念本身有关。启蒙哲学者们极为重视"原始"社

---

① ［英］布朗：《原始社会结构与功能》，丁国勇译，九州出版社2007年版，第417、5页。
② ［英］布朗：《原始社会的结构与功能》，潘蛟等译，中央民族大学出版社1999年版，第4页。
③ 夏建中：《译者前言》，载［英］拉-布朗《社会人类学方法》，夏建中译，第3页。
④ 转引自［印度］M. N. 斯林尼瓦斯《导言》，载［英］拉-布朗《社会人类学方法》，夏建中译，第6页。

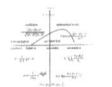

会的假说进路，不仅是为了通过对来自不同区域的民族志素材的综合或归纳来完成"人性的证明"，而是用以"阐述自然道德、自然宗教、自然法理学"等所涉的一般通则。① 同理，洛克提出对政府自然生成的演化线条假设，这与卢梭（J. J. Rousseau）所说"蒙昧人的'自然状态'"构想如出一辙，但到了弗雷泽那里不再对卢梭从个人到社会的自然状态假设抱有肯定的态度。至于自然—社会—文化的异同面，从泰勒到布朗以及法国的列维-斯特劳斯（Levi-Strauss）对"生—自然/熟—文化"的观察或理解也窥见一斑。他们均承认，"生/熟"这个对立组（内外部维度）反映了自然和文化的差异性：前者属于自然的范畴，后者属于文化的范畴。两者的差异及变换以火的发现为指涉的焦点。② 事实上，文化概念源于泰勒的定义；它关系到动物和人之间的特定区别——自然与文化之间的古典对立。之后，弗雷泽则提出社会人类学一说，意味着研究社会组织。③

其三，《社会人类学方法》从社会人类学与传统民族学的区别出发，阐明社会人类学所提倡的自然社会科学及其归纳法。布朗强调，比较社会学（社会人类学）所谈论的是人类行为或行动的普遍规律，而民族学或古典式人类学所关心的则是以人种和语言为基础的原始民族的历史构拟（旧比较法）。④ 他还追随类似休谟式的做法，认为与旧比较方法的文化要素—历史构拟和文献比较不同，所谓旧比较方法扎根于田野工作，它就是"自然科学中的归纳方法在人类文化研究中的应用"。因此，旧比较方法并不关注个别事物或"起源"等，而更关心"本质、功能和通则"。这种归纳法，包括两个方面："共时性"和"历时性"的比较。⑤ 就美国对英国人类学的理解而言，"功能主义"代表着马林诺夫斯基的一派；"结构主义"则意味着拉德克里夫-布朗的一派。这正是说明社会或结构在英国已基本替代了文化的

---

① 王铭铭：《序》，载王铭铭《从经典到教条——理解摩尔根〈古代社会〉》，生活·读书·新知三联书店2020年版，第21页。另见王铭铭《"裂缝间的桥"——解读摩尔根〈古代社会〉》，山东人民出版社2004年版。
② [美]克莱尔·雅各布森：《英译者序》，载[法]克洛德·莱维-斯特劳斯《结构人类学》，谢维扬、俞宣孟译，上海译文出版社1995年版，第2页。
③ [法]克洛德·莱维-斯特劳斯：《结构人类学》，谢维扬、俞宣孟译，第385页。
④ [印度]M. N. 斯林尼瓦斯：《导言》，载[英]拉-布朗《社会人类学方法》，夏建中译，第2页。
⑤ 夏建中：《译者前言》，载[英]拉-布朗《社会人类学方法》，夏建中译，第4页。

概念。① 在布朗和马林诺夫斯基之后，弗思（R. W. Firth）对文化和社会的概念进行调节，认为两者是相通的。如果社会"是由一群具有特定生活方式的人组成的"，那么文化"就是生活方式"。② 因此，无论是布朗（尽管作为涂尔干的追随者）还是马林诺夫斯基，他们均属英国自然主义或经验主义一派，③ 唯一的区别在于对社会组织和制度文化的集体、个体心理之阐释维度上。也就是说，社会与人群或行动联合对应，文化则与人类生活方式相对应。所以，英国人用社会人类学一词，以其代替了与社会学有关的工作。

最后，布朗更加强调民族学和社会人类学的综合领域之范式，还指出弗雷泽、马林诺夫斯基等把社会人类学看作"社会学的一个分支"，实则社会学"对原始部落的应用"，④ 但其也存在不合理的一面。与此相比，布朗则把文化或社会生活一同描述为社会人类学的研究对象或本质内容。随后，他更多地强调社会结构和社会体系的提法，以取代文化这个术语。⑤ 事实上，布朗开始使用社会结构这一概念，可追溯至1914年的相关资料中。1930年前后，他对社会结构和社会整合的界定进入更加明确化的阶段，进而理解"对立的规律"为社会整合所需最重要的规范之一。⑥ 《社会的自然科学》（1937）中指出学界（美国）不应有"一个文化的科学"，所以只能"把文化作为社会体系的一个特征来研究"。因为它是"一门社会体系的科学"。⑦ 1940年后，社会结构的概念在英国范围内被社会人类学界所广泛接纳，为其从文化到社会的转型提供了主要的理式构架。

---

① ［印度］M. N. 斯林尼瓦斯：《导言》，载［英］拉-布朗《社会人类学方法》，夏建中译，第8页。
② ［英］弗思、费孝通：《人文类型·乡土中国》，费孝通译著，辽宁人民出版社2012年版。
③ ［法］克洛德·莱维-斯特劳斯：《结构人类学》，谢维扬、俞宣孟译，第331页。关于心理学和生物学的论述，另见同书，第334页。
④ ［英］拉-布朗：《社会人类学方法》，夏建中译，第111页。
⑤ ［印度］M. N. 斯林尼瓦斯：《导言》，载［英］拉-布朗《社会人类学方法》，夏建中译，第7页。另见《论社会科学中功能的概念》一文，后被收录于《原始社会的结构和功能》（拉德克利夫-布朗）一书中。
⑥ ［印度］M. N. 斯林尼瓦斯：《导言》，载［英］拉-布朗《社会人类学方法》，夏建中译，第7—8页。
⑦ 转引自［印度］M. N. 斯林尼瓦斯《导言》，载［英］拉-布朗《社会人类学方法》，夏建中译，第7页。另见［英］Radcliffe-Brown, *A Natural Science of Society*, Glencoe, Illinois: The Free Press, 1957, 106.

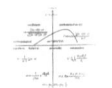

其他——后续发展。20世纪六七十年代后，逐渐进入埃文思-普里查德（E. Pritchard）、埃德蒙-利奇、格拉克曼①、维克多-特纳（V. Turner）等②所开启新式的转型阶段，这种后期的结构—功能主义均带有强劲的后现代化色彩，几乎与结构—功能主义的静态研究范式（马林诺夫斯基和布朗）分道扬镳，更为旗帜鲜明地提倡了社会人类学——人文主义的复古路径。具体而言，虽然布朗和马氏本人在社会的制度或结构研究方面已取得非凡成就，但后期继承者们的兴趣取向却出现了两种分流：费孝通、许烺光等坚守并延续对社会结构和制度秩序的静态学研究之传统；埃文思-普里查德、埃德蒙-利奇和维克多-特纳等则提倡"对立裂变"（《努尔人》《论社会人类学》）③、"结构变数—摇摆模式"（《缅甸高地诸政治体系》）④、和"仪式化的结构过程"（《仪式过程——结构与反结构》）⑤ 等，尤其是后者在后现代化的结构功能主义及动力学方面形成颇有建树。

在传统民族学或人类学的经典案例中，《古代法》（梅因）⑥、《母权制》

---

① 格拉克曼（M. Gluckman），作为"曼彻斯特学派"的主要代表者之一，他在非洲展开田野工作，围绕王权、秩序与冲突等话题深入挖掘，发展出了有关政治、法律、仪式的"冲突—情境"论及人类学范式。

② 维克多-特纳的代表作，主要有《一个非洲社会的分裂与延续》（1957）等。另见［英］特纳《象征之林——恩登布人仪式散论》，赵玉燕、欧阳敏、徐洪峰译，商务印书馆2006年版；［英］特纳《仪式过程——结构与反结构》，黄剑波、柳博赟译，中国人民大学出版社2006年版。

③ ［英］普里查德：《努尔人——对一个尼罗特人群生活方式及政治制度的描述》，褚建芳等译，华夏出版社2002年版；E. Pritchard, *The Nuer: A Description of the Modes of Livelihood and Political Institutions of a Nilotic People*, Oxford University Press, 1969［1940］。此外，《非洲政治制度》（与福斯特合编）、《努尔人的亲属关系与婚姻》等也予以作为结构变迁的课题关注，用对立裂变等来指社会内部功能及整合机制的一种动态表现，即"结构就是制度"。另见［英］埃文思-普里查德《论社会人类学》，冷凤彩译，世界图书出版公司北京公司2010年版；［英］普里查德：《阿赞德人的巫术、神谕和魔法》，覃俐俐译，商务印书馆2006年版。

④ ［英］利奇（Leach, E. R.）：《缅甸高地诸政治体系——对克钦社会结构的一项研究》（下文简称《缅甸高地诸政治体系》），杨春宇、周歆红译，商务印书馆2010年版。原英文书名为"Political Systems of Highland Burma: A Study of Kachin Social Structure"（1954年初版），其把"贡萨"和"贡劳"的政治观念当作结构化变数，以及他们在政治的运作行为上表现出——"摇摆于这两极之间的动态选择"。另见［英］埃德蒙·利奇《文化与交流》，卢德平译，华夏出版社1991年版。

⑤ ［英］特纳：《仪式过程——结构与反结构》，黄剑波、柳博赟译。

⑥ ［英］亨利·萨姆奈·梅因：《古代法》，高敏、瞿慧虹译，中国社会科学出版社2009年版；Henry Sumner, Sir Maine, *Ancient Law: Its Connection With the Early History of Society and Its Relatio Williams*, Hein & Co., 1984［1861］。另见［英］梅因（Maine, H. S.）《古代法》，沈景一译，商务印书馆2018年版。

(巴霍芬，J. J. Bachofen)①、《古代城邦》（库朗热或古朗热，Fustel de Coulanges）② 等以"古希腊—罗马的社会生活和制度"为焦点或特色，而《原始婚姻》（麦克伦南）、《父权论》（麦克伦南）③、《原始文化》（泰勒）、《古代社会》（摩尔根，L. H. Morgan）等以"文明之源的原始社会"为对象或重点。尽管"这些经典在内容上有所不同"，但它们的旨趣一直都是进化论的：关注"'人性'的最初面貌"，关注"人的'自然境界'及其演化"，以及"'道德境界'的由来"。④ 因为这种进化论的历史叙述均构筑在他者和我者、自然和文化——野蛮和文明的二元判断论及认识基础上。

第二节 社会与文明：理性—结构主义视角

在法国，民族学滋长和发展于哲学的相关传统或后起之秀的社会学延伸，因此他们认为社会或文明是首要的，文化可能是次要的。与英国的经验—自然主义视角相比，法国人文学科—社会科学界追求理性或结构—自然主义，其与理性—认识本体论（笛卡尔，Rene Descartes）、自然法精神（孟德斯鸠，Montesquieu），甚至自然—社会契约论（卢梭，Rousseau）⑤ 等有关。除上述社会哲学的基础外，社会事实（涂尔干）或总体社会事实（Fait social total，莫斯）、集体心理或心智（涂尔干、莫斯、列维-布留尔和列维-斯特劳斯）等⑥均关注行动分工和思维分类等话题，从而铸就了其社会人类学的结构领域及基本范畴。

作为哲学的民族学和社会学之出现。 在18、19世纪，法国对民族学和社

---

① ［瑞士］约翰·雅科多·巴霍芬：《母权论——对古代世界母权制宗教性和法权性的探究》，孜子译，生活·读书·新知三联书店2018年版。

② ［法］库朗热：《古代城邦——古希腊罗马祭祀权利和政制研究》，谭立铸等译，华东师范大学出版社2006年版。该书的英文初版问世于1864年，对后期仪式、制度研究等产生了重要影响。

③ 麦克伦南（J. F. McLennan），著作有《原始婚姻——婚姻仪式中掠夺形式源流考》（1865）和《父权论》（1885）等。

④ 王铭铭：《序》，载王铭铭《从经典到教条——理解摩尔根〈古代社会〉》，第17页。

⑤ ［法］卢梭：《社会契约论》（修订本），何兆武译，商务印书馆2003年版，第4—5页。书中认为，社会秩序作为"一项神圣的权利"，为"其他一切权利提供了基础"。然而，这项权利决"不是出于自然，而是建立在社会约定之上的"。

⑥ 涂尔干，英文 E. Durkheim；莫斯，英文为 Marcel Mauss；列维-布留尔，英文为 Lvy-Bruhl。

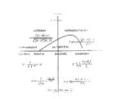

会学的理解和发展进程以哲学化的传统为主要理论依据，并建立在孟德斯鸠、孔德（A. Comte）和涂尔干等的相关代表作基础之上。正如布朗氏所言，孟德斯鸠曾深受笛卡尔式哲学的强烈影响，将其"自然规律的思想扩展到社会事实上"，这种尝试集中体现在《罗马盛衰原因论》（1734）中。《论法的精神》（1748）作为孟氏的代表作，第一次试图清楚地阐述以下这种方法论的假设：一个社会中"生活的各种特点都作为整体或体系的部分而相互作用"，其与"民族气质或精神"来源于气候或环境本性的第一自然法则阐释有异曲同工之妙；这个假设"也成为现代社会人类学的指导原则"。① 阿隆（Raymond Aron）也认为，孟德斯鸠专注于"人类和社会的差别性"，旨在借此求得"人类的一致性"，但缺少"进步"思想。而孔德则极力"主张人类和社会的一致性、人类历史的一致性"，但最终也就几乎没有差别性可言。② 显然，有关一致性的普遍主义限制了孔德的哲学思想，导致人们以为人类社会也只不过是千篇一律的类型进步之产物而已。

《论实证精神》（1844）等③作为孔德的主要代表作，开始使用社会学的概念，进而勾勒出了零星的学科构想及纲要。这种实证主义者（孔德）"把这门当时还不存在的科学叫做社会静力学"，后又改为"社会学"。但他"自己并没有写过科学的社会学的任何东西"，所写的属于"历史哲学"（社会史哲学）。④ 他所用的主要方法论是不那么纯粹的社会物理学的秩序——进步论，而他的最终理论构想是实证哲学或道德社会学。一般来说，孔氏所提倡秩序和进步的社会学观，来自孟德斯鸠说的"总精神"（General Spirit）或整体社会的"精神"（ethos）——自发秩序的决定论原则⑤和孔多塞（Condorcet）有关人类理性进步的阶段论原则。⑥ 在此，他的"实证"一词包含真实、有用、肯定和精确之意，提倡秩序、进步的认识发展论及思辨原则。⑦ 这与孔氏关于

---

① ［英］拉-布朗：《社会人类学方法》，夏建中译，第123—124页。
② ［法］阿隆：《社会学主要思潮》，葛智强等译，华夏出版社2000年版，第47页。
③ ［法］奥古斯特·孔德：《论实证精神》，黄建华译，商务印书馆1996年版（2001年印刷）。与此相关，他的代表作有《实证哲学教程》（第四卷）（共六卷，1830—1842年）、《实证政治体系》（共四卷，1851—1854年）等。
④ ［英］拉-布朗：《社会人类学方法》，夏建中译。
⑤ ［英］布朗：《原始社会的结构与功能》，潘蛟等译，第6页。
⑥ ［法］阿隆：《社会学主要思潮》，葛智强等译，第59页。
⑦ ［法］奥古斯特·孔德：《论实证精神》，黄建华译，第29—31页。

社会类型—理性进化观一脉相承,其"所有的机构都建立在人类的意志上"。① 作为一种新的社会哲学,孔氏社会学构筑在有机体—物理学类比的社会构想基础之上,包括秩序和进步的两大主题。加上社会的静力学和动力学,这些正是他的社会学理论的全部内容,也是之后社会学发展的主要方向和纲领性预言。

　　涂尔干的宏观结构观发端于社会进步的普通哲学思想,深受孔德、斯宾塞(H. Spencer)等类型进步论或社会形态学的影响。与上述类型和结构的宏大论题(孔德、斯宾塞)不同的是,涂尔干旨在开辟结构——功能主义的新路径,其聚焦在以作为集体表象的价值情感为基础的社会事实、结构及分工探讨上。其一,社会事实是实证社会说(涂尔干)所立论的假设前提或基础。作为客观—存在物之构想,尽管社会事实一说是空而悬置的,但在他的构思里有三层含义:(1)作为物的物质性;(2)作为基础的心灵——行为的情感性;(3)物心两者之上的客观性。涂尔干强调社会的整体性和客体性,以区别于把社会还原成有机体的观点。他认为,社会只能产生于社会客体自身,这种客体就是社会事实。诚然,不要忘记涂尔干说的情感概念,它是构成社会事实的本体基石。关于社会事实,他的用意是"Fait Social",而不是"Phenomene Social"。② 从构词含义看,他所用"Fait"已经含有事实和行为之意。不同于涂尔干否认模仿与社会事实之间的关联,塔尔德(G. Tarde)则认为"模仿性可以揭示所有的社会事实的特征"。③ 不过,作为一种表达或转化方式,模仿始终是联结物质、心灵和客观世界的重要途径。其二,在实证社会说看来,社会结构绝不是个人及人际关系的简单相加,而是社会事实加价值情感的客观体系。一种"结构越被视为坚固无比,就越是抗拒一切改革:无论是对功能性结构,还是对组织性结构"。④ 与社会等于自然人之相加(斯

---

　　① [英]约翰·亚历山大·汉默顿:《西方文化经典》(哲学卷),李治鹏、王晓燕译,华中科技大学出版社2016年版,第263页。
　　② [法]迪尔凯姆:《社会学方法的规则》,胡伟译,华夏出版社1999年版,第6页。
　　③ [法]塔尔德:《模仿律》,何道宽译,中国人民大学出版社2008年版。根据该书的相关论述:社会存在"实质上都是模仿",因为一切社会之现象"不是发明就是模仿"。另见朱元发《涂尔干社会学引论》,远流出版事业股份有限公司1988年版,第10页;[法]迪尔凯姆《社会学方法的准则》,狄玉明译,商务印书馆1995年版,第16页。
　　④ [法]迪尔凯姆:《社会学方法的准则》,狄玉明译,第88页。

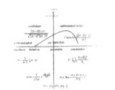

宾塞等）的看法和带有唯物主义味道的社会结构观（J. H. 特纳）①相比，涂尔干设想的社会并不等于自然人及关系之单一相加，因为他的社会结构观以社会事实——一切行为方式的总和为基础，建立在价值情感的观念基础之上。行为或行动之所以构成社会事实，不是因为"个体表现的多样性"，而是因为其自身所"具备固有且普遍的客观存在性"。②其三，实证社会说认为功能（function）一词的用法有两种：有时它指的是"一种生命运动（行动）系统"，而不是"运动本身的后果"；有时它指的是"这些运动与有机体的某种需要之间相应的关系"。③很显然，涂尔干关心的是功能的第二种含义。在此，功能是运动者的需求和运动本身之间的关系，涵盖了功能作为运动系统的原因或条件和后果的整体性过程。所以，涂尔干式的功能观是包括原因、过程和结果在内的客观需要论的，与韦伯（Max Weber）更多关心过程—结果的唯意志·目的论有着很大的区别。

民族学—社会学的经验主义化改造。多数对《礼物——古式社会中交换的形式与理由》（莫斯，以下简称《礼物》）的诠释者均把它看作"互惠人类学""道义经济学"之尝试或涂尔干式的社会学之延续等，但事实上它所设想的恐怕非带有经济"政治学"色彩的社会或文化论说莫属。《礼物》把从"总体事实"的角度"对那些动机与因素进行有意识的指导"看作"一门最高超的艺术"，认为它乃是"苏格拉底所说的政治学（Politique）"。④而戈德列（M. Godelier）则认为，《礼物》（又称《论馈赠》）热衷于研究自称为"人的行为的逻辑"，其兴趣便"由此转移到研究人的习俗和道德观念的学科——民族学"。⑤

《礼物》试图用经验主义的方法或路径来解决涂尔干式社会学所面临的

---

① ［美］特纳（Turner, J. H.）：《社会学理论的结构》（上下册），邱泽奇等译，华夏出版社2001年版。另见［美］乔纳森·H. 特纳《现代西方社会学理论》，范伟达主译，天津人民出版社1988年版。
② ［法］迪尔凯姆：《社会学方法的准则》，狄玉明译，第34页。
③ ［法］涂尔干：《社会分工论》，渠东译，生活·读书·新知三联书店2000年版，第13页。
④ ［法］莫斯：《礼物——古式社会中交换的形式与理由》，汲喆译，上海人民出版社2002年版，第210页。
⑤ ［法］戈德列（即古德利尔，下不赘言）：《中文版序》，载［法］莫斯《论馈赠》，卢汇译，中央民族大学出版社2002年版，第1页。另见［法］古德利尔（Godelier, M.）《礼物之谜》，王毅译，上海人民出版社2007年版。

"社会事实"及集体心理问题,提出了"总体社会事实"——送礼、交换和回礼过程结构的第一种假说和有关"人类行为"或"情感、精神"的总体视角的第二种假说。第一种假说指出,该书以 Oloa 与 Tonga(太平洋诸岛土著毛利人、萨摩亚人等,财产—护符的观念,礼物之灵——"豪"即 Hau、"曼纳"即 Mana 之灵力)、自愿性或义务性交换(安达曼群岛人)、库拉圈交易或夸富宴(特罗布里恩人、夸扣特尔人等)为实例或内容,进行具体礼物的经验主义研究。在此,"总体"即"社会事实",指所"试图描述其功能的各种社会体系的全部"。① 因为,对"总体社会事实"的构想以道义经济、交换结构、仪式或互惠过程为形式或内容②,是"在动态或生理学的状态中考察这些社会的",以区别于将其当作"固化的、静态的社会",或者"法律规则、神话、价值和价格"等来观察(涂尔干式)。③ 列维-斯特劳斯也认为,《礼物》(莫斯)把馈赠(礼物交换)看作"给予、接受和回赠这三种行为的第一链"。尽管如此,但《礼物》正是放弃或忽略了这三项义务中回赠这一最后项,这"是非常令人遗憾的"。④ 第二种假说认为,这种探索是指所有具体礼物——"总体社会事实"所载的人之行动、精神研究。即,《礼物》所讲的"甚至已经不再是什么法律",而是"人,是人群";因自古以来"经纶天下的乃是人和人群",是"社会,是深埋在精神、血肉和骨髓中的人的情感"。因此,这些无疑凝集在从氏族到氏族的"总体呈献制度"中。特定或具体的群体之优势在于一般性(Généralité),因为一般功能型的事实要"比各种制度和相关主题更具备普遍性";同时还往往更显示出"地方色彩或实在性(Réalité)的优势",包括观念、规则、行为或行动,以及某些境界和情感流动等。可见,该书所观察的是"作为完整而复杂的存在者的人",是

---

① [法]莫斯:《礼物——古式社会中交换的形式与理由》,汲喆译,第205页。
② [美]萨林斯:《石器时代经济学》,张经纬、郑少雄、张帆译,生活·读书·新知三联书店2009年版。另见 [美]斯科特(Scott, J. C.)《农民的道义经济学——东南亚的反叛与生存》,程立显等译,译林出版社2001年版;[美]彼德·布劳《社会生活中的交换与权力》,孙非、张黎勤译,华夏出版社1988年版;[美]奥菲克《第二天性——人类进化的经济起源》,张敦敏译,中国社会科学出版社2004年版;[美]鲍尔斯、[美]金迪斯《合作的物种——人类的互惠性及其演化》,张弘译,浙江大学出版社2015年版。
③ [法]莫斯:《礼物——古式社会中交换的形式与理由》,汲喆译,第205页。
④ [法]戈德列:《中文版序》,载[法]莫斯《论馈赠》,卢汇译,第7页。其他相关评论见[法]古德利尔(Godelier, M.)《礼物之谜》,王毅译。

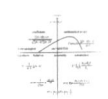

他们的"特定数量的完整而复杂的反应"。①

除了欧洲社会外,《礼物》描述的所有传统型社会全部是"环节社会"。这种环节社会"与欧式社会的统一性相去甚远",它们没有或贫乏"历史学所附会(勾勒)的那种一致性"。② 其一,在这类传统型的社会中,亲属关系和群体关系"对社会生活有非常重要的意义";馈赠(礼物交换)行为"也见于种姓和阶级社会"。只要是"以人际关系解决事情的场合,便有馈赠"。③ 其二,"机械团结"(涂尔干式的分类)是建立在亲属关系上的,它确保了根据分工尚不发达条件产生的初级"组织原则"。亲属体系"广泛而多样地延伸和明确化",产生出"社会整体"。婚姻与血统是"建立隔离秩序的核心所在"。其三,列维-斯特劳斯也发现:亲属体系本身"只是对更基本的符号系统的展现",因为这一交换系统的本质功能在于"生成婚姻规则、禁例",以及"明确债权人和债务人的关系"。其四,礼物交换"创造了新的社会融合形式",而这种社会融合"最终摒弃了亲属体系的自然纽带"。因为,这些系统"并不是建立在可见权威以及权力的原始行为中"的。④

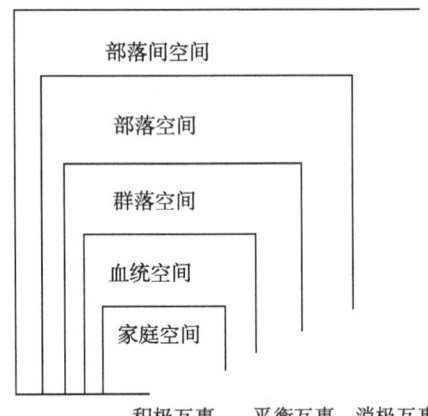

```
┌─────────────────────────────┐
│ 部落间空间                   │
│  ┌──────────────────────┐   │
│  │ 部落空间              │   │
│  │  ┌───────────────┐   │   │
│  │  │ 群落空间       │   │   │
│  │  │  ┌────────┐   │   │   │
│  │  │  │血统空间 │   │   │   │
│  │  │  │ ┌────┐ │   │   │   │
│  │  │  │ │家庭空间│ │   │   │   │
│  │  │  │ └────┘ │   │   │   │
│  │  │  └────────┘   │   │   │
│  │  └───────────────┘   │   │
│  └──────────────────────┘   │
└─────────────────────────────┘
    积极互惠   平衡互惠   消极互惠
```

图总-1 空间—互惠的对应关联(萨林斯,M. Sahlins)

---

① [法]莫斯:《礼物——古式社会中交换的形式与理由》,汲喆译,第192、206页。
② [法]莫斯:《礼物——古式社会中交换的形式与理由》,汲喆译,第207页。
③ [法]戈德列:《中文版序》,载[法]莫斯《论馈赠》,卢汇译,第6页。
④ [德]赫尔穆特·贝尔金:《馈赠的社会符号学》,魏全凤、廖洋昇兰译,四川大学出版社2016年版,第37、36页。

正如图总-1所示，一般的差距出现于"不同形式之间、互惠服务度量与价值之间、权利与义务之间"，同时它们也是"在社会中建构起来"的产物，其结构和有效性"来源于亲属团体的距离"。同理，互惠、道德和亲属关系互不同"形成了不同的类型模式"，即"地形"秩序。①

正如埃文思-普里查德所言，《礼物》（莫斯）所做的"具体经验"论探索"却远没有涂尔干那么"浓厚的哲学味道；因为它"首先直抵那些具体的事实"，然后"考察其总体性和微小的细节"。② 与此不同的是，莫斯（尤其是《礼物》等）所继承的法国"哲学传统"建筑在以下两方面：一是包括孟德斯鸠经由杜尔哥（Turgot）、孔多塞和圣西门（Saint-Simon）等共同建起的18世纪哲学基础；二是直到孔德和涂尔干，他们前仆后继地打造的社会哲学衣钵。沿袭这一哲学—社会学传统，其结论主要"得自于对概念的分析"而不是"对事实的分析"，事实"仅被用作由归纳法所产生的命题的例证"。就《礼物》所见的经验主义倾向而言，埃文思-普里查德赞同莫斯门生迪蒙（杜蒙，Louis Dumont）的看法，他们异口同声地指出莫斯的分析"要远比涂尔干的分析更具经验色彩"，也因此，法国社会学"才最终达到了它的经验阶段"。因为，《礼物》只试图"对有限范围内的事实加以认识和理解"，而其"所谓'理解'（Understanding）的意思在《礼物》中表露得十分清楚"。③

民族学、人类学的结构主义路径。《结构人类学》（列维-斯特劳斯）指出，建立"数理模型是人类学的基本目标"。人类学将数理模型作为交往结构和从属结构的整合基础的研究方法，讨论的是"社会结构的空间的、时间的、数量的和其他性质及与此相关的问题"。④ 相比之下，布朗的社会结构略等于社会关系整体；而列维-斯特劳斯却认为社会结构不能还原成为关系整体，因为社会结构由模型构成，包括"系统、变形、安排、转换和整体"等方面。对于人类学者而言，社会结构的研究目标是借助于"模型来理解社

---

① ［德］赫尔穆特·贝尔金：《馈赠的社会符号学》，魏全凤、廖洋昇兰译，第40页。
② 详见［英］普里查德《附录〈礼物〉英译本导言》，载［法］莫斯《论馈赠》，卢汇译，第219页。
③ ［英］普里查德：《附录〈礼物〉英译本导言》，载［法］莫斯《论馈赠》，卢汇译，第219页。
④ ［美］克莱尔·雅各布森：《英译者序》，载［法］克洛德·莱维-斯特劳斯《结构人类学》，谢维扬、俞宣孟译，第2、7页。

会的关系"。①

首先，结构人类学提倡文化的立场而拒绝了社会学这类提法，因为它自身并没有发展成为一门"关于人类行为（社会事实）的一般科学"，甚至从来不像涂尔干等所设想的那样。在此，所谓人类行为的一般科学不仅包含了涂尔干有关人类行为的意志论客观设想，而且囊括了从齐美尔（G. Simel）、韦伯到库利（Cooley）、帕克（Park）、米德（Mead）和帕森斯（T. Parsons）等有关行为主义的唯意志主观构想。可以说，社会学只能是社会哲学或民族志研究之分支。与此不同，布朗认为美国人类学者坚守的是"抽象的文化"，而不是"具体的社会"。②从这个意义上说，布朗的社会—结构概念是联结社会人类学和生物科学的手段；布朗还同意马林诺夫斯基的部分意见，认为生物学的关系同时是每种类型的亲属关系的起源和模型。

其次，结构人类学者对文化的定义是从行为规范和数理模式的角度出发的。文化作为"一组行为模式"，它所显示的是人群之间行为模式的不同，而不是别的（单纯的行为或行动）。因此，他们认为对社会行为或行动和关系的观察均可在经验层面加以把握，而对社会结构的了解仅仅依赖直接经验或个体意义是不够的，因为它已是间接地被模式化或形成了模型的抽象形态。与体质人类学（自然科学倾向）和社会人类学（自然主义视角）相比，英语国家泰勒等多数人类学者的目标是"获得对人的全面知识"。泰勒的人类学"从集体现象的无意识性质中发现其创造力的"文化原则；博阿斯（博厄斯，F. Boas）界定"文化现象的无意识性质为人类学研究的重点方向"。③列维-斯特劳斯进一步指出，社会人类学关注静态——社会结构和事物现象（莫斯和马林诺夫斯基）；文化人类学关注动态——文化变迁和"超级技术"（涂尔干）。的确，人类学被描述为是文化的，还是社会的，它的目标总是"要去发现完整的人"：一种是从人的制作品方面揭示的；另一种是根据人的表现来揭示的。社会人类学，兼有经济社会史、社会心理学和语言学；文化人类学，涉及工艺学、地理学和史前史；体质人类学，伴有比较解剖学、生物学和生

---

① ［法］克洛德·莱维-斯特劳斯：《结构人类学》，谢维扬、俞宣孟译，第300、312页。
② ［法］克洛德·莱维-斯特劳斯：《结构人类学》，谢维扬、俞宣孟译，第2、320页。
③ 详见［法］克洛德·莱维-斯特劳斯《结构人类学》，谢维扬、俞宣孟译，第384、22、23页。

理学。以上之所以形成这样的理解，是因为诸功能的复合或重组引出了一个新的概念，即"结构的概念"。①

最后，结构人类学也宣称，就民族志分析而言，虽然博阿斯的工作远比马林诺夫斯基的工作"更为纯正、严密和有条理"，但遗憾的是其"仍然同马林诺夫斯基一样停留在个人的有意识思想的水平上"。博阿斯采用"个人思想的范畴"，剥去了其中"关于人性的联想"。与此相似，经济学者也与抽象的概念打交道，但很少看到"真实人群的实际生活与价值、效用、利润之间的联系"。也就是说，人类学应"立足于自然科学"，背靠"人文科学研究"，"放眼于社会科学"。② 从学科发生学的角度看，如果说社会学是致力于发展观察者（自我）的社会科学；那么人类学是助力于发展关于观察到的东西——被观察者（他者）的社会科学。毋庸置疑，随着人们观念的变化，这种自他—内外模式的边界逐渐缩小差异或趋于消失也是势不可挡的。即，人类学的任务有三方面：客观性、整体性和意义性。人类学者可以把自己比喻成社会科学的天文学家，也因此人类学应当作"当今唯一研究社会超距性的学说"；或用数学语言来说，构设在社会关系的"边界"形式的实验室是解决人类学者专业训练的最适当的办法。③

其他——相关论题探讨。在西方或欧洲，休谟和卢梭等"首次从人类学的立场来研究一切哲学问题"，他们率先推翻"对上帝存在的一切理性证明（本体论的、宇宙论的、目的论的）"，而把上帝的视角归结为或改为"人的情感需要（即道德情感的证明）"。这种"对上帝存在的理性证明的批判"，在《纯粹理性批判》（康德）等中也得以重申和更加明朗了起来。正如阿·古留加（Арсений Гулыга）所提示：《纯粹理性批判》的基本问题，即"先天综合判断"背后回响着"人的自由"——确立"人高于其他一切存在之上的独立价值"之论题。因为这种的认识论和一切形而上学，要建立的是"一种体现出人的自由能动性的人性论，或人类学。"④ 由此看来，无论是从行为

---

① ［法］克洛德·莱维-斯特劳斯：《结构人类学》，谢维扬、俞宣孟译，第387、400、386页。
② ［法］克洛德·莱维-斯特劳斯：《结构人类学》，谢维扬、俞宣孟译，第25、323、390页。
③ ［法］克洛德·莱维-斯特劳斯：《结构人类学》，谢维扬、俞宣孟译，第392—395、409—410页。
④ 邓晓芒：《中译本再版序言》，载［德］康德《实用人类学》，邓晓芒译，上海文艺出版社2005年版，第3、4页。

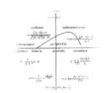

或行动和关系出发，还是从无意识所载的"模式或模型"说起，多数结构人类学者均以"人的全面知识"——或"完整的人"的综合探索为总体目标，尽管他们在对经验和理性之本质的理解上所有不同。

无论是休谟的推理实验方法，还是笛卡尔、孟德斯鸠等的自然律推演法，这些无疑预示着人文领域对逻辑推理、自然或客观法则的尝试和推广应用。与此相同，培根（Francis Bacon）、休谟等认为人类知识的源泉是经验，这种经验—自然主义路径与英式传统本身的唯物主义和经验论原则也大致吻合，并不冲突。然而，涂尔干、列维-斯特劳斯皆倡导认知或思维本体不能直接地还原为经验或现象，因为认知—思维本体和经验—现象的转化联结必定以两者间横亘着的事实或数理模型为中介或桥梁，很显然其可追溯到柏拉图（Plato）、笛卡尔等所说知识不经由经验获得的理性观念这一源流。

第三节　文化与文明：指号—心智主义视角

在德—美系统中，德国对民族学和人类学的理解更多依附于哲学和"弱文化学"传统（含浪漫主义的民俗学等），而美国对民族学和人类学的接受与发展（除了摩尔根的《古代社会》）则多数是以受德国之影响——对弱文化的强化重构为底色或追求的。在德国即康德（I. Kant）的哲学中，《实用人类学》（1798）这本书"占据着不同寻常的地位"。因为，人类学（Anthropologie）不仅仅是"一个'实用'（Pragmatisch）的问题"，而是"首先属于一个纯粹哲学"或心理哲学的问题。①

早期民族学（摩尔根）对亲属制度—进化论之探路。在美国，摩尔根最早开始用"社会"一词，以其《古代社会》（1877）② 这一开创性著作奠定了美式早期民族学对亲属制度的广泛研究之基础。然而，在《古代社会》等问世之后，博阿斯、克罗伯（A. L. Kroeber）和罗维（路威，R. Lowie）等在人类学领域开始遗弃或漠视对"社会"这一概念的使用，他们更多致力于通过

---

① 邓晓芒：《中译本再版序言》，载康德《实用人类学》，邓晓芒译，第2页。
② [美] 路易斯·亨利·摩尔根：《古代社会（新译本）》（上下册），杨东莼、马雍、马巨译，商务印书馆1981年版。另见 [美] 摩尔根《古代社会》（全三册），杨东尊、张栗原、冯汉骥译，商务印书馆1971年版。

德国式的"弱文化"这一晦涩又含蓄的观念来抗拒英法式的"自高文明"传统，进而萨丕尔（E. Sapir）、本尼迪克特（R. Benedict）、米德（M. Mead）和之后的格尔兹（C. Geertz）等则持续发扬相对主义的文化论，这些无疑对美国人的文化观形成和人类学的当今走向起到了举足轻重的作用。

与《原始文化》（泰勒）一样，《人类家庭的血亲和姻亲制度》《古代社会》等（摩尔根）①被奉为美国早期民族学的"丰碑""里程碑"或古典式"标志"等，同时尽管由于被"欧洲中心主义"的价值观所过度纠缠之原因，有些进步色彩的推论早已被看作过时"旧观念"，但在早期的民族志调查、亲属制度等探索方面仍有不可或缺的特有地位。《古代社会》序言就宣告：人类历史的有三个相同——起源、经验和进步；因为它们有一个共同的前提，即人类智力（理智）在同一个发展阶段大致相近。该书以生存技术（发明或发现）、组织或政治、家族、财产为四个观念范畴，认为"将这些事项综合起来"并加以比较，由此可得出"人类出于同源，在同一发展阶段中人类有类似的需要"，也在"相似的社会状态中人类有同样的心理作用"。②以上通过对四个方面的系统比较，揭开古代社会的发展进程和心智同源性的关系一面，尤其旨在揭示"亲属制度"在古代或传统社会结构中所起的关键作用。

1859年至1865年间，摩尔根"花费大量精力搜集资料"，后又写出"《人类家庭的血亲和姻亲制度》（1871）的第一稿"，并从"各地收到纲要性的关系目录"。作为摩尔根最重要的著作之一，它"长达600多页，其中200页为血亲和姻亲制度的列表"，充分展示了对"关系体系"或"亲属称谓体系"探索的高度重视。③但从整体来看，摩尔根以《古代社会》等为主要的著述或业绩，其集中于对亲属制度（Kinship）的人类学分析和进化主义论证上。就亲属制度的研究来讲，在当时的欧美社会人类学领域里它仍占据着主

---

① 关于亲属研究，摩尔根的重要作品主要有：《易洛魁联盟》（*League of the Hode-dé-no-sau-nee, or the Iroquois*，1851）、《人类家庭的血亲和姻亲制度》（*Systems of Consanguinity and Affinity of the Human Family*，1871）、《古代社会》（*Ancient Society*，1877）、《美洲土著的房屋与家庭生活》（*Houses and Houselife of the American Aborigines*，1881）等。

② 路易斯·亨利·摩尔根：《序言》，载［美］路易斯·亨利·摩尔根《古代社会（新译本）》（上下册），杨东莼、马雍、马巨译，第 i、ii 页。

③ 王铭铭：《从经典到教条——理解摩尔根〈古代社会〉》，第24页。另见王铭铭《"裂缝间的桥"——解读摩尔根〈古代社会〉》；David Schneider, *A Critique of the Study of Kinship*, University of Michigan Press, 1984。

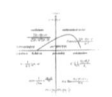

流地位，与"生物学进化论的地位同等重要"。然而，就对待民族学传统或人类学延续而言，英法和德美之区别不仅体现在"西方进化论的自然历史时间观与其对立面"，即"内在于'民族精神'的时间观之间的张力"，而且延伸到这一张力所复原或其"可能给新人类学的再形塑带来的刺激"中去了。①对此，赫兹菲尔德（M. Herzfeld）也指出，西方人类学善于创制或建立自我—他者之二元对立视角，并通过对这种西式的科层或进步主义和非西方的亲属制度研究加以比较，以显示或确立欧美即中心这一我者文化之独特价值。

从德式的弱文化观到美式的文化人类学。直至 20 世纪初，康德式的哲学人类学（或心理哲学）对人的存在结构和完整形象的关注持续高涨，并与博阿斯等接续德国式学理影响的文化相对论创建潮流得以汇合，尤其是这种德式"文化"观念对美国社会学和文化人类学的兴起和发展起到了推波助澜的作用：博阿斯和克罗伯等的相对主义文化观，以及经由帕森斯（T. Parsons）对格尔兹等产生影响的"文化阐释"等。

如果说《实用人类学》（康德）的第一部分以"对人的内心和外表方式的内部观察"为切入点，从纵深方面解剖"人的各种不同的心理结构"，那么第二部分则以"对人的内心的外部观察"为立脚点，从横向方面说明"个人的特性（天性、气质和思维方式的个性），以及性别、民族、种族和种类的不同特性如何能结合在一起"，并在"'类'的总体中体现出人的本质"。诚然，"实用人类学"未能真正建立起"一个完整的先验人类学体系"，原因是它不仅"把人的本质归结为不可知的'物自体'（Noumena，德语意为 Dingan Sich）"，而且这种心理哲学的巨大矛盾无不来自"'物自体'的不可言说"。②

大约一百年后，舍勒（Max Scheler）在《人在宇宙中的地位》（1928）③中以"心—物存在的次序"——感觉欲求（植物）、本能（动物）和联想记忆—实践理智（高等动物）为人本身的认知或分类基础，试图揭示对人类从

---

① 王铭铭：《序》，载王铭铭《从经典到教条——理解摩尔根〈古代社会〉》，第 19 页。另见 Michael Herzfeld, *The Social Production of Indifference: Exploring the Symbolic Roots of Western Bureaucracy*, Berg Publishers, 1992。

② 邓晓芒：《中译本再版序言》，载康德《实用人类学》，邓晓芒译，第 11、7 页。

③ ［德］马克斯·舍勒：《人在宇宙中的地位》，李伯杰译，贵州人民出版社 1989 年版。另见［德］舍勒《哲学人类学》，魏育青、罗悌伦等译，北京师范大学出版社 2014 年版。

自然的体系性（第一种的"人性"）转化为"完整的人"（第二种的"本质或存在"）的位置结构，着重论证了第二种"人性"概念之所以成为更根本"人文主义"传统的合理性。① 之后，兰德曼（M. Landmann）的《哲学人类学》（1955）得以问世，也表达了接近于《人在宇宙中的地位》（舍勒）中彻底的人文主义探索之看法：人类学作为研究人的学科，它试图"依据人类的生物性和文化性特征来综合地研究人"，特别"强调人类的差异性"，以及"种族和文化特征"。这种哲学人类学持续关注"整体的人"这一根本论题，以建立"人的完整形象"探索的人类学门类。据该书的概括，人类学以宗教（神学——"人＝上帝的造物"）、理性（"人＝理性生物"）、生物（"人＝有生命的物种"）、文化（"人＝文化生物"）为人和文化互构—认识基础，更多地主张纯粹的人文主义和人类中心主义走向。② 事实上，《哲学人类学》（兰德曼）力图揭开"人的结构"的三个方面："人的非专门化""人与动物不同的生长节奏"和"人向世界的开放"。③ 也就是说，哲学人类学不再只是"按照人的抽象能力或区分善恶的才能来解释人"，而是"像行为主义那样，牢固地将人置于他的自然环境"及文化世界中，并"把人作为一种由历史、文化和传统所决定的存在来"看待。④

正如史铎金（G. W. Stocking）所言，18世纪德国哲学系统"抵制了外在于任何'民族精神'的大历史时间感"，即"英法的强式文明之进步论"，并用德国所生产的文化观念来刺激或造就了弱文化论的"浪漫主义及历史想象"。到了19世纪，这一想象已成为"德国的史学和比较哲学研究中得到广泛运用"的一种范式，他们"从中推导出的历史认识，大多带有文化多元论的色彩"。后来，受德国文化传统之影响的大多数学者将"文明限定在物质（或技术类）文化领域"，相信历史时序的决定因素是"'文化'，亦即'文

---

① 另见［德］马克斯·舍勒《人在宇宙中的地位》，陈泽环、沈国庆译，上海文化出版社1989年版。
② ［德］兰德曼：《哲学人类学》，阎嘉译，贵州人民出版社1988年版。另见［德］莫迪恩《哲学人类学》，李树琴、段素革译，黑龙江人民出版社2005年版。
③ ［德］米夏埃尔·兰德曼：《哲学人类学》，张乐天译，上海译文出版社1988年版。另见［德］M. 蓝德曼《哲学人类学》，彭富春译，工人出版社1988年版。
④ ［德］米夏埃尔·兰德曼：《美国版序言》，载［德］米夏尔·兰德曼《哲学人类学》，张乐天译，第2—3页。

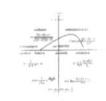

明'的精神方面"。①

历史特殊论或文化相对说。该走向由博阿斯创立,代表人物阵营以克罗伯、罗维、本尼迪克特、米德等为主力,并于1890—1930年盛行于整个美国,后又出现文化人类学名下不同的分支流派。事实上,康德、赫德（J. G. Herder）等所主张的"普遍理性的法则",加上洪堡学派对地理学、历史学与心理学的跨域关注,为博阿斯对人类学的核心或基本领域——种族、语言和文化等的思考提供了重要启示。

文化相对说力图纠正古典进化论和传播论等所载种族主义和优生学之偏见,注重对种族形体（形质）的统计学归纳法,以统合具有科学规范色彩的经验方法和理论实证等。《种族、语言和文化》②把体质人类学、语言学、考古学和文化人类学看作人类学基本领域的四大分支,其核心论点或工作重心在于两方面：一是环境或遗传等客观因素对身体、语言、思维和行为等的非决定性影响；二是文化对人（个体或集体）的塑造作用和决定性影响。《原始人的心智》（1910）质疑高尔顿（F. Calton）学说——"种族遗传决定文化生活"之假定,并通过这种针锋相对的学术争论来表明或支持对"种族之外的文化成就"的肯定,进而夯实和明确了"文化是一种生物学法则不能适用于其上的建构"之核心立场。③ 与此相比,克罗伯坚持认为文化"本质上是非个体的",其与涂尔干和拉德克里夫-布朗的做法颇为接近。事实上,克罗伯在采取"这种极端姿态时",他的观点"比博阿斯本人和其他追随者来得更为大胆"。对此,萨丕尔认为,克罗伯已陷入"教条主义和不堪一击的形而上学之泥潭",其观点"实际上等于抽象主义者的盲目崇拜"。④

根据史铎金等的看法,文化相对论说（博阿斯）的部分观点深受新康德哲学以来的相关影响,所以它并没有把"文化现象"与"心理现象"两者截

---

① 王铭铭：《序》,载王铭铭《从经典到教条——理解摩尔根〈古代社会〉》,第28页。
② ［美］弗朗茨·博厄斯（Franz Boas）：《种族、语言与文化》,余华注释,上海译文出版社2022年版。
③ ［澳］弗里曼：《玛格丽特·米德与萨摩亚——一个人类学神话的形成与破灭》,夏循祥、徐豪译,商务印书馆2008年版,第38、29、50页。另见［美］弗兰兹·博厄斯《原始人的心智》,项龙、王星译,国际文化出版公司1989年版。
④ ［澳］弗里曼：《玛格丽特·米德与萨摩亚——一个人类学神话的形成与破灭》,夏循祥、徐豪译,第49页。

然分开；相反地，把文化与心理当作一个不可分割的整体来对待。同样，克罗伯也提出"超有机体"（The Superorganic）的重要概念（与涂尔干的"超级技术"一说接近），认为文化作为一个自有的领域，它不可被还原为心理的或生理的具体经验现象，其结果也未能把文化与心理进行区分。萨丕尔也表示，文化心理学应要探究群体心理形成"背后的文化意义"，而不关注"个体的行为"，以及由个体行为直接衍生而来的"文化模式"。

文化形貌或模式论说（萨丕尔、克罗伯、本尼迪克特）。该假说发端于《文化成长的形貌》一书，其以"旧大陆文明社会的文化发展过程"为考察对象，并试图解释"各个国家和地区的艺术及科学诸领域的兴衰"。① 不过，克罗伯无疑受到萨丕尔有关社会时尚（Style）概念的启发，因此他们均认为文化形貌（Configuration）是指"一个由各种错综复杂的文化特质所构成"，但"又能明显辨别出其他独特面貌和风格的整体"。② 实际上，这种"文化整体观"与本尼迪克特的"文化模式"说也有一定的关联，但克罗伯在很多场合都混淆使用"形貌"和"模式"（Pattern）等概念。

克罗伯对文化概念的统计分析③也显示，文化本身应涵盖三方面的内在性：（1）价值或观念以及行为规范；（2）满足特定需要的手段或工具；（3）作为符号的文化模式或组织。之后，《文化模式》（本尼迪克特）指出，文化是"一个集合而成的整体"，每种文化"相对于其它文化来说都是独特的"。④ 但吊诡的是，尽管正如本尼迪克特断言"进行泛文化比较研究是不可能的"，但她的《菊与刀》的前提正搭建在西方和日本这两类文化或文明的比较视角之上。另外，这种文化模式说⑤从文化体系中的价值或观念出发，理解各种文化为

---

① Theodora Kroeber, *Alfred Kroeber: A Personal Configuration*, University of California Press, 1970. 另见 A. L. Kroeber, *Configurations of Culture Growth*, University of California Press, 1947 [1944] 等。

② 傅铿：《文化：人类的镜子——西方文化理论》，上海人民出版社1990年版，第171—172页。另见龚东林《一代人类学巨擘——克罗伯》，《世界民族》1999年第3期，第71页。

③ Alfred Louis Kroeber, Clyde Kluckhorn, *Culture: A Critical Review of Concepts and Definitions*, Kraus Reprint Co., 1952.

④ ［美］康拉德·P. 科达克：《多样性的世界——文化人类学概论》，格勒、刘一民、刘月玲译，四川民族出版社1990年版，第86页。

⑤ ［美］露丝·本尼迪克特：《文化模式》，王炜等译，生活·读书·新知三联书店1992年版。另见 ［美］本尼迪克特《菊花与刀——日本文化的诸模式》，孙志民、马小鹤、朱理胜译，浙江人民出版社1987年版；［美］鲁思·本尼迪克特《菊与刀——日本文化的类型》，吕万和、熊达云、王智新译，商务印书馆2005年版。

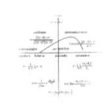

"大写的人格",并提出了"阿波罗型""狄奥尼索斯型"等对应的文化类型。与此相比,绫部恒雄则认为相同个体在社会体系中会形成一种相似的反应机制,在这种反应机制背后必定有一种人格的系统规范,并建造于相似的交往行动和价值·情感之基础上,可称之为"身份人格"。① 不过,按照萨丕尔的理解,本尼迪克特所提出的"文化模式"顶多只是"行为模式",而谈不上什么"真正的文化模式"。

按照科达克(C. P. Kottak)的定义,文化是"习得的行为"(Culture is Learned Behavior)或技能的组合。② 同理,哈维兰(W. A. Haviland)也认为文化不是"可观察的行为,而是共享的理想、价值及信念"等世界观的抽象概括。③ 与社会人类学者关注人类的社会生活相比,对于文化人类学者来说"基本概念是文化",这意味着人类主要不是"通过生物学方式",而是"通过习得行为方式来适应环境"。可以说,人类学与其他研究人的学科的基本区别在于,人类学所具备的是"全观性"(Holism),即人类学是"从生物的、社会文化的、语言的角度来研究人"的。④

亲属制度的体系说(克罗伯、罗维、萨丕尔)和超有机体的假说(克罗伯)。克罗伯等围绕种族、语言和文化(博阿斯)三领域而开展,实则以语言—亲属制度或体系,文化与人格等为具体内容。克罗伯尽管在语言学和考古学方面颇有建树,但他把工作集中于民族学,特别是人类学的文化研究,包括语言的词项列表和统计法、亲属称谓—文化要素调查表(认知成分分析)和超有机体的文化理论。⑤《亲属关系的分类体系》(1909)提倡人类学认知论视角的成分分析法,还对亲属称谓注入了语义学的深入分析。这些尝试通

---

① 绫部恒雄:『文化人類学15の理論』,中央公論社1984年版,103. 该书认为,顺从于文化模式或形貌的外部行动能够唤起个人的内在反应,其叫作"态度",同时还引起这种反应的外部因素,可叫作"价值"。"价值·态度体系"之形成意味着,个体就有"行动动机,可以采取一定行动了"。
② [美]康拉德·P. 科达克:《多样性的世界——文化人类学概论》,格勒、刘一民、刘月玲译,第13页。
③ [美]哈维兰:《文化人类学》(第10版),瞿铁鹏、张钰译,上海社会科学院出版社2006年版,第36页。
④ [美]康拉德·P. 科达克:《多样性的世界——文化人类学概论》,格勒、刘一民、刘月玲译,第2、6页。
⑤ 克罗伯的工作以《亲属关系的分类体系》(1909)、《超有机体》(1917)等论文为开端,并以《人类学——种族,语言,文化,心理学和史前史》(1923,1948)、《加利福尼亚印第安人手册》(1924,1925)、《文化成长的形貌》(1944)等代表作而著称。

过《加利福尼亚印第安人手册》得以完善和丰富，其贯穿在"文化要素调查表"的相关工作中。①

摩尔根作为亲属称谓研究的先驱，他认为亲属称谓"是先前社会制度的反映"，而克罗伯则指出亲属称谓"只是表示一个人在社会结构中的地位而已"。在语言和文化的关系上，克罗伯一直认为"语言是文化的一部分"，语言与文化的其他部分之间"不存在任何因果关系或决定—被决定关系"，所以他就对萨丕尔—沃尔夫假说持批评态度。② 另一个原因可能"与他认为人类学是一门人文学科有关（与生存相关的行为缺少人文意义）"。除此之外，《初民社会》（罗维）③ 对摩尔根的《古代社会》等进化论范式质疑，主要从文化的角度探讨了初民社会的婚姻制度、氏族的起源和组织、妇女在社会中的地位、财产分配制度以及初民社会的政治和法律制度等，从科学上论证了种族平等和民族平等的思想。

在超有机体的论说方面，克罗伯认为文化即超有机体（受斯宾塞等的"超有机体"观之启发），他对文化的理解是以超有机体论为基础的。一是世界构象可分为无机（Inorganic/质与力的）、有机（Directly Organic or Vital/生命的）、心理有机或精神（Mentally Organic or Psychic/意识的）和超有机（Cirilizational or Super-organic or Super-psychic/社会生活、文化或文明的）四域，文化属于超越现实—精神等的最高层类，即超有机体的领域。二是文化作为第四个层次的超有机体，它有不受"较低层次物之影响"的自身规律和特点，其解释不能降格或还原为地理—生物—心理等因素层面来。④ 三是文化必然通过"象征"获取和传递，它作为对言语、行为和制品等的共同趋向和抽象总括，并根据其意识性质与程度可分为简单模式、复杂模

---

① 龚东林：《一代人类学巨擘——克罗伯》，《世界民族》1999年第3期，第68、69页。另见 A. L. Kroeber, *Anthropology: Race, Language, Culture, Psychology, Prehistory*, New York: Harcourt, Brace and Company, 1948。

② 龚东林：《一代人类学巨擘——克罗伯》，《世界民族》1999年第3期，第68页。

③ ［美］罗维：《初民社会》，吕叔湘译，商务印书馆1987年版。另见［美］罗维《初民社会》，吕叔湘译，江苏教育出版社2006年版。

④ 林惠祥：《文化人类学》，商务印书馆2011年版，第57—58页。另见龚东林《一代人类学巨擘——克罗伯》，《世界民族》1999年第3期，第70—71页。在此，超有机体的含义在于强调"社会是一种独立于个人之外的"，即"一种特殊存在物（entity）"。虽然与涂尔干的"事实"一说接近，但也有不同之处。这说明人与动物的区别不在于社会，而在于文化。

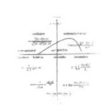

式（含文字等基本系统和组织或思想等次生系统）和主导模式（模式的模式—超级结构性质）。① 这与"器物+制度"说（马林诺夫斯基）和社会事实说（涂尔干）的组合构型十分接近，但不同的是，超有机体被看作彻底地跨越"器物+制度"公理和纯精神之公式而存在的。对此，萨丕尔、戈登威泽（A. Colden-Weiser）等提出批评意见，认为该假说不能解释"个体行为的差异"，甚至忽视了文化对个体塑造的"决定作用"。后来，克罗伯以"社会文化的"取代"超有机体的"这一说法，但对文化决定论的质疑思想一直发生改变。②

语言相对论—文化人格（萨丕尔等）。在文化相对主义派中，萨丕尔和戈登威泽均强调"人与文化的关系"这一问题，其关键是文化"如何把个人塑造出来的"。他们强烈反对克罗伯（1917）提出的极具特色的"超有机体"文化说。③ 事实上，萨丕尔沿袭博阿斯三大领域论的传统惯例，认为人类学研究包括"种族、语言和文化三大纲目"，即研究"基于种族和语言的文化现象"。文化不但是"行为模式"，更是"个体行为诸方面的综合或组合"。这种特定情境化的文化模式，"并不处于生物行为的自然时空序列中"，而"处于行动组合的历史序列中"。他指出，尽管文化模式无法脱离"个体的思想和情感结构"，但假如人类学者所做的，尤其是"古典学派所描述的模式系统一旦被还原成为个体行为的经验结构"，那么这无疑是"很荒唐的或不成立的"。④

对于人类学心理学派来说，人格概念是联结个体和社会、行动和文化的关键要素。萨丕尔也指出，哲学"把人格视为经历中不变的一点"；生理学和心理生理学"将其视为不断变化的反应系统"，或连续过程中的关系而非身份。社会学"把它看作一个逐渐积累的实体"；精神病学"将其视为本质上不

---

① 傅铿：《文化：人类的镜子——西方文化理论》，第171—172页。
② 龚东林：《一代人类学巨擘——克罗伯》，《世界民族》1999年第3期，第71页。
③ 綾部恒雄：『文化人類学15の理論』，中央公論社1984年版，98. 在克罗伯看来，文化是"超越个体而独立存在的，即便是生物体细胞及遗传基因都死去了但文化得以延续，即文化存在于超越有机体的地方"。这就是所谓文化属性的"社会性·心理性"论争，其对文化与个人的关系这一模糊问题的进一步挖掘，使得人们在认识上有所深化。
④ ［美］萨丕尔：《萨丕尔论语言、文化与人格》，高一虹等译，商务印书馆2011年版，第186、5、309、296、379页。

变的反应系统"。经济学家"逐渐对实际的动机表现出奇怪而强烈的麻木不仁，以虚拟生活代替生活本身的复杂形态"。①换句话说，与"任何一个孤立概念王国内人类行为侧面的技术专家"相比，文化人类学家和精神病学家至少在关于人的研究方面有着极大的优势，在内心深处不相信他们"能有资格对人类行为作出真正意义上的解释"。②正如萨丕尔所提示，文化人类学"被认为是一门社会科学，对个体的人几乎毫不关心"。人类学者所说的"行为侧面是属于社会的"，特别是"那些远久时期的"或文化上有差异的他者社会。在泰勒或弗雷泽的人类学中，"研究的问题即便与个人有关"，也不过是"基于一般经验的假定，没有什么必要追究更深"，即"整个文化人类学的取向基本上是非个性化的（Impersonal）"。③

值得一提的是，后期的美式人类学者把文化（社会或文明）统统看作"意义之网"（格尔兹）④、"象征或意义理性"（萨林斯）⑤、"象征系统"⑥（维克多-特纳和道格拉斯）等，尤其在亲属关系、历史结构和象征系统等论域进一步推进后现代化—人文主义色彩的彻底路径，取得了相当数量的成就。例如，特别是《亲属关系是什么，不是什么》从亲属或关系是什么出发，就亲属制度的谱系思考和西式的个体主义观念展开讨论，力图阐明亲属关系在生物—文化的关联中生长起来的生成—构建论及相关特性。《仪式过程——结构与反结构》（1969）等以社会、仪式—朝圣现象的经验过程为核心论域，试图考证分裂与延续、结构与反结构、过程与隐喻如何通过特定环境获得活力，并形成其独特的内涵及结构特征。不过，范·热内普（Van Gennep）的阈限概念在维克多-特纳的仪式结构与反结构研究中重拾新的意义，进而拓宽了人

---

① ［美］萨丕尔：《萨丕尔论语言、文化与人格》，高一虹等译，第326、327、360页。
② ［美］萨丕尔：《萨丕尔论语言、文化与人格》，高一虹等译，第369页。
③ ［美］萨丕尔：《萨丕尔论语言、文化与人格》，高一虹等译，第350、292、380页。
④ ［美］克利福德·格尔兹：《文化的解释》，纳日碧力戈等译，上海人民出版社1999年版。另见［美］格尔茨（Geertz, C.）《文化的解释》，韩莉译，译林出版社1999年版；［美］格尔茨《地方知识——阐释人类学论文集》，杨德睿译，商务印书馆2014年版。
⑤ ［美］萨林斯（Sahlins, M.）：《文化与实践理性》，赵丙祥译，上海人民出版社2002年版。另见［美］萨林斯《历史之岛》，蓝达居等译，上海人民出版社2003年版；［美］萨林斯《石器时代经济学》，张经纬、郑少雄、张帆译；［美］马歇尔·萨林斯：《亲属关系是什么，不是什么》，陈波译，商务印书馆2018年版。
⑥ ［英］特纳：《象征之林——恩登布人仪式散论》，赵玉燕、欧阳敏、徐洪峰译，商务印书馆2006年版；［英］特纳：《仪式过程——结构与反结构》，黄剑波、柳博赟译。

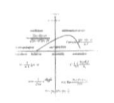

们对社会仪式及结构问题的相关视野。话说回来，在国际学术界中，对"人类学"一词的理解也不尽相同。在欧洲，"人类学"仅指体质人类学，而研究人类社会生活的学科被称为"社会人类学"（在英国又称"比较社会学"），研究人类不同风俗习惯的学科被称为"民族学"（Ethnology，德法）。具体而言，社会学一般只研究工业化的西方社会（或复杂社会），而人类学者则倾向于研究原始的、乡民的社会。与社会学的数据统计法相比，人类学者发展了一套小型社会中的参与观察法和地方性智识之深描研究路径。①

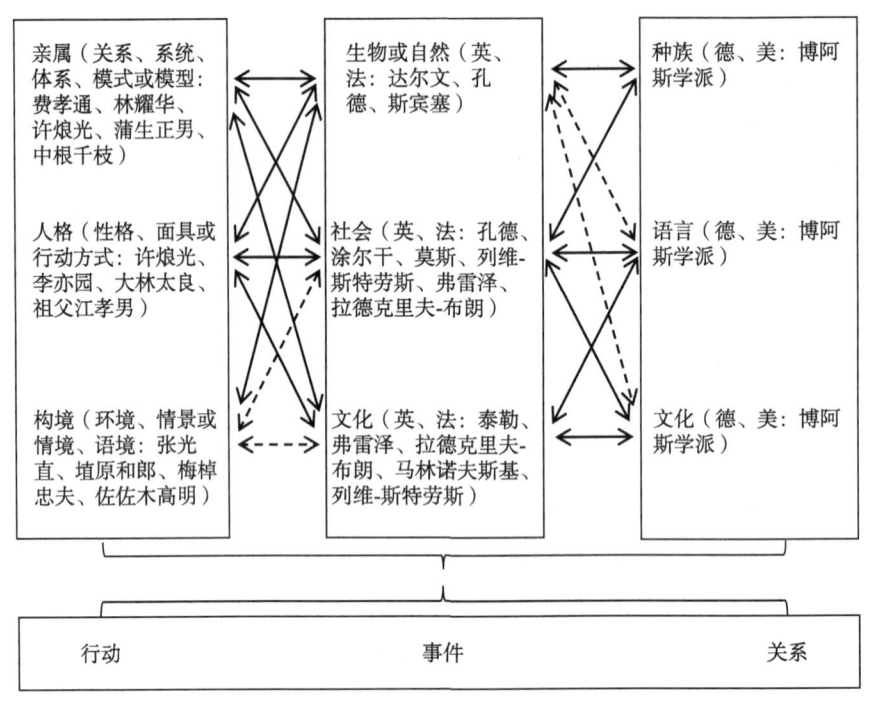

亲属（关系、系统、体系、模式或模型：费孝通、林耀华、许烺光、蒲生正男、中根千枝）	生物或自然（英、法：达尔文、孔德、斯宾塞）	种族（德、美：博阿斯学派）
人格（性格、面具或行动方式：许烺光、李亦园、大林太良、祖父江孝男）	社会（英、法：孔德、涂尔干、莫斯、列维-斯特劳斯、弗雷泽、拉德克里夫-布朗）	语言（德、美：博阿斯学派）
构境（环境、情景或情境、语境：张光直、埴原和郎、梅棹忠夫、佐佐木高明）	文化（英、法：泰勒、弗雷泽、拉德克里夫-布朗、马林诺夫斯基、列维-斯特劳斯）	文化（德、美：博阿斯学派）

| 行动 | 事件 | 关系 |

图总-2　人类学经典所见亲属、人格和构境的对应关系
注：实线表示直接的关联，虚线表示非直接关联。

本书以亲属、人格（性格或心态）和构境三领域为核心论题（图总-2），这不仅是中日人类学（或民族学）所涉的最基础性论域，更是从《原始文化》（泰勒）到《种族、语言与文化》（博阿斯学派）② 等世界人类学（或民

---

① ［美］康拉德·P. 科达克：《多样性的世界——文化人类学概论》，格勒、刘一民、刘月玲译，第1、6页。
② ［美］弗朗茨·博厄斯（Franz Boas）：《种族、语言与文化》，余华注释。

族学）所擘画出最根本的对象领域和关键所在。因此，本书所努力的方向更多在于对社会文化人类学（民族学）——原本领域和最根本基础的深度挖掘和映射效应之关注，而不在于对那些无关紧要的或支离破碎的相关领域或论题的无意义投入或关注。

绪论　亲属、人格和构境：ZHISHI 逻辑和数理统计进路

全书系统梳（疏）理自 20 世纪初期至今中日人类学（民族学）主要结构论假设及后续进程，总结出所涉亲属、人格和构境三域——12 种理论化构建，阐明了其以一般语言—人文传统的 ZHISHI（智·知+识）逻辑为根基的比喻或类比、对应或对称——拟制（模拟或模仿）等创制情况，进而以展望透过人文领域——阐释经验背后的数理统计生成和逻辑论证原理。在此，有关中国、日本的社会或文化结构假设已形成三域——12 种的选定规模，可分为亲属体系、人格模式和构境之网三方面（表绪-1）。

表　绪-1

领域	亲属体系					
学者	费孝通		林耀华	蒲生正男等	中根千枝	
结构假设	差序格局（中国）	团体格局（欧美）	宗族组织或社会	村落社会即生活类型	纵式社会（日本）	横式社会（印、中、西）
模式或模型	"格—纹"波状模型	捆绑式模型	集体表象结构	东北、西南日本型；同族阶梯制·年龄阶梯制·头（本）屋制及其他	序列主义（企业）组合模式	能力主义（职业）类属模式
行动方式或原理	自我主义	个体主义	家族/宗族主义	关系—类型之对应	感情/场所依赖	契约/资格规范

续表

领域	人格模式					
学者	许烺光		李亦园	大林太良		祖父江孝男
结构假设	中国（人格形成—宗族社会）	印度（种姓）、欧美（社团）、日本（家元）	中国（集体的人格或性格）	作为社会或文化缩影的日本神话	普遍社会	日本的县域社会或文化
模式或模型	祖荫—纵式伞形结构	印度：种姓中心；欧美：社团中心；日本：家元等特定类型	关系—人格—拟制的三层次结构	制度和心智—秩序结构	人格层次结构	县民性的地域结构
行动方式或原理	情境主义和相互依赖	印度：超自然中心和片面依赖；欧美：个人中心和自我依赖；日本：集团主义和场域依赖	"三层次均衡和谐"—文化语法	王权模式；三功能体系	面具—内化原则	性格原则

领域	构境之网			
学者	张光直	埴原和郎	梅棹忠夫	佐佐木高明
结构假设	商代文明	日本人起源或路线	日本社会或文化的位置	照叶树木—稻作文化传统
模式或模型	王都—权力—亲属、制度的社会结构	双重起源的结构模型	文明坐标构型	文化基层—多元结构
行动方式或原理	自发系统——环境适应的对应律	混合系统——环境适应、逆转律	自发系统——环境适应（极相）的对应律	混合系统——环境适应的对应律

第一节 行动或事件、关系：逻辑、集合论—因果检验

假设有思想实验（哲学、逻辑学等）、科学实验（化学和物理学等）和建模实验（数理统计学等）三种方案，那么包括民俗学在内的人类学"田野"工作则只是片面地融合了前两种实验——检验的逻辑因素：一是来自思想实验（哲学、逻辑学等）的语言逻辑和社会叙述逻辑；二是源于科学

实验（化学和物理学等）——实地考察的材料收集和定性判断逻辑。因此，这种实验—检验工作仍然停留在语言逻辑和社会叙述逻辑的表层模拟上，甚至完全忽视了把科学实验（化学和物理学等）和建模实验（数理统计学等）的数据分析论证当作检验假设推论（包括结果或结论）的科学实验过程的重要环节。

本书所涉加以修正的设想以亲属、人格和构境三论域的 12 种结构论说为讨论基础，并从数理统计的概率论和因果—反事实的假设检验等角度出发，就其事件集合、类型比喻之假设和行动整体的因果关系之情境式假说进行逻辑修正和深入挖掘、阐释。

行动或事件集合、类型比喻——概率论假设。 从数理集合论的角度看，无论是无文字社会——口语文化论，还是文字社会——书写文化论，其基本假设搭建在事件类型 A（无文字—前逻辑—非理性行动）和事件类型 B（有文字—逻辑—理性行动）的对立关系之上。因此，A 和 B 间的关系表达，尽管不排除包含或相等（$A \subset B$ 或 $B \supset A$，或 $A=B$）、和（$A+B$ 或 $A \cup B$）、积（AB 或 $A \cap B$）等，但还是以互不相容（$AB=\emptyset$，不可能事件）、对立或互逆（$AB=\emptyset$ 不可能事件或 $A+B=S$ 或 Ω 必然事件）等为条件的。

虽然说在数学逻辑的基本框架里常见的有加减乘除四种算法，但在数理统计的测算方法是以加法、乘法的公式和相关语言——数字逻辑推理为基础的。在所有科学研究的基本推理中，整体（或总体）和部分（或样本）的关系论证通常以两种形式得以进行和完成：整体＝（或等于）部分和整体＞（或大于）部分。按照康托尔（G. Cantor）的理解，对于有限的集合而言，"整体等于部分"，而对于无穷的集合来说，"整体不等于部分"。由此可导出，逻辑或推理原则建立在"整体等于部分"的有边界（或有限）假设，前逻辑或类比原则形成于"整体不等于部分"的无边界（或无限）假设。

根据上述集合论和本书研究对象——社会或文化情况，可得出以下表格分析图示，这里所说的无文字社会和文明社会这两种文化类型分类是相对的，在更大的宏观构设中两者皆可作为一个整体而存在（表绪-2）。

绪论　亲属、人格和构境：ZHISHI逻辑和数理统计进路

表　绪-2

假设\分类	情境式口语行为观（假设Ⅰ）	社会行动逻辑（假设Ⅱ）	量化原理
A：传统社会或无文字社会　基本假设：统一思维本体的整体原理假设=源于情境式行动观（包括口语观）基础的延伸假设Ⅰ+遵循诗性（情感）、前逻辑或直觉的想象或类比原则的延伸假设Ⅱ	理念（语言第一性）↓柏拉图等　现实　　艺术	模仿或分有的转化原则——柏拉图、亚里士多德	理念（整体）模仿↓分有　复数的语言系统、事件、具象
	社会叙述（语言和言语）↓索绪尔　能指·　　所指·　音响　　　概念	社会事实的拟制、重复或模仿的转化原则——涂尔干、莫斯、塔尔德	社会事实（统一）分类↓拟制　复数的语言符号观、集体行为模式
	语言心理模式　萨丕尔、沃尔夫①　强势假说　弱势假说　即决定论　即相对论	自然循环仪式的适应或对应原则·罗伯逊·史密斯、弗雷泽、莫斯、普罗普、弗莱②	社会内部行动相对↓模仿　复数的语言相对性、个体或集体行为
低度理性逻辑（文学、艺术、文化）、口语交流——直觉、类比原则、互渗律——整体观，口传教育体系——亲属制度（图腾等初级拟制）——初级组织——小传统、简单社会（亲属制度和使用工具）或非工业社会（经济模式和生产方式）	普遍的语法结构↓乔姆斯基③　称谓词+动作性谓词	结构模式的转换原则——列维-斯特劳斯（部分地包括涂尔干等）	自然⇒文化=象征系统↓八项关系　三层（级）代码转换
	口语媒介—瓦尔特·翁④　印刷——电子　媒介　　媒介	延伸或模拟—转换原则—哈罗德·伊尼斯、麦克卢汉⑤、瓦尔特·翁	听、看、嗅等功能模拟↓手段情境　式语言功能转化、延伸
Ã(B)：现代社会文明　高度理性逻辑（科学、技术、文明）、文字书写——归纳和演绎原则、结构律——系统、分析的组合观——类型逻辑思维和总体逻辑思维	——	——	——

① Whorf，为语言人类学者，以提出萨丕尔—沃尔夫假说（Sapir—Whorf hypothesis）而著称。

② Robertson Smith，为宗教—仪式论者；V. Propp 和 Northrop Frye 分别为民俗学者和文艺学者，他们均在仪式—原型理论方面颇有建树。

③ Noam Chomsk，语言学家，在转换—生成语法的倡导等方面颇有贡献。

④ Walter J. Ong.，为传播学媒介环境学派的第二代核心人物，《口语文化与书面文化》一书的作者。另见［美］瓦尔特·翁《口语文化与书面文化——语词的技术化》，何道宽译，北京大学出版社2008年版。

⑤ Harold lnnis 和 Marshall McLuhan 分别为传播学媒介环境学派的初创者和第一代核心人物，在媒介—延伸论等方面有突破和贡献。

数理统计的"整体等于部分"或"整体等于部分之相加"原理，其与概率分布（大小）、极限定律（无限、有限）、因果关系和反论证、误差控制（高斯方法）等完备或全观原则有着内在关联。所以说，在这种频率法的古典推测中，假设推理的过程及其结论仍依赖于初级阶段的数理统计及频次分析这类旧式做法，与其传统人文主义等简单数据描述和推理结果没什么很大的区别。因此，对传统人文主义等类型、特征推论进行古典频率——概率法评估，可以得出这样结论：大、小概率（P）是指逻辑上的有无状况，而概率则指某一事物或现象可能出现的大小之量化程度。$P=1$ 是必然发生的事件；$P=0$ 是不可能发生的事件；$0 \leqslant P \leqslant 1$ 是偶然发生的事件，意味着既可能发生，也可能不发生。$P \leqslant 0.05$ 或 $P \leqslant 0.01$，属于小概率事件，即很难观测的事件。事实上，这种传统人文主义产生于语言推理逻辑，其与数理统计的古典频率——概率法理解十分相近，本质上两者是相通的。

根据社会类型的基本假设框架，如果说原生假设=无文字社会（口语文化论）+文字社会（书写文化论）中易于发现前置变量（Pre Variable）假设的本质类型、特征问题，那么次级假设则作为以第一假设——无文字社会的口语文化论和第二假设——文字社会的书写文化论为基础的行动——因果推论假设类型之问题，并从中去发掘中介变量（Intermediary Variable）、条件变量（Conditional Variable）、曲解变量（Distorter Variable）和压抑变量（Suppressor Variable）等相对复杂的形式。①

前置变量（Pre Variable）假设：若 Z（思维本体）同时作用于 X（前逻辑—非理性行动）和 Y（逻辑—理性行动），是 $Z \to X$、Y 这两种平行—因果关系的共因，因此 Z 为 X、Y 的前置变量，而 X、Y 之间关系呈现为伪相关或空集合。

中介变量（Intermediary Variable）假设：Z 是 X 产生的结果，同时又是形成 Y 的原因，并且 Z 存在于 X、Y 因果链的中间位置，那么称 Z 为 X 和 Y 的中介变量，X 和 Y 之间是 $X \to Z \to Y$ 这种形式的间接关系。

---

① 本书所用的多数统计学术语和公式均以《社会统计学》（卢淑华）为基础参考，详见卢淑华《社会统计学》，北京大学出版社2021年版。在此，应当注意控制变量（control variable），以及其他变量的质性区分和适用范围：自变量（independent variable）和因变量（dependent variable）；连续变量（continuous variable）和离散变量（discrete variable）；等等。

条件变量（Conditional Variable）假设：Z 只是 X 和 Y 存在关系的条件，称 Z 为条件变量，$Z \rightarrow X、Y$。

此外，还有曲解变量（Distorter Variable）假设和压抑变量（Suppressor Variable）假设，借此可讨论 X、Y 所呈 Z 未分组前的倒置关系和 Z、Y 相关所涉 Z 分组后的压缩情况等。

概率分布的推论原理：建构在以集中趋势①和离散趋势②的特征测量为框架的频率计算之基础上。比如，在频次、百分比的一般应用上，数理统计学研究法和传统人文主义等简单数据描述分析颇为接近。诚然，概率统计更多以众数或众值 M_o、中位数或中位值 M_d、均值——集中趋势测量和极差 R、异众比率 γ、四分互差/位差或四分间距、方差 σ^2 与标准差 σ——离散趋势测量为频率或概率推论之数理语法基础，与此相反，人文传统则限于语言逻辑的类比推理而并没有发展出对数理统计方面的任何兴趣。具体而言，集中趋势测量就是找出一个稳定数值来代表变量取值的集中程度，而离散趋势测量则是找出一个离中数值来代表变量取值的分散程度。因此，集中趋势和离散趋势正好形成反比或互补关系。比如，一组数据彼此相同，离散程度为 0，集中趋势即该数值本身。

在古典范式的频率法之后，伯努利（伯努里，Bernoulli）等引入概率这一参照值完善了频率—概率分布的转型框架，并推动了这一专门领域的深化发展。对于频率—概率分布的转型本身来说，尤其是概率分布的推理逻辑以集中趋势测量——均值等和离散趋势测量——方差 σ^2、标准差 σ 等为中心。除

---

① 集中趋势测量法：包括众数或众值 M_o（Mode）、中位数或中位值 M_d（Median）、均值（Mean）等方面——众数或众值是指确定范值的区间中出现频率最高的数值；中位数是指一组数据按值的大小顺序排列后，处于中央位置的变量值；均值是指总体各单位数值之和/总体单位数目之间的比率关系。

② 离散趋势测量法：极差 R（Range）、异众比率 γ（Variation Ratio）、四分互差/位差（Quartile Deviation）或四分间距（Inter-quartile range）、方差 σ^2（Variance）与标准差 σ（Standard Deviation）——异众比率是总体中非众数次数与总体全部次数之比值；极差是指观察最大值—观察最小值的定序关系及离散度量；四分互差/位差是指将一组数据按大小排列成四个等分后，形成第三个四分位置的值（75%/Q_3）-第一个四分位置的值（25%/Q_1）的差值；方差 σ^2 是指观测值与其均值之差的平方和全观察总数之比；标准差 σ 是各数据偏离平均数这一距离（离均差）平方和的平均数，或者是指离差平方和平均后的方根或方差的算术平方根。

了均值为未分组的 $\bar{X} = \dfrac{\sum X_i}{N}$ 或 $\bar{X} = \sum P_i X_i$、分组的 $\bar{X} = \dfrac{\sum n_i b_i}{\sum n_i}$ 之外，方差公式的记号为 $\sigma^2 = \dfrac{\sum (X_i - \bar{X})^2}{N}$；标准差公式的记号为 $\sigma = +\sqrt{\sigma^2}$。标准差能反映一个数据集的离散程度；平均数（值）相同，但标准差未必相同。比如，N 重伯努利试验：根据统计测验，在条件相同的情况下，事件 E 在 N 次试验中出现的频数为 n，那么频次 n 与试验次数 N 的比值为该事件 E 的频率即 n/N。$f(E) = \dfrac{n}{N}$，当观察次数 n 增加到较大时，事件 E 的频率波动变小并稳定于某一常数 P，称这种 $P(E)$ 趋近于频率即 n/N 稳定近似值的统计规律为"大数法则"。

$$P(E) = \lim_{N \to \infty} f(E) = \lim_{N \to \infty} \dfrac{n}{N}$$

有限和无限的数理逻辑和推论假说。极限定理包括中心极限定理（律）（Central Limit Theory）①和大数定理（律）（Law of Large Numbers）。大数定律（理）是指随机事件或现象转化为必然事件或不可能事件，即阐明这种大量随机现象平均结果这一稳定性的一系列定理（律）；而中心极限定律（理）则指随机变量之和的分布接近于正态分布的相关定律表达。首先，中心极限定理（律）包括以下几种：德（棣）莫佛-拉普拉斯定律、林德伯格-列（勒）维定律和李雅普诺夫渐近稳定性（Lyapunov Stability）定律。德（棣）莫佛-拉普拉斯定律，是指服从二项分布的随机变量序列；林德伯格-列（勒）维定律，则指服从独立同分布的随机变量序列——特征函数理论；李雅普诺夫渐近稳定性定律，是指渐近稳定性分布——大样本（渐近）理论〔Large-SampleTheory（Asymptotics）〕。其次，大数定理虽然可分为强大数定律和弱大数定律，但通常习惯地把弱大数定律简化并称为大数定律。因此，除了强大数定律之外，弱大数定律包括与切比雪夫或切贝谢夫（P. L. Chebyshev）不等式推理条件有关的伯努利（贝努里）大数定律、辛钦（Khinchine）大数定

---

① 常见的中心极限定理（律），有德（棣）莫佛-拉普拉斯中心极限定理（Demover Laplace central limit theorem）和林德伯格-列（勒）维中心极限定理（Lindeberg-Levy central limit theorem）等。

律、切比雪夫大数定律和马尔可夫（Markov）大数定律。换句话说，大数定理（律）是指在随机事件中，随着次数的增加事件频率趋于稳定值的情况，主要有符合切贝谢夫不等式推理前提的贝努里定律和切贝谢夫定律等。

中心极限定律（理），其一般表达式为：$\lim_{n\to\infty} P\left(\dfrac{\xi - n\mu}{\sqrt{n}\sigma} \leqslant x\right) = \dfrac{1}{\sqrt{2\pi}} \int_{-\infty}^{x} e^{-\frac{t^2}{2}} dt$，同时还在 n 足够大条件下形成近似正态的几种情况：$\dfrac{\xi - n\mu}{\sqrt{n}\sigma} \sim N(0, 1)$、$\xi \sim N(n\mu, n\sigma^2)$、$\bar{\xi} = \dfrac{1}{n}\sum\limits_{i=1}^{n}\xi_i \sim N\left(\mu, \dfrac{\sigma^2}{n}\right)$、$\dfrac{\bar{\xi} - \mu}{\frac{\sigma}{\sqrt{n}}} \sim N(0, 1)$。

中心极限定理（律）以随机变量之和的分布为聚焦点，说明在什么样条件下接近于正态分布的情形。大数定理（律）以随机事件如何转化成不可能或必然事件为两端极限假设，阐明大量随机现象的平均值在什么样条件下趋于 0 和 1 的两种情形。可以说，中心极限定理（律）的着眼点在于"正态分布"，实际推断原理的关键在于论证"小概率事件"；而大数定理（律）中的关键在于确定"频率的稳定性"和"大概率事件"。

大数定理（律）的一般假设，可分为假设 1 和假设 2 的两种情况。其假设 1，在单次试验中，某个随机事件可以发生也可以不发生；其假设 2，但在大量重复实验中呈现出规律性，即该随机事件发生的频率会向某个常数值收敛，称该常数值为该事件发生的概率。因此，概率收敛是指频率收敛于或趋于概率，或者是说当样本数据无限大时，样本均值趋于总体均值。然而，现实生活中，很难做无穷多次试验，也很难估计总体参数，于是用频率近似估计概率；用样本均值近似估计总体均值。

弱大数定律（理），借助依概率收敛的变化能够预测 $P=0$ 即不可能发生的事件；强大数定律（理），通过几乎必然收敛来观测 $P=1$ 即必然发生的事件及其变化。例如，弱大数定律——随着 n 增大，依概率收敛（i.p. 收敛，Converge in Probability）更加显著，样本均值近似于总体平均值，概率就趋于 0 的状态。依概率收敛，处于比依分布收敛更强和比平均收敛要弱的中间情况。强大数定律——比起依概率收敛，几乎必然收敛（a.s. 收敛，Converge Almost Surely）所起的作用更加显著，此时可确定为 $P=1$ 的概率收敛。

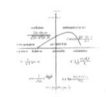

如果对于任意一个使得分布函数 F 连续的点 $a \in \mathbf{R}$，均有：

$$\lim_{n \to \infty} F_n(a) = F(a)$$

那么称分布函数列 F_1，F_2，…，F_n 依分布收敛于 F 分布，记为 $F_n \xrightarrow{D} F$。

在此，依分布收敛是"一个相对较弱的收敛的概念"。特别地，它"不能保证对于不同的 a 值，$F_n(a)$ 的收敛速度有一个一致的界"。[1]

在近似部分（样本）——整体（总体）的转化层面上，伯努利大数定律说明了频率与概率的关系——当 N 很大，事件 A 发生的频率等于事件 A 发生的概率；辛钦大数定律揭示了算术平均值和数学期望的关系；切比雪夫大数定律阐明了样本均值和真实期望的关系。相较于辛钦大数定律，切比雪夫大数定律并未要求同分布，更具一般性。

在频率——概率的分布理论中，概率接近于 1（或 0）的事件意味着不同于中心极限条件的必然和不可能——两个极限，其对事件的判断和统计决策具有重要意义，大数定理（律）就是为建立概率接近于 1（或 0）的事件提供了严谨的理论依据。

频率——→概率

频率密度 = 频率/组距——→概率密度 = $\lim\limits_{\Delta x \to 0} \dfrac{P\left(x - \dfrac{\Delta x}{2} \leq \xi \leq x + \dfrac{\Delta x}{2}\right)}{\Delta x}$

向上累计频率 = $\sum f_i$ ——→ 分布函数 $F(x) = P(\xi \leq x_i)$

对于分布函数而言，离散型随机变量（Discrete Random Variable）——概率分布为：$P(\xi = x_i) = p_i$ $(i = 1, 2, \cdots, n)$，或 $F(x) = P(\xi \leq x) = \sum\limits_{x_i \leq x} P(\xi = x_i)$；连续型随机变量（Continuous Random Variable）——概率分布为：$P(x_1 \leq \xi \leq x_2) = \int_{x_1}^{x_2} \varphi(x) \mathrm{d}x$，或者 $P(-\infty < \xi < +\infty) = P(S) = 1$，$F(x) = P(\xi \leq x) = \int_{-\infty}^{x} \varphi(x) \mathrm{d}x$。

---

[1] ［美］迈克尔·米森马彻（Michael Mitzenmacher）、［美］伊莱·阿法尔（Eli Upfal）：《概率与计算——算法与数据分析中的随机化和概率技术》，冉启康译，机械工业出版社 2020 年版，第 182 页。另见［美］米曾马克（Mitzenmacher, M.）等《概率与计算》，史道济等译，机械工业出版社 2007 年版。

绪论 亲属、人格和构境：ZHISHI 逻辑和数理统计进路

在纯直觉或逻辑的边界领域，"因果联系影响着事件的条件概率，这种假设似乎是合理的"。换句话说，在"统计学上，因果的因素通常被认为是相关的"。[①]

中心极限定理（律）的基本原理：如果从任何一个具有均值 μ 和方差 σ^2 的总体（可以具有任何分布形式）中重复抽取容量为 n 的随机样本，那么当 n 变得很大时，样本均值 $\bar{X}$ 的抽样分布接近正态，并具有均值 μ 和方差 $\dfrac{\sigma^2}{n}$。

在此，正态分布，又被称为高斯（Gauss）分布：若随机变量服从一个位置和尺度参数的概率分布，其概率密度函数由数学期望值等于位置参数，以及方差的开平方或标准差等于尺度参数的关系构成。正态分布的概率密度函数通常呈钟形曲线，标准正态分布则属于位置参数为 0，尺度参数为 1 的正态分布。例如，离散型分布有二项分布（Binomial Distribution）、多项分布（Multinomial Distribution）、超几何分布（Hypergeometric Distribution）、泊松分布（Poisson Distribution）等，连续型分布包括卡方或 χ^2 分布（Chi-square Distribution）、T 分布（T-distribution）和 F 分布（F-distribution）等。

二项分布和多项分布均是在二点分布（Two-points Distribution）的排列和组合（Permutation and Combinations）推算原则基础上发展起来的：二项分布是指二项随机事件在重复 n 次独立试验中呈现的数值分布情形；当试验次数为 1 时，二项分布服从 0-1 分布。超几何分布使用于小型群体研究，数学上可以证明当 N 很大时，它将趋向于二项分布。泊松分布 $P(\lambda)$ 是二项分布 $B(n, p)$ 的极限分布，适合于稀少事件——P 值很小的情况。这些概率分布的计算基础，从根本上说是一般排列和组合的计算推论之结果。

除了二点分布、二项分布等之外，卡方或 χ^2 分布、T 分布和 F 分布均与正态分布和标准正态分布之状况有关。正态分布，表达式为：$\varphi(x) = \dfrac{1}{\sqrt{2\pi}\sigma} e^{\frac{-(x-\mu)^2}{2\sigma^2}}$；标准正态分布，表达式为：$\varphi(Z) = \dfrac{1}{\sqrt{2\pi}} e^{-\frac{z^2}{2}}$，其中 $Z = \dfrac{x-\mu}{\sigma}$。

全概率公式（Total Probabilities Theorem）是根据对发生事件 B 的各种原

[①] ［美］林肯等：《自然主义研究——21 世纪社会科学研究范式》，杨晓波等译，科学技术文献出版社 2004 年版，第 99 页。

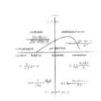

因 A_i 分析，即 $P(A_i)$、$P(B/A_i)$ 之计算，求得事件 B 发生可能性的大小，这是由因探果的过程。全概率公式：如果 A_1，A_2，A_3，…，A_n 为完备事件组，即有 A_1，A_2，A_3，…，A_n 互不相容，且 $P(A_i)>0$（$i=1$，2，3，…，n）；$A_1+A_2+A_3+$，…，$+A_n=S$。对于任一事件 B 皆有：$P(B)=\sum_{i=1}^{n}P(A_i)P(B/A_i)$；在此，$B=BA_1+BA_2+BA_3+$，…，$+BA_n$。

逆概率公式（Inverse Probabilities Theorem），如果事件 B 已发生，要追溯导致事件 B 发生各种原因 A_i 概率分别是多大，$P(A_i/B)=?$（$i=1$，2，…，n），这是由果探因的过程。逆概率公式，亦称贝叶斯公式（Bayes' Theorem）：如果 A_1，A_2，A_3，…，A_n 为完备事件组，即有 A_1，A_2，A_3，…，A_n 互不相容，且 $P(A_i)>0$（$i=1$，2，3，…，n）；$A_1+A_2+A_3+$，…，$+A_n=S$。事件 B 仅能与 A_1，A_2，A_3，…，A_n 之一同时发生，$P(B)\neq0$，那么在事件 B 发生情况下，事件 A_i 出现的条件概率 $P(A_i/B)$：$P(A_i/B)=\dfrac{P(A_i)\ P(B/A_i)}{P(B)}$，其中 $P(B)=\sum_{i=1}^{n}P(A_i)P(B/A_i)$。因此，$P(A_i)$ 为先验概率（原预设），是在事件 B 未发生情况下对事件 A_i 的认识；$P(A_i/B)$ 为后验概率，是在事件 B 发生情况下对 A_i 的再认识，或对 $P(A_i)$ 的修正。

因果推论——反事实方法的初级假设检验。作为因果推论——泊松（Poisson）分布：它是指当参数 n 充分大而 p 充分小时，参数为 (n,p) 的二项分布的极限分布。它最初就是作为二项分布的极限分布导出的。

根据栗原伸一、丸山敦史作的分解方式①，贝叶斯分布的公式如下：

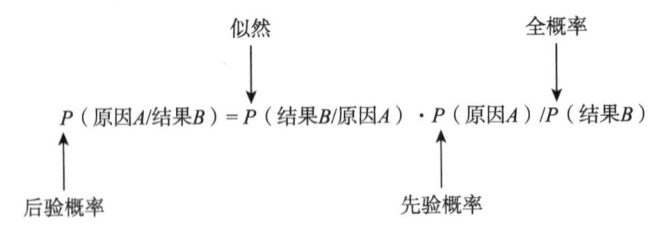

$$P(原因A/结果B) = P(结果B/原因A)\cdot P(原因A)/P(结果B)$$

（似然↓　全概率↓　后验概率↑　先验概率↑）

P（原因 A）为先验概率（Prior Probability），表示"在还未观测到结果 B 的阶段，确信原因是 A 的程度"。作为一种主观的概率，先验概率与所放入的

---

① ［日］栗原伸一、［日］丸山敦史：《统计学图鉴》，侯振龙译，人民邮电出版社2021年版。

知识、经验等各种主体——经验相关信息相符。

P（原因 A/结果 B）为后验概率（Posterior Probability），是指"当观测到结果 B 时，原因是 A 的概率"。可以说，与主观的先验概率相比，后验概率是通过反事实假设的数理统计得出的。

P（结果 B/原因 A）为似然（近似主观概率），表示"当原因为 A 时会观测到结果 B"的可信度。在此，因为结果已经存在，所以"似然并不是概率，它表示结果 B 的原因最有可能是 A"。

P（结果 B）为全概率，是"观测到的结果为 B 的概率"。在一般逻辑推理中，全概率就是在多个原因的情况下产生的各个概率的总和。

近年来，因果推断方法论的理论探索，侧重于事实——反事实的论证及倾向值（条件概率）匹配算法[1]等，实则包括"样本选择模型""倾向值匹配方法""匹配估算法""核心值匹配法"等，但对此仍存在支持[2]和批判[3]的声音。

反事实就是一个未发生的事（与事实相反）；就这里而言，经过处理的反事实就是没有经过处理。根据反事实果因推演的理论，处理的效果就是经过处理的那些人（事件）的结果，与那些在同一时间未经过处理的同样的人群（事件丛）的结果之间的差异。遗憾的是，不可能观测到反事实，也就是说，不可能同时对同样的人（事件）既进行处理又不进行处理。[4] 在此（J. Elster），所指的"仅仅是推论中存在的普遍问题，而推论总是有一定的不确定性的"，但这些困难"不能作为反对用反事实陈述因果关系的理由"。[5]

参数和非参数的数理统计检验。假设检验方法可分为两类，一是参数检验，二是非参数检验。参数检验是假设检验的主要数理统计方法，而非参数检验则用于当参数检验方法不适用时——参数检验的反向推理的情形。比如，

---

[1] ［美］郭申阳、［美］弗雷泽（Fraser, M. W.）：《倾向值分析——统计方法与应用》，郭志刚、巫锡炜译，重庆大学出版社 2012 年版。

[2] ［美］金（King, G.）、［美］基欧汉（Keohane, R. O.）、［美］维巴（Werba, S.）：《社会科学中的研究设计》，陈硕译，格致出版社、上海人民出版社 2014 年版，第 75 页。

[3] ［美］米歇尔·刘易斯-伯克、［美］艾伦·布里曼、［美］廖福挺：《社会科学研究方法百科全书》（第 1 卷），沈崇麟、赵锋、高勇主译，重庆大学出版社 2017 年版，第 188 页。

[4] ［美］米歇尔·刘易斯-伯克、［美］艾伦·布里曼、［美］廖福挺：《社会科学研究方法百科全书》（第 1 卷），沈崇麟、赵锋、高勇主译，第 188 页。

[5] ［美］金（King, G.）、［美］基欧汉（Keohane, R. O.）、［美］维巴（Werba, S.）：《社会科学中的研究设计》，陈硕译，第 75 页。

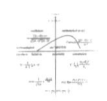

T 检验和方差分析等的基础逻辑均属于较为典型的参数方法。这类方法假定总体遵循正态分布的中心极限原理，因此可以用于计算在零假设条件下实验结果发生的概率。与此对应，尽管学界一般认为非参数检验法是不依赖于分布的检验，即非参数检验是在参数检验的反向逻辑基础上提出来的。所以说，非参数方法（Non-parametric Methods）或非参数检验（Non-parametric Test）是不以"总体遵循特定的概率分布"为前提的统计方法的总称。

当一个或多个假定条件得不到满足时，参数检验的问题可转化为非参数检验的反论证命题来处理。在此，命题通常从逻辑上都假定分布是正态的，但前提条件是未知数据分布或样本容量很小的。非参数检验方法"常常是基于便于计算的计数方法，并能够应用于有序数据和定量数据"。如果"分布已知或样本容量大到足以进行参数检验，则再做这些非参数检验就是无效的"。①

宏大视角的社会类型——数理统计观察。其以有关定类和定序变量的概率——分布理论、极限定理（中心和大数）、对数线性模型（列联表和系数）、等级相关模型、非参数检验为中心，兼顾了基于定比—定距变量的回归相关模型、多元方差数学模型等。当把类型、特征等质性因素的数量及序列关系转化为关于总体的众数、中位数等定类—定序假设（类似于检验总体均值）时，要用符号检验（Sign Test）、符号秩检验（Sign-rank Test）、秩和检验（Rank Sum Test）、旅程检验（Run Test）和累计频次检验（Cumulative Frequency Test）等非参数检验方法来讨论超出参数检验范围之外的类·序化问题。一般而言，函数关系表示确定数量之间的关系——稳定特征，相关关系表示非确定性的关系——随机化状况。

统计推论：如果用 $\hat{Q}(x_1, x_2, \cdots, x_n)$ 作为未知参数 Q 的估计值，那么区间包含参数 Q 之概率为 $1-a$ 的关系表达式为 $P(\hat{Q}-\varepsilon \leq Q \leq \hat{Q}+\varepsilon) = 1-a$，置信区间反映了估计的准确性。与频率—概率分布的延伸关系一样，参数估计的两端分别是点估计和区间估计，前者为参数估计的起点，后者为参数估计得以全面地开展的边界性领域。按照区间估计的推理逻辑，可得出置信度（可靠性的概率/系数估计）+显著性水平 a（不可靠的概率）= 1 的整体观

---

① ［美］多米尼克·萨尔瓦多、［美］德里克·瑞杰：《统计学与计量经济学》，杜艺中译，复旦大学出版社 2008 年版，第 107 页。

（或总体观）之假设。

在样本容量一定的情况下，置信区间和置信度是相互制约的。置信度愈大，则相应的置信区间也愈宽。

1. 定义：根据局部资料对总体特征进行推断；其包括从局部到总体——归纳式逻辑和从总体到局部——演绎式分析逻辑的两个方面。

2. 特点：遵循局部＝总体的原则，认为局部特性反映总体特征，但抽样结果≠总体的结果。

3. 理论基础：来自概率论——概率分布。概率基本原理，大概率——必然性、客观性，趋于或接近规律；小概率——随机性、偶然性——忽略不计的。

4. 内容：涉及参数估计和假设检验；前者借助样本对总体的未知参数进行估计；后者通过样本对总体的某种假设进行检验。

相比之下，点估计是根据样本数据算出一个单一的估计值，用它来估计总体的参数值；区间估计就是计算抽样平均误差，指出估计的可信程度，进而在点估计的基础上，确定总体参数的所在范围或区间。区间估计是参数估计的基础，也算是全部内容。在此，置信区间，是指在基于点估计的参数两边或两端设置的估计区间；置信度（置信概率/系数）为置信区间估计的可靠性；显著性水平为置信区间不可靠的概率；或者说，在原假设成立的条件下，统计检验中所规定的小概率的标准，即规定小概率的数量界限。因此，置信区间与置信度的关系：置信度＋显著性水平＝1。

第二节 诸数学模型：对数线性、等级、回归—相关—方差

在数理统计的假设检验中，社会文化研究的常用方法主要有列联表—对数线性模型、等级相关模型、回归分析—相关系数 R（或积矩相关）模型、方差分析—相关比率（E^2）的数学模型和非参数检验，等等。在此，尽管说从列联表到方差分析和参数检验均以因果关系推论为主线，但它们之间也存在许多不同之处。比如，与列联表—对数线性模型、等级相关模型和非参数检验侧重于定类—定类、定序—定序的单一关系模式相比，回归分析—相关系数 R（或积矩相关）模型、方差分析—相关比率（E^2）的数学模型则以定距—定距和定类或定序—定距的相对复杂关系为论证对象。

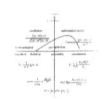

列联表和对数线性模型。其一，2×2 二维列联表的统计模型分析以 ϕ（Phi）系数和 Q 系数为基础；$r×c$ 多维表——统计模型分析，以基于 χ^2 估算的 C 系数、V 系数和基于 PRE（减少误差比例或比率）的 λ（lambda）系数、T（tau-y）系数等为中心。其二，用列联表来可以说明对数线性模型的一般表达方式，其为 $L_{ij(函数)} = \mu + \mu_{i(行)}^{x} + \mu_{j(列)}^{y} + \mu_{ij(关联)}^{xy}$。[①] 统计独立模型就是当 $\mu = 0$ 对于所有 (i, j) 都成立时的简化模型。因此，对数线性模型是广义线性模型族中的一种，因此适用于定类—定类变量之间的强弱拟合关系之测量。

ϕ 系数和 Q 系数的表达式为：

$$\phi = \frac{ad-bc}{\sqrt{(a+b)(c+d)(a+c)(b+d)}}$$

$\phi = 0$，两个变量相互独立；

$|\phi| = 1$，b, c 或 a, d 同时为零；

$|\phi| < 1$，一般情况。

$Q = \frac{ad-bc}{ad+bc}$：对于 Q 而言，只要 a, b, c, d 中任一个为零，$|Q| = 1$。

如果把一般假设中指标 1 和指标 2 的二维特性拓展成为二维以上或 n 维特性，那么 2×2 二维表就变成为 $r×c$ 多维表的关联模型。

首先，基于 χ^2 估算的 C 系数、V 系数。

C 系数：$C = \sqrt{\dfrac{x^2}{x^2+n}}$

在此，$\phi = \sqrt{\dfrac{x^2}{n}}$，其中 $x^2 = \sum \sum \dfrac{(n_{ij}-E_{ij})^2}{E_{ij}}$。

$r×c$ 表的格增多，ϕ 值随之增加。但 ϕ 值没有上限，因此系数间比较失去意义，此时可以用 C 系数来解决此类问题，原因是 C 值始终在 $[0, 1]$，说明它永远小于 1。尽管 C 系数克服了 ϕ 系数无上限的缺点，但它不能达到 1，因此引入 V 系数是有必要的。

V 系数：

[①] ［美］米歇尔·刘易斯-伯克、［美］艾伦·布里曼、［美］廖福挺：《社会科学研究方法百科全书》（第 2 卷），沈崇麟、赵锋、高勇主译，第 720—724 页。

$$V=\sqrt{\frac{\phi^2}{\min\left[(r-1),(c-1)\right]}}$$，对 2×2 有 $\min\left[(r-1),(c-1)\right]=1$。

其次，基于 PRE（减少误差比例）的 λ 系数、T 系数，其中 $PRE=E_1-E_2/E_1$，建立在减少误差比例的基础上。PRE=0，PRE=1，或 0<PRE<1 时，分别为无相关，全相关和其他。

λ 系数：$\lambda=PRE=E_1-E_2/E_1$，根据 PRE 属性计算 λ 值。

T 系数：$T=PRE=E_1-E_2/E_1$，根据 PRE 属性计算 t 值。

等级—相关的诸系数和模型。它是指定序—定序变量之间的关联状态，定类或类别变量的观测数值可转换为具有序列特性的等级值；常用等级相关系数包括斯皮尔曼的 r_s 系数、Gamma 系数、肯氏（K-tau）系数和 d 系数等。除了定类—定序变量的系数问题之外，在回归分析—相关模型、方差分析的数学模型中，有必要对相关比率（与 R 系数的关系）和减少或消减误差比率进行深入讨论。

回归—相关系数 R（或积矩相关）之模型：回归分析指定距—定距变量之间的非确定关系研究，实属相关关系中的因果关系推论。如果有两个变量 x 和 y，当 x 变化时会引起 y 相应变化，但它们之间的关系不是确定不变的。从传统上看，称这种因果关系研究为回归分析，其建立在回归方程的假定构设与模型检验等基础上。因此，回归分析的一般方程记号为 $E(y)=\alpha+\beta x$，由此可得出 $y_i=\alpha+\beta x_i+e_i$ 的现实表达式。其中，α 称作回归常数，β 称作回归系数；y_i 是随机变量，e_i 是随机误差。下面为一元回归方程，是不计入随机误差情况的简化形式，见图绪-1。

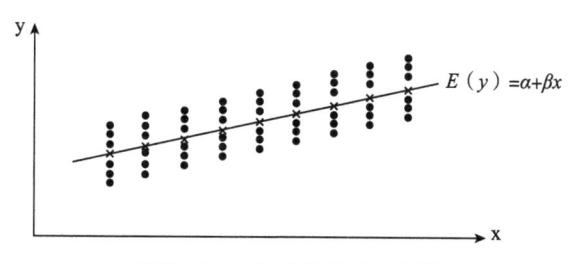

图绪-1 一元线性回归方程[①]

---

① 卢淑华：《社会统计学》，第 342 页。

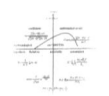

回归方程的基础来自回归直线的构思，即运用最小二乘法来确立拟合的回归直线：$y=\alpha+\beta x$（根据样本）。事实上，抽样误差总是存在的，样本均值并不等于总体均值，因此要用最小二乘法（高斯等修正优化的）获得一条最佳的估计直线。如前所说，与凯特勒（Quetelet）的"平均人"模式接近继承柏拉图式的类型逻辑思维之做法不同，高尔顿或加尔顿（Francis Galton）的回归方程或设想是在高斯等提倡最小二乘法—线性模式和达尔文（Darwin）的总体逻辑思维所涉分组观的结合基础上发展起来的。比如，高斯方法的前提是类型逻辑思维——观测数据＝固定模型+测量误差；高尔顿（或加尔顿）方法产生的条件是总体逻辑思维——观测数据＝系统差异（组间差异）+残余差异（组内差异）。[①]

有关（x，y）的二次回归方程，可分为理想模型（不含随机误差）和现实模型（含随机误差）：前者是$\hat{y}=a+bx+cx^2$；后者是$y=a+bx+cx^2+\varepsilon_x$。以此类推，也可得出多项式的回归方程。在这样二（两）项以上的多次方程情况下，若干次独立观测的样本点分布不会落在一条直线或附近，而接近于分布在某条抛物线的一段附近。另外一解决问题的办法，是数理统计图的制作法，借助描述两变量的散点图，然后根据图像上所形成的曲线形状判断拟合曲线的准确位置并加以比较：强相关、中等相关、弱相关；强回归系数、中等回归系数、弱回归系数。[②]

相关系数 R 和判定系数 R^2：r 系数的表达式为 $r=\dfrac{\sum(x_i-\bar{x})(y_i-\bar{y})}{\sqrt{\sum(x_i-\bar{x})^2\sum(y_i-\bar{y})^2}}$，是减少或消减误差比率——判定系数 R^2 的开方形式。减少或消减误差比率，又称其为判定系数 R^2，表达公式为 E_1-E_2/E_1（E_1 为不知 y 与 x 有关，预测 y 的全部误差；E_2 为知道 y 与 x 有关联后，用 x 的条件预测 y 的全部相关误差）。换句话说，总误差、相关误差与剩余误差

[①] 谢宇：《社会学方法与定量研究》，社会科学文献出版社2012年版（2019年印刷），第9—13、15页。柏拉图学说式的"类型逻辑思维"，强调真理永恒的不变性和规律的唯一性；达尔文（Darwin）学说式的"总体逻辑思维"，强调变化是规律，注重个体和差异性。

[②] 有关回归分析的线性代数基础和矩阵模式探讨，详见谢宇《回归分析》，社会科学文献出版社2010年版；[美]阿德里安·班纳：《普林斯顿微积分读本》（修订版），杨爽、赵晓婷、高璞译，人民邮电出版社2016年版（2022年重印）。

（被解释）的关系为总误差=相关误差+剩余误差（$E=E_1+E_2$）；相关误差占总误差的比率称为消减误差比率，或记作 PRE（$PRE=\dfrac{E_1}{E}=\dfrac{E-E_2}{E}$）。再加上，相关系数是标准化了的协方差，在数值上它等于协方差除以各自标准差的乘积。因此，相关系数和协方差具有相同取值范围，即 [-1, 1]。[①] 在 x 和 y 两个变量的纵横坐标关系中，当 $\sum_{i=1}^{n}(x_i-\bar{x})(y_i-\bar{y})=0$ 时，集合点 (x, y) 散落在四个象限里，并不呈现线性关系。由此断言，x 和 y 两个变量之间也不存在线性的相关关系。当 $\sum_{i=1}^{n}(x_i-\bar{x})(y_i-\bar{y})\neq 0$ 时，集合点 (x, y) 之间趋于线性相关关系，绝对数值越大则表示较强的相关性。因此，称衡量因两个变量产生总体平均误差的偏离程度为协方差，它表示由 x、y 两类变量各自观察值和平均值的相差之总体乘积估算出来的共同平均偏差，表达式为 $Cov(x, y)=\dfrac{\sum(x_i-\bar{x})(y_i-\bar{y})}{n-1}$，或 $\dfrac{1}{n-1}\sum(x_i-\bar{x})(y_i-\bar{y})$。协方差是指两个变量——总体误差的共同平均偏差，而方差（$S^2=\dfrac{1}{n-1}\sum(x_i-\bar{x})^2$）则指单一变量——总体误差的平均偏差。

方差分析的数学模型和相关比率。二元方差分析的数学完整模型为 $y_{ij}=\bar{y}+A_i$ 的效果+B_j 的效果+$(AB)_{ij}$ 交互作用+ε_{ij} 或 $y_{ijk}=\mu+\alpha_i+\beta_j+(\alpha\beta)_{ij}+\varepsilon_{ijk}$，三元方差分析的数学完整模型则为 $y_{ijkl}=\mu+\alpha_i+\beta_j+\gamma_k+(\alpha\beta)_{ij}+(\beta\gamma)_{jk}+(\alpha\gamma)_{ik}+(\alpha\beta\gamma)_{ijk}+\varepsilon_{ijkl}$，依此类推，也可得出多元方差分析的数学完整模型。因此，方差分析数学模型要考虑两种情况，借此来处理与回归分析有关的线性—非线性的关系问题。其一，忽略外界干扰因素（$\varepsilon=0$）的数学模型所表达的直线之间呈平行关系，而在存在干扰因素的情况下，上述线段呈非平行线的关系。当然无干扰因素（$\varepsilon=0$）时，有理想独立模型 $y_{ij}=\bar{y}+A_i$ 的效果+B_j 的效果和理想交互模型 $y_{ij}=\bar{y}+A_i$ 的效果+B_j 的效果+$(AB)_{ij}$ 的交互作用之两种情况。根据数

[①] 详见卢淑华《社会统计学》；也可写 $PRE=E_1-E_2/E_1$，此类 E_1（全部误差）就是 $PRE=\dfrac{E_1}{E}=\dfrac{E-E_2}{E}$ 中的 E（总误差）。

学模型，二元方差分析的平行直线关系如下，见图绪-2：

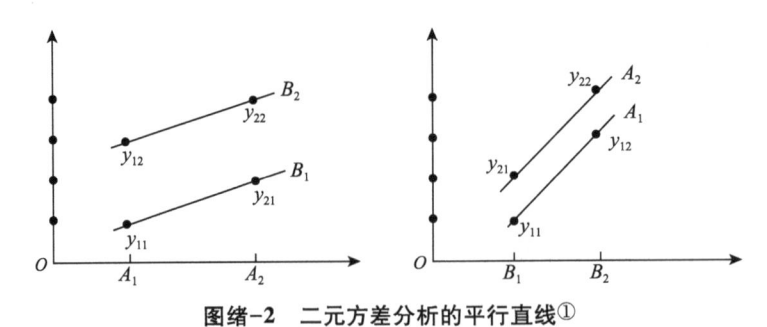

图绪-2　二元方差分析的平行直线[1]

其中，两种基本模型对观测值数目的要求如下：

对独立模型：A 共有 a 种取值，B 共有 b 种取值，对于可能取值 $a×b$ 种搭配，每种情况只要随机抽取一次，组成 $a×b$ 个观测值即可。

对具有交互作用的模型：如果 $a×b$ 种搭配只进行一次观测，则无法区别或判断数据的变化是由于自变量的交互作用，还是因外界未知因素干扰造成的结果。因此，对于 $a×b$ 种搭配，每种情况至少要观测 2 次，则总观测数为 $a×b×r$（$r≥2$）。

相关比率（correlation ratio），又称 eta 平方系数（简写 E^2）：相关比率是指测量或计量定类与定序、定距与定距等两类变量之间相关程度——非直线相关性的统计值，其计算式为：$E^2 = \dfrac{\sum(Y-\bar{Y})^2 - \sum(Y-\bar{Y}_i)^2}{\sum(Y-\bar{Y})^2}$ 或 $E^2 = \dfrac{\sum n_i \bar{Y}_i^2 - n\bar{Y}^2}{\sum Y^2 - n\bar{Y}^2}$。[2] 与方差分析一样，相关比率（$E^2$）所讨论的可以是定类变量与定距变量的关系问题。根据自变量（定类）的每一个观测值，来估计或预测因变量（定距）的均值落在取值范围 [0, 1] 的变化情况。因此，E 系数是相关比率开方后的形式，但 E 系数没有负值。相关比率和 E 系数测量均以非对称关系为中心，其具有 PRE（消减误差比例）的意义。另一种观点则认

---

[1]　卢淑华：《社会统计学》，第 392 页。
[2]　详见卢淑华《社会统计学》。比如，方差分析中，把被解释的误差 BSS 在总误差 TSS 中所占的比率称为相关比率，表达式为 $eta^2 = BSS/TSS$。

为，相关比率（E^2，或 η^2）的表达式为 E^2＝1－围绕组平均值的方差/围绕总平均值的方差，或 E^2＝1－组内平方和/总平方和。E^2 和 R^2 一样，皆是一个方差比率消减指标①，但与 R^2（线性关系）不同的是 E^2 表示非线性关系（见图绪-3）。

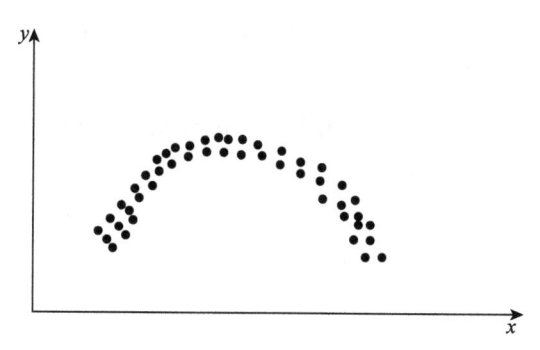

图绪-3 非线性关系（相关比率）②

就 T 检验和 F 检验而言，二总体均值 T 检验是方差分析中的一个特例，其 T 检验与多元方差分析的 F 检验的比较是可行的。与此相同，多元方差分析和相关比率分析都具有 F 检验③：$F=\dfrac{E^2/(k-1)}{(1-E^2)/(n-k)}$。在实际的检验过程中，如果"两个变量是定序变量，理应采用 Gamma 或 d_y，但也有一些研究者采用 r 系数或回归分析"；严格来说，"这是不符合变量层次的要求的，但当前社会学研究中也接受了这种做法"。④ 相比之下，相关比率（E^2）用来测量 x 与 y 均为定距变量的曲线关系，皮尔逊相关系数 r 则只能用于对两个变量间的直线关系的测量。因此，"在实际应用中，这两种相关系数往往结合起来使用"，以探求"两个变量之间的真正联系"。⑤

根据以上各类论题的数理统计原理，本书与其所讨论三个领域及 12 类结构假说的已有阐释框架相结合并加以丰富，以展望对下面三大类型——亲属体系、人格或行动范式和构境关联的基础分类和具体变量等进行逻辑修正，

---

① ［美］唐启明（Donald J. Treiman）：《量化数据分析——通过社会研究检验想法》，任强译，社会科学文献出版社 2018 年版（2019 年重印），第 95—97 页。
② 卢淑华：《社会统计学》，第 389 页。
③ 对相关比率等的讨论，详见唐启明《量化数据分析——通过社会研究检验想法》，任强译，第 95—97 页。
④ 张小山：《社会统计学与 SPSS 应用》，华中科技大学出版社 2018 年版，第 230 页。
⑤ 汤旦林：《统计使人更聪明》，中国统计出版社 2011 年版，第 244 页。

以及所开启的深刻改变和新的走向。

第一个领域——亲属体系：从自然—生物到社会、文化的拟制领域视角以制度—差序格局（费孝通）、宗族组织—表象结构（林耀华）、地域类型—生活结构（蒲生正男）和场所·拟制—纵式结构（中根千枝）为根据地或材料内容，并从数理统计的假设检验角度试图修正或论证以继嗣—交换或联姻—继替为主的亲属制度论及质性阐释之间的逻辑延续和内在关联性，其包括"家庭—社会结构"（孔德）、"个体行为—社会结构"（斯宾塞）、"分工·合作的关系结构或功能"（涂尔干）、英式"社会结构—功能主义"（马林诺夫斯基、拉德克里夫-布朗）和后期强弱模式的经济社会结构等。

第二个领域——人格或行动范式：社会、文化的拟制或心智模仿领域视角以祖荫模型—人伦阶序结构（许烺光）、"三层次均衡和谐"—文化语法结构（李亦园）、神话·制度—秩序化的心智领域结构（大林太良），以及人格层次和县民性的地域结构（祖父江孝男）为切入点或考察对象，并主要从数理统计的假设检验维度力图修正并考证中日心理人类学的这种结构探索与文化相对主义（博阿斯）、文化模式论（本尼迪克特）、社会心理学研究和欧美部分社会结构—功能主义等之间的对称逻辑及其内在关联性。

第三个领域——构境关联：社会、文化的构境对应（适应）或模拟领域视角以中国文明—行动·意义及聚落结构（张光直）、日本人起源和双重路线结构（埴原和郎）、历史（社会）类型—文化·文明坐标构型（梅棹忠夫）和日本文化的基层与多重结构（佐佐木高明）为聚焦点或着力内容，同时还用数理统计的假设检验法去修正或论证其体质—生物人类学的多线进化模式论、结构人类学（列维-斯特劳斯）和生态地理学的历史类型论之间的逻辑对称性及内在联系。

一言以蔽之，中日社会·文化结构假设及检验工作，以对上述人文传统——亲属、人格和构境三类结构领域和语言逻辑假设的补充或修正为切入点和论证基础，旨在探索语言逻辑—人文结构假设背后的数理统计逻辑及其原理，并从语言逻辑（人文传统）到数理统计逻辑的结合角度总结和阐明其以往人文阐释经验的存在问题和改进路径。

第二部

亲属关系：横式和纵式的坐标结构

第一章　亲属假设（一）：中国关系结构

第一节　乡土社会的"格—纹"波状结构

《生育制度》（1947）① 和《乡土中国》（1948）等②，标志着有关中国社会的分层·结构比较论已进入初步形成阶段，并为后续结构论假设的多元化发展打下了基础。下面以制度结构、差序格局和中西比较—后续假设及延伸为中心，勾勒了《生育制度》和《乡土中国》等在社会分层·结构方面的比较论理路，其反映在对社会·文化制度和运作机制的理论化阐释之上。前三者重在基于身份·等级的社会分层特征和基于关系分配的结构范式之相关探讨，最后者着重讨论了其在方法论、理论等后续构建上形成的假设及其批判性检验。

一　生育制度：核心即结构

何谓生育制度？《生育制度》提出，在人类社会中，"到处可以看见男女们互相结合成夫妇"，生出"孩子来，共同把孩子抚育成人"。这一套活动可称为"生育制度"，即生育制度是"从种族绵续的需要上所发生的活动体系"，是一种"种族绵续的人为保障"。以此类推，种族需要绵续是"发生生

---

① 费孝通：《生育制度》，生活·读书·新知三联书店2014年版。另见费孝通《江村经济——中国农民的生活》，戴可景译，商务印书馆2001年版。英文初版名称为"Peasant Life in China"，于1939年由George Routledge and Sons, Ltd. 和 E. P. Dutton & Company 等出版。

② 费孝通：《乡土中国》，生活·读书·新知三联书店1985年版。另见费孝通《乡土中国》，北京大学出版社2012年版。

育制度的基础"。但是这句话却"把种族当作了一个有意志的实体"。① 然而，《派与汇》一文②则认为费氏所说的"生育制度"是"家庭制度"，缘起于功能主义的生物需要论之一路学派。

生育—社会制度的结构视角：相关理论谱系。《生育制度》坚信，生育制度是社会制度的一种，其继承了马林诺夫斯基关于社会制度的功能观及需求论。因为，在马氏看来，人类需要是产生社会制度的基本前提和条件，它可分为生物性、手段性和综合性三方面，③ 即社会制度通过人的需求出现，人的需求通过社会制度得到满足。人类的"生物基本需要是须在社会结构中得到满足"，而且一切社会组织"都是为了要使人类能得到更大的和更可靠的生物上的满足"④ 或其他层面上的满足。根据《派与汇》所制梭子形的关系构想⑤，也可以看出古人文思想——生物位育论，加之实验工具论、社会文化功能学派和人的科学——新人文思想的整体构架及其谱系概貌。

马林诺夫斯基对人类学的主要贡献有以下几点：互惠—交换理论、田野民族志（参与观察）方法和功能主义文化论，其特点集中体现在制度、行为、心理三个层面上。互惠—交换理论侧重于"库拉圈"的文化体系研究，而田野民族志方法则是指"科学的文化研究法"。除了上述两者之外，功能主义文化论的思想和主要观念却建立在从自然或生物需求到文化回应——功能转化及其假设上。在马氏之前，涂尔干就指出功能（Function）一词包含两种含义：有时"它指的是一种生命运动系统，而不是运动本身的后果"；有时"它指的是这些运动与有机体的某种需要之间相应的关系"。⑥ 很显然，涂尔干关心的是功能的第二种含义，即功能是运动者的需求和运动本身之间的关系，涵盖了功能作为运动系统的原因或条件和后果的整体性过程。正如拉德克里夫-布朗所说，马氏是文化需求—功能论者，而不完全是结构功能论者。不难发现，拉德克里夫-布朗说的社会事实既是实体，又是过程。有意思的是，与

---

① 费孝通：《生育制度》，第1、16、5页。
② 潘光旦：《派与汇》（代序，1946），载费孝通《生育制度》，第53—54页。
③ 关于马林诺夫斯基的人类需要的三分说，转引自费孝通《生育制度》，第2—3页。
④ 费孝通：《生育制度》，第4—5页。
⑤ 潘光旦：《派与汇》，载费孝通《生育制度》，第58页。
⑥ [法]涂尔干：《社会分工论》，渠东译，第13页。

第一章　亲属假设（一）：中国关系结构

埃文思-普里查德借鉴其"文化"的观念（马林诺夫斯基式）来试图构建社会结构及其变化的新范式一样，帕森斯也追随其社会结构或系统（拉德克里夫-布朗式）的阐释框架而忽略了马氏功能思想的作用。比如，帕森斯所说"AGIL"的抽象图式（米尔斯所指出的"抽象的经验主义"）更倾向于韦伯式的行动社会学范畴，而与马氏所提倡的田野工作及实验性研究大相径庭。之后，弗思也对文化和社会的概念进行调和，认为两者是相通的：社会结构是"有计划的或成体系的人际关系"或文化生活领域，而社会功能则包括这些关系在"实际活动中对于个人生活和社会性质的影响"。作为群体的和制度的社会结构，它都是"以一定的原则为基础的"，其涵盖了"性别、年龄、地域和亲属等最基本的原则"。① 在此，社会与人群相近，文化则与人类生活方式对应。

社会结构的基础及拓展形式： 家庭结构和分工合作结构。如果说费氏对生育制度的结构论探索是功能主义及需求论（马林诺夫斯基）之延续和发展，那么费氏关于家庭或社会结构的三角模式论则是对亲属关系—家庭"永恒三角"结构—三角色理论比喻法（弗思）之运用和实践。②

作为基础的家庭结构。《生育制度》认为，婚姻的意义就在于"建立这社会结构中的基本三角"。在普通情形中，"缔结婚约的时候，三角中两点间划（画）了一条线"，还有一点是"虚悬的，两边还是虚线"。因为虚点"不是没有点"，而是这虚点"正在创造中，给予已有的两点一个动向"。三角形在创造中是"一个动的势"，其中包含着"一股紧张和犹豫的劲"。制度本身作为结构学原理之一种具象化体现，常常出现于"在社会团体的形式"或活动领域中，两人间的关系"靠了第三者的存在而得到固定"。在概念上，家庭"就等于这里所说的基本三角"。也就是说，生育制度的基本结构是"父母子的三角"，而这三角"是现在可以观察到的人类社会普通的基本结构"。在此，费氏把生育制度结构、家庭结构的三角构成视为"社会结构的基本三角"，进而观察了以居处或"户"为中心的区位结构。因此，家庭"专指父母子三角结构，等于 Family"，然后用'户'字来指"地域团体的基本单位，等于

---

① ［英］弗思、费孝通：《人文类型·乡土中国》，费孝通译著，第64—65页。上述：米尔斯，英文为 C. W. Mills。

② ［英］弗思、费孝通：《人文类型·乡土中国》，费孝通译著，第69页。

Household"。① 以上是《生育制度》关于家庭或社会结构的三角模式论之核心内容，也是生育制度研究本身的关键点之一。

《生育制度》对制度、家庭和社会等结构域的区分较为模糊，有待进一步磋商。从某种意义上讲，制度结构、家庭结构是社会结构的一种，是它的分支。需要指出的是，与马林诺夫斯基的文化功能论等不同，拉德克里夫-布朗强调社会结构或体系的整体视角，认为如果把社会事实看作"一个过程"，而"不是个实体"，那么文化和文化传统则仅仅是"这个过程的某些可认识的方面"，而不是"整个过程"。因为社会生活过程本身是"由人类的各种行动和互动构成"的。② 虽然说马氏本人在制度或社会的结构探索方面业绩并不耀眼，但他的文化需求—功能论对帕森斯、费孝通、许烺光等学者有关社会或文化结构的思索产生了影响。

社会的分工与合作结构。《生育制度》指出社会完整和新陈代谢是一个事情的两个侧面，因为社会完整的生命理想通过新陈代谢的途径得以延续。大家的生活"能健全进行就靠了社会规定下分工合作的结构"，所以这个结构"是个人生存的必要条件"。也因此，社会"分工合作结构的式样，各个社区可以不同"，但是"这结构却必须是完整的"，还能答复"每个人全部必须依赖于别人来满足的生活需要"。由此看来，社会分工合作的这种结构包括"各种职业的分配"，它"在纸面上是一个空架子，并不是个实体"。实体"是在这结构里工作的人"。一个个人"把这结构充实了才成一个生活的单位、一个社区"。从社会继替的层面上看，同个人生活攸关的是"社会结构的完整"，在这"生死参差的人间谋社会的完整"，就得"维持最低限度的人口"，于是社会"一定得有一个新陈代谢的机构"，使死者"尽管死，自有新人物出世来填补他们的遗缺"。③ 不过，人的行为或人类活动是生育制度或家庭结构的实体性内容，也是社会分工合作结构的实在性内容。

生育制度的功能是"完成社会新陈代谢作用的继替过程"。在人寿有限、生死无常的变动中，一个人的"生活却依赖于一个完整的社会分工结构"，所

---

① 费孝通：《生育制度》，第89—96、106—115页。
② ［英］布朗：《原始社会的结构与功能》，潘蛟等译，第5、4页。
③ 费孝通：《生育制度》，第22—25页。

以社会"不能不断地预备下新人物"并让其等待着,去接替"旧人物死亡和退伍所发生的缺位"。社会继替的过程预示着一种三维的时间结构,其涵盖了帕克或派克所谓的三个维度——过去、现在和将来。① 鉴于图 1-1 的构成情况,社会结构(分工合作结构)由家庭结构、区位结构和制度结构等组成,其与后三者有着多维度的对应关系。

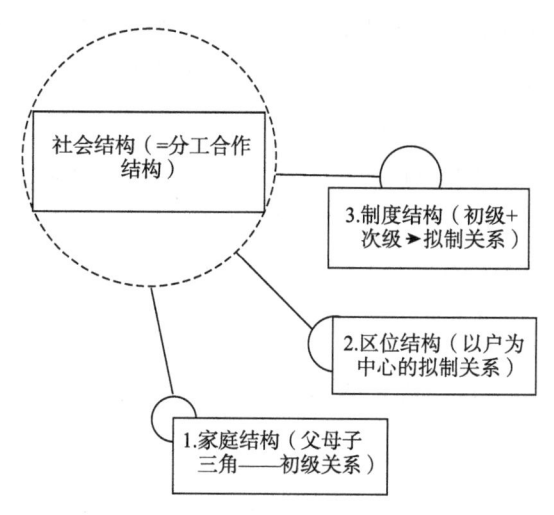

图 1-1 社会结构——家庭、区位、制度

注:根据《生育制度》等制作。

《生育制度》还认为,除了生育制度和家庭结构之外,社会分工合作结构中还包含一种基于身份的结构形式。这种社会结构是"由不同身份所组成的"。社会身份"注意亲疏、嫌疑、同异和是非之辨",比如,"君臣、上下、长幼、男女、父子、兄弟都是社会身份",其规定着"相互的行为和态度"。性别的关系"因之也只能归纳在一种身份之中"。所以说,若"让性爱自由地闯入已有的重要社会关系中",它不但可能"破坏相结合的男女两人间原有的关系",而且可能"紊乱整个相关的社会结构"。同理,墨子"主张兼爱",孟子"骂他无父",意思就是"没有了社会身份和结构",人群"是和禽兽一般了"。因为社会并不是"个人的集合体",而是"身份的结构"。的确,社会总是"不太鼓励社会关系的改变的"。② 换言之,社会制度及结构包含着家

---

① 费孝通:《生育制度》,第 182、94 页。
② 费孝通:《生育制度》,第 66—68 页。

庭结构和分工合作结构等多个方面，归根结底，它们皆是身份结构的变型或某种演化。

如果说《生育制度》对社会分工合作的结构论说深受有关合作与分工的行为结构和功能假设（涂尔干）之影响或启发，那么其对家庭结构等的假设则以需求—功能主义的文化论（马林诺夫斯基）和亲属关系—家庭三角结构说（弗思）为理论依据。事实上，有别于社会学的秩序结构观（孔德）和关系—守恒结构观（斯宾塞），涂尔干的社会事实及类型建筑在一种客观精神的结构观推论上：自然和社会源于外在的客观规律。这种分工论又认为，从机械团结到有机团结的变化反映出以下特点：一方面"劳动越加分化，个人就越贴近社会"；另一方面"个人的活动越加专门化，他就越会成为个人"。① 归纳起来看，社会生活有两个来源：一是集体生活的整合——"个人意识的相似性"；二是社会劳动的分工——"个人意识的差异性"。

二 内外"格—纹"圈：差序格局

作为一种社会结构论范式，"差序格局"说有两大理论来源：个体需求—文化反应说（马林诺夫斯基）和社会合作—分工论（涂尔干）。其一，费氏深受个体需求—文化反应说之影响，其表现在差序格局的自我主义及其圆形结构之拓展上。其二，关于差序和团体的格局或结构假设，借鉴了源于机械·有机团结的社会合作分工论。

作为结构的差序格局。何谓"差序格局"？《乡土中国》指出，与西方的"团体格局"不同，作为组织根基的乡土社会是差序格局的。因此，关于差序格局的论述以构造方式、人际关系及身份基础、家·家庭·家族的范围及功能为中心：（1）构造方式侧重于个人主义和自我中心主义——公私关系之探讨；（2）人际关系及身份基础偏重于契约合作和亲情或情感、横向和纵向、法治和礼治之话题；（3）家·家庭·家族的范围及功能倾向于社群界限及抚养方面之课题。

鉴于构造方式——差序格局的关系结构探讨，其指个人主义和自我中心主义——乃至公私关系之相关话题。《乡土中国》认为，西洋的社会组织像是

---

① ［法］涂尔干：《社会分工论》，渠东译，第91页。

"捆柴",这个社群"常常由若干人组成一个个的团体"。团体是"有一定界限的",因为个体是团体内的还是团体外的,对此"不能模糊",一定要"分得清楚"。在团体里,所有人是"一伙,对于团体的关系是相同的",如果"同一团体中有组别或等级的分别",那也是"先规定的"。也就是说,透过这个譬喻可看到"社会生活中人和人的关系的一种格局",称之为"团体格局"。① 就中国而言,乡土社会是"差序关系"的,这种格局像是一种"把一块石头丢在水面上所发生"的波状结构,由"一圈圈推出去的波纹"组成。每个人均可成为其"社会影响所推出去的圈子的中心",因为只要"被圈子的波纹所推及的就发生联系"。在特定的时间和地点这一范围内,每个人所动用的关系就表征着圈子的形成,并且这些圈子"是不一定相同的"。乡土社会以亲属系统或体系为根基,这种关系无疑反映了"丢石头形成同心圆波纹的性质"。亲属关系作为一种社会关系,它是根据"生育和婚姻事实所发生的"。正因如此,亲属系统或体系是"从生育和婚姻所结成的网络",可以一直推至"包括无穷的人",即"过去的、现在的和未来的人物"。就结构本身的横向关系来说,亲属关系所形成的这个网络就像"蜘蛛的网",有"一个中心,就是自己",所以每个人都用同一个体系来记认或确定所在的亲属系统之关系。② 不过,在这种差序的格局里,公和私是"相对而言的",站在"任何一圈里",向内看"也可以说是公的"。这一点,与团体格局基本相似。③ 由此,可以清晰地看出西方个人主义和中国自我主义的区别,也能够观察到西方团体格局和中国差序格局的内在差异。

人际关系及身份基础之话题:围绕着契约合作和亲情或情感、横向和纵向、法治和礼治等层面的比较而展开的。在《乡土中国》看来,血缘不仅是亲属关系的基础,也是身份社会的伦理基础;而地缘却是"契约社会的基础",契约"是指陌生人中所作的约定"。④ 差序格局以伦理原则为基盘,伦"重在分别,在礼记祭统里所讲的十伦";所涉"差等"以"鬼神、君臣、父子、贵贱、亲疏、爵赏、夫妇、政事、长幼、上下"为内容。这样说,伦是"有差等的次

---

① 费孝通:《乡土中国》,北京大学出版社2012年版,第40—41页。
② 费孝通:《乡土中国》,第41—42页。
③ 费孝通:《乡土中国》,第47页。
④ 费孝通:《乡土中国》,第122页。

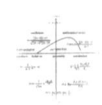

序"。其实，这些等级现象蕴含着传统社会结构的"最基本概念"，这个人和他人"往来所构成的网络中的纲纪"，就是"一个差序，也就是伦"。意思是，这个社会结构的"架格是不能变的"，变的"只是利用这架格所做的事"。在差序格局中，并没有"一个超乎私人关系的道德观念"，这种"超己的观念"必须"在团体格局中才能发生"。拿孝、悌、忠、信来说，它们皆是"私人关系中的道德要素"。① 相较而言，在"团体格局"中，道德的基本观念"建筑在团体和个人的关系上"。团体"是个超于个人的'实在'"，不是"有形的东西"。它作为"一束人和人的关系"，是一个控制"各个人行为的力量"，或是一种组成"分子生活所倚赖的对象"；也是"先于任何个人而又不能脱离个人的共同意志……"，这种实在只能用"有形的东西去象征它，表示它"。在象征着团体的神（或精神）的观念下，有着两个重要的派生观念：一是"每个个人在神前的平等"；二是"神对每个个人的公道"。② 可以说，乡土社会并不是以团体的法治秩序为主的社会，而是个"'无法'的社会"，假如人们"把法律限于以国家权力所维持的规则"，但是"'无法'并不影响这社会的秩序"，因为乡土社会"是'礼治'的社会"。③ 此外，人际关系及身份问题，与皇权—绅权—帮权—民权和横暴、同意、教化、时势等权力的历史演进及社会环境有着密切的关联。④ 按照《乡土中国》等，中国人际关系以"格—纹"圈或波状的假设为简化模型，见图1-2所示。

　　家·家庭·家族的范围及功能：它本质上是关于社群界限及抚养方面的探讨。《乡土中国》提出，家庭或家族在中国是一种界限不明的圈子或结构体，而在西洋是"一种界限分明的团体"。⑤ 中国之所以形成这种"传统结构"，是因为"差序格局具有这种伸缩能力"。在乡下，"家庭可以很小"，小到"有钱的地主和官僚分层"，也可"大到像个小国"。中国人也特别"对世态炎凉有感触"，正因为"这富于伸缩的社会圈子会因中心势力的变化而大

---

① 费孝通：《乡土中国》，第44、54页。
② 费孝通：《乡土中国》，第52页。
③ 费孝通：《乡土中国》，第81—87页。
④ 费孝通：《乡土中国》，第99—104、107—112页。另见费孝通、吴晗《皇权与绅权》，岳麓书社2012年版；费孝通《中国士绅——城乡关系论集》，赵旭东、秦志杰译，外语教学与研究出版社2011年版。
⑤ 费孝通：《乡土中国》，第63页。

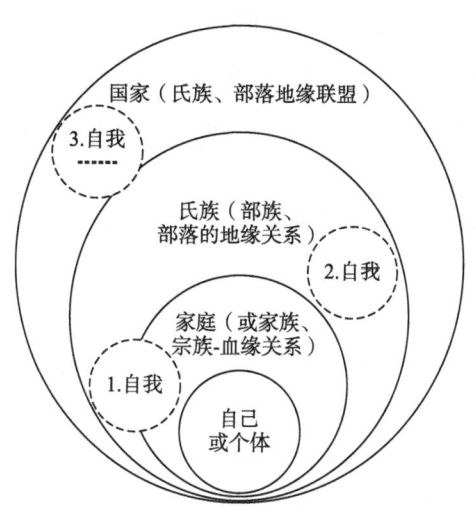

图1-2 中国人际关系"格—纹（圈）"假设的简化模型
注：根据《乡土中国》制作。

小"。在西洋社会里，"孩子成年了住在家里都得给父母膳宿费"，他们都承认"团体的界限，在团体里有一定的资格"，但资格取消了"就得走出这个团体"。在西方人那里，不是"人情冷热的问题"，而是"权利问题"。显然，在西洋社会里，争的是"权利"；而在中国却是"攀关系、讲交情"。① 与《江村经济》中扩大了的家庭或大家庭之用法不同，《乡土中国》认为中国乡土社会的基本社群是"小家族"。按照结构的原则，中西社会里的两种"家"有着明显的区别。通常，所谓大家庭和小家庭的差别决不是"在大小上"，不是"在这社群所包括的人数上，而是在结构上"。人类学者对家庭概念也有明确的界说：因为"这是个亲子所构成的生育社群。"亲子指"它的结构"，生育指"它的功能"。家庭这一社群因之是"暂时性的"，家庭既"以生育为它的功能，在开始时就得准备结束"。不过，家庭这一社群"和普通的社群不完全一样"。譬如，学校、国家这些社群并不是"暂时，虽则事实上也不是永久的"，但是"都不是临时性的，因为它们所具的功能是长期性的"。② 这一点，其与初级·次级区分（社会学）、正式·非正式结构的区分（中根千枝）颇为相似。

差序格局与其他社会结构视角的相关比较。 与差序和团体的格局模式一

---

① 费孝通：《乡土中国》，第43页。
② 费孝通：《乡土中国》，第62—63页。

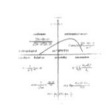

样，涂尔干也曾指出机械团结是"相似性所致的团结"；有机团结是因"分工形成的团结"。机械团结具有"同质结构或镶嵌结构"，而"有机团结占主导地位的社会结构却与此完全不同"。① 值得一提的是，包括基于机械和有机团结的社会类型观（涂尔干）在内，乃至关于军事和工业社会的类型学说（斯宾塞）与有关共同体和社会的分类学说（滕尼斯）等，这些均"深刻地打上了进化论思想的烙印"。②

柳田国男根据蜗牛名称之地域分布提出"方言周圈论"之学说（提出时间为1927/1930）③，其与差序格局的结构假说、德国流传学派——文化圈·文化层说有异曲同工之处，尽管有的学者也指出柳田假说与西欧，尤其是法国Johannes Schmidt的波状或波动理论（The Wave Theory，1872）有一定的关联。在此，蜗牛（カタツムリ）一词与英语的Snail（或Gastropod）对应，图1-3中的五个名称分别代表了日本各地方对蜗牛的不同叫法，以及波状式（由内至外）的传统保留梯度及减弱情况。

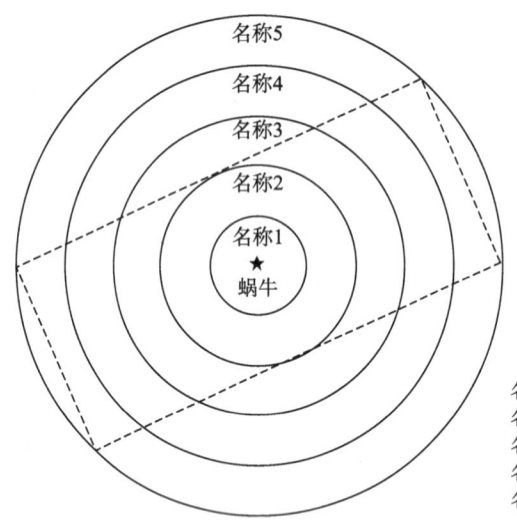

名称1（デデムシ）：京都（中心）-近畿地区
名称2（マイマイ）：中部和中国等地区
名称3（カヌツムリ）：关东和四国等地区
名称4（シプリ）：东北和九州等地区
名称5（ナメクジ）：东北北部和九州西部

图1-3 柳田国男的方言周圈论——蜗牛称谓分布

注：根据《蜗牛考》所制。

---

① ［法］涂尔干：《社会分工论》，渠东译，第142页。
② ［德］滕尼斯：《共同体与社会——纯粹社会学的基本概念》，李荣远译，商务印书馆1999年版，第7页。
③ 柳田国男：『蜗牛考』、岩波書店1980年版（刀江書院1930年初版）。

《乡土中国》等专注于纵式（中国）·横式（西方）的区分范式，并把纵向的身份格差嵌入横向的纹序格局中来，进而凸显了其自我主义的乡土风格。正如以上分析所考证，中国的家庭或家族是纵向的，其以经济、生活、政治、仪式、教育和公务等功能差异为特色，阶段性的界限并不清晰；而西方的家庭或家族是横向的，在经济、生活、政治、仪式、教育和公务等上所呈现的阶段性界限和功能较为突出。

三 中西比较：三维结构比喻

《乡土中国》从群己的关系对社会结构的格局进行解析，并区分出了差序格局和团体格局之差异性。就差序和团体的两组格局来讲，它们本质上不仅是某种身份结构的，同时也是特定社会分工—合作结构的结果。

格局或结构：从机械—有机到差序—团体的比喻视角。《乡土中国》指出，就乡土所见的主次关系来说，中国的"差序格局和社会圈子的组织是比较重要"的。然而，在西洋现代社会中"差序格局同样存在"，但"比较上不重要罢了"。这两种格局本是"社会结构的基本形式"，在概念上"可以分得清"，在事实上"常常可以并存的"。即，中国乡土社会的基层结构是"一种差序的格局"，是个"一根根私人联系所构成的网络"（阿波罗式的传统模式）。这种格局和"现代西洋的团体格局是不同的"。① 正如涂尔干所言，与机械团结（或团体、格局）的社会结构相比，有机团结社会"并不像环节虫那样排列成行，相互搭嵌"，而是"相互协调，相互隶属"，共同地结合成为"一个机构，并与有机体其他机构相互进行制约"。② 在此，差序格局和团体格局依次接近于涂尔干式的机械团结和有机团结，尽管两者所涉社会内容并不完全相同。

正如《乡土中国》所言，差序格局和团体格局这一分类是相对的，而不是绝对的。至于中国乡土社会里有没有团体，或西方社会里有没有差序等论题，这一点比较容易理解，因为家庭、氏族、邻里、街坊、村落等皆是人类社会里共存的现象，所以用相对主义的视角看待它们较为合理。因此，在中西比较的

---

① 费孝通：《乡土中国》，第61—62、48、57、71—77页。
② ［法］涂尔干：《社会分工论》，渠东译，第142页。

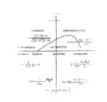

语境里，团体格局偏重于狭义的用法，差序格局倾向于"社会圈子"之意。

差序格局和团体格局的本质差异。根据《乡土中国》的相关阐释，两者的不同反映在三个方面：价值观或观念基础、关系坐标、社会结构（主要是婚姻或制度）。首先，价值观或观念基础不同。在差序格局这种"富于伸缩性的网络里"，随时随地"是有一个'己'作中心的"。这并不是"个人主义，而是自我主义"。相反，个人是"对团体而说的"，是"分子对全体"。在个人主义下，一方面是平等观念，指"在同一团体中各分子的地位相等"，个人不能"侵犯大家的权利"；另一方面是宪法观念，指"团体不能抹煞个人"，只能"在个人们所愿意交出的一分权利上控制个人"。这些观念的关键在于"必须先假定了团体的存在"。而在中国传统思想里是"没有这一套的"，因为"中国人所有的是自我主义"，一切价值是"以'己'作为中心的主义"。①

其次，关系坐标有纵横之差。儒家注重"伦常，有它的社会背境（景）"，中国"传统社会结构的基础是亲属关系"。亲属关系"供给了显明的社会身份的基图"，夫妇、父子间的分工合作是"人类生存和绵续的基本功能所必需的"。比如，在亲属扩展的过程中，又有"性别、年龄、辈分等清楚的原则"，进而"去规定各人相对的行为和态度"。在儒家的社会结构中，亲属"也总是一个主要的纲目"，甚至可以说"是一切社会关系的模范"。以亲属关系作结构的纲目是"与儒家以礼作社会活动的规模相配合的"。② 毋庸置疑，血缘不仅是亲属关系的基础，也是身份社会的伦理基础。然而，对西方人来说，地缘似乎是契约社会的基础或条件，契约仅指陌生人按约定形成的行动内容。从家庭的范围及功能看，在西洋家庭团体中，"夫妇是主轴"，夫妇共同"经营生育事务"，子女"在这团体中是配角"，他们"长成了就离开这团体"。在政治、经济、宗教等方面，这些功能由"其他团体来担负"，不在"家庭的分内"。中国的家既是"个绵（延）续性的事业社群"，它的主轴是"在父子之间"，包括婆媳之间也"是纵的，不是横的"。因此，"夫妇成了配轴"。配轴虽则"和主轴一样并不是临时性的"，但是"这两轴却都被事业的需要"所左右，而"排斥了普通的感情"。这种普通感情"是和纪律相

---

① 费孝通：《乡土中国》，第45—46页。
② 费孝通：《乡土重建》，岳麓书社2012年版，第6页。

对照的"。① 相比之下,差序格局中的父子抚养是双向的,团体格局中的父子抚养是单向的。② 中、西方各自形成人际关系格局,结构方式有所不同(见图1-4):虚线表示西式的契约关系,实线表示中式的亲情或情感关系。

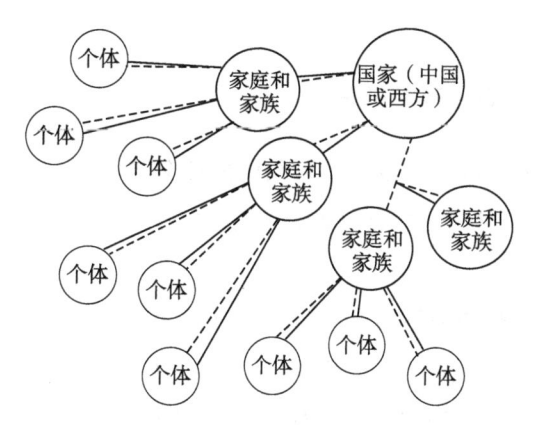

图1-4 中西家庭—家族—国家的关系结构
注:根据《乡土中国》所制作。

最后,社会结构通过婚姻或制度等之差异来鉴别。所谓生育制度"包括求偶、结婚、抚育"等环节或过程,并使其构成一个完整的"家庭"或社会结构。事实上,《生育制度》等对家庭制度的研究集中在结婚和抚育两个方面。认为,婚姻是"人为的仪式",用以"结合男女为夫妇",在社会公认之下,约定"以永久共处的方式来共同担负抚育子女的责任"。与此同时,婚姻的确立关涉对生物性父母和社会性父母的认定,后者被社会合法化尤为重要。因为婚姻的目的是"在确定社会性的父亲",对于"生物性的父亲的确定,倒还属于次要";事实上父与子的生物关系的要求得以确定,其本身是"一种社会的规定"。③ 从这个意义上说,抚育借助社会性父母的确定,来明确社会化地位,或完成生命延续。这是因为,除了生育制度和家庭结构之外,社会分工合作结构中还隐含着一种基于身份的结构形式。这种身份结构不仅是差序格局的,同时也是社会分工合作结构的。

《生育制度》《乡土中国》等,尤其是后者聚焦于有关制度规范的体系比

---

① 费孝通:《乡土中国》,第66页。
② 麻国庆:《家与中国社会结构》,文物出版社1999年版,第8页。
③ 费孝通:《生育制度》,第3、39—40、43页。

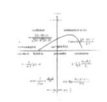

较论，其建立在中西社会的制度结构之对比考察上。在生育制度、差序格局的相关讨论中，自我主义、纵式关系和礼治秩序等具有非常重要的理论化范式意义，其阐明了中国即基于士绅身份与乡土社会结构的自下而上的关系·作用。

四　后续结构假设及其延伸

在后续的延伸发展中，围绕《家与中国社会结构》(1999)①、《社区的历程》(1997) 和《超社会体系》(2015)②、《差序—等级观》(2006)③ 等而进行了讨论。

家、社会与国家的关系假设。《家与中国社会结构》虽然涉足家、社会与国家的关系问题，但正如题目所提示的那样，其紧扣"家"与社会结构的关联而得以展开。一是《生育制度》和《乡土中国》的生育制度与差序格局等核心议题④，在《家与中国社会结构》中得以继承和深化，并发展成为以投射与折射、分·继·合、类与推、名与实为特色的"社会结合"之立论点。看似简单又极像日本式"家联合"概念的"社会结合"之这一提法无疑牵动着《家与中国社会结构》所寻回本源的中国式传统儒家之人文情结，其与中国式本土人类学的古代哲学式回归和古代"天下"观之重拾等做法⑤颇为接

---

① 麻国庆：《家与中国社会结构》。
② 王铭铭：《社区的历程——溪村汉人家族的个案研究》（下文简称《社区的历程》），天津人民出版社 1997 年版；《超社会体系——文明与中国》（下文简称《超社会体系》），生活·读书·新知三联书店 2015 年版。
③ 阎云翔：《差序格局与中国文化的等级观》（下文简称《差序—等级观》），《社会学研究》2006 年第 4 期。另见［美］阎云翔《礼物的流动——一个中国村庄中的互惠原则与社会网络》（下文简称《礼物的流动》），李放春、刘瑜译，上海人民出版社 2000 年版；《私人生活的变革——一个中国村庄里的爱情、家庭与亲密关系（1949—1999）》（下文简称《私人生活的变革》），龚小夏译，上海书店出版社 2006 年版。
④ 《生育制度》和《乡土中国》所说的生育制度和差序格局等社会结构之核心论题，其包括"私"和"公"、"差"和"序"、"纵式"（刚性的和等级化）和"横式"（弹性的和以自我为中心）、"关系"和"结构"等内容。
⑤ 中国式本土人类学的后期人文化做法，主要包括"社会结合"之提法（麻国庆，《家与中国社会结构》和《永远的家——传统惯性与社会结合》）、古代哲学回归法（庄孔韶所提出的反观法和文化的直觉主义）和古代"天下"观之重拾法（王铭铭所主张的一些人类学看法）等。关于反观法和文化的直觉主义的讨论，另见庄孔韶《银翅——中国的地方社会与文化变迁（1920—1990）》（下文简称《银翅》），生活·读书·新知三联书店 2000 年版。

近。二是《家与中国社会结构》认为，"家"的各种称谓表明，个人隐藏于家中，个人的身份以家来代替，家成为个人身份外在化的符号；家内的人与物都被视为一个有机的整体，此类"家"是一种相对于社会整体而言的概念。在关于家的理解里，不论是类还是推，无疑均反映了中国人的身份认同（Identity）。家的伸缩性特质也正是这一认同的体现，要探究家这一文化魅力的本质，就要从概念的家（或家庭），特别是民俗概念的家出发，回到实际的家中来。① 与此相同，《家与中国社会结构》中的"家的继替"概念可谓是对《生育制度》中"社会继替"（生命循环）一说之发展，其用纵线即 Y 轴和横线即 X 轴的分析法，讨论了"家的继替"在整体社会环境中如何运作的动态进程。三是《家与中国社会结构》对《生育制度》和《乡土中国》的继承式批评，集中在研究方法、亲属制度的相关探讨方面。该书认为，中国式社区研究或本土"人类学的发展本身为地方性的资料细节所困扰"，忽视了"一种整体的概览和思考"，甚至很多学者"毕生的创造和智慧就在于描述一两个社区"。② 值得一提的是，《永远的家——传统惯性与社会结合》③ 可谓《家与中国社会结构》的续篇，作为有关家的研究之总结，其包括"作为方法的家""家族文化的传统和延续""社会的比较"和"从家族到全球"四方面。一言以蔽之，这种追寻中国儒家等人文传统的回归式努力在当时盛行"社区研究模式"基础上得以进一步拓展，同时也出现了对其社区模式所追求的以社会结构、功能分析为主的科学实证主义④的无力坚持和淡化倾向。

从社区史到文明的移植体系。纵观从《社区的历程》到《超社会体系》

---

① 麻国庆：《家与中国社会结构》，第 2 页。家及与家有关概念的外延无限扩大，能推及社会各个方面，所强调的是一个"类"（类别）和"推"（推而广之）两字的含义。在个人、群体、社会这三个层次中，如果从结合关系去考虑，那么上述三者中均存在以家的内在结构和其外延的象征秩序来建构自身位置的共同特点。

② 麻国庆：《家与中国社会结构》，第 19 页。也就是说，研究的目的更应关注"这一社区的社会和文化生活相关的思想，以及这一社会和文化在整体社会中的位置"。因此，人类学者"应该超越社区研究的界限，进入更广阔的视野"。当然，在这方面，从《江村经济》到《生育制度》和《乡土中国》等率先使用"类型比较"等研究方法，为其后续发展"提供了很好的典范"。

③ 麻国庆：《永远的家——传统惯性与社会结合》（下文简称《永远的家》），北京大学出版社2009 年版。

④ 《生育制度》和《乡土中国》（费孝通）等，均受涂尔干、马林诺夫斯基、拉德克里夫-布朗等提倡的科学主义实证研究法之影响，并形成中国式本土人类学的弱式人文回归+科学实证主义的学术传统，这与《家与中国社会结构》《社区的历程》到《超社会体系》等中出现的强式人文回归有所不同。

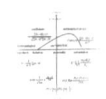

等，其核心论题可归纳为三个方面：乡土"社区史"批判、历史人类学（"三圈"说）实践和"超社会"的文明体系探讨。其一，《社区的历程》把研究范围选定在"溪村"陈氏家族的六百多年成长历程①，以历史视角和仪式象征理论勾勒了该家族从无到有的"微型社区史"和家族式"生活实践"的复杂构像。与此相关，还有《闽台三村五论》《溪村家族》②《山街的记忆》③和《超越新战国》④，等等。其二，《社会人类学与中国研究》（1997）的核心议题，出自马林诺夫斯基对《江村经济》的预言及两种期待：一是《江村经济》可能开启了本土人类学的先例；二是社会人类学从"简单社会"到"复杂社会"的研究范式转向。⑤很显然，其工作重点在于：对以《江村经济》为主的社区论、弗里德曼（Maurice Freedman）的宗族论、施坚雅（G. William Skinner）的区系论、武雅士（Arthur Wolf）等的宗教论逐一进行评析，⑥勾画了中国汉学人类学的预设前景。⑦其三，如果说《社会人类学与中国研究》

---

① 王铭铭：《社区的历程——溪村汉人家族的个案研究》，第166页。另见王铭铭《王铭铭自选集》，广西师范大学出版社2000年版。

② 王铭铭：《村落视野中的文化与权利——闽台三村五论》（下文简称《闽台三村五论》），生活·读书·新知三联书店1997年版；《溪村家族——社区史、仪式与地方政治》（下文简称《溪村家族》），贵州人民出版社2004年版。如果说《闽台三村五论》《山街的记忆》和《溪村家族》等均是《社区的历程》所提倡"社区史"尝试的直接延续，那么《山街的记忆》则是对王斯福（Stephan Feuchtwang）有关"山街"——台湾石碇村研究的跟踪调查及民族志实践。

③ 王铭铭：《山街的记忆——一个台湾社区的信仰与人生》（下文简称《山街的记忆》），上海文艺出版社1997年版；《逝去的繁荣——一座老城的历史人类学考察》（下文简称《逝去的繁荣》），浙江人民出版社1999年版。与此相关，另见［英］王斯福《帝国的隐喻——中国民间宗教》，赵旭东译，江苏人民出版社2008年版；科大卫《皇帝和祖宗——华南的国家与宗族》，卜永坚译，江苏人民出版社2010年版。

④ 王铭铭：《超越新战国——吴文藻、费孝通的中华民族理论》（下文简称《超越新战国》），生活·读书·新知三联书店2012年版。尽管《超越新战国》是较晚近推出的作品，但其旨在用社区史的新方向及历史人类学视角来超越并试图终结社区研究以来出现的"新战国"这一零散隐喻的满天星斗状态。

⑤ 多数学者都对这种以知识分子的角色扮演贵族身份的做法提出批评，认为这种想法本身不得不说是一种自民族主义的表述和思想模式，是一种以西方模式同构的"颠倒的东方论"。比如，《社会人类学与中国研究》就提出了人类学研究中的世界观问题；详见《序言》，载王铭铭《社会人类学与中国研究》，生活·读书·新知三联书店1997年版，第3、61、218页。

⑥ 汉学人类学——中国人类学的主要理论及人物分析，其与汉学人类学的四个发展阶段之分类模式——第一时代（吴文藻、费孝通；20世纪20—40年代）、第二时代（弗里德曼、施坚雅；20世纪50—70年代）、第三时代（对弗里德曼、施坚雅的挑战；20世纪70—80年代）、第四时代（多样化；20世纪80年代后）相对应。详见《序言》，载王铭铭《社会人类学与中国研究》，第2—3、15页。

⑦ 进而探讨中国人类学社区范式特别是汉学人类学在本土化的实践及操作中所面临的困境，试图描绘建立在社区论、宗族论、区系论、民间宗教论等基础上的人类学综合性范畴。这就是以社区史为中心的历史或汉学人类学之初步设想。

（2005）正式提出了"三圈说"的初步构思和框架，那么《西学"中国化"的历史困境》（2005）①则以"世界图式"的构想阐发并论证了"三圈说"的重要性。与《西方作为他者》②一样，《中间圈》③也是"三圈说"最重要的拓展版，以民族与国家的关系论（吴文藻）、"藏彝走廊"和"差序格局"（费孝通）等概念问题及整体历程为切入点，着眼于"藏彝走廊"概念的来龙去脉及实用意义，讨论了"藏彝走廊"被描述为"核心圈"的学理性延续及其缘由。《超社会体系》④概括了从《社区的历程》中的初步思索到近期提倡的"超社会体系"及历史人类学的核心话题和整体心路，因为"超社会体系"这一概念一方面代表着文明与中国的世界关系，另一方面"社区史""世界图式""三圈说"等提法或形式得以进一步发展和完善。

对差序比喻、结构镜像的补充或批评。《差序—等级观》⑤对有关"差序格局"的本意认识和延展意义的批评集中在以下两点：一是把差序格局或社会结构比喻为狭义的人际关系或关系网络，甚至降格为单一横向的"水纹-波"（或"同心圆"——以内外"差"的延伸为基础的）结构；二是由于上述比喻之误解，忽视了差序格局的等级化这一纵向维度，无视了与其对应的差序人格的重要作用。也就是说，差序格局说采用人类学比较法，预设性地"描述出一个'他者'，即西方的社会结构（团体格局）"，然后再"以这个'他者'为鉴，反照中国社会结构的镜像"。因此，差序格局的概念"必须放在这种中西方对比、比较的框架下才能呈现其全部意义"。⑥

---

① 王铭铭：《西学"中国化"的历史困境》，广西师范大学出版社2005年版。
② 王铭铭：《西方作为他者——论中国"西方学"的谱系与意义》（下文简称《西方作为他者》），世界图书出版公司2007年版。
③ 王铭铭：《中间圈——"藏彝走廊"与人类学的再构思》（下文简称《中间圈》），社会科学文献出版社2008年版。从某种意义上看，所谓"三圈说"的提出不仅意味着对"藏彝走廊""差序格局""文化自觉"等概念的融合性发展，而且反映了对"多元一体"——中华民族或中国设想进行的人类学阐释意义。
④ 王铭铭：《超社会体系——文明与中国》。
⑤ 阎云翔：《差序格局与中国文化的等级观》，《社会学研究》2006年第4期，第201、212—213页。根据学界的相关考证，于1947年左右，"差序格局"概念被提出来，这便被多数人理解为"水纹—波式的结构"。而《差序—等级观》则认为，作为一种"立体的结构"，差序格局的维系"有赖于尊卑上下的等级差异的不断再生产"，而这种再生产是"通过伦理规范、资源配置、奖惩机制以及社会流动等社会文化制度实现的"。差序格局"否定人格平等的可能性，不承认权利义务之间的平衡"，最终导致"差序人格的产生并对中国文化有着决定性的影响"。
⑥ 阎云翔：《差序格局与中国文化的等级观》，《社会学研究》2006年第4期，第202页。

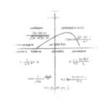

首先，从关系或结构的比喻及其延伸误读看，当代的学术话语"逐渐地将差序格局概念从社会结构的层次置换到人际关系的层次"。但是，人际关系的结构仅仅是"社会结构的一个部分而已"。在人际关系结构的层次上说，与中国的关系网相对应的是"西欧北美社会中的个人网络或社会网络"（Personal Networks or Social Networks），而不是原本"所概述的团体格局"。① 在此，产生误解或误读，主要有三个原因②：其一，在多数情况下，"水纹波的比喻（投石入水形成的）都被看作关于这一概念的精确定义"。但是，所有的"比喻都有夸张或形象化的特点"，也因此"无法精确界定任何概念或事物"。其二，由于将比喻当作定义，多数学者都"强调远近亲疏和以己为中心划（画）圈子这两个特点"，而且这又恰恰是"关系网的特点"。于是，差序格局"等于关系网的公式③得以成立"。其三，如果停留在像水波（纹）那样水面平行圈"这个比喻所造成的意象上"，所谓远近亲疏和自我中心"就成了平面的、没有纵深感的蜘蛛网似的状态"。相比之下，鉴于《差序—等级观》对差序格局这一概念的本意解读，它是"一种立体多维的结构，而不仅仅是一个平面多结的网络"。④ 如果"用水波（纹）来比喻差序格局"或"仅仅将差序格局理解为一种平面的、以自我为中心的关系网络"，那么"这一概念的现代内涵似乎十分有限"或并不十分恰当。因为，它"可能不会再为已有的网络研究理论提供什么更新的启示"。⑤ 可以说，与其以内外"差"的横向延伸为基础"水纹波"或"同心圆"结构比喻相比，要严格定义"差序格局"的内涵，

---

① 阎云翔：《差序格局与中国文化的等级观》，《社会学研究》2006年第4期，第203页。有关"差序格局"的后续解说，主要在"私"和"公"、"差"和"序"、"纵式"（刚性的和等级化）和"横式"（弹性的和以自我为中心）、"关系"和"结构"等方面得以展开，加上由于三个层次的认识偏差原因出现了误读或曲解的一系列现象。

② 阎云翔：《差序格局与中国文化的等级观》，《社会学研究》2006年第4期，第203—204页。其中第三层的另一个原因，处于网内的人"亦是相互平等的"，唯一的差别是"与处于中心的'己'或'自我'在远近亲疏、感情厚薄、利益多寡之间的差异"。显然，其是指"当代生活中的人际关系网，而不是社会结构"。

③ 除了马林诺夫斯基有关行为—需求的文化功能论外，经济社会学者格兰诺维特提出的"强弱关系"论为"差序格局"说的后期延续发展提供了经济学的行为主义研究等新维度。另见林南《社会资本——关于社会结构与行动的理论》，张磊译，上海人民出版社2005年版。

④ 阎云翔：《差序格局与中国文化的等级观》，《社会学研究》2006年第4期，第204页。

⑤ 阎云翔：《差序格局与中国文化的等级观》，《社会学研究》2006年第4期，第205、212页。

必须从有关"人伦"的考证角度去理解。①

然后,《差序—等级观》又认为差序格局的多数后续讨论不仅"忽略了所涉及的等级制方面";更重要的是"还忽略了差序格局对于人格的影响"。而这又多半缘于"那个水纹波的比喻的误导",误以为"差序格局是由无数个同心圆构成的网络"。② 其一,根据对差序格局假说的理解,西方社会在宗教观念的根基上建立起"团体内个人之间人格上的平等"。所强调的是"人格上的平等",不是"社会地位、财富、健康以及机会上的平等",而是"在存在意义上、伦理意义上的人格平等"。③ 其二,与团体格局下的人格平等形成对比的是,差序格局假说"并没有直接指出其下是否存在着平等的人格",但"以比较间接的方式批评差序格局之内的不平等的人格",④ 因此,将这种弹性人格也可称为"差序人格"。⑤ 其三,这种"人格上的不平等和弹性、差序格局在平面结构方面的界限模糊(一切以己为中心),都来自于同一个原因",即在差序格局的社会里,"作为个体的个人决不是不可再分割的、具有本元意义上的最小单位"。⑥ 换言之,只要"社会尊卑有序的价值观和社会现实不变",差序的"格局和人格就会继续存在"。⑦ 正如《差序—等级观》所言,差序格局假说"是为数极少的超越了政治经济体制而从本土社会文化角度解释中国

---

① 阎云翔:《差序格局与中国文化的等级观》,《社会学研究》2006年第4期,第204、205页。"人伦"之所以能说明"差序",在于"'伦'规定了差序格局的内容,即差等"。按照费氏的界定,中国式传统十伦等中的"伦"是"有差等的次序"。作为传统社会结构中的最基本概念,人际网络中的"纲纪",就是"一个差序",亦是为"伦"。

② 阎云翔:《差序格局与中国文化的等级观》,《社会学研究》2006年第4期,第208、211—212页。

③ 阎云翔:《差序格局与中国文化的等级观》,《社会学研究》2006年第4期,第208、209页。因为,在被社会化或被文化化之后,"无法再分下去的个人之间也有一种人格上的平等,即本体论意义上的人格平等"。

④ 阎云翔:《差序格局与中国文化的等级观》,《社会学研究》2006年第4期,第209页。

⑤ 阎云翔:《差序格局与中国文化的等级观》,《社会学研究》2006年第4期,第211、208页。与此相同,梁漱溟所说集顺民与暴君为一体的人格,"也同样同团体格局下的平等人格作对照"。在差序格局之中,易于出现"能屈能伸"即差序人格的"能人"现象;而且"具有差序人格的个体越多,差序格局的结构也就越稳固并反过来更加有力地塑造差序人格"。因此,只要因差序格局形成的这种流动机制还存在,那么"每一个历尽艰辛爬到上层的人都自然会尽力维护尊卑之差等,以便自己可以充分享受苦尽甜来的满足"。

⑥ 阎云翔:《差序格局与中国文化的等级观》,《社会学研究》2006年第4期,第211页。相反,个人"仅仅存在于一系列的关系之中",并通过这些关系来"不断地根据具体情境(即自己与对方的关系)来界定自己的位置、角色以及存在的意义"。

⑦ 阎云翔:《差序格局与中国文化的等级观》,《社会学研究》2006年第4期,第212页。

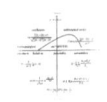

社会结构"的理论探索之一；其"有助于回答社会学和人类学的两个基本问题"：社会和个体人格是怎样组成或形成的？① 依照上述分析的总结，乡土中国（即传统中国社会）的基础结构以差序格局为中心，形成以下几点主要特征②：(1) 血缘关系之重要性；(2) 公私、群己关系的相对性；(3) 自我中心的伦理价值观；(4) 礼治秩序，即利用传统的人际关系和伦理维持社会秩序；(5) 长老统治的政治机制。

一言概之，作为一种社会结构论范式，差序格局（含生育制度）说有两大理论来源：一是深受个体需求—文化反应说等之影响，尤其是源于自我主义的内外型"格—纹"波（圈）——关系假设体现在有关差序的格局及圆形拓展上。二是关于差序和团体的格局或结构假设，借鉴了涂尔干有关机械·有机团结的社会合作分工论③。前者对于后者，接近于内容对于形式的关系。说到底，尽管《生育制度》《乡土中国》等以行动分工—功能主义的社会论（涂尔干等法国式）和基本需求—功能主义的文化论（马林诺夫斯基等英国式）的融合尝试为起点或重要实践过程，但其本质上仍严格地保留了后者即英国式的经验主义之论证风格。

第二节 宗族组织——集合表象结构

《义序的宗族研究》④的理论构想，落实或演绎至以下几个方面：宗族组织的形式与功能、宗族的联锁体系与家庭结构、亲属关系系统与作用（加上人生礼仪模式）。前者以祠堂等物型集合表象——组织的形式结构为中心，后

---

① 阎云翔：《差序格局与中国文化的等级观》，《社会学研究》2006年第4期，第213、212—213页。值得一提的是，"差序格局"说"当年将差序格局与农业生产、乡土社会以及传统文化挂钩，并期待着现代化可以改变这些"；这在一方面可能是"过于现代主义式的乐观"，而在另一方面也可能"低估了他自己所提出的'差序格局'概念的重大意义"。

② 阎云翔：《差序格局与中国文化的等级观》，《社会学研究》2006年第4期，第202页。另见[美]阎云翔《中国社会的个体化》，陆洋等译，上海译文出版社2012年版。

③ 《乡土中国》指出，在马林诺夫斯基那里，功能一词有两个含义："所起作用"和"数学函数"。而作为社会整体或系统论的坚定支持者，拉德克里夫-布朗却把功能的意义当作数学中的函数来理解的，也就是去掉了马氏所强调"功能含义的一半"。详见费孝通《个人群体社会——一生学术历程的自我思考》，载《乡土中国》，第165—170页。

④ 林耀华：《义序的宗族研究（附：拜祖）》（下文简称《义序》），生活·读书·新知三联书店2000年版。

两者分别以关系型集合表象——组织的内容结构和功能型集合表象——组织的形式结构为焦点。除了上述三个集合表象外，不能忽略的是贯穿于整个人生礼仪过程的行动集合表象。

一 物型表象：组织的形式结构

在讨论结构和功能、组织和制度的关系问题①之前，下面不得不对《义序》理论假设做这样的延伸工作：按照《义序》的表述，家庭结构略等于宗族内的父系亲属范畴，而家庭和家族间的技能关系相当于系连感情、关系及表达系统。

祠堂作为物型的集合表象：它是理解整个宗族组织的关键所在。祠堂这一组织形式，其结构及功能涵盖了祭祖、生活、社交、娱乐、政治等方面。在"未建立祠堂之前，早有族房长管理族内事务"，然有了"祠堂以后，正式条例成立，组织比较固定"；于是，族人的目标和眼光"向着祠堂集中"，对族外言"祠堂又是表示宗族的光荣"。义序的黄氏宗族共有三个祠堂：一个是"宗祠"，两个是"支祠"。在此，宗祠"是乡人早晨集市的场所"，也就是"表示公众意见的地方"，更是"散布新闻的中区"。② 可以说，在《义序》中祠堂具有重要的意义，因为有了宗族必然就设有祠堂。

祠堂等宗族组织形式。《义序》认为，祠堂背后的"是那些祖宗所遗留下来的族规家训"，以及"未成文的观念、意见和态度"；而这些观念、意见、态度和道德等却保留或依存在族房长及"其他乡老的行为言语动作中"。所以，宗族乡村的老年人是"宗族文化上承下继的媒介"，他们一方面"依靠着宗祖的遗训习俗为行动的根据"；另一方面"教导并治理年轻子弟"，使他们"能够适应这种环境"。③ 这般的"族人的精神或心理状态"，指"他们的态

---

① 在汉人社会，宗族是基于血统或系谱法则的亲属组织，还是基于功能法则的社会组织，对此学界有不同看法。参见陈其南（1991）、王铭铭（1997）、科大卫、刘志伟（2000）、阮云星（2001）、杜靖（2015）、刘志伟（2017）和渠敬东（2019）等；亲属关系和亲属制度的讨论，张小军（1997）、杜靖（2017、2018）。

② 林耀华：《义序的宗族研究（附：拜祖）》，第28页。该书的前身为作者的硕士论文，完成于1935年。

③ 林耀华：《义序的宗族研究（附：拜祖）》，第30页。

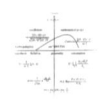

度、意见、见解与思想而言"。① 从形质或特征上说，祠堂不仅是宗族乡村的"集合表象"，更是族人去实现这一组织目标的具体活动及程序之表征。

祠堂和族规。有了祠堂之后，"成文的庙规成立，族房长也就组织化"，所以就"有祠堂会的产生"。祠堂"并非一个工作严整、条规具备的组织"，而是"一个散漫无恒的零星的团体"。族房长乡长是"祠堂会当然的会员"，绅衿"则由族房长敦请入祠"。族房长及"其他得入祠堂会议的人员，都是名誉职"，通常"没有薪俸"。他们的"特别权利，就是祭祀宴饮，得以入座"。各房分别"祭祀时，族房长可领胙肉"。祠堂祖产"由族房长绅衿等管理"，大部分"皆用于祭祀，所余充为公用"。正因为这样，祠堂"置地保一人，以年轻力壮能干事者当之"，其地位"甚低，有俸给，在祖产下拨出"。支祠本着"宗祠组织而缩小范围"。宗祠"以族长为首"，支祠则"以房长为首"，房长以下"又分各支，支有支长"，支长"在支祠的地位"，好比"房长在宗祠的地位一样"。支祠组织"远不如宗祠严密"，一切"条规礼仪，也以宗祠为依据"。大约各房的事情，"都归各房房长和房内支长共同治理"，到了"不得已时，则交权于祠堂会"。宗祠"比较严威郑重，举动有力"。② 由此可见，作为一种典型的初级社会组织，尽管祠堂并没完全具备所谓次级社会组织的结构和功能特征，但组织之所以形成的结构性要素及基本架构已初具规模——有了条件、程序规范、活动内容和经管者等。

庙宇、联甲、结社等扩充形式。除了祠堂之外，庙宇、联甲、结社等均属于地缘化的组织形式。庙宇"比祠堂进一步"，祠堂"所崇奉的是本族宗祖"，而庙宇"所崇拜的是族外有声望的英雄"。同是拜祖，但"庙宇敬神，乃是祖宗崇拜的伸展"。具体而言，祖宗"住于祠堂"，神明"住于庙宇"；祖灵"附于神主牌位"，神灵"居于雕塑的神像"；所以形质上"祠堂庙宇也是一贯的道理"。在义序，庙宇"大小计有二十余所"。其中大王宫与将军庙二神，乃是"义序合族人所共奉"的，崇拜仪式"为有组织的，其组织法则以祠堂会为依据"。据此说来，庙宇也成为"宗族固结（Clan Solidarity——宗族团结）的机关了"。庙宇同时也作为宗族组织的一种延伸，"目的纯（单纯或集中）在于祭

---

① 《导言》，载林耀华《义序的宗族研究（附：拜祖）》，第4页。
② 林耀华：《义序的宗族研究（附：拜祖）》，第30—31页。

第一章 亲属假设（一）：中国关系结构

神迎会"。义序乡区，"共有九个联甲"。各联甲"有各联甲的防地范围"，它们"彼此联络，首尾相顾"，连成"一个整体"，其中"联甲总会为中心"，住居于"黄氏宗祠"。这种临时组织，它的缺陷在于民俗社会（folk society）的一般性弊病："表面上好像很严密"，实际上却并非"如此有条不紊"。与此同时，包括结社在内的这些宗族乡村的组织，"虽然不甚严密，不甚活跃"，然而"这种势力团体的存在"也延续着；其已促使"族人的行动，有所依赖"，族人的信仰"有所寄托"，所以这个团体可"命为整乡整族生活的中心"。① 上述延伸或扩充形式不仅作为宗族祠堂最为重要的相对组织化的内容或类型，而且反映了在不同时代或社会环境的背景下产生的极具生命力的灵活性及相关特征。根据《义序》对祠堂组织的类型和功能分类（图1-5），这些可以用来说明类比逻辑意义上的事项之间的随机联系，但在数理统计学的意义上很难证明其正确性和合理性。

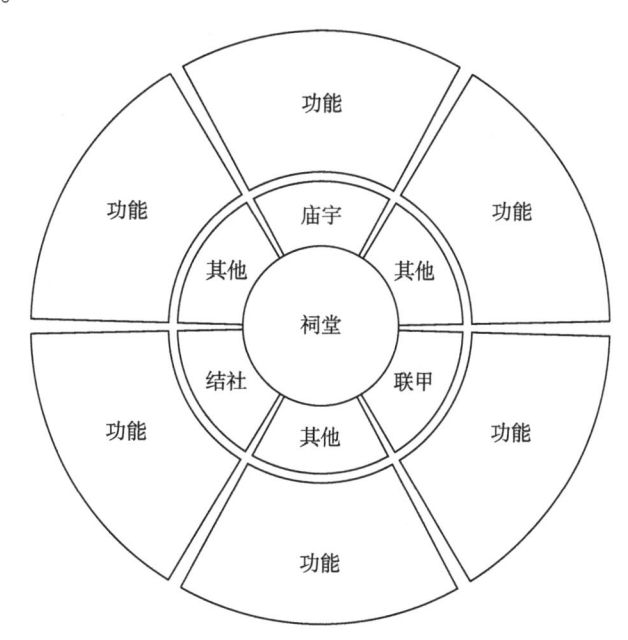

图1-5　祠堂组织的类型和功能分类

注：根据《义序》制作。

宗族组织的功能。 功能"能够改变，或是增加"，于是"又影响到组

---

① 林耀华：《义序的宗族研究（附：拜祖）》，第32—35、35—36页。

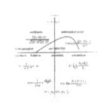

织"。祠堂最初的目的，只是"崇拜祖先"，这是"家族的宗教事宜"；有祠堂之后，"庙规成立，组织固定"，其他社交的"政治和经济的功能，就连带附在祠堂行使"。祠堂的组织"由简单而复杂"，原因是"功能增加"。祠堂之于宗族，差不多变成"一个万能的团体，一切功能都可行使"。也就是说，宗祠祭祀"是为家族的宗教的功能"，迎神赛会"是为宗教的娱乐的功能"；族政设施"是为政治的法律的功能"，族外交涉"是为政治的社交的功能"。功能的层级，彼此都有"连带关系"。① 以祖宗祭祀为例，其包含以下程序性内容：祠堂财产、祠祭礼仪、墓祭仪式。宗祠"有祖产，为全族人所共有"。祖产或祠堂财产又包括两部：一是"不能生产的东西"，诸如祠堂"器具、公所、桥梁、河道、族谱、文件等"；二是"可以生产的东西"，诸如"田、园林、屋宇、池塘、蚬埕等"。说祖产，"多半是指后者而言"。因此，祭祖仪式采用两种形式：祠祭礼仪和墓祭仪式。祭拜祖先是"祠堂设立的根本目的"。崇拜的原因，"由于父系社会父权发达"，父亲的尊严和权威"在死后仍是遗留"。除了祠堂的祭祀和礼仪外，没有"支祠的房分支派"，他们的"集合表象是祖墓"，所以他们"也创立某房某祖墓派下的祭田"，以"供子孙轮流耕种"。这种值年祭祀，也叫"轮年"，反映了继承祖产的集合责任性（Collective Responsibility）。② 可以说，祠堂作为宗族组织的集合表象，其功能包括宗祠祭祀、迎神赛会、族政设施和族外交涉等通过物形凝合的内容。

《义序》对宗族组织和宗法制度的关系界定，与有关小传统和大传统的现代人类学分类法颇为相似："宗族组织以族房长为中心，宗法制度以大小宗为基础"。族房长的"产生，以辈数和年龄为标准"，大小宗则"皆嫡长相继，父子相承，生来而身份定"。③ 另外，值得注意的是受其范·热内普的"过渡或通过礼仪"（Rites of Passage）学说之启发，《义序》以"出生与童年""婚嫁""死葬""葬祭"这专门四章来讨论了其"个人生命史论"之基本问题。这与维克多-特纳等对范·热内普学说的继承和发展也有一定的区别。例如，范·热内普的阈限（Liminality）概念在维克多-特纳的仪式结构与反结构探索

---

① 林耀华：《义序的宗族研究（附：拜祖）》，第48页。
② 林耀华：《义序的宗族研究（附：拜祖）》，第48—50、49页。
③ 林耀华：《义序的宗族研究（附：拜祖）》，第72页。

中获得新的意义，拓宽了人们对社会仪式及结构问题的相关视野。换言之，维克多-特纳的社会仪式和结构研究专注于社会分裂与延续、仪式结构与反结构、朝圣过程与社会隐喻等方面，并从特定社会文化的戏剧及象征角度阐明了其各类现象所形成和赖以存在的独特内涵及结构特征。

二 关系型表象：组织的内容结构

就宗族的联锁体系与家庭结构而言，家庭结构是宗族社会关系之根基，当单一的家庭关系发展成宗族的叠加关系时，家庭加上宗族的联锁体系呈现出血缘∷经济的复合结构。下面就以这种关系型集合表象——组织的内容结构为中心展开讨论。

宗族与家庭的联锁体系。首先，联锁体系。《义序》把家庭、家族至宗族的关系描述成联锁体系，反映了家（灶）→户（屋）→支（支派）→房（祠堂）→黄氏宗族（宗祠）这种结构特征。家庭在形式上可以延伸出多个形态：家、户、支、祠堂会等。家是"经济的单位"；户是"政治社交的单位"；支是"宗族祭祀的单位"；族房长"即祠堂会"，是"乃经济、政治、社交、宗教等综合的单位"。其次，宗族与家庭、家族的关系。该书还指出，作为多个家庭和家族的复型联结，宗族既是血缘的概念，又是地缘的概念。因此，宗指"祖先"，族指"族属"，"宗族合称"，是为"同一祖先传衍下来"，聚居于"一个地域"，而"以父系相承的血缘团体"。在一个宗族内，"包括许多家庭"，外表上"祠堂是宗族乡村的'集合表象'"，实际上"家庭是组织的真正单位"。① 很显然，这与传统社会学（孔德）把社会结构的最小单位归结于家庭的做法颇为相似，有别于斯宾塞等将社会结构还原为人人联合结构的个体自由主义路径，但其在涂尔干那里已发生改变而成为行动或功能机制的组合形式。

最后，家庭的基本性质。《义序》认为，家庭"乃指共同生活，共同经济"，而"合炊于一灶的父系亲属"。在此，家庭首先是经济的概念，然后才是自然或生物的概念。家庭是"经济的团体"，自"与生物的团体不同"，不应"并为一谈"。可以说，宗族内的家庭"是以灶为单位"，无论"其为夫

---

① 林耀华：《义序的宗族研究（附：拜祖）》，第73—74页。

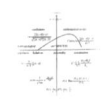

妇、父子、祖孙、叔侄、姑嫂、妯娌"，凡是"衣食共同"，就是"同一家庭"。① 与此相同，弗里德曼指出葛学溥（Daniel Kulp）把凤凰村分成四种家庭类型：自然的、经济的、宗教的和普通的。其中，普通家庭"总体上是支族"，支族又分成"包含最高宗族秩序的宗族家庭的两个半偶族（Moiety）"。② 按照西方学界的一般理解，家庭作为一个生物的团体，它是指"夫妇及其所生子女的团体"。成了"夫妇，而无子女"，还"不算是家庭"。不过，经济和自然或生物的家庭，有时"二者却是相等"，有时"经济家庭包括好几个自然家庭"。③ 相较而言，《义序》的重点在于经济家庭的概念，《华南的乡村生活——广东凤凰村的家族主义社会学研究》④ 的聚焦点在于普通家庭或家族主义的概念。

家庭的基本结构。《义序》认为，家庭构成或结构包含三个要素：一是人员（Personnel），其来源与出生、过嗣和婚姻有关；二是土地与物质；三是主权或职责（Role）。家庭的传续与分裂，应要考虑两个因素：娶妻生子和财产继承。族外婚制是"宗族社会的一个特质"。婚姻和配合（Mating）分别是家庭形成的两种关系形式，反映了文明与原始的不同阶段之特征。因为前者"属于社会事实"，后者则"为生物关系"。分裂或分家时，财产分配情形如下：其一，"留一份产业为公共的祭田"，兄弟"轮流耕作"。其二，"长子另获一份财产"。其三，除了金钱平均分配，"其他田地、园林、池塘、洲产等不动产"，必由"中人平均分配"，兄弟"长幼序拈之，各不得有异言"。其四，住屋"则按长幼序划分"。⑤ 可以说，《义序》对家庭结构的讨论无疑建立在这样的推论基础上：家庭不但是"最后的经济单位"，同时也是"宗族的基础组织"。据表1-1的比较，可看出所形成关于家（或家庭）的比较维度和结构概况。

---

① 林耀华：《义序的宗族研究（附：拜祖）》，第74页。
② ［英］弗里德曼（Freedman, M.）：《中国东南的宗族组织》，刘晓春译，上海人民出版社2000年版，第44页。
③ 林耀华：《义序的宗族研究（附：拜祖）》，第74、75页。
④ ［美］葛学溥（Kulp, D. H.）：《华南的乡村生活——广东凤凰村的家族主义社会学研究》，周大鸣译，知识产权出版社2012年版。
⑤ 林耀华：《义序的宗族研究（附：拜祖）》，第75—78页。

表1-1 《义序》对家、家庭的结构比较

家（主要包括延伸形式和功能类型）		家庭（是以灶为单位，无论其为夫妇、父子、祖孙、叔侄、姑媳、妯娌，凡是衣食共同，就是同一家庭）	
延伸形式	功能类型	结构三要素	传续与分裂
家（灶）→户（屋）→支（支派）→房（祠堂）→黄氏宗族（宗祠）	1. 家，"经济的单位" 2. 户，"政治社交的单位" 3. 支，"宗族祭祀的单位"	1. 人员（Personnel，其来源与出生、过嗣和婚姻有关） 2. 土地与物质 3. 主权或职责（Role）	主要内容包括娶妻生子和财产继承。财产分配以"公共祭田""长子另获一份财产""金钱和不动产等的平均分配""住屋则按长幼序划分"为内容。

理论或思想根源：从家庭结构到宗族的联锁体系。《义序》从家庭出发的这种构思无不来自古典式社会学的结构功能主义传统，其包括孔德、斯宾塞在内，尤其是涂尔干等有关社会结构和功能的系统研究及理论探索。其一，阿隆指出社会静力学可分为两种：一是人性结构的探讨；二是社会结构的探索。① 在此，所说"大脑图表"，无疑是一种人性一致性及结构的社会生理学探索，如同传统经验主义的人体比喻模式。但问题是，"大脑图表"只关注由自然人体至宇宙整体的宏观问题，却忽略了从人到家庭的这一重要联结。在社会结构的家庭根基方面，瑞泽尔（Ritzer, G.）认为作为非个体的社会细胞，家庭"是社会学的基础材料"，所有社会或"系统必须由具有共同本质的基本要素构成"。② 正如马里埃蒂（Kremer Marietti）所言，孔德关心"从家庭细胞到社会机体"，这里和那里"隐约显现的都是社会秩序"。③ 说到底，虽然社会静力学并不否认社会是由个体构成的，但其把社会结构的最小单位归结于家庭。对于孔德的社会学理论而言，与静力学不尽相同，动力学不把家庭和社会二者割裂开来。因为动力学建立在以智力、活动（集体或社会）和

---

① ［法］阿隆：《社会学主要思潮》，葛智强等译，第67页。
② ［美］瑞泽尔（Ritzer, G.）：《古典社会学理论》，王建民译，世界图书出版公司北京公司2014年版，第111页。
③ ［法］马里埃蒂：《实证主义》，管震湖译，商务印书馆2001年版，第47页。

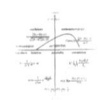

感情为根基或导向的探讨基础上。① 另外，孔德的贡献在于发现了"社会结构的基本基础是分散力（劳动者的数量）和集中力（资本化的财富）"。② 阿隆认为，有关人数和财富造就社会结构力量的话题，其理论源头可追溯到亚里士多德（Aristotle）和霍布斯（Thomas Hobbes）那里。相比之下，孔德还强调结构内部的秩序可以被转化为结构外部的秩序。其二，除了人和社会有机体的自然属性之外，斯宾塞更坚信社会整体不仅可还原为组成部分，而且社会还是等于自然人加情感之总和，即社会"存在的可能性取决于个人一定的情感特点"。③ 在他看来，作为有机体的自然人及行为结构，规定了社会的基本结构和全部特征。社会的基本特点和次要特点分别取决于人的"基本特点"和"次要特点"。同理，各地社会的"特殊结构和行为与人（个体）的特殊结构和行为"必然有一致性。④ 不难发现，与孔德有关自然或自然人≠社会的非还原观不同，瑞泽尔认为社会和它的结构可以还原成个体或人人联合和它们的结构。进而认为，进化的三个要素是"整合增强（规模增加和民众聚合）""异质性增加（制度上的明晰化）""确定性增加（结构与功能）"。⑤ 在此之上，还可以加上"第四个方面——社会群体凝聚力"。由此可见，这类进化论观点至少是两种过程的结果：社会规模的增加和社会进化的复合。⑥ 上述宏观结构论建立在人口规模、人员互动和交往、行动的水平分化和整合模式等话题的探讨之上。⑦

其三，涂尔干指出斯宾塞比孔德并没走多远，他的社会学关心的研究对象是社会即"人人的联合"或"实在的自然人"的叠加，而不是客观存在的人或自在物。斯宾塞强调人与人之间的合作原则，并把它当作社会构成的本质特征。在他的定义里，以"对社会所作的预断代替了他所说的物"或"客

---

① ［法］阿隆：《社会学主要思潮》，葛智强等译，第72页。
② ［法］马里埃蒂：《实证主义》，管震湖译，第68页。
③ ［英］斯宾塞（Spencer, H.）：《社会学研究》，张红晖、胡江波译，华夏出版社2001年版，第43页。
④ ［英］斯宾塞（Spencer, H.）：《社会学研究》，张红晖、胡江波译，第44页。
⑤ ［美］瑞泽尔（Ritzer, G.）：《古典社会学理论》，王建民译，第130、142—143页。
⑥ ［美］瑞泽尔（Ritzer, G.）：《古典社会学理论》，王建民译，第143、33页。
⑦ ［美］乔纳森·H. 特纳：《现代西方社会学理论》，范伟达主译，第568页。

观的自在人"。① 诚然，对于涂尔干而言，社会构成的基本要素——作为解剖学或形态学范畴的存在方式，也应该包括数量、性质，和它们的结合方式、融合程度，以及居住分布与形式、道路网络与性质等。在他看来，对社会类型及结构产生决定性影响的有两种要素：一种是社会容量——社会单位的数目；另一种是动力密度——人群的集中程度。在此，动力密度应是"集合体的纯精神之凝结力"，而不是"集合体的纯物质之凝结力"。② 正如涂尔干而言，孔德有关社会学的研究对象依然是认识论的观念或概念范畴，而不是社会事实的"物"之范畴。即，孔德关于自然＝（接近）社会事实的观念和社会类型进化观，与涂尔干关心社会类型在共时演化轴上的设想不尽相同。③ 可以说，继亚里士多德和霍布斯之后，孔德开始关注人数和财富的增加对社会结构的静力学作用面，斯宾塞和涂尔干使其发展成为有关社会规模的增加和社会进化的复合的社会动力学理论与社会分工论之可能性。

与孔德、斯宾塞和涂尔干等从家庭结构到分工合作结构之做法相同，《义序》把宗族结构或亲属系统看作家庭结构的一种延伸，家庭结构则建立在"宗族内的父系亲属"之基础上。④ 进而认为，家庭结构的传续与分裂规定了这种宗族结构或亲属系统的总体构架。与此相比，弗里德曼提出 A（单一的家庭模式）::M（折中、过渡的现实模式）::Z（功能最强的复合模式）的构想，⑤ 认为中国东南的宗族类型是一种单系继嗣性的功能团体，其并不构成一个独立社会单元。

三 功能型表象：组织的形式结构

技能或作用内容的形式研究，关心的是亲属关系—称谓系统—功能层面，而不是亲属关系和称谓系统的制度化层面。因为，亲属称谓是家庭、家族间技能关系的核心，也是联结个体间关系和整体亲属系统的桥梁。因此，《义序》把亲属称谓看作反映家庭或家族技能关系的整体系统，其涉及由个体交

---

① ［法］迪尔凯姆：《社会学方法的准则》，狄玉明译，第40页。
② ［法］迪尔凯姆：《社会学方法的准则》，狄玉明译，第124—125页。
③ ［法］迪尔凯姆：《社会学方法的准则》，狄玉明译，第39—40页。
④ 林耀华：《义序的宗族研究（附：拜祖）》，第86页。
⑤ ［英］弗里德曼（Freedman, M.）：《中国东南的宗族组织》，刘晓春译，第167—169页。

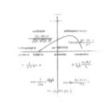

往至大的家族关系的全部内容。据此说,描述"宗族家庭间的机能关系,首推亲属间的称呼"。在此,称呼不但"表现人与人的系连感情和关系",并且"也表现整个亲属的系统"。① 以上正是这种功能型集合表象——组织形式结构论的出发点。

复合架构和基本形式:如果说亲属系统是父系亲属加联姻戚属的复合型构架,那么家庭结构是父系亲属的最基本形式。其一,亲属系统和家庭结构。根据《义序》,亲属系统"含义稍大,除了父系亲属外",又包括"婚姻相连而形成的戚属";而家庭结构则仅仅指"宗族内的父系亲属"。② 当然,亲属关系"包括父系亲属和婚姻相连的戚属"。其中,父系亲属就是"家族团体",家族团体是"由于父子、夫妇、婆媳、兄弟",以及"其他近亲所形成的"。按亲疏关系,"依次叙述,由小的亲属团体",推到"大的家族关系"。其二,亲子关系的中西差别。《义序》认为,近代西方的小家庭制度"以夫妇的结合为根本原则",家庭"随着夫妇结合而成立,也随着夫妇解散而消灭"。与此不同,中国家族制度有着"必须连续的目标",是"以父子的结合为根本原则",因为"父子结合关系,可以保障团体的连续",一系"相承,至于无穷"。这是"家族制度注重亲子关系的原因"。不过,无论西方还是中国,亲属关系"乃是自然出生的结合"。③ 其三,亲属关系系统的作用。《义序》指出"亲属关系的系统,由亲属称呼而来"。这些亲属关系"或是关系所代表的称呼",并非"徒有空虚的名词",却是"包含着实际的作用"。就中国的父子关系而言,教育上"父为子的指导者",经济上"父为子的赡养者",生活上"父为子的保护者";宗教上"父为主祭者,子为承继者"。在家族内,亲子关系遵从"孝"道。此外,夫妇关系重在"节"字,"男子妻死,可以再娶"。媳对婆关系在"忍"字,婆媳"既无感情,应忍耐度日"。兄弟关系有天性的感情,"孝和弟相连的关系"。外戚关系,"乃由婚姻而发生关系"。④ 其四,亲属关系的系统。在中国宗族研究中,多数学者常常把 Clan 和 Lineage 译成宗族。Clan,汉语中的对译较多,有家族、亲族、宗族、氏族、宗派、

---

① 林耀华:《义序的宗族研究(附:拜祖)》,第86页。
② 林耀华:《义序的宗族研究(附:拜祖)》,第86页。
③ 林耀华:《义序的宗族研究(附:拜祖)》,第95—96页。
④ 林耀华:《义序的宗族研究(附:拜祖)》,第95—98页。

帮派、集团等。Lineage，有家系、直系、血统等含义。因此，宗族和氏族的关系，只有在家庭→家族→宗族→亲族（联宗）::氏族→胞族→部落→部落联盟::种族→民族→国家的联锁结构中才变得更加清晰。宗族一般指单系的亲属团体，宗族受制于家庭或家族的血统，汇聚于由系至亲族或族（联宗的扩大）的叠加结构中。以此类推，氏族指同一血统的姓氏团体，是由单系的联宗构成的最大亲属群体。这有别于种族和民族的关系：前者重在生物学的"种"意义，后者落在文化或政治学的"民"意义。从家庭、氏族和种族到亲族（联宗），再到部落联盟和国家的联锁结构等，有关归纳如下：

1. 家庭→家族→宗族→亲族（联宗）。
2. 氏族→胞族→部落→部落联盟。
3. 种族→民族→国家的联锁结构。

《中国东南的宗族组织》（下文简称《宗族组织》）指出，宗族（Tsung-tsu 音译）相当于英语的 Clan 或 Lineage（"世系群"），但并没有说明氏族（clan）和宗族（Lineage）的区别是什么。例如，氏族（Clan）（书面语一般为"世系群"或"宗族"Lineage）通常"只是村落的一个部分"。但是，在福建和广东两省，宗族和村落"明显地重叠在一起，以致许多村落只有单个宗族"，继嗣（Agnatic）和地方社区的重叠也体现在其他方面。[①]《宗族组织》还认为，《金翼》[②] 等使用"氏族"（Clan）指称"继嗣群体"，而且运用"宗族"（Lineage）来标示"未具体说明的氏族分化"。[③] 不难发现，这种氏族分化为宗族的说法与《努尔人》的看法颇为相似。也就是说，《努尔人》中的努尔氏族是当地"最大的父系亲属群体"，其继嗣关系可溯源到一个共同的祖先。宗族是"氏族的这些谱系裂变分支"。[④] 相较之下，埃文思-普里查德、

---

① ［英］弗里德曼（Freedman, M.）：《中国东南的宗族组织》，刘晓春译，第1页。
② 林耀华：《金翼》，生活·读书·新知三联书店1989年版；另见林耀华《金翼》，商务印书馆2015年版。英文版，有"The Golden Wing-A Family Chronicle（1944）"等。
③ ［英］弗里德曼（Freedman, M.）：《中国东南的宗族组织》，刘晓春译，第50、48页。
④ ［英］普里查德：《努尔人——对一个尼罗特人群生活方式和政治制度的描述》，褚建芳等译，第221页。

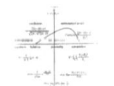

弗思等均关注过此类裂变或分化，但对于林氏而言，"宗族的裂变是模糊的"。① 另外，《家与中国社会结构》（麻国庆）等把宗族的起源追溯到商朝和周代时期，这远比多数学者所提出宗族产于宋代的说法早得多。认为，宋代只是宗族第二次复兴期而已。例如，作为一种组织，"一种社会团体，宗族最早出现在商朝"。在周代，宗族更加"被制度化，其结果产生了宗法制度"。②《永远的家》（麻国庆）中就提出在中国，"家"的分离体现了一种离心和走心的双向关系：在经济上会出现"家"的分离，在文化上"家"永远都是不分离的一体。就中国宗族组织③来说，其结构模型可表示以我族为中心的亲属关系（男女之生于我族者）等，如图1-6所示。

其他——相关论域探讨。《人类学百年争论（1860—1960）》对 Clan 和 Gens 进行区分，认为前者倾向于民主制，后者偏向于专制。④ 氏族（Clan）——是因世袭传承的单一血统的同一姓氏群体，但实行外婚制，无永久的领导，"很少或完全不因划分等级来强调宗谱关系"。

摩尔根：氏族 Gens（1877）

洛伊（罗维或路威）：胞族 Sib（1920）

洛伊：氏族 Clan（1948）

埃德蒙-利奇：平等家系 Gumlao（1954）

基希霍夫（Kirchhoff）：平等氏族 Clan（1955）

库朗热的希腊罗马氏族（Gens），指因祖先传承形成的单一世系的（某些

---

① ［英］弗里德曼（Freedman, M.）：《中国东南的宗族组织》，刘晓春译，第50页。
② 麻国庆：《家与中国社会结构》，第77页。事实上，与王铭铭等多数历史人类学者的看法相对应或不同，宗族这类社会组织出现在商代、周代的说法，与由张光直提出并主张的早期社会制度研究有关。
③ 林耀华：《义序的宗族研究（附：拜祖）》，第87页。
④ ［美］埃尔曼·R. 瑟维斯：《人类学百年争论（1860-1960）》，贺志雄等译，云南大学出版社1997年版，第168页。根据该书解说：氏族，产生于母系和父系的血统"公社"制，是"初民社会最基本、最初级的组织形式"。胞族，又称"大氏族"，一般"包括两个以上的不同氏族，由血缘相近的氏族联合而成"。部落是"比胞族更大的组织形式，由两个以上胞族或氏族组成"，有"共同的领地、名称、方言、宗教信仰和习俗，以及首领和议事会"等。部落联盟，即"几个部落结合到一起组成的集团"，"联盟议事会"成员为"包括酋长在内的各部落首领"。

第一章 亲属假设（一）：中国关系结构

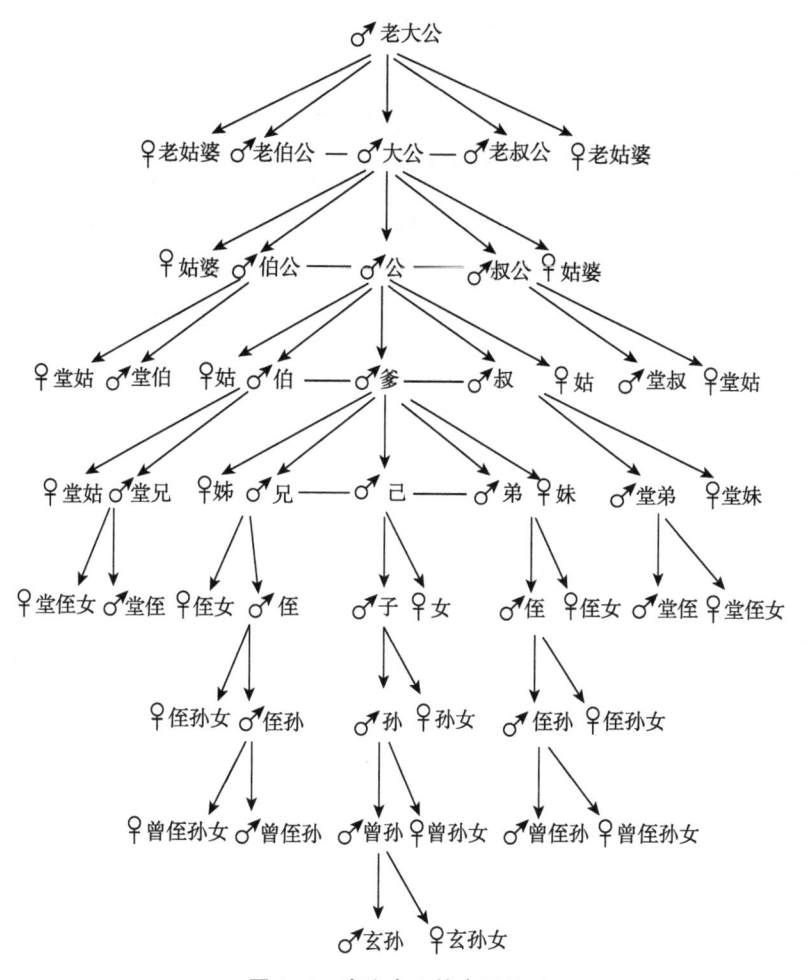

```
                            ♂老大公
            ┌─────────────────┼─────────────────┐
    ♀老姑婆 ♂老伯公 ── ♂大公 ── ♂老叔公 ♀老姑婆
            ┌────────┼────────┐
      ♀姑婆 ♂伯公 ── ♂公 ── ♂叔公 ♀姑婆
       ┌──────┼──────┐     ┌──────┼──────┐
  ♀堂姑 ♂堂伯 ♀姑 ♂伯 ── ♂爹 ── ♂叔 ♀姑 ♂堂叔 ♀堂姑
              ┌──┼──┐     ┌──┼──┐
     ♀堂姑 ♂堂兄 ♀姊 ♂兄 ── ♂己 ── ♂弟 ♀妹 ♂堂弟 ♀堂妹
              ↓       ↓       ↓       ↓
      ♀堂侄女 ♂堂侄 ♀侄女 ♂侄  ♂子 ♀女  ♂侄 ♀侄女 ♂堂侄 ♀堂侄女
                         ↓              ↓              ↓
                  ♀侄孙女 ♂侄孙    ♂孙 ♀孙女    ♂侄孙 ♀侄孙女
                         ↓              ↓              ↓
                ♀曾侄孙女 ♂曾侄孙  ♂曾孙 ♀曾孙女  ♂曾侄孙 ♀曾侄孙女
                                        ↓
                                   ♂玄孙 ♀玄孙女
```

图 1-6　我族中心的亲属关系

注：根据《义序》所制原图。

方面）或双面的（父母双方）、等级显明的血缘群体，"有永久的领导，为划分等级十分强调宗谱关系"。

　　库朗热：希腊罗马氏族
　　弗思：分支氏族 Ramage（1936）
　　埃德蒙-利奇：等级氏族群体 Gumsa（1954）
　　奥贝格（Oberg）：酋长领地 Chiefdom（1955）

基希霍夫：圆锥形氏族 Conical Clan（1955）

依照《义序》的宗族组织论，亲属制度之于亲属关系∷亲属的技能关系之于称谓系统（组织）——内容之于形式：前者均属于内部相对稳定的，后者皆属于因外部发生变化的。据此发现，其所关注的是由亲属技能关系至称谓系统的外化形式延伸，而不是称谓系统（组织）→亲属的技能关系∷亲属关系→亲属制度的内化功能延伸。也就是说，无论是从物型集合表象看，还是从关系型集合表象和功能型集合表象来说，《义序》有关宗族组织的形式·内容结构之探索始终是高度的静力学的，而不是动力学的。

四 宗族组织的范式及续论

《义序》指出①，它"注重横的分析"，以"宗族乡村未受外来文化影响为标准"。因为，近代变迁"能够使宗族组织动摇，其势力大别有四"：西洋思想、新文化运动、新兴经济势力、政治改革。② 前者是指静力学的共时探索，而后者是指动力学的历时探讨。尽管《义序》少量涉猎历时维度的动力学讨论，与其大量共时维度的静力学探索相比，可忽略不计。当然，如果说《凉山夷家》（1947）③ 等遵循了《义序》——静力学的共时风格，那么《凉山彝家的巨变》（1995）④ 等则沿着《金翼》（1944）——动力学的历时路径迈出了别样的一步。

地缘和血缘：它们是构成这一宗族村落的两个根本因素。《义序》认为，义序是"一个乡村"，因为"全体人民共同聚居在一个地域上"。义序是"一个宗族"，因为"全体人民都从一个祖宗传衍下来"。可以说，前者"为地域团体"，后者"为血缘团体"。义序"兼并前后二者"，就是"一个宗族乡

---

① 作为燕京大学硕士论文，《义序》（1935）可谓《金翼》（1944）、《凉山夷家》（1947）和《凉山彝家的巨变》（1995）等的前奏曲，其由社区基础、社会结构、实际生活和心理状态等构成。
② 《导言》，载林耀华《义序的宗族研究（附：拜祖）》，第4页。
③ 林耀华：《凉山夷家》，云南人民出版社2003年版。另见林耀华《凉山夷家》，商务印书馆1947年版。
④ 林耀华：《凉山彝家的巨变》，商务印书馆1995年版。另见林耀华《从书斋到田野》，中央民族大学出版社2000年版。

村"。① 在此，宗族乡村乃是"乡村的一种"。宗族"为家族的伸展"，同一祖先"传衍而来的子孙，称为宗族"；村为"自然结合的地缘团体"，乡乃"集体而成的政治团体"，今"乡村二字连用"，乃采取"自然地缘团体的意义"，即"社区的观念"。换句话说，宗族乡村或社区的基础，包括地理、生物和经济三个方面，地理基础与自然环境相关联，生物和经济则与人口情况、土地物产等有关。实地调查中，"数次环视乡境"，考察"形势，地名来源"。② 与《义序》的静力学实验不同，作为社会动力学的一种早期尝试，《金翼》则以辛亥革命后的 30 多年——福建闽江中流的农村场景为对象，考察了从农业到商业、经济，再到文化、政治的农村社会和家庭变迁。作者以小说式的形式叙述了日常事件、民间仪式、礼仪礼法、制度，并在从微观到宏观层面上试图超越了家族、地域的界限范畴，赋予了其以社会学上的普遍意义。《银翅》（庄孔韶）③ 作为《金翼》（林耀华）的续篇和发展，也指出虽然其使用了"目前诸人文社会学科通行的家族术语如核心（Nuclear）、主干（Stem）、扩大和组合（Extended and Joint）家族"概念及理论模式，但还是创建性地提出了自己的新平衡论、反观法和文化直觉主义的方法论等，以超越《金翼》等所用社区功能法和平衡论之局限。

  《义序》的理论假设，既是社会结构的，又是社会功能的。有关社会结构的探索可分为形式的和内容的两大板块。社会结构的形式是指"宗族结构的纲领和固定文化的规条"；而社会结构的内容则指个人的或团体的"实际生活、行为和活动"。可以说，总体的社会结构要探讨"宗族社会的组织，叙述生活的法则和规条，分析整个文化内容"。④ 依照《义序》假设的第一个方面，社会结构的形式相当于"整个宗族结构的形式"，是一个总的"纲领""轮廓"或"社会的大局"。⑤ 在整体和部分的形式拓展上，形成宗族整体——宗族与家庭的联锁关系，家庭的单位形式——婚姻与家庭的关系，"凡此都是注意家庭的结构或组织方面"的论题。根据《义序》假设的第二个方

---

① 林耀华：《义序的宗族研究（附：拜祖）》，第 1 页。
② 《导言》，载林耀华《义序的宗族研究（附：拜祖）》，第 1—2 页。
③ 庄孔韶：《银翅——中国的地方社会与文化变迁（1920—1990）》。
④ 《导言》，载林耀华《义序的宗族研究（附：拜祖）》，第 4、3 页。
⑤ 《导言》，载林耀华《义序的宗族研究（附：拜祖）》，第 3 页。

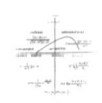

面，社会结构的内容是实际生活，涵盖"祠堂的功能和活动""亲属关系的作用""系属朋友的往来"，等等。① 具体而言，包括个体乃至集体的"礼仪、行为、动作"；也包含"衣食住行工作"，诸如"烹饪、吃饭、农耕、缝织等日常生活"。乡村为"民俗社会，组织与条规"，皆是"习俗相沿，未有成文"。"祠堂会""福首"等，乃是"历代传统的组织"。这些传统组织的重要性在于：例如亲属关系，土音称呼"自成一个系统，与文字上不同"。②《义序》把宗族乡村看作一个组织，认为"组织脱离不了功能"，组织"没有功能就不能成立"。③

社会结构的微观形式：宗族祠堂最具代表性。宗族"一个最大的特征"，就是"全族人所供奉的祠堂"。祠堂的建立，"原是为祭祀"，崇拜"宗祖，感恩报本"，然时过境迁，祠堂的"功能不复仅限于宗教方面"，其他功能"也渐渐附着产生"。祠堂"化作族人交际的场合"，变为"族老政治的舞台"；公众意见"由此产生，乡规族训由此养成"，族人"无不以祠内的教义信条奉为圭臬"，即祠堂是"宗族中宗教的、社会的、政治的和经济的中心"，也就是"整族整乡的'集合表象'（Collective Representation）"。④ 同理，鉴于上述对亲属关系的基本立场，马林诺夫斯基和拉德克里夫-布朗两者的最大区别也在于从内向外看还是从外向内看的视角差异上。马氏侧重于亲属关系的内生维度，认为因"人类内在的生育需要"，产生"外部的文化制度，如婚姻和家庭"。与此接近，虽然马氏也相信"亲属称谓的基本意义是血统关系"，但并不赞同"摩尔根对婚姻形式的部分看法"。⑤ 而在摩尔根看来，亲属称谓"只有血统意义，没有社会意义"。相比之下，拉德克里夫-布朗专注于亲属关系的外部维度，并"把婚姻、家庭和亲属称谓制度视为结合在一起的"，整个"组织或结构的组成部分"。作为因变数的所有亲属关系情感因素，不能够直接地反映"社会制度和行为准则的相互关系"。列维-斯特劳斯则认为，婚姻的互惠是最"基本的，它反映了联合这个无意识的结构原则"。⑥ 根据以上相

---

① 林耀华：《义序的宗族研究（附：拜祖）》，第86、48页。
② 《导言》，载林耀华《义序的宗族研究（附：拜祖）》，第3页。
③ 林耀华：《义序的宗族研究（附：拜祖）》，第48页。
④ 林耀华：《义序的宗族研究（附：拜祖）》，第28页。
⑤ [美]埃尔曼·R.瑟维斯：《人类学百年争论（1860~1960）》，贺志雄等译，第102、104页。
⑥ [美]埃尔曼·R.瑟维斯：《人类学百年争论（1860~1960）》，贺志雄等译，第128、103、120页。

关的研究实例，在中国人类学和民族学领域也始终存在着所谓南北学派的分立和不同，南派继承民国时期"中研院"之传统注重以社会历史、博物学和考古学为特色的人类学研究，北派则一直沿袭吴文藻等开启的燕京社会学研究之传统，而更多关心以社区、功能和民族史为主的社会人类学和民族学研究。

正如《义序》等所提示，在费氏系的弟子、林氏系的弟子与林惠祥——杨成志系的弟子之间形成的不同，也在一定程度上代表了南北学派之不同，但后期发展中也有出现相同特征的方面。与《银翅》等相比，《家与中国社会结构》和《社区的历程》等或多或少地结合了南北传统的多元特征——英美式人类学、南派考古学与历史研究、北派社会人类学的社区研究法等，不过，这类研究取向最终通过对科学实证主义路径的批判或反思，来捍卫和保留了平衡北派和南派传统的学术格局。

第二章　亲属假设（二）：日本关系结构

第一节　地域类型——村落生活结构

《日本人的生活结构序说》（1960）[①] 等专注于日本东北·西南的地域类型结构（泉靖一，1952）和亲族（属）内部的纵式·横式关系结构（1960），借鉴其社会学者有贺喜左卫门对同族团体、"组"团体的区分（1947）和福武直对同族结合、讲组（行会）结合的划分（1949）等，进而发展了冈正雄有关同族制和年龄阶梯制（1958）的村落类型和地域结构论。正如上野和男所言，《序说》立足于通过对日本各地村落进行细致入微的实地考察，大量使用所接触到关于日本家庭、亲属、婚姻等社会组织的第一手资料，同时以"地域性论"为着眼点讨论了日本社会的多样性和地域结构问题。[②] 全书以"社会学和民族学"（第1章）为序论，其中如果说"日本社会的地域性"（第2章）和"日本人的婚姻和亲属关系"（第5章）是最为重要的结构论分析之核心，那么"日本人的社会行动、态度、结构"（第3章）和"日本文化的基础结构及其变化"（第4章）是有关水库建设的日本人行动分析和巴西日系移民文化结构变迁等结构—功能分析之补充内容。

一　东北和西南的日本地域结构

《序说》对"日本社会的地域性"的讨论提到，以家族构成、继承或相

[①] 蒲生正男：『日本人の生活構造序説』（略称『序説』），誠信書房1960年版；『増訂・日本人の生活構造序説』，ぺりかん社1978年版。

[②] 小松和彦、田中雅一、谷泰、原毅彦、渡辺公三：『文化人類学文献事典』，弘文堂2004年版，386。

续、隐居制、媳妇的地位、分家、亲族（≈亲属）结合、家联合等为指标，构成以家族、亲属、村落串联而就的整体日本地域类型，包括以上下·主从的家庭关系为特征的"东北日本型"和以平等的家庭关系为特征的"西南日本型"两大类型。在同族团体、亲方和子方关系、讲组或行会、年龄群体等问题上，该地域类型论深受其农村社会学类型论之影响，这一点是显而易见的。①

地域性关系的村落社会（含自然村）。在《序说》之前，有贺喜左卫门提出"日本社会人际关系的基调是家联合（或家连合）"的村落结构类型论，之后这一方向在福武直的"同族结合村"（东北型）、"讲组结合村"（西南型）的两种类型论和矶田进的"家格型"村落、"无家格型"村落的类型论等中得以深化和发展。与此相同，《序说》对日本社会的地域性探讨以社会、组织等核心论题为基础，涵盖了人际关系、村落社会结构、同族和年龄组类型等方面。

作为地域性的人际关系——社会结构：根据《序说》的考证，社会这一概念有世俗、伙伴、邻组、村落等多方面含义，正因如此，它无疑是人与人的关系即人际关系的象征形态。人类生活的运营，对于自然来说是"适应的"，对于人际关系来说是"顺应的"。可以说，在与性别、年龄和身份等差异相对应的前提下，人际关系的运行"必定产生于一定秩序的条件和环境中"；同理，社会结构是指"赋予社会生活中人际关系以规整、组织化的秩序过程及其结果"。相比之下，社会组织指"府县郡市町村等行政化单位"，也指"家族或伙伴等其它形式"。例如，在单位社会中，人际关系本身包括"以夫妇等连合起来的家族、数十人或更多的同一家族成员等组成的各种各样的关系及差异"，其造就了"与此对应的结构及功能的多样性"。② 因此，对日本社会的地域性理解来说，社会结构及其功能是作为人际关系的一种存在方式，同时也是深入挖掘此类问题的关键点或切入点。

纵式和横式的结构区分：《序说》指出，日本村落社会的结构特色体现在家族生活和村民把全部社会生活当作组织化运营的意识范围——自然村

---

① 小松和彦、田中雅一、谷泰、原毅彦、渡辺公三：『文化人類学文献事典』，386.
② 蒲生正男：『日本人の生活構造序説』，誠信書房 1960 年版，13、14. 对译：世俗（世の中）、伙伴（仲間）、邻组（街坊四邻的居民小组，以十户左右为一组）。

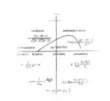

落生活上。这种自然村落生活—社会结构，形成于"家庭——亲子、夫妇、兄弟姐妹等人际关系"，和构成"自然村规模的家和家之间的关系（本·分家）、亲方子方"等血缘·地缘的人际关系这一交往网络中。在日本村落，家作为生产和消费得以"统一化的生活共同体"，仍保持或保留着"亲子结合的传统"。家庭或家族等的亲族或亲属结构有两种：以类型为根基的横向关系结构和以辈分或身份为基础的纵向关系结构。因此，在横式关系的类型结构中，家族包括"同族家族、直系家族、夫妇家族等"；其中同族家族包括直系+旁系的共同居住制，直系家族"允许旁系亲另起炉灶"，但亲子的"世系结合依然强大"，因为夫妇家族是指"夫妻加上子女的家庭结合"。① 而在纵式关系的身份或分层结构中，相继或相续形态可分为以下几种：一是"长男相续"（全国性的）；二是"姐辈相续"（不分男女的长子长女相续）——分布于岩手、秋田、山形、宫城、福岛等集约度较低的农业经营区；三是"末子相续"——出现于长野、爱知、和歌山、高知、长崎和宫崎等地区，即一部分以长野县作为北限的和农业经营集约度较高的西南地段，但也有"选定（养子）相续"情况。正因如此，日本家族的纵式结构特色，是支配或从属关系（ヒエラルヒー，德语Hierarchie）的——"对自然条件的适应结果"，同时也是"与经营方式的差异紧密结合着的"。② 事实上，它又被译成Hierarchy（ヒエラルキー、ハイアラーキー）的英语式含义，指以上位、下位关系排列并被整序化的金字塔型的秩序或组织，也指阶层制、阶位制、身份或等级制等。此外，《序说》以相继为切入点，讨论了在东北日本和西南日本形成的世代别分居制即夫妻单位分居制及其家联合方式。

同族（东北型）—讲组和年龄组（西南型）分布：《序说》认为，除了东北地区也存在名子（下层农民）、被管（下属民众）等非血缘关系型现象（像长崎、对马地区那样）之外，在家族结构的象征意义上，西南日本型一般属于"隐居制"（本家家长隐居）；而东北日本型多倾向于"非隐居制"（本家家长非隐居）。可以说，日本村落社会是地域性人际关系的，它主要以"全人格的"

---

① 蒲生正男：『日本人の生活構造序説』，15、16-17. 关于家族的关系图分析，见该书，第18页。
② 蒲生正男：『日本人の生活構造序説』，18-19、20。

"永续的"和"集团的"关系为特征；自然村内部以"家联合的存在方式"为根基，并由于上下和主从关系，或者延伸为水平或横向的平行关系仍"处于优越的地位"，这对其人际关系产生的影响也较大。当然，家联合形式包括同族结合和组（讲组）结合两种形式，前者是"血缘的"，后者是"地缘的"。[1] 根据比较考证，同族结合"在东北日本较多"，组（讲组）结合"在西南日本常见"，年龄集团或结合"在西南较多"。其中，拟制关系常常存在于"亲属制度结构和地域分结构中"，可以说它是一种"不断发生变化的新组合形式"。[2]

地域差别是以人际关系的形态为基础的。关于家的范围，包括"相继、分家和隐居"等；村落的家联合，涵盖"同族团、组（讲组）、亲族关系、近邻关系"等。

家联合及其拓展形式：包括同族（或血缘性）和非同族（或地缘性）的家联合或拟制关系。在日本各地区的分布结构中，对东北地区村落来说，同族团之存在显著，是"上下的家联合"。而北陆地区村落也存在同等情况，也是"上下的和主从的家联合"。虽说北陆地区村落同样是"上下的家联合"，但不存在"同族团的形式"，而是"源于拟制性的亲子关系的"。相比之下，在部落（集团）内部"不存在阶层差异"，关东地区村落是"讲组结合型的"，也是"以近邻关系为优先的"。中部地区村落，亲分和子分的关系为"家联合的主体"，拟制亲子的"关系更加显著"，但渔村的"组结合较强大"，年龄阶层"作为人际关系面发挥着主要作用"；近畿地区"以地缘结合强大"，母方亲族关系"得以强化，妇女地位在其间接合点上较为高"；中国以及四国等地区"以讲组的地缘结合为主"；九州地区也"存在组结合中夹杂着年龄阶层"等情况。[3] 从表2-1的指标比较看，东北地区和西南地区的差异不仅在于日本地域多样性方面，而且留存于源自社会或文化类型的习俗乃至制度结构之不同。

---

[1] 蒲生正男：『日本人の生活構造序説』，20、21、21、22.
[2] 蒲生正男：『日本人の生活構造序説』，23、24、23-24.
[3] 蒲生正男：『日本人の生活構造序説』，71、72.

表 2-1　东北和西南的日本类型比较①

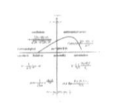

	(A) 东北日本型		(B) 西南日本型	
	Ⅰ	Ⅱ	Ⅲ	Ⅳ
家联合的功能	上下的	主从的	对等的	
家联合的结构	源于同族团的集聚的扩散	源于亲方、子方关系	源于讲组的集聚	源于年龄集团的扩散
分家	从属于本家	从属于亲家	独立的	独立的
相继	长子相继（也有姐辈相继）		长子相继（也有末子相继）	
隐居	无		有	
世代别分居制长男和次男的差别	强		弱	
家族	同族家族、直系家族		夫妇家族、直系家族	
户主权	强固		薄弱	
妇女地位	低		高	
亲属结合	父方的优势		妻母方的优势	
村落的强制	强	不强	不强	强
主要分布地	东北	北陆·中部	关东·近畿中国·四国	渔村以及西南日本

注：据《序说》所制的原表格。

与上述情形对应，地域性分析情况如下：北海道地区——地理背景、农村—花户郡新十津川町和渔村—日高的门别町、人际关系特色；东北地区——地理背景、岩手县二户郡石神、人际关系诸相。② 北陆地区——地理背景、石川县能登半岛谷合村、人际关系诸相；关东地区——地理背景、千叶县印旛沼、人际关系诸相；中部地区——地理背景、山梨县北都留郡甲州山村和静冈县伊豆半岛西岸渔村、人际关系诸相。③ 近畿地区——地理背景、奈良县都介野村、人际关系诸相；中国地区——地理背景、冈山县吉准备町、人际关系诸相；四国地区——地理背景、高知县津大村（西土佐村）、人际关系诸

---

① 蒲生正男：『日本人の生活構造序説』，75.
② 蒲生正男：『日本人の生活構造序説』，25-30、30-36.
③ 蒲生正男：『日本人の生活構造序説』，36-39、40-43、43-51.

第二章　亲属假设（二）：日本关系结构

相；九州地区——地理背景、九州对马、人际关系诸相等。①

村落阶层差是否显著的关键或判断基础：它是由于"家联合的基盘而形成的"。强式的家联合是以显著的上下和主从关系为基础，具体谱系要看是"来自本·末家庭关系的"，还是"来自拟制型亲子关系的"：②

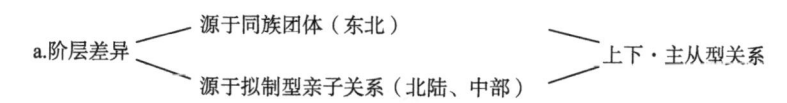

a.阶层差异 ⎯⎯ 源于同族团体（东北）　　　　　　　 ⎯⎯ 上下·主从型关系
　　　　　　 源于拟制型亲子关系（北陆、中部）

在阶层差异不显著的情况下，形成对等关系的组结合与"基于相对性的各户独立性的讲组关系"和"伴随较强各户连带关系的年龄阶层"有所相同：③

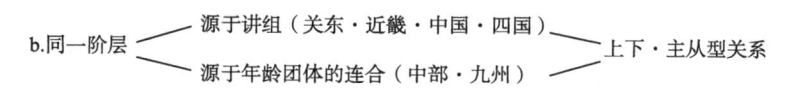

b.同一阶层 ⎯⎯ 源于讲组（关东·近畿·中国·四国）　 ⎯⎯ 上下·主从型关系
　　　　　　 源于年龄团体的连合（中部·九州）

这种地域型差异，是否"使其村落内部的各户之间差别更加显著"，其建立在有关"历史性""经济性"和"自然性"等条件的地域差异上。此外，在"日本人的社会性行动、态度、结构"（第2章）讨论中，《序说》以水利管理、社会紧张——社会行动与社会意识和态度——结构功能为主线，进而剖析社会紧张的实体、社会关系、心理状态等，认为社会结构"规定了社会意识和态度"。就行动—结构而言，作为行动能量的态度条件包括社会性的"地位（阶层）""距离（地域）"等；水利管理核心是"计划""过程"，以及"态度""一般价值取向"等。④ 进而，聚焦于年龄组——水库建设态度——图表分析，尤其就村落结构和紧张的诸条件讨论了"婚姻的基本性格""部落的阶层性""部落的统一性""部落的物质性基盘""社会性性格"和"社会紧张的诸条件"等。⑤ 在"日本文化的基础结构及其变化"（第3章）中，也探讨了殖民地社会·文化的基础结构和文化变容或同化等。⑥

正如上野和男所言，如果再加上围绕这些地域性研究的状况，可以说日

---

① 蒲生正男：『日本人の生活構造序説』，51-58、58-63、63-66、66-71.
② 蒲生正男：『日本人の生活構造序説』，72.
③ 蒲生正男：『日本人の生活構造序説』，72.
④ 蒲生正男：『日本人の生活構造序説』，73、77-80、81-85. 关于稻作或水利的社会，别见玉城哲『水社会の構造』，論創社1983年版。
⑤ 蒲生正男：『日本人の生活構造序説』，89-92、92-98、103-111.
⑥ 蒲生正男：『日本人の生活構造序説』，113-127、128-147、167-176.

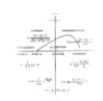

本社会乃至日本文化的地域性研究正在变得越来越多样化。以往的地域性研究只被划分为"同质的地域性论"和"异质的地域性论"两方面，但其不仅不再局限于单一的"类型论"和"领域论"这一划分，而且已发展成为"结构论的地域性论""起源论的地域性论""动态论的地域性论"等（表2-2所示）。①

表 2-2　领域论和类型论的比较

地域领域论	地域分布	要素	一定文化要素的地域差异之阐明	各种各样的地域区分；多样性的文化领域	文化领域论 小盆地宇宙论
地域类型论	类型化	结构	日本文化社会的结构性差异之阐明	类型和地域未必严格地对应	日本社会地域论 村落类型论

在村落社会内部的类型结构问题上，日本人类学者和社会学者的基本观念和看法并不一致，于是形成了冈正雄等提出年龄阶梯制的村落内部结构论和有贺喜左卫门、福武直等提倡同族制·讲组（行会）制的村落内部类型结构论。之后，在村落类型的结构论基础上，村武精一、坪井洋文、住谷一彦、江守五夫、蒲生正男和大林太良等还提出了"第三社会"（1963）、"世代阶梯制"（1963）、"同族制·行会（讲组）·年龄阶梯制"三组合中间态（1976）、"同族制·年龄阶梯制·头（本）屋制"三组合和"同族—亲子拟制、年龄阶梯制—松散结合制"等新类型。

二　日本社会亲属结构和村落类型

在"日本人的婚姻和亲属关系"中，《序说》就日本婚姻体系和亲属组织的类型论展开了细致入微的考究和分析。根据在村落社会中家世和妻子＝母亲的地位如何，设定并提出了"随妻（母）婚姻体系"和"随夫（父）婚姻体系"两种类型②。进而，该书以日本的亲族或亲属地域性为依据，确定并勾勒

---

① 上野和男：「日本の地域性研究における類型論と領域論」，『国立歴史民俗博物館研究報告』第 35 集，1991 年。

② 婿入（ムコイリ）婚，又称招婚（しょうせい）婚，一般指现代社会中随妻（母）婚的遗留现象，即入赘婚；嫁入り（ヨメイリ）婚，又称娶嫁（しゅか）婚或夫处（ふしょ）婚，指凸显男性地位的随夫（父）婚形式，在室町时期，也出现过强调门当户对的政治婚姻。

第二章　亲属假设（二）：日本关系结构

出了"亲缘（マキ，表亲+地缘）型亲属集团""地类或地缘（ジルイ）型亲属集团""一党（イットウ，一组或一团）型亲属集团""单位（ハロウジ，单位=个人的自我中心）型亲属集团"的四种类型。①

日本村落的婚姻诸形态和指标分析。所谓婚姻指标法，其借鉴默多克（G. P. Murdock）的婚姻指标统计分析，认为后者研究的特色在于"把复数指标的对应关系当作各个相关关系的问题点来考察"；比如，居住方式与婚姻要件对应，从父居（Patrilocal）的婚姻背后伴随着的是"彩礼（婚资，Bride Price）的赠予"，而从母居（Matrilocal）的婚姻场合"不伴随任何形式的要求或条件，可作为统计型的随机问题来看待"。②

婚姻指标的一般理论视角：《序说》指出，该论域包括形式、制度或规定、居住、条件或要求、规范、年龄等③方面。

1. 形式（Form）——单婚（单数婚）和复婚（复数婚），前者指"一夫一妻制（Monogamy）的婚姻"，而复婚则指"一夫多妻制（Polygyny）或一妻多夫制（Polyandry），或群婚制（Group Mariage）的婚姻"。

2. 制度或规定（Ragulation）——包括禁止性的和优先性的两个类型；前者为"近亲禁忌（Incest taboo）或族外婚（Exogamy）"，后者为"族内婚（Endogamy）"，也指"表亲婚（Cousin Marriage）""夫兄弟婚或转房婚（Levirate）妻姊妹婚"或"填房婚（Sororate）"等。

3. 居住——根据默多克分类，有"从父居""从母居""双居制（从父或母，Bilocal）""新居制（Neolcal）""从舅父（或姨父）居（Avanculocal）""从双系居（Matri-patrilocal）"等。

4. 条件或要求——"彩礼的赠予""效劳或入赘（Service）""姊妹交换（Sister Change）"；掠夺婚是"无条件的"。

---

① 蒲生正男：『日本人の生活構造序説』，213. 别见小松和彦、田中雅一、谷泰、原毅彦、渡辺公三『文化人類学文献事典』，386.

② 蒲生正男：『日本人の生活構造序説』，180—181. 关于拉德克里夫-布朗、马林诺夫斯基——社会性格和社会过程——体系分析，详见该书第179—180页。在此，也受到了Spencer（斯宾塞）、Hobhouse（霍布豪斯）、Wheeler（维勒）、Ginsberg（金斯伯格）、Murdock（默多克）等之启发。

③ 蒲生正男：『日本人の生活構造序説』，181—182. 其中，新居制（neolocal residence），指新婚夫妇结婚后搬离各自的家庭而单独生活的居住模式。

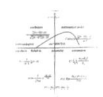

5. 规范（Norm）——"锁阴法制（Infibulation）""凌辱处女（Deflortion）"，诸种"处罚规定"。

6. 年龄（Age）——当事者的"结婚年龄""夫妇年龄差"，等等。

日本婚姻的案例分析：《序说》对日本婚姻诸形态的指标分析如下：其一，形式——现代日本形式是一夫一妻制、蓄接方式——一夫多妻制，个人和文化倾向性——作为特定社会现象而存在。其二，制度或规定——通婚是村落地域范围的内婚率问题，包括"禁止型制度（近亲禁忌）"和"优先型制度（身份性、地域性、血缘性）"。同族团的本家传承中的外婚制倾向，与其说它是"由于族内婚的禁止制度之作用"，倒不如说"身份型内婚的优先性制度之作用更为显明"。其三，居住——民俗学的入赘婚，可分为"终生性的"和"临时性的"。足人婚，从广义上说，它"有很多形态"。濑川清子对婚舍方式的区分有九个——包括"妻问婚或访妻婚（つまどい）""入赘婚""足人婚""女性的妻问婚""夫方居住（ケイコニヤル，嫁入り）婚""嫁入婚的屋（ヘヤ）"，以及"隐居家""嫁入婚""新剧的设定"等。现代日本的基本居住方式是"母方=父方式的入赘婚"和"从父居的嫁入婚"。① 其四，条件或要求——包括"结纳、奉仕和媒介人"等。其五，规范——婚前异性接触是"属于自由交往"，婚后的自由交往无疑"受到'村八分'之制裁或影响"；夜间私通或幽会（夜这い）——各地"村落社会中存在的一种形式"。其六，年龄——姐女房婚，内婚型地域社会之存在、强固的父系家族集团——比如同族团的缺席——随之而来是"妻=母的社会地位相对高"，家族劳动力作为主体的生产，对"妻=母的劳动力的依存度较高，因此经济地位相对高"。②

表 2-3　婚姻指标的表格分析③

指标		〔A〕	〔B〕
制度	地域性通婚	内婚型	非内婚型

---

① 蒲生正男：『日本人の生活構造序説』，182、183、183-184、185．别见濑川清子「婚舍のあり方について」，東京大學東洋文化研究所編『東洋文化=Oriental culture』（21），1956年。
② 蒲生正男：『日本人の生活構造序説』，185、185-186、186．
③ 蒲生正男：『日本人の生活構造序説』，187．

续表

指标		[A]	[B]
居住	血缘性通婚	表亲婚（イトコ，Cousin Marriage）较多	表亲婚少见
条件	居住方式 结纳和嫁人道具 中介（或媒人）	无 有 相互性的	有 无 单方的
规范	婚前异性交往的自由 离婚的自由	许容 许容	不许 不许
年龄	夫妇年龄差	姐女房婚较多	姐女房婚较多

婚姻制度的结构和特征：据表2-3的婚姻指标分析等，日本婚姻制度一般是身份+阶层的内婚制。作为婚姻的条件，个人资格"在其所属家的资格（家格的同调）中最先解消"。假设家的资格成为被期望的对象，那么个人的资格（个人的同调）逐渐升格成为问题。因为从根本上说，家格是"基于兄弟姐妹关系的序列而构成的"。极限形态〔A〕的条件，是"家格同等和妻＝母社会型经济性地位相对高"，而其他诸形态〔B〕的条件是"显著的家格的差异、妻＝母社会型经济性地位相对低"。无论如何，在现实婚姻体系里"以A系列或B系列保持着诸婚姻形态的一贯性和统合性"。现代日本的婚姻形态及基本功能性条件"取决于村落社会的家格和妻＝母地位的程度如何"。因此，婚姻体系自身的功能性条件，是"与家族·亲族·村落的诸体系有关的功能性关联"中的一个方面，因此，尤其重要的是"包括它在内的社会结构诸体系的文化史性条件"这一侧面。①

亲属或亲族的本质讨论。② 亲族（属）的本质包括亲族结构和亲族功能；根据日本民法和相关律令制度，亲族是指"六亲等以内的血族，配偶者、三亲等以内姻族"（或婳族）。③ 亲属集团的实态依据不是"名称＝形式的差

---

① 蒲生正男：『日本人の生活構造序説』，187-188、189、190.
② 蒲生正男：『日本人の生活構造序説』，190-194、196-198、199-221、213-217.
③ 蒲生正男：『日本人の生活構造序説』，190. 在中国，三亲指姑亲、姨亲、儿女亲；"六党"指祖党、母党、根党、族党、乡党、朋党。当今"六亲"泛指亲属。其实，历史上"六亲"有特定的内容，其代表性的说法有三种：1.《左传》——父子、兄弟、姑姐（父亲的姐妹）、甥舅、婚媾（妻的家属）及姻亚；2.《老子》——以父子、兄弟、夫妇为六亲；3.《汉书》——以父、母、兄、弟、妻、子为六亲。

异",而是"名称=内容的差异"。

亲属的结构和功能体系:亲族或亲属的本质是"亲子关系的确立",也是"亲子对包括生物学的血缘根基在内的关系的认同"。而在养子这一结亲关系(缘组)中,"亲子关系则成为社会性的拟亲子关系"。其一,亲属结构。它包括亲子关系、兄弟姐妹关系和夫妇关系。其二,亲族(属)功能。这意味着权利义务的行动本身,由职务和地位的继承形式、财产的相续形式组成。其三,对称关联。在亲族名称和称呼中,从行动的内容和形式角度论证了其称谓系统与父方母方、权利义务的对称关系。认为名称与亲族的权利、义务关系的内容相对应,而称呼则与亲族行动范围的表达形式发生关联。① 其四,亲族和同族。有贺喜左卫门的学说认为,它们是家庭谱系统下本家经营及其拓展之产物,核心是具有共同生活关联的家庭地缘关系。而喜多野清一的假说指出,它们是具有本家谱系的家庭联合体,同时主要是上下(主从)的关系。相比之下,喜多野说聚焦于作为内部型结构原理的系谱关系,有贺说侧重于作为存在形态的地缘关系。因此,村落结构论均强调同族结合的问题,但同族自身是以系谱关系为根基的。也就是说,主从关系、生活关系(经济和情感)和地缘关系等表明"同族团性格的诸关系",是"以系谱关系的存在为前提的"。同族和亲族的区别在于:同族是"家庭系谱和本家分家等联合体";而亲族是"以共同祖先的血缘关系为基础的"。其五,亲属(族)集团的诸形态。结构是集团成员的位置关系;功能是角色(作用)的关系。亲族集团的结构是家族分化这一扩散过程和婚姻缔结这一聚合过程的反复形式,直至哪个方向哪一代的亲族位置均是这么赋予的;亲族集团功能是"对处于哪个方向哪个距离的亲族来说的",权利义务"存在于什么样的生活分野里"。②

此外,"奈良县都介野村吐山事例"讨论了家族结构、坦内结构(政治和经济)等,而"喜界岛诸当地社会"则探讨了年龄组问题、政治经济结构和婚姻结构等。③ 简单而言,《序说》所说 4 种亲属类型,其基础是对有关被称为"トマイリ"的盂兰盆节的亲属类型分析——奈良县都祁村的亲属组织的相关考察,以及与将奄美的"ハロウジ"称为"ウァンコー"的祖先礼仪有

---

① 蒲生正男:『日本人の生活構造序説』,191、192、193、194-196.
② 蒲生正男:『日本人の生活構造序説』,196-197、198、199.
③ 蒲生正男:『日本人の生活構造序説』,217-258、258-296.

第二章　亲属假设（二）：日本关系结构

关的喜界岛亲属组织进行或展开的详细专论部分。其中，亲属—地域类型说作为划时代性的研究创新，改变了以往集中于把单系亲属制度看作同族组织的日本亲属研究之一般派系规程。①

村落地域类型之形成：东北型·同族型和西南型·讲组—年龄组型。一部分学者也认为，蒲生研究的有趣或新颖之处在于：通过亲属集团结构的系统考察，试图打破日本村落结构的二分法类型论之框架，成功地把新的类型（阶层结构和年龄阶段制）导入了进来，尤其在研究的视野中使用包括奄美等在内实例来拓宽了其可比较性的领域和维度。②《序说》等将亲属群体的婚姻类型与上述村落类型论相对应了起来进行归纳，认为在东北型·同族型村落中可以观察到亲缘（マキ）型或地域（ジルイ）型的亲属群体，而在西南型·讲组—年龄组型村落中则看到地域（ジルイ）型、一党或同组（イットウ）型和单位或自我中心（ハロウジ）型等亲属群体；即在同族制社会中是以亲缘加地缘（マキ）型为中心的，而在年龄阶段制社会中一党（イットウ）型是以各自固有的亲属集团为基础的。正如图 2-1 所示，东、西日本的界线位于北陆和中部地区的中间部位这一横断面，西段以富山—岐阜—爱知—静冈的东部为界限，而东段以新潟—长野—山梨—神奈川的西部为边界。

以上《序说》对日本社会的婚姻·亲属结构分析，可分为日本人的婚姻形态和亲属（或亲族）体系两个板块。与日本社会的情况接近，Piker 认为东南亚即泰国农民社会的一个重要社会因素是存在双系亲属（Kindred），而且比起 Loose 和 Tight 的这类概念，"非集合体倾向结构"（Noncollectivity·Boundstructure）和"集合体倾向结构"（Collectivity·Boundstructure）这对概念对于理解问题更有效。当然，与集约（Intensive）型结构相比，东南亚的松散（Loose）型村落结构与双系亲属的制度建立有着密切联系。③

---

① 小松和彦、田中雅一、谷泰、原毅彦、渡辺公三：『文化人類学文献事典』，386.
② 口羽益生：「東南アジアにおける村落の構造——特に双系制について」，『東南アジア研究』12 巻 4 号，1975 年，480.
③ 口羽益生：「東南アジアにおける村落の構造——特に双系制について」，『東南アジア研究』12 巻 4 号，1975 年，483、488. 详见斯科特（James Scott）和格尔兹（Clifford Geertz）等相关研究——可与"尼加拉"［ "星系或银河政体（galacticpolity）" "曼陀罗"］、上—下游、高地—低地（佐米亚，zomia）等进行比较。

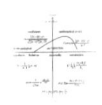

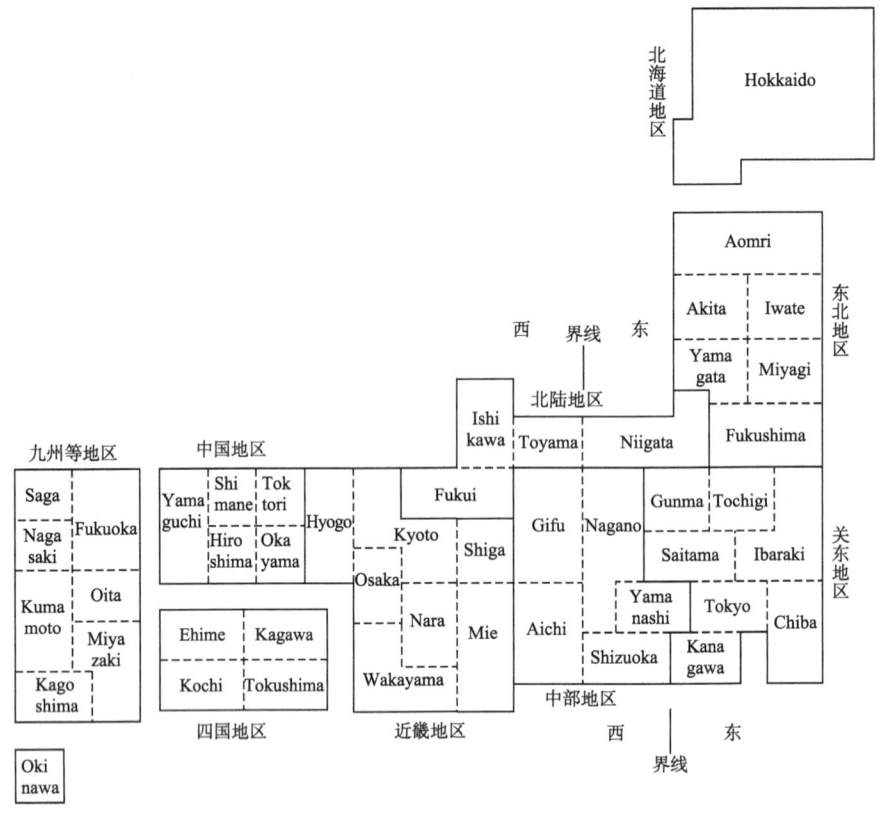

图2-1 东、西日本的大致分界线（中部地区和北陆地区的中间部位）
注：根据《日本人的生活结构序说》的相关论述所制。

三 日本村落社会诸类型结构讨论

日本人类学者和社会学者，对村落社会内部类型结构的基本观念和看法并不一致，其以冈正雄等提出年龄阶梯制的村落内部结构论和有贺喜左卫门和福武直等提倡同族制·讲组（行会）制的村落内部类型结构论为开端，后期以村武精一、坪井洋文、住谷一彦、江守五夫、蒲生正男和大林太良等为代表，进一步发展出了有关同族制·讲组（行会）制·年龄制的地域结构类型之新解说。

村落地域类型说的民族学理论前提。冈正雄认为，日本民族文化是由五个种族文化复合而成的。按照他的解释，第一种文化脱胎于日本绳文时代的中期；第二种文化形成于绳文时代的后期，属于南岛语族的语言——从中国南方、东南亚一带传入到日本列岛；第三种文化对应于弥生时代的初期，从中国东北、朝鲜一带传入日本——与东北亚系的通古斯文化有关；第四种文化出现于日本弥生时期——作为日本文化的重要组成部分，属于水稻栽培的农耕文化；第五种文化乃是以天皇氏为中心的王族系统，来自弥生以后东北亚系，其把国家体制带入日本而形成骑马游牧民族的政体文化特征。① 冈正雄对日本基层假设的具体分类，包括以下五种文化领域：

1. 母系的·秘密结社的·芋栽培—狩猎民文化：使用语言不明，但日语以元音结尾的特质，可能是该文化群体的语言特征；
2. 母系的·旱稻栽培—狩猎民文化：使用南岛语族语言；
3. 父系的·血亲氏族·旱田耕作—狩猎饲养民文化：最早把阿尔泰语系语言传入日本；
4. 男性的·年龄阶梯制的·水稻栽培—渔捞民文化：使用南岛语族语言；
5. 父权的·政治氏族·统治者文化：使用阿尔泰语系语言。

德国维也纳学派和文化圈—文化层学说：冈正雄的理论假设不难理解，因为它主要来自有关文化圈—文化层学说的德国维也纳学派的理论框架。首先，文化圈—文化层学说的初创阶段。作为文化圈—文化层学说的创立者之一，拉策尔（F. Ratzel）率先提出"地理方法"（Geographische Methode）和"形态标准"（Formkriterium）等概念，并与学生弗罗贝纽斯（L. Frobenius）有关"文化要素"的复合体观察加以结合或汇合，确立了"文化圈"（Kulturkreise）的核心概念及基本框架。这种被命名为"文化圈"的文化复合体，它覆盖"人类生活之全部"，并"由于发生上的关联，而在一定的地域内具有普遍性"。与"形态标准"对应，文化圈概念之创立意味着"量的标准"的应用，即"在两地域间类似的文化要素，其数量越多"，它们的"历史关联就越能得到确认的标准"。而且，这一量的标准在性质上

---

① 佐々木高明：『稲作以前』，日本放送出版協会1971年版，21-24；『照葉樹林文化の道——ブータン・雲南から日本へ』，日本放送出版協会1982年版，8-11. 别见岡正雄『異人その他——日本民族＝文化の源流と日本国家の形成』，言叢社1979年版.

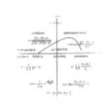

"还具有确认上述'形态标准'强化其理论根据的机能"。很显然，拉策尔和弗罗贝纽斯"都是把现在这一时间断面上作为空间并存的单位来把握文化圈概念的"，但局限于"被观察到的文化空间序列化方面"。格雷布纳（F. Grabner）和安克曼（B. Ankermann）均热衷于文化圈和文化层之研究，尤其是格雷布纳"将作为时空序列确定下来的文化圈，还原为时间上的新旧关系"，进而提出了"作为时间系列或单位层次化的客观标准"，这种在时间层次关系上形成类别的文化圈——可称其为"文化层"。之后，施密特（W. Schmidt）也力图确立"文化圈＝文化层这一层位化中的种种方法论标准，并为其"倾注了大量心血"。[①]

其次，文化圈—文化层学说的成熟化阶段。施密特在其学生科斯（W. Koppers）的协助下，将"文化圈和文化层研究归纳整理成一大综合图式"，其作为文化史民族学的重要理论标志得以广为流传。三阶段假设的核心表述如下：一是原文化圈阶段及生活基础在于"男子的动物狩猎和女子的植物采集"。二是在女子"所发明的植物栽培上成立的母权＝农耕文化圈"，依赖于"男子发明的畜牧的父权＝畜牧文化圈"。加上作为"由男子实现的高度狩猎文化的父权＝图腾主义文化圈"，这三种"第一次文化圈不断发展"，各自扩展到"世界上的一定区域"，并且又进而"实现再次的接触混合"，从而导致"第二次混合诸文化圈的产生"。三是在上述"三种文化圈的混合之地，产生了第三次文化圈"，这便是"由亚洲、地中海和美洲的古代高度文化等所代表的阶段"。[②] 根据后期的相关修正，文化圈—文化层的关系形成图 2-2 的情况[③]。

最后，文化圈—文化层学说的后期发展和相关评价。文化圈—文化层论，是维也纳学派即德国·奥地利文化史民族学的核心学说，其针对忽视文化相互影响的进化主义人类学而发展起来。该学派的另一个重要理论贡献体现在以下问题之阐释上：文化现象 A_1、A_2、A_3 间的历史关系是通过质基准得以确认的，假如可以说同样情况也在其他文化现象 B_1、B_2、B_3，C_1、C_2、C_3 中成

[①] 祖父江孝男等：《文化人类学百科辞典》，山东大学日本研究中心译，青岛出版社 1989 年版，第 353、354 页。
[②] 祖父江孝男等：《文化人类学百科辞典》，山东大学日本研究中心译，第 354 页。
[③] 乌丙安：《民俗学原理》，辽宁教育出版社 2001 年版，第 299 页。

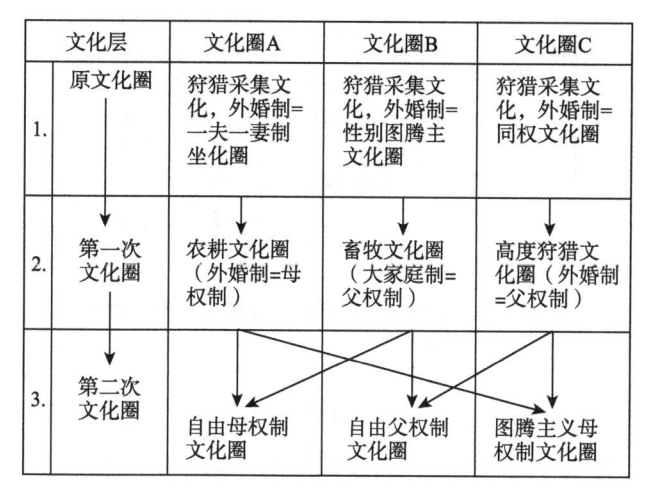

文化层	文化圈A	文化圈B	文化圈C
1. 原文化圈	狩猎采集文化，外婚制＝一夫一妻制坐化圈	狩猎采集文化，外婚制＝性别图腾主文化圈	狩猎采集文化，外婚制＝同权文化圈
2. 第一次文化圈	农耕文化圈（外婚制＝母权制）	畜牧文化圈（大家庭制＝父权制）	高度狩猎文化圈（外婚制＝父权制）
3. 第二次文化圈	自由母权制文化圈	自由父权制文化圈	图腾主义母权制文化圈

图 2-2 文化圈—文化层的关系（根据修正所制）

立的话，那么文化领域 a_1 则与 a_2、a_3 一起被统括起来，文化圈 a 便被决定下来。这时，文化现象的"数量愈多，它们的文化领域间的历史关系便愈确切"。从文化圈的接触与混合状态来看，被置于历史多层关系上的文化圈就便形成了"被文化范畴和文化成分叠加起来的状态"，称其为"文化层"。按此序列，收集经济的原文化经历了三个不同阶段，即可分为"农耕、畜牧和狩猎的第一阶段"，其中的"二者混合产生的第二阶段"和"三者混合实现的第三阶段"，从而构成"宏大的文化史"。① 根据相关修正（乌丙安），文化圈—文化层的关系可变为图 2-3 的简化样式②。

日本村落研究的经验基础和讨论。一是对村落类型的构建和自然或本体测定。自日本近代以来，柳田国男有关"被建造的村（建构论）""自然产生的村（本体论）"的区分和铃木荣太郎关于"行政村""自然村"的分类等相继出现，之后川岛武宜、潮见俊隆、神岛二郎、竹田旦、岛田英男、江守五夫等均借此类村落类型对其拟制的亲子关系进行了讨论。其中，《日本村落社会的结构》③ 可谓一部对"日本村落基础结构"首次进行系统考察的民

---

① 祖父江孝男等：《文化人类学百科辞典》，山东大学日本研究中心译，第 370 页。
② 乌丙安：《民俗学原理》，第 298 页。
③ 江守五夫：『日本村落社会の構造——日本基層文化の民族学的研究』，弘文堂 1987 年版（1976 年初版）。『日本村落社会の構造』（初版）の評論，詳見小松和彦、田中雅一、谷泰、原毅彦、渡辺公三『文化人類学文献事典』，356.

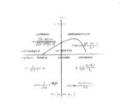

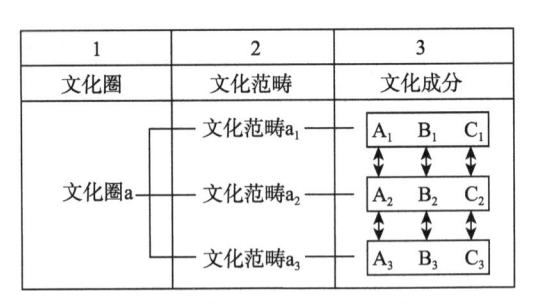

1	2	3
文化圈	文化范畴	文化成分
文化圈a	文化范畴a_1 — A_1 B_1 C_1 文化范畴a_2 — A_2 B_2 C_2 文化范畴a_3 — A_3 B_3 C_3	

图 2-3　文化圈—文化层的要素表达和简化关系

注：根据后期的修正所制。

族学研究成果。该书将民族学的当时前沿成果引入村落研究中来，把"年龄阶梯制"村落看作与"同族制"村落截然不同的村落类型，视明治国家和村落共同体的历史关联为民族学分析的重要领域，进而深入考察了年龄阶段制的自然村秩序被天皇制所支配或塑造出来的历史过程。此外，武井正臣也把《日本村落社会的结构》的核心论域归结于年龄阶梯制的问题，具体论述如下：

> 本书全篇的基调是年龄阶梯制论。江守教授试图论证将村落基本类型（理念型）大致分为同族制村落和年龄阶梯制村落的合理性。主要根据民族学研究成果，认为与同族制在"社会结构上完全异质＝对踪"或对应的村落结构是年龄阶梯制的，视其他诸类型为"两种类型的中间形态是更为恰当"的。①

与此形成对比，佐佐木高明认为江守五夫对日本社会的组织研究是以冈正雄的学说为基础的。事实上，佐佐木的观点更多地关注冈正雄、江上波夫、柳田国男和江守五夫之间的继承关系，同时也忽视了对冈正雄、江上波夫、柳田国男研究的对话和批判的倾向。下面为佐佐木的原表述：

> 以冈正雄的学说为基础，对日本的婚姻和社会组织展开比较民族学

---

① 武井正臣：「書評 江守五夫著『日本村落社会の構造（弘文堂1976年版）』」（https://www.jstage.jst.go.jp/article/jsl1951/1977/29/1977），168.

研究的是江守五夫。他指出，年龄阶梯制、寝宿、伴随着"私通（幽会）"「よばい」或歌垣的"暂时的妻访婚"或双系社会特色等，是与江南、华南民族文化相联系的南方系文化要素。与此相对应，伴随"嫁入婚"的许多婚姻习俗和各种咒术性的婚姻礼仪，以及伴随分家（カマド分け）这一习俗和各种家族惯例等，加之与中国东北部各民族的习俗有相似之处等，作为北方系的文化要素，以及父系的亲属组织均存在于日本的基层文化中（江守1986/1990）。①

二是日本村落结构的主要学说——代表理论。《日本村落社会的结构》（1976）的基调是对冈正雄有关日本古代文化层的5种文化复合说—年龄阶梯制结构论和江上波夫骑马民族征服王朝说的进一步拓展，但除此之外，还就川岛武宜、潮见俊隆、神岛二郎等所提及亲子关系的拟制结构论问题进行了深入探讨。部分中国学者（胡起望等，2000）也认为，江守五夫把行会结合看作"同族制村落"和"年龄阶梯制村落"的中间形式；蒲生正男注重神社祭祀中的头屋制，设定并考证了不同于同族制村落、年龄阶梯制村落的被称为"本屋制"的新村落类型及存在可能性，进而扩展了福武的类型论。根据上述内容，关于日本村落结构类型的假说形成了表2-4所见的代表理论范式。②

表 2-4　主要的结构说和代表理论

分类 代表人物	时间	理论假设	思想来源
冈正雄	1933 （对1958修正）	同族制村落和年龄阶梯制村落	维也纳派民族学、基层文化论——《古日本文化层》（1933年博士论文，德语原文于2011/2012年得以刊行）

---

① 佐佐木高明：「戦後の日本民族文化起源論——その回顧と展望」，『国立民族学博物館研究報告＝Bulletin of the National Museum of Ethnology』34卷2号，2009年，217.

② 根据相关研究表格做了改进，别见伊藤亜人、韓敬九等『韓日社会組織の比較』，慶応義塾大学出版会2002年版，74. 冈正雄和柳田国男的比较讨论，详见佐佐木高明「戦後の日本民族文化起源論——その回顧と展望」，『国立民族学博物館研究報告』34卷2号，2009年，213-216。

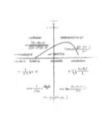

续表

分类 代表人物	时间	理论假设	思想来源
有贺喜左卫门	1944（对1947修正）	同族结合与组结合	柳田国男的拟制大家族论——"政体村（建构论）""自然村（本体论）"； 户田贞三的小家族论（『家族构成』1937年初版）
福武直	1948（对1949修正）	同族结合和讲组结合	山田盛太郎的《地带结构论》——"新潟·关东——东北型""近畿·濑户内——北九州型"
泉靖一 蒲生正男	1952	东北日本型和西南日本型	山田盛太郎的《地带结构论》——"新潟·关东——东北型""近畿·濑户内——北九州型"； 户谷敏之（1949）——"东北日本型""西南日本型"
蒲生正男 村武精一 坪井洋文	1963	同族制·年龄阶梯制·第三社会型	有贺喜左卫门、冈正雄
住谷一彦	1963	同族阶梯制·年龄阶梯制·世代阶梯制	有贺喜左卫门、冈正雄
江守五夫	1976	同族制村落·讲组结合村落·年龄阶梯制村落	有贺喜左卫门、冈正雄、福武直
蒲生正男	1982	同族阶梯制·年龄阶梯制·头（本）屋制·其他结合制	有贺喜左卫门、冈正雄、大间知笃三——"隐居制"
大林太良	1996	东北地区的同族结合型·北陆地区的拟制亲子结合型和西（南）日本海岸地区的年龄阶梯型·近畿地区的宫座（头屋）结合型·伊豆群岛南部和奄美群岛地区的松散结合型	有贺喜左卫门、冈正雄、大间知笃三

三是作为制度原型的母系和父系结构。与高群逸枝、洞富雄等有关制度原型的母系说相比，江守五夫、大林太良等社会制度结构探索是以父系说的假设模式为基本框架的。之后，大林太良、鹫见等曜等不仅强调在日本社会里父方单系的重要性，同时还与吉田孝、江义明子等一道支持了其存在双系制的合理性。而在鬼头清明来看，继嗣理论尤其是"双系"模型对日本社会的理解是有误导性的，他认为日本的"氏姓集团"的结构建立于"双系亲族集团"之基层上。这可追溯到英国式的单选父方和母方——单系继嗣论和兼顾父母方的双系继嗣论（弗思等）之间的争论传统。① 因此，在村落结构和母系假设讨论中，还应该需要关注的有《前进代日本家族的结构——高群逸枝批判》②、《祖先祭祀的礼仪结构与民俗》③、《母系社会结构——珊瑚礁岛屿民族志》④ 和《日本集落的民俗结构》⑤，等等。

《序说》也指出生活结构的多样性包括社会行动、社会意识、社会结构等，其中值得注意的是社会行动——转向和矛盾（对身份和年龄的尊重），社会意识——对事物的态度，社会结构——家族、亲族和村落的诸形态，等等。⑥ 该书还认为，列维-斯特劳斯重视联结社会与文化的关系领域等,⑦ 弗思（1956）试图统合以下几种功能概念：一是作为客体活动的功能（帕森斯）；二是与其他客体活动有相互依存关系的功能（马林诺夫斯基）；三是特殊性质——社会体制的统合或维持这一类——有相互依存关系的功能（拉德克里夫-布朗）；四是作为结构结果的功能（涂尔干—拉德克里夫-布朗）。在此，作者也聚焦于阶层、角色和作用、目标、价值和模型等方面，其无疑成为社会学和人类学加以深入交流的重要场域。⑧

---

① 《导言》，官文娜《日本家族结构研究》，社会科学文献出版社 2017 年版，第 17—27 页。另见同书第 32—43 页。
② 鹫见等曜：『前近代日本家族の構造——高群逸枝批判』，弘文堂 1983 年版。
③ 藤井正雄：『祖先祭祀の儀礼構造と民俗』，弘文堂 1993 年版。
④ 須藤健一：『母系社会の構造——サンゴ礁の島々の民族誌』，紀伊国屋書店 1989 年版。
⑤ 福田アジオ：『日本集落の民俗の構造』，弘文堂 2014 年版。
⑥ 蒲生正男：「前言」，載（所収先，相当于載）蒲生正男『日本人の生活構造序説』，1-2. 在前言（第 3 页）部分，还讨论了冈正雄、泉靖一等对社会结构的看法等话题；另外，增订版中还追加了关于日本人价值观的多样性、高度成长期以后日本地域社会变化的相关论文。
⑦ 蒲生正男：「原序」，載蒲生正男『日本人の生活構造序説』，6.
⑧ 蒲生正男：『日本人の生活構造序説』，7.

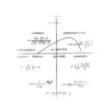

概言之，《序说》还总结并认为：未开或小型社会以统合型的全观或整体视角为认识论基础，民族学所关心的通文化以定型行动—统合的整体观为特征；社会学所关注的行文化则以非定型行为—组合的全体观为特色。对于列维-斯特劳斯而言，所强调的是社会结构=传达或交换结构的结构主义路径，包括性别（女性）交换、财富或劳力交换、意志或情感交换等。鉴于上述情况，蒲生正男则着眼于生活、行动的内在关联性，勾勒出了有关村落社会的生活结构模型。① 归根结底，冈正雄等提出日本社会的5种文化基层说和其他探索，其主要依据均来自社会文化人类学对日本人婚姻、亲属制度等的一般母系或父系假设，之后蒲生氏等把这种制度模型置换到东北日本和西南日本的地域结构之差异上来以创立新的解说。

第二节　单一社会・拟制场所的纵式结构

作为获得日本文化勋章的社会人类学者，中根千枝以日本社会的纵式结构及独创性探索而著称，多数中国人类学者对其大部分著作并不陌生，甚至可谓再熟悉不过了，但目前将这些作品放在中日人类学的历史比较背景中进行考察的系统性工作却并不多见。中根关于日本单一社会的分层・结构的比较论之考察以《纵式社会理论》（1967）②、《日本社会》（1970）③ 和《家族结构》（1970）④ 等早期业绩为主线，并辅之以《适应的条件》（1972）⑤、《以家族为中心的人际关系》（1977）⑥、《纵式社会动力学》（1978）⑦ 和《亚洲诸

---

① 蒲生正男：『日本人の生活構造序説』，8-10.
② 中根千枝：『タテ社会の人間関係——単一社会の理論』（略称『タテ社会理論』），講談社1967年版（2001年印刷）。
③ Chie Nakane, *Japanese Society*, Penguin Books Ltd.（England），1973.（First published by Weidenfeld & Nicolson, 1970; Revised edition published in Pelican Books, 1973）另见［日］中根千枝《日本社会》，许真、宋峻岭译，天津人民出版社1982年版。
④ 中根千枝：『家族の構造——社会人類学的分析』（略称『家族の構造』），東京大学出版会1970年版。
⑤ 中根千枝：『適応の条件——日本的連続の思考』（略称『適応の条件』），講談社1972年版（1990年再版）。
⑥ 中根千枝：『家族を中心とした人間関係』，講談社1977年版（2001年再版）。
⑦ 中根千枝：『タテ社会の力学』，講談社1978年版（1996年再版）。

社会考察》(1987)① 等中期和后续动力学工作的补充性分析。从《纵式社会理论》到《适应的条件》《纵式社会动力学》等代表作以纵式社会的单一理论及社会动力学为假设框架，实属日本本土学者生产的社会结构·功能论范畴，包括纵向的单一社会说、连续的思考（维）说、无原则的灵活说三内容。

一　单一结构：纵式·分层关系

单一社会的分层结构—纵式关系论以《纵式社会理论》和《日本社会》等②为立论根据地，聚焦于"资格"（身份）或"类属"和"场所"或"组合"③ 这一对横式·纵式社会的类型根基之差异性，并通过基于具体实例的不同社会组织（印度·中国·西方和日本等）和内外部制度安排之比较，试图阐明日本纵式·场合社会独有的整体形貌及其本质特征。

从家庭到集团的单一社会根基。《日本社会》指出，在单一社会类型中，潜在的集团或团体意识及要素源于"日本人传统的'家'的普遍观念"。这种观念是根深蒂固的，"无所不在，几乎遍及整个日本社会"。日语"家"一词的含义，要远"胜过英语中 Household 或 Family 的含义"。日本家庭结构的基本因素建立在作为一种经营集团或聚居体的组合特征之上，而不与"父母子女共同居住"这一生活形式和长幼秩序这类权威结构直接地产生关联。家庭就是"居住组合基础"，而且往往是依靠"经营组织基础建立起来的社会集团"。因此，在日本的家庭团体里，人情关系不再"局限于血缘束缚"，已超出了其他"任何人伦关系的传统范围"，甚至前者比后者更重要。这种超越类属的组合原则，使"血亲关系的纽带愈来愈弱"。源于血亲的同胞兄弟关系，仅以类属准则的一般形式存在，不再起什么重要作用。值得注意的是，与包括英国等其他西方国家（超出血缘的契约精神）相比，日本"更不重视血亲

---

① 中根千枝：『社会人類学——アジア諸社会の考察』（略称『アジア諸社会の考察』），東京大学出版会1987年版。另见［日］中根千枝《亚洲诸社会的人类学比较研究》，聂长林、聂莉莉译，黑龙江教育出版社1989年版。

② 别见中根千枝『社会構造の比較』，放送大学教育开发センター（旺文社）1981年版（内部使用本）。

③ "资格"和"场所"（Frame），有时被译成"类属"（Attribute）与"组合"之意，详见1982年中文版《日本社会》（根据1970英文初版、1973年修订版 *Japanese Society*）中的对应译法。

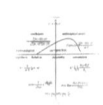

关系",实际上,血亲关系"超出家庭以外,就不起什么作用了"。① 藤井胜也认为,从喜多野清一有关家理论的后期发展看,蒲生正男、光吉利之、正冈宽司等均热衷于"运用人类学的亲属理论,而丢掉了家和村落的关系"。在这种境况中,与长谷川善计的"家·株论"出场一样,社会人类学者中根千枝也继承其有贺喜左卫门理论立场,并"表现出接近长谷川的认识"。1970年左右,中根就提出"家不光是同族的单位",也是"村落的'基本的社会—经济的单位'"。②

通常说,正式的结构(Formal Structure)与实在化的学校、政府和公司等组织制度相关联,而非正式的结构(Informal Structure)则与基于人和集团(群体)的非实在化的人际关系有着密切的联系。很明显,作为纵式社会基础的非正式结构,依附于作为推动社会发展之原动力的初级阶段的人际关系中,它也逐渐被理解为与因学校、政府和公司等组织制度营造出来的正式结构形成对比的原在性范畴。从这个意义上说,正式结构和非正式结构之比较,凸显了其对日本现代社会的内部比较之重要性。③ 鉴于图 2-4 之情况,不难看出大家族的构成关系范围、内部结构,以及整体化特征。

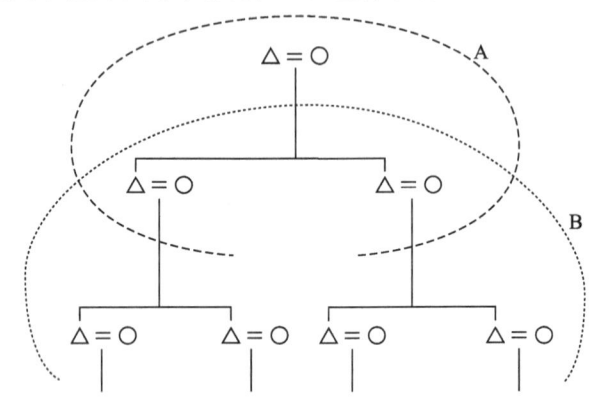

图 2-4 大家族的构成关系及内部结构④

注:根据《家族结构》原所制。

---

① [日] 中根千枝:《日本社会》,许真、宋峻岭译,第 4、5 页。
② [日] 藤井胜:《家和同族的历史社会学》,王仲涛译,商务印书馆 2005 年版,第 80 页。
③ 中根千枝:『適応の条件——日本的連続の思考』,95-114. 另见 [日] 中根千枝《适应的条件》,朱京伟、张吉伟译,河北人民出版社 1989 年,第 92~93 页。
④ 中根千枝:『家族の構造——社会人類学的分析』,42.

第二章 亲属假设（二）：日本关系结构

源于"资格"（类属）与"场合"（组合）的社会类型假说。《纵式社会的人际关系》和《日本社会》等，把纵式（纵向）关系的单一社会说作为社会结构论的重要的一环，对其进行了系统的论述。因此，有关资格和场合的区别是理解关于纵式社会的单一说之关键点，同时两者也是构成完全不同的两种社会团体及人际关系之基本要素。在日本社会的结构化理解中，场合比起资格更为重要，其处于一种无可争议的压倒性位置。如果说资格是"表征社会性个人之属性"的尺度，那么社会团体则是由所有个人属性的共同性造成的结果。在印度、中国、西方等社会，更重要的是与职业、血缘、身份等相关的资格。所以说，场合或组合是营造地域、所属之关系的范畴，而且社会团体也是基于"场所"的一定构架而产生的。①

而在《日本社会》里，群体或社会形成的准则却以类属（Attribute）与组合（Frame）的近似表达出现。首先，类属和组合的本质区别。类属（资格）这个词或概念，可用于具体的、广义层面，即指"一个确定的亲族或种姓里的一员"这类"身份"。对照来看，某村庄的"所有老百姓，就是一种组合"。组合这个术语"有着特殊意义"，是与"同类属准则相对立"而言的；组合可指"处所、机构"，或"把许多个人联结成一个集团的某种关系"。因此，组合表示"处所"之意，但通常"是用它来指一种特定场合"，为"一定目的而形成的场合"。② 其次，对类属和组合的表现态度。在日本，人们普遍注重"隶属于哪个组合（＝机构、集团）"，而不大关心"一般的类属（＝职业）"。具体而言，一个人的类属"可以随出生而来"，也可以"由他的成就来获得"。所以，它与身份相伴，既源于先天赋予的条件，又产生于后天努力的结果。例如，"地主""细户"这类现象，所依据的"就是类属"；而集团依据的是"组合"，它是"基于他们所处的场合、范围"。以此类推，"车工""董事"表明类属的含义，而"某公司成员"则表达组合的意思。同样，"教授""职员""学生"是"类属"的，而"某大学的人"则是"组

---

① 中根千枝：『タテ社会の人間関係——単一社会の理論』，講談社 1967 年版，26-31. 另见 [日] 中根千枝《纵向社会的人际关系》，陈成译，商务印书馆 1994 年版，第 12—17 页。
② [日] 中根千枝：《日本社会》，许真、宋峻岭译，第 1 页。类属（attribute）和组合（frame），指中根氏在《日本社会》（英文版）里所用的一对概念，其与《纵式社会理论》中的"资格"和"场合"表述对应，尤其是后者 frame 还包含了结构或框架等含义。

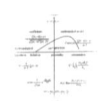

合"的。最后，日本单一社会的理论最初是从场合（所）或"组合这个词的概念中引申出来的"，但很难找到英文里"一个确切的同义"单词。就拿场合或组合来讲，可把它理解为物理学中的 field 这一英文词（"场"，类似电场、磁场的"场"）。① 以上作为中根基于日、印、中和西等社会的身份结构之差异而提出的比较焦点之一，呈现在欧美式的分工主义和日本式的整套主义②等之间的区隔之上，尤其是后者反映了日本人所遵从"集体身份"的结构原则。

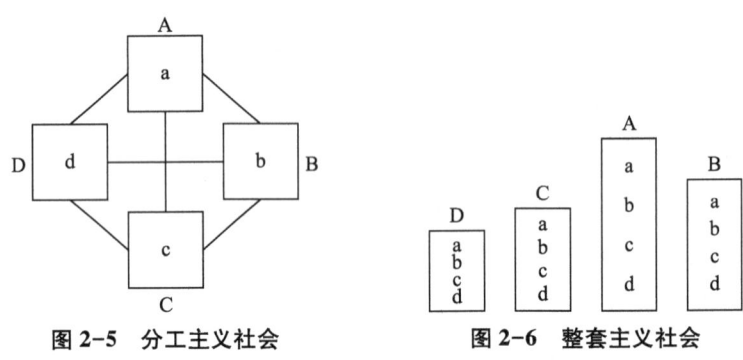

图 2-5　分工主义社会　　　　图 2-6　整套主义社会
注：根据《纵式社会理论》《日本社会》所制。

根据图 2-5 和图 2-6，与分工主义社会不同，日本企业（或社会）便趋于整套主义社会发展；有了明确集团，就形成独具一系的"一整套"（ワンセット，One Set）结构③。这种结构不需要其他集团，"一切的一切都可以自己生产"，在结构方面"可以说正是违反社会分工精神的"。因此，"万能店铺精神"这个社会经济机制，伸展于"所有的领域"，其"内容涉及政治、经济文化、社会及一切领域"，并均"以所有各种人包括知识分子和工人为对象"。④ 在这样"一整套"社会里，过度竞争也滋生或蔓延，必然也会产生或出现"格差"化的现象。

该假说强调以场合关系维系集团化的身份结构。如果说"纵式""横式"

---

① ［日］中根千枝：《日本社会》，许真、宋峻岭译，第 2、1 页。另见 Chie Nakane, *Japanese Society*, Penguin Books Ltd. (England), 1973.
② 中根千枝：『タテ社会の人間関係——単一社会の理論』，108.
③ 根据《日本社会》（中文版，1982）的翻译注解，ワンセット（one set）意为"一套"或"一整套"，意译为"成龙配套"，也可译作"大而全"的结构。
④ 中根千枝：『タテ社会の人間関係——単一社会の理論』，107-110. 在日语里，"格差"一般指价格、资格、等级等，乃至观念或精神层面的不同或差异。

第二章　亲属假设（二）：日本关系结构

是坐标系概念的用法，那么与此紧密相连的"自我""他者"是认识论范畴或概念之用意。据此发现，《纵式社会理论》和《日本社会》等还被人类学古典式的普遍模式吸引，推出纵式社会（纵向日本）、横式社会（横向西欧）的一对概念，试图勾勒出日本社会纵式结构的普遍范式。这与基于日·印等社会的身份结构之差异比较相对应，它是根据日·西社会的构造比较而得出的。除了纵式和横式的社会比较外，单一社会理论还把纵式社会的单一模式论的原型追溯到中根理解日本社会的历史进路为"单一性"的稻作文化类型形成的视角和观念方式。[①] 众所周知，中根的社会分层及构造之比较论主要是以日西社会、日印社会或亚洲社会之对比为前提的。这种比较路径不仅给日本社会的家族研究注入了新气象，而且拓展了亚洲·世界社会的家族制度和结构比较研究的可能性领域。在这一点，《纵式社会理论》和《日本社会》受《乡土中国》等之影响，同时还由于作为日本家庭或社会结构比较论的成功尝试，其被世界相关领域的学者们所广泛接受，特别是对东亚地区产生了较大的影响。诚然，中根视日本社会及人际关系为因"场所"（场合或组合）形成的"纵式"关系之单一社会构架，还指出了其与以个人主义、契约精神为根基的欧美社会结构模式有着本质上的区别。值得注意的是，与"差序格局"（费孝通）中的自我主义、差序（人伦）关系和礼治秩序等相比，中根所说日本式的集团主义、纵式关系和场合或场所秩序等同样阐明了自我探路的概述系统和独特性：前者以士绅身份与乡土社会结构的自下而上的关系·作用为中心，而后者则以日本社会（企业）与身份结构的自上而下的关系·作用为前提。

很显然，日本·印度·西方三者是中根进入纵式关系的单一社会论深挖的比较基础，其与费氏的结构比较既有相似点，又有不同之处。比如，中根基于纵式（日本）·横式（西方）的区分模式，同费氏关于纵式或差序（中国）·横式或团体（西方）的区分范式颇为相似，可以说前者可能受到了后者的影响。不过，中根强调的是因"场所"或"组合"造就的纵式关系及其等级主义，有别于费氏凸显基于身份（伦次）的差序格局及其自我

---

① 中根千枝：『適応の条件——日本的連続の思考』，25-68、70-76. 另见［日］中根千枝《适应的条件》，朱京伟、张吉伟译，第93页。

主义之探路。

二 过程动力学：结构·功能互构

《纵式社会理论》和《日本社会》等指出，纵式组织的基本结构搭建在有关等级秩序的纵式格差和个体联系之上，即等级秩序"产生人员地位的千差万别"，其"又同时在上下级之间形成牢固的个人联系"。这些具有格差的纵式联系逐渐发展为集团组织系统的核心结构基础。由此说来，这种纵向力形成的组织结构和"横向力形成的组织结构"是截然不同的。①

无底边和有底边的三角关系：分别代表场合或组合和类属。 假设存在纵式集团 X 和横式集团 Y，并以 A、B、C 三点共同代表集团里的成员，那么这两个集团成员数量相等。在集团 Y 当中，三点"构成一个三角形或环周"，而"集团 X 中，三角形没有底边或很微弱"。就纵式集团 X 来说，其 AB 和 AC 的联系在该集团里是完全不同的。因此，这种结构"不是一个三角形或环周，而是一个倒写的 V 形（符号来表示）"。X 这个集团是"$A—B$，$A—C$，等关系的总和"，并且以 A 为焦点而拓展开来。而以 Y 来说，"A、B 和 C 三点类属相同，这正是集团 Y 的基本组成条件"。之所以这样，成员的"类属标准非常明确"，而且"是这类集团的结构基础"。能否加入这个集团，由于"集团中不存在明显的成员规则"，加入这种集团的条件完全取决于"地位和身份"根基，其"具体情况当然各不相同"。② 图 2-7 和图 2-8，分别表示纵式集团 X 和横式集团 Y 的人际关系情况：基本结构和拓展或复杂结构，尤其 Y 团体形成图 2-9 式的全员认同规范。③

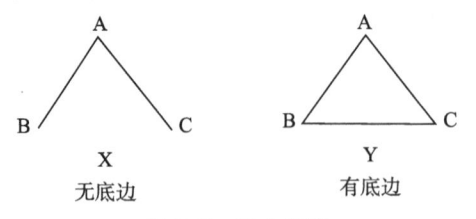

```
        A                    A
       / \                  / \
      /   \                /   \
     B     C              B-----C
       X                     Y
     无底边                 有底边
```

图 2-7 基本结构

---

① ［日］中根千枝：《日本社会》，许真、宋峻岭译，第 39 页。
② ［日］中根千枝：《日本社会》，许真、宋峻岭译，第 39 页。
③ 中根千枝：『タテ社会の人間関係——単一社会の理論』，116-117、119-120.

复杂化　　　　　复杂化　　　　　规则

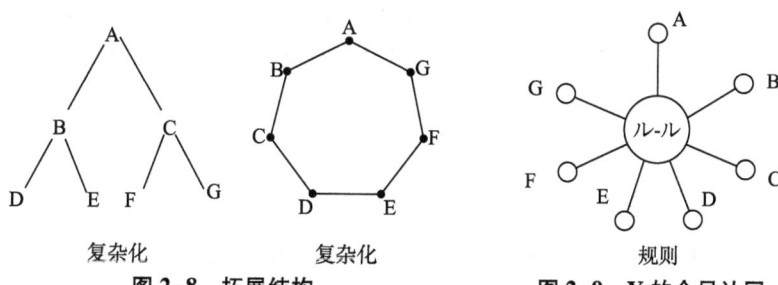

图 2-8　拓展结构　　　　**图 2-9　Y 的全员认同**

注：根据《纵式社会理论》等所制；ルール，即 Rule，意为规则或规范。

适应场合性的连续思维——无原则的柔软性假设：《适应的条件》中，对连续性的思维说（系统的发现）这一概念进行系统论述，并认为它是因"自我""他者"形成的人际关系——社会结构论范式。在中根看来，社会结构随着文化的接触和流动发生变化，其变迁的动力来自从"自我"到"他者"的"连续性思维"。从这个意义上讲，连续性的思维凸显其处于他者"场所"中的日本人之适应性，以及其被场所投影的自我意识之结构性呈现。这由强制和逃避的两种显著倾向所体现出来。① 可以说，这一连续性的思维说本身是一种对列维-斯特劳斯式的二元对立结构论的改造，其强调了把从"自我"到"他者"的认识转换当作日本社会的适应原理的新颖点。事实上，西洋的二元对立观和日本纵式社会的等级·序列观都是以自我为中心的社会意识之不同形式，共同的基础在于将身份的等级制度作为自我意识标本的观念之中。因此，中根认为西方的人际关系是点和线的结构，而日本的人际关系（第三者的非介入）是面的展开，其实这是与本尼迪克特和土居健朗等关于日本人的"义理"或"依赖"（或译"娇宠"，Amae）结构论相对应的。②

之后，《纵向社会动力学》（1978）提出无原则的柔软或灵活学说③，这是继《纵式社会理论》和《适应的条件》后的又一重要代表作。相比之下，纵向的单一社会说是以日本社会的内部关系为基础的，而连续的思考说和无原则的柔软说则是从日本社会的外部关系及其适应问题出发的。在此，假如

---

① 中根千枝：『適応の条件——日本的連続の思考』，16-20、32-39、123-137.
② 中根千枝：『適応の条件——日本的連続の思考』，123-136. 另见 [日] 中根千枝《适应的条件》，朱京伟、张吉伟译，第161—169页。
③ 中根千枝：『タテ社会の力学』，94-109、110-125、147-167.

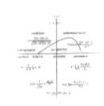

说连续性的思维说是与从自我到他者的外部适应相关联的，那么无原则的软性或伸缩说是旨在构建"社会的规则包括法规制的功能"之日本社会特征的。①

> 诸外国的规则，反而是以大集团作为对象而被制定的。虽然在日本也有以大集团为对象而制定的规则，但更重要的是这个小集团内的详细规定。

再有，《纵式社会动力学》中提出的"日本社会的法律规则极弱"之观点，这与《纵式社会理论》中把日本社会的力学原则及根源追溯到"纵式社会的行为基础即非正式的结构"之主张基本一致。因为，日本社会是"无原则地适应外界的变化"的软性或伸缩类型，近似于"软体动物之结构"。以上所述是中根以适应性—无原则为特色的连续思维—软性或伸缩说之梗概。

结构功能主义对于"文化圈"—文化史重构说的反思。《亚洲诸社会考察》等②指出，马林诺夫斯基关心的是"作为功能体的文化统合体的概念"，而拉德克里夫－布朗关注的是"作为社会系统的功能性结合体"。中根还认为，马氏"在理论上没有特别注意区分文化和社会的概念"，而布朗氏"在其初期也使用了'文化'这个概念"，但后来"开始使用'社会结构'这个概念"。③ 该书的具体分析以血缘·婚姻——父系制·母系制、家庭结构、财产继承、地位继承等为中心，实则由"血缘婚姻的概念与系统""有关家族·世代交替的系统""复合社会的构成与整合进程"组成。在此，中根所理解的社会人类学应是将"文化自体"功能论（马林诺夫斯基）和"社会结构"功能论（拉德克里夫－布朗）相结合而产生的，也是对作为社会组织的社会结构和功能体系着力进行考察的社会比较论。譬如，中根对马林诺夫斯基和拉德克里夫－布朗关于"文化""社会"的观点予以评价，并对自己的社会比较论也进行了简要的阐明。

---

① 中根千枝:「法的規制と集団の許容度」,『学術の動向』2008 年第 6 期, 93.
② 詳見中根千枝『社会構造の比較』,放送大学教育開発センター（旺文社）1981 年版（内部使用本）。
③ 中根千枝:『社会人類学——アジア諸社会の考察』, 45.

在她看来，在当时的民族学中较为流行的是，只选取特定的文化要素来"比较一定地区的各民族文化"，并以独断地带（独墺，接近独断论）为中心而发展起来的"文化层—圈说"和"文化史"路径或方法，因此后来对其进行反思而形成了被称为"功能主义"（Functionalism）的新方向。社会人类学之所以"关注社会而不是文化"，是因为对比较研究来说，"以最难变化的东西——社会组织为对象比什么都重要"。① 从本质上来讲，与"文化层—圈说"和"文化史"重构路径（冈正雄和大林太良等）的理论倾向不同，中根所构筑的尝试是以日本社会的结构、功能论为中心的。至于这个观点，中根认为社会结构的功能主义对"文化层—圈说"和"文化史"进路或方法具有重要的反思作用。

纵式社会的单一假说与心理人类学（许烺光）等之比较。 根据费孝通、许烺光和中根千枝等的综合论断，西方欧洲和美国是个人主义或契约精神的，日本是集团主义的，中国不是个人主义和集团主义的，而是自我中心主义的。《乡土中国》就认为，中国——自我主义—差序格局—道德礼俗原则；欧美——个人主义—团体格局—法律契约原则。然而从《纵式社会理论》《日本社会》看，欧美——个人主义—分工主义格局—法律契约原则；日本——集团主义（对外）和平等主义（对内）——整套主义格局—情感和场所原则、内外区分原则、等级序列原则。另外，正如《家元》②所总结，中国、印度和美国，即三个文明社会的特征之比较有五个方面：主要心理文化取向、行为层面上的取向、主要二次集团、社会缔结原则和文化总理想。

	美国人	印度教徒	中国人
1. 主要心理文化取向	个人中心	超自然中心	情境中心
2. 行为层面上的取向	个人依赖	单方面依赖	相互依赖
3. 主要二次集团	自由结社	种姓	宗族
4. 社会缔结原则	契约原则	教阶原则	亲属原则
5. 文化总理想	个人的彻底自由	人与超自然合一	人与人之间的和谐

---

① 中根千枝：『社会人類学——アジア諸社会の考察』，42-43、49.
② ［美］许烺光：《家元——日本的真髓》（下文简称《家元》），于嘉云译，台北：南天书局 2000 年版。

《家元》还在宗族（中国）、种姓（印度）、社团或俱乐部（美国）的广泛比较基础上，并把"家元"看作日本社会中起主导作用的组织形式之一，认为其这种组织原则始终影响着整个日本社会的人际关系和运作模式。譬如，中国模式表现出"纯粹父系的延续性和包容性"，而日本模式则既"简单又复杂"，具有"排他性"（同族或家元的分家相当于祖先认同上的排斥）。与中国的宗族或世系团相异，日本同族更具有自己追求的特点：（1）"法人化"；（2）"家元化"（或收养）；（3）"阶等化"；（4）"拟制关系"；（5）"永恒义务"。按照《家元》的比较分析，日本的家、同族和家元三者在所组成的属性上有不同（见表2-5）。①

表 2-5　家、同族、和家元的组成属性

集团	属性	
	主	副
家	延续性 排他性 权威性（强化的）	间断性 包容性 自愿性（萌发的）
同族	延续性 排他性 权威性（强化的） 自愿性	间断性 包容性
家元	延续性 排他性 包容性 权威性（更加强化的） 自愿性（非常重要）	

注：根据《家元》所制。

与《家元》（许烺光）的纵向—人格结构论说相比，纵式—关系假说（中根千枝）更强调在日本人的场合和序列意识中的"经济条件""政治因素"等决定性方面。不过，他们还异口同声地指出，在日本现代化的背后，

---

① ［美］许烺光：《家元——日本的真髓》，于嘉云译，第29、32—37、66—67页。

其内部核心的人际关系和组织原则无不与家元等初级·拟制的叠加式结构有关。也就是说，亲属制度对家元的拟制模式产生了影响，即家元源自长子或独子继承，嗣子与其他诸子之间的等级关系的模仿行动。可以说，家元介乎于家和国家之间，这种制度使其现代日本实现了高速发展的经济奇迹，而中国的家族或宗族等初级化相对浓于次级化的团体观念影响着亲属关系——政体制度基础，真正形成超出亲缘圈子的大规模团结转型是相对缓慢的。

殊不知，中根的工作始于自文化和异文化的互为观察，充满了人类学比较研究法的意义，不过却以关于日本社会的社会结构论而闻名。这就表明，尽管她对单一社会的纵式结构假说（《纵式社会理论》）是以自社会的体验和观察为立足点而发展起来的，但事实上建立在从纵向的单一社会说到连续的思考说(《适应的条件》)、无原则的柔软说（《纵式社会动力学》）的比较工作基础之上。此外，中根和许烺光均承认，家元作为强化纵式关系或意识的重要序列之一，它具有"绝对服从"和"全心参与"等原则，这些在包括政治制度在内的现代日本社会制度中依然发挥着至关重要的作用。

三 纵式·场合的假设及相关批判

中根千枝的结构论及动力学以"单一结构——纵式·分层关系""过程动力学——结构·功能互构""纵式·场合假设及相关批判"为中心，实则更多倾向于东、西方社会的比较研究及实践，其反映在对社会·文化制度和运作机制的本土理论化阐释之上。也就是说，这种探索不仅是源于身份·等级的社会分层特征和基于关系分配的结构范式之相关探讨，更是在相对松散的方法论及理论构建上形成的结构功能论及动力学范式。

纵式·场合源于对类属的拟制。《日本社会》（包括《纵式社会理论》）指出，它"综合了日本人民生活的主要特征"，力求"廓清日本社会的结构形象"。虽然取材考据范围涵盖了当今日本的各集团这样宽广领域——"工业企业、政府组织、教育机构、知识界、宗教界、政党、村落、个人家庭"等，但注意力则"集注在个人行为和人与人的关系"的根本问题点上。因为这两者是"集团组织的基础"，也是"决定一个集团发展趋势的结构特性的基础"。就像艺术家调配色彩一样，《日本社会》在调配色彩—组织材料进行论证时"没有使用任何现成的社会学的理论和方法"。换句话说，单一社会的纵

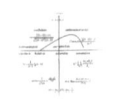

式理论基础来自《日本农村的血缘关系与经济组织》(Athlone Press, London, 1967) 这一早期论著的灵感,即初衷是通过日本农村的实地调查研究把"从旧式的农村社会考察中得来的看法,再拿到现代社会中去检验一下"。因为作者"感觉,像日本、中国,印度那样的庞杂社会,尽管会有很大进化",但"原来的社会结构却是绵延不断的"。在日本,社会结构的延续性"清楚地反映在个人的社会关系"之各种时尚中。当环境变化时,"集团组织是否随之变化",即取决于"这种个人社会关系"。这种延续性"又反映在社会固有的基本价值准则里",并且是"社会发展的原动力"。这就说,《日本社会》的主题或关键点是被称为"日本社会的纵式原则(Vertical Principle)的机制作用",因此,对此的考察应"从结构分析入手",而未必用"从文化或是历史方面来铺叙"。进而《日本社会》还指出,日本社会组织最典型的特征产生于社会关系——人与人、集团与集团之间存在着"单一性的明确关系"。这种关系的作用"适应整个日本社会的独特结构",不同于印度式的"种姓社会"或其他的"阶级社会"(指西方或中国的父系类型)。① 在此,尽管中根对不同社会或文明的看法与心理人类学(许烺光)等的文明比较观察较为接近,但也显示出了其不同的一面。

类属被纵式和场合所取代。在日本,人情传统的"血亲关系,似乎已经被工作集团里的人伦关系所取代"。这种新的人伦关系"包含了社会生活与经济生活的各重大方面"。这也正逐渐成为"日本社会藉以建立的基本原则"。对这样的亲属或类属来说,责任和义务"仅限于这种规格",即问候、礼节等"最低限度的资助"或交往层面。也就是说,比家庭("家"和"户")大的集团,有的叫作"一族郎党"(One Family Group and Its Retainers),这种"集团结构的具体情况,正是组合式社会集团的最好范例"。在"家""户"和"一族郎党"的结构中,可以清楚地看出"日本社会集团的结构原则"。就情谊联系和一对一关系的对比来说,类属的差异"本来是个天经地义之事",情谊的"方式是用来补救它的"。情谊方式是"在经常的私人交往中逐步培植起来的"。然而,集团的权威和影响"不仅关联而且介入个人活动",甚至会改变个体的观点和思想方法。这样,个体的"人身自由缩减到最

---

① 《原序》,载 [日] 中根千枝《日本社会》,许真、宋峻岭译,第1—4页。

小限度"。正因如此,一对一关系强调"专一的、笃实的忠诚"等集团精神,同时它还渗透于从个体间到集团间的各类联结中,规定了"总体社会中一切集团的完美形象"。①

自《纵式社会理论》至《适应的条件》,再到《纵式社会动力学》和《亚洲诸社会考察》等,立足于亚洲各社会(印度、中国、韩国、日本、东南亚)等比较观测之对象,并以具有社会人类学的分析方法、考察特色的社会结构比较论为宗旨,其思想基础来自与中国宗族、印度种姓、欧美集团或团体形成对照的日本纵式·场合主义之类比假设。《亚洲诸社会考察》就认为,所谓社会人类学的研究不是"使用现有的理论框架",而是"运用一定的方法",即通过"自己的经验探索未知世界的系统,并将其理论化"。在这个过程中——通过向不同的社会展示(エクスポーズ)自己——接受"在日本得不到的智力刺激,使自己的思考本身成长起来"。② 图 2-10 所反映的是有关信托财产(相续)的父系团体的分化与重复(包括家元—拟制模式),其与裴达礼(H. Baker)的"宗族或谱系分割"(Lineage Segmentation)和许烺光的"祖荫模式"较接近。

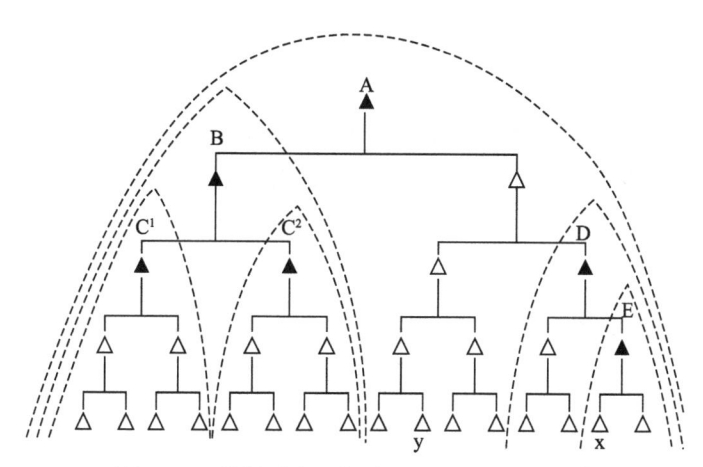

图 2-10 信托财产(相续)与父系团体规模③
注:根据《家族结构》所制。

---

① [日]中根千枝:《日本社会》,许真、宋峻岭译,第 7、10、21—22 页。
② 中根千枝:『社会人類学——アジア諸社会の考察』,34.
③ 中根千枝:『家族の構造——社会人類学的分析』,82—83.

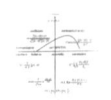

津城宽文①指出，西方"个人主义"有"自己中心主义""自己依存主义"和"对人关系的手段观"等特征，而日本集团主义（中根千枝）、"依赖心理"（土居健朗）或"间人主义"（滨口惠俊）则有"相互依存主义""相互信任主义"和"对人关系的本质观"等特征。别府春海②也认为，中根的"纵式社会论"来自《须惠村》（约翰·恩布里）③和《菊与刀》（本尼迪克特）④等所勾勒的"集团主义"假设，在日本是否存在这种集团模式是有待考证的。此外，《乡土中国》率先提出差序格局中的自我主义、纵式关系和礼治秩序等重要概念及范式，这些无疑对中根千枝关于纵式关系的单一社会分层·结构理论之酝酿产生了直接或间接的影响。

村落社会结构和拟制转化。在后期工作中，中根的社会结构论以日本社会中从农村到企业（或公司）和国家的纵向关系说为中心，与之形成对照的是以江守五夫的《日本村落社会的结构》（1976）⑤等为代表的农村结构·组织制度研究事例。江守的家族研究与中根的家族结构论有着相似之处，但其落脚点是将家族的纵向人际关系及其结构置于婚姻、组织制度的法社会学分析上。与中根从跨文化比较向日本社会的转型不同，江守的家族研究所发生的变化是从日本社会的婚姻现象转向到跨文化比较了，其无疑反映在《日本村落社会的结构》等家族或村落的结构研究中。相比之下，《日本社会的家族构成》（川岛武宜）⑥、《家——结构分析》（喜多野清一）⑦、《序说》（蒲生正男）、《日本村落社会的结构》（江守五夫）等均属于这类家族社会和结构原

---

① 津城宽文：『日本の深層文化と宗教』，國學院大學博士論文2000年版，130。
② ［日］别府春海：《日本人是否具有集团性》，载［美］罗斯·摩尔、［日］杉本良夫等《解读日本人论》，王敏良编译，华东师范大学出版社2007年版，第14—30页。
③ John F. Embree, *Suye Mura: A Japanese Village*, Chicago: The University of Chicago Press, 1939. 别见［美］ジョン·F.エンブリー『日本の村——須惠村』（略称『須惠村』），植村元覚訳，日本経済評論社2005年版；田中一彦訳，農山漁村文化協会2021年版。
④ ［美］鲁思·本尼迪克特：《菊与刀——日本文化的类型》，吕万和、熊达云、王智新译，详见 Ruth Benedict, *The Chrysanthemum and the Sword: Patterns of Japanese Culture*, Boston: Houghton Mifflin (The Riverside Press), 1946；［美］ルース·ベネディクト『菊と刀——日本文化の型』，長谷川松治訳，社会思想社1972年版（1949年初版）。
⑤ 江守五夫：『日本集落社会の構造——日本基層文化の民族学的研究』，弘文堂1987年版。
⑥ 川島武宜：『日本社会の家族的構成』，学生書房1948年版（日本評論社1950年版；岩波書店2000年最新版）。
⑦ 喜多野清一：『家——その構造分析』（岡田謙共編），創文社1959年版。别见喜多野清一『家と同族の基礎理論』，未来社1976年版。

理之探究，而《菊与刀》（本尼迪克特）、《自我的社会心理》（我妻洋）①、《偏见的结构——日本人的人种观》（我妻洋、米山俊直）②、《依赖的结构》（土居健郎）③ 等都属于日本社会的心理结构探讨。

综上，中根有关纵式和场合的亲属关系·拟制结构探索，主要受法国年鉴学派学者涂尔干等以社会分工和合作关系为根基的类型结构论，以及英国马林诺夫斯基、拉德克里夫-布朗的社会结构—功能主义之影响，同时还受到了诸相关理论之启示，包括生育制度—乡土社会—差序格局（费孝通）、纵式主轴—祖荫模式—宗族、种姓、集团和家元的文明类型比较（许烺光）等。相较而言，《乡土中国》（费孝通）等以士绅身份与乡土社会结构的自下而上的关系·作用为中心或立论点，而《纵式社会理论》（中根千枝）等则以日本社会（企业）与身份结构的自上而下的关系·作用为前提或立论域。也就是说，中国学者费孝通的研究侧重于对中、西社会和"民族社会"的比较考察，而日本学者中根千枝则更多倾向于东、西方社会的比较研究及其实践。

---

① 我妻洋：『自我の社会心理』，誠信書房 1964 年版。
② 我妻洋、米山俊直：『偏見の構造——日本人の人種観』，日本放送出版協会 1967 年版。
③ 土居健郎：『「甘え」の構造』，弘文堂 1971 年版。别见土居健郎『注釈「甘え」の構造』，弘文堂 1993 年版；『続「甘え」の構造』，弘文堂 2001 年版。

第三部

人格模式：行动—心智的互动结构

第三章　人格假设（一）：中国人行为—心智结构

第一节　祖荫模型——主轴系谱的阶序结构

作为概说性的导览文字，《祖荫下》（1948）① 的序言所涉核心论证与其说是开宗明义的，不如说是鞭辟入里的。该书透过对西南小镇喜洲（原文称"西镇"，West Town）的实地考察和内生视角，逐次深入挖掘家族、宗族兴衰乃至与其对应的朝代更替等，试图确定并估摸出了其在中国传统社会中形成的叠加结构。② 这种构架以祖荫模型为基质或统合体，包括喜洲文化的亲属或家庭——"父子主轴"、大家庭或"宗族"规模与"国家命运"（含穷人富人的权威与竞争等）三个方面。况且宗族这一层级无疑形成于家庭和国家得以交错的统合关联中，其一般以亲属称谓系统（家谱）、关系结构（婚姻和其他制度）、仪式或祭祀（生活习俗）、活动场地（祠堂、田地）为内容。

亲属或家庭（人伦主轴）：父子同一（Identification）、性别疏远、财产与续香火。

宗族（教育模式）：大家庭理想、模仿与服从、竞争与协作。

---

① ［美］许烺光：《祖荫下——中国乡村的亲属、人格与社会流动》（下文简称《祖荫下》），王芃、徐隆德译，南天书局2001年版。另见 Francis L. K. Hsu, *Under the Ancestors' Shadow: Chinese Culture and Personality*, New York: Columbia University Press, 1948。

② 关于喜洲或西镇的居民身份即民族认同，虽然在学界存在一些不同的说法，但这可能与中华人民共和国成立前后的社会文化发展和变化情况有关。

国家（祖荫影响）：文化与人格、国民性格。

《祖荫下》认为，权威是"喜洲文化五个要素的一个共同特征"。权威一般以父子关系为中心，普遍地表现在"性别关系、大家庭的理想以及教育之中"，并"由死去的祖先的愿望得到进一步地加强"。① 对喜洲文化来说，这种伞形或阶序架构建立在"祖荫下"权威和竞争的互为作用中，囊括其父子同一、性别疏远、大家庭理想、成年教育和祖先意愿五大核心。

一 家庭：人伦主轴与亲属结构

《祖荫下》的核心论题集中在祖荫多阶模型——主轴系谱和大家庭理想的阶序结构及解析探路方面，其后又通过《美国人与中国人》（1953）②、《宗族、种姓与社团（俱乐部）》（1963）③ 等得以进一步深化，并发展成为祖荫拓展式的中国多阶伞形结构和大型文明类型比较之考察典范。

亲属结构或纲目以"父子同一""性别疏远"为形式根基。《祖荫下》指出，父子同一的关系是喜洲文化中首要的因素。这种同一性既是"作为支配整个亲属结构的两大主要因素——父系和辈分的根本"，也是"以这两大因素为根本而存在的"。"同一"这词用来表示父子间的关系，因为父子间的这种责任和权益"并非是单方面的，而是双方相互作用的"。放在血统组织的整体来看，父子同一不仅"是一个大家庭范围内所必须的一条纽带"，而且它"一旁连接着众多的祖先"，另一边"是无数的子孙后代"。在社会心理学上，"同一"这种专用术语"最能概括父子关系"——"有其父必有其子"。然而，父子关系完全不是"父要子亡，子不得不亡"这类情形，而是一种"慈父孝子"的人伦约束或权责"变数"。④ 这样一来，在喜洲父系和辈分规定着

---

① ［美］许烺光：《祖荫下——中国乡村的亲属、人格与社会流动》，王芃、徐隆德译，第210页。
② ［美］许烺光：《美国人与中国人——两种生活方式比较》（下文简称《美国人与中国人》），彭凯平、刘文静等译，华夏出版社1989年版。另见［美］许烺光《美国人与中国人》，沈彩艺译，浙江人民出版社2017年版；英文初版问世于1953年，*Americans and Chinese: Passages to Differences*。
③ ［美］许烺光：《宗族·种姓·俱乐部》，薛刚译，华夏出版社1990年版。另见［美］许烺光《宗族、种姓与社团》，黄国光译，南天书局有限公司2002年版。英文初版刊行于1963年，*Clan, Caste, and Club*。
④ ［美］许烺光：《祖荫下——中国乡村的亲属、人格与社会流动》，王芃、徐隆德译，第205、51—52页。

亲属关系及其结构的形式范围，而且易于形成由父子同一的内在性勾连起的阶序或伞形架构。正如《祖荫下》所强调，亲属关系这一系统或体系"以父系为根本，其中最主要的亲属关系是父子关系"。在父子同一被祖荫化的延伸中，父亲掌握着"儿子的生死权"，而儿子"必须侍奉孝敬父母"；父母"亡故后，服丧是儿子应该的义务"。确切地说，父子关系是亲属关系或称谓系统的核心基质，而其余关系皆是父子关系在性别、辈分等疏远程度上的某种延伸。在整个亲属关系内，各种关系"都是为了延续家族的父系"。① 对喜洲镇而言，祖荫模型意味着源自父子同一的血缘世系及其权益结构，并经由性别疏远、成年教育和祖先意愿等支撑，赋予其大家庭的美满理想以及传宗接代的现实内涵。父子同一渗透于家、宗和族的阶序安排中，它又"和大家庭理想互为支柱"，二者"形成了一种社会制度"。但是，这种制度一方面"完全剥夺了年轻一代人的独立性"，另一方面"又使年轻一代能够承袭他们祖先父辈的财富和荣誉"。从父子同一拓展为大家庭的完满理想，这种制度化转型无疑同样"成为一种教育的基础"或优势资源。② 假设大家庭理想是喜洲祖荫模型最大的外围或顶层框架，那么父子同一就是祖荫模型这一伞形或阶序结构的核心和基础，而性别疏远、成年教育和祖先意愿依次则是祖荫阶序·伞形结构的中间轮辐或具体内容。这就说明，祖荫模型以由父子同一（服从权威）拓展成大家庭理想为亲属关系纲目，并建造在性别疏远、成年教育和祖先意愿等积极参与其结构组合或聚合过程之基础上。

从家庭、家族到宗族的关系网络。《祖荫下》由家庭、家族转至宗族，并以喜洲的大家庭理想和同宅分家为中心，进而引出了父系家族——宗族团结这一形式综合体。因为，一个典型的喜洲镇宗族是"一个外表统一庞大，内部结构松散的综合体"。有限的主要因素，决定着亲属关系的规模和走向，它们分别"是世系、辈分、性别，以及年龄"。其中，称呼"已经足以说明亲属结构"，然而"称谓却使一些亲属关系更加明确"。③ 称呼和称谓同为亲属关

---

① ［美］许烺光：《祖荫下——中国乡村的亲属、人格与社会流动》，王芃、徐隆德译，第49、94页。
② ［美］许烺光：《祖荫下——中国乡村的亲属、人格与社会流动》，王芃、徐隆德译，第7页。
③ ［美］许烺光：《祖荫下——中国乡村的亲属、人格与社会流动》，王芃、徐隆德译，第112、48页。

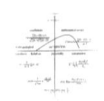

系的表达方式,但两者的区别是前者表示关系的基本单位或结构,后者表明更加明确化的基本谱系或结构。在喜洲,亲属结构是一种世系模式的关系结构,也是以父子关系为主轴的拓展型结构。据此,从家庭、家族到宗族的关系网络中,所有其他非优位的亲属关系以母子、夫妻、兄弟、叔侄等为联结根基或内容,这些汇合成为"父子关系的延伸或补充"系统。首先是母子关系。不管"生物学家的观点是什么",喜洲镇的母子关系就是"生育关系,或者说是父子关系的延伸"。尽管在该镇上还有"儿子为其父服丧两年",而"为其母服丧三年"的事情。事实说明,母子与父子的两类关系"根本上大致相同",只是"母亲没有父亲一样的权威"。因而父子关系为"最主要的亲属关系"。其次是夫妻关系。它是"父子关系的补充",只能"服从于父子关系"。在整个亲属关系结构中,夫妻关系是"唯一一种没有延伸的亲属关系"。最后是兄弟关系。它也是"父子关系的延伸",但并不"从属于父子关系"。此外,叔侄关系"类似于父子关系",但属于旁系而不属于直系。每一种关系的义务和权利,必然"与社会规定的亲属结构中亲属的远近程度直接对应"。在中国任何地方,以及"父子关系中,单纯强调父权是不现实的"。在喜洲,父权同样只是"父子关系中的一个方面"。父亲对儿子"有绝对的权威",父权是"受社会因素限制的,父子相互所有"。[①] 显而易见,社会或文化被《祖荫下》理解成为主体间自始至终的关系或状态,这种从亲属系统观察特定结构的做法与社会学常用家庭+婚姻的制度结构进路颇为相似。需要补充的是,人们当用行为或行动来定义社会或文化本身时,其关系或状态主体就便有了行动——事件的动态过程这层含义,由此形成一种因果关联的自在程序或安排。

性别疏远作为父子关系的补充或外延。《祖荫下》提出,在日常生活的领域里,除了亲属关系外,婚姻模式、劳动分工等也是按照性别疏远进行的。喜洲镇的婚姻形式一般是男娶女嫁的,但在没有儿子继承的情况下,还接受"上门婚"等。因为,生儿子意味着"祖宗牌位前的香火永不间断",香火不断"就意味着这一宗族能够传宗接代"。要得到男性后嗣有两种办法:一是自

---

① [美]许烺光:《祖荫下——中国乡村的亲属、人格与社会流动》,王芃、徐隆德译,第49—51页。

第三章 人格假设（一）：中国人行为—心智结构

生；二是收养。因此，一个"没有儿子的父亲就好比一棵没有树根的树"；当他"年迈体弱、精力衰竭的时候"，也就是"他面临权力和财产转给后嗣的时候"。按照民间的信仰化理解，没有生育儿子的人，"即使他们离开了人世"，其痛苦"仍然伴随着他们"。他们的灵魂"将遇到流浪汉一般的命运"，"漂泊四方，无家可归，依赖别人的施舍度日"。① 在这一点上，《生育制度》（费孝通）的解释更倾向于社会伦理的看法：无儿女者被看作未成年人之列，人生的成年礼并没得到充足发展，尤其在生物和社会的延续层面上。除一般婚姻形式外，该书还讨论了上门婚姻和婚配形式。当"一个男人成为上门女婿时"，夫妻关系"也不同于社会上流行的夫妻关系模式"。这时，丈夫"不仅没有了夫权（父权）"，而且"完全受制于岳母"。在此，"上门"婚姻仅仅是"男娶女嫁婚姻形式的一个补充"，但这种婚姻"使上门男人和他原来的家庭获得很大的益处"。常见的婚配形式，有如下：男方"娶其母亲兄弟的女儿为妻"，女方则"嫁给父亲姐妹的儿子"，或是"一家的姐妹二人与另一家的兄弟二人进行婚配"。② 在喜洲镇，婚姻习俗有三个特点：首先，婚姻是"延续父系家族的一种手段"。当家族面临断"香火"的危机时，人们就"缔结母系的婚姻（或称上门婚）"，以此来完成或"维持父系家族的延续"；其次，婚姻是以男性为中心的。婚姻强调的"不是丈夫与妻子的感情"，而是"妻子对丈夫，尤其是公婆的义务"。按传统，必须"生育男性后嗣"，这是"妻子对婚姻应做的贡献"；最后，道德的双重标准，体现在男女对社会行为负责的态度和社会认知上。这就说明，上门婚姻以续香火的形式拟制出新的关系结构，其反映在对身份与财产的流动及转换过程中。③

喜洲人的日常生活，一般循环于四个领域：家里，田地里，市场上和店铺里。家务活儿大部分由女人承担，多包括"洗烫衣服，煮饭烧菜"，忙于"针线缝纫和照顾老人和孩子"，等等。男女分工自然，田地里重活儿男人做得多，家务或轻活儿女人做得多些。在喜洲镇，男性较"强壮"的说法，"其

---

① ［美］许烺光：《祖荫下——中国乡村的亲属、人格与社会流动》，王芃、徐隆德译，第65页。
② ［美］许烺光：《祖荫下——中国乡村的亲属、人格与社会流动》，王芃、徐隆德译，第52、86、70页。
③ ［美］许烺光：《祖荫下——中国乡村的亲属、人格与社会流动》，王芃、徐隆德译，第93、87—88页。

社会意义大于生理意义";男人"被认为是他们妻子的上帝"。穷人家的女子"通常比富人家女子要辛苦得多";这些妇女"大多没有缠足",她们"多居住在较远的村落里"。喜洲人常常"称她们为贫困的'部落人'"。① 加上他们的风水观念较浓厚,在活人的建房和祖先的墓地方面都很讲究这种规矩。

《祖荫下》对亲属结构的体系化理解以人伦的纲目、延伸形式为根本基础,至少引出了以下两种假说的发展形态:一是《美国人与中国人》《宗族、种姓与社团》等文化或文明比较观察;二是源于结构(关系)和内涵(属性)的亲属体系·优位假说(含角色—自觉感情假说)。前者即文明比较这一路径认为,中国人的生活取向②取决于"亲族(属)联系高于其他一切联系"这一制度结构及相关规范,并与印度人的"教阶支配着亲族联系"、美国人的"契约支配一切"等生活取向③形成了鲜明的对比。

中国人的生活取向:

〔亲族(属)联系高于其他一切联系〕

1. 理想的生活方向:A→C→D
2. 社会实际生活方向:

    A→B(与G互为影响)→E→F(G的参与、与H、H,互为影响)

    C、D→G→H(D的加入)→H,→J(与H的关系)
3. 更牢固更强大的宗族:I

    I(D的直接影响)

A—I 所表达的各种含义及说明:

　　A 相互依赖。

　　B 亲属(亲族):三种社会需要在这里得到满足。

　　C 情境决定主义:自我深深植根于紧密的人际关系之中。

　　D 安全和谐的人际关系,人们安心从事与自己位置相符的工作。

---

① [美]许烺光:《祖荫下——中国乡村的亲属、人格与社会流动》,王芃、徐隆德译,第54—56、62—63页。

② [美]许烺光:《宗族·种姓·俱乐部》,薛刚译,第162页。另见[美]许烺光《美国人与中国人——两种生活方式比较》,彭凯平、刘文静等译。

③ [美]许烺光:《宗族·种姓·俱乐部》,薛刚译,第171、213页。另见[美]许烺光《美国人与中国人——两种生活方式比较》,彭凯平、刘文静等译。

第三章 人格假设（一）：中国人行为—心智结构

G 害怕有辱祖先名声，害怕没有男性后嗣，害怕被谴责为未按相互依赖的习俗行事。

E 酬报⟷责任（赠礼物）→有抱负的个人为了在亲族（属）集团中显示慷慨，努力争取从该集团外获得广泛的资源，来提高自己的地位——裙带关系。

F 意争：为了成为亲族（属）集团的荣耀"子孙"。

H 趋同：为父母举行体面的葬礼，铺张的婚礼，宏大的宗族祠堂和宗族墓地，堂皇的家庭住房，数代同堂的生活。根靖的孝道功绩，不断扩大的家谱，裙带关系，纳妾等等。

H，更大程度的趋同：H中所有方面的加强。

J 个人性质的逃避或精神宣泄：写诗、摹景、诠释经典、编写故事、设计和篆刻私章、出家、从军，等等。

I 更牢固更强大的宗族。

后者即亲属体系·优位假说指出，亲属体系包括结构和内涵两个系统，其整体结构是以内涵（所有属性的总合）和结构（所有关系的总合）为综合根基的。继《祖荫下》等之后，《家元》也认为，在每个核心家庭中至少"有八个基本的人伦之纲（dyad）"：父—子、母—子、父—女、母—女、夫—妻、兄弟—兄弟、姊妹—姊妹、姊妹—兄弟。[①]《心理人类学》也进一步解释道，在所有形式的核心家庭中，亲属关系可分为优势的内涵属性和非优势的属性：优势属性会"形塑所有后者即非优势的属性"；非优势属性通常会"受到优势属性的影响"，并且会"朝着优势属性的方向聚集"。[②] 就从《祖荫下》到《心理人类学》等而言，亲属系统或体系假说仍然以结构—内涵的优势构成和层级关系为中心或核心论题，正如图3-1所示：

《祖荫下》（含《心理人类学》等）一再强调亲属体系·优位——"祖先权威"假说，尽管它构筑在包括内涵或属性系统在内的关系结构和亲属体系之上，但由祖先影响等衍生出的"服从""竞争"仍仅仅作为内涵或属性的手

---

① ［美］许烺光：《家元——日本的真髓》，于嘉云译，第76页。
② ［美］许烺光：《彻底个人主义的省思——心理人类学论文集》（下文简称《心理人类学》），南天书局2002年版，第270页。

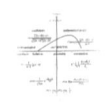

段而非作为趋于自觉感情的内在本质性，因为其并没有把它们放在内涵或属性——自觉感情这一核心位置而进行讨论。

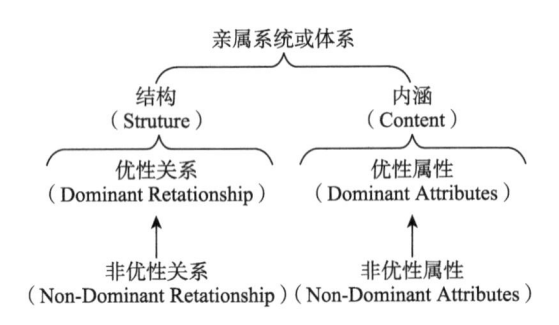

```
                    亲属系统或体系
            ┌───────────┴───────────┐
          结构                    内涵
       （Struture）            （Content）
      ┌─────┴─────┐          ┌─────┴─────┐
     优性关系                  优性属性
（Dominant Retationship）（Dominant Attributes）
          ↑                      ↑
     非优性关系                 非优性属性
（Non-Dominant Retationship）（Non-Dominant Attributes）
```

图 3-1　亲属系统或体系的构成和层级关系①

注：《心理人类学》原所制的关系图式。

二　宗族：模仿、竞争与教育过程

在喜洲镇，社会习俗"所鼓励的是大家庭的理想"，强调"家庭的整体性"，而"不提倡长子继承权"。对喜洲人来说，一般多"是父系家族"，就是说"可以追溯到这一家族共同的男性祖先"。因此，宗族是指"父系或母系单方面的后裔"。②

大家庭的相续理想——最大联合形态。对村落社会的格局来说，大家庭理想是由父子同一到多个亲属关系的最大联合形态，实现了家庭—家族—宗族的阶序转型。通常，长子继承权和大家庭理想皆是父子关系和祖荫权威得以延续的两个途径，其通过保留祖先财产的继承性呈现了出来。两者区别是，长子继承权"意味着除了长子外，所有儿子必须离开家庭"；而大家庭的理想"是要所有儿子都生活在同一个屋檐下"，而且"他们或多或少享有等同的继承权"。家庭供奉"相同的祖先这一事实"，更加体现"这种家庭整体化"，最明显的依据就是"宗族祠堂和家谱"。在此，同宅分家正是化解长子继承权和大家庭理想之间矛盾的合理路径，而社会延续的主要

---

① 另见［美］许烺光《文化人类学新论》，张瑞德译，联经出版社事业公司 1986 年版，第 133—135 页。

② ［美］许烺光：《祖荫下——中国乡村的亲属、人格与社会流动》，王芃、徐隆德译，第 94、105 页。

内容是家庭的续香火和家族的繁衍。喜洲镇共设十二个宗族祠堂，其中分别有同姓 Y 五个宗族的五个、同姓 ch 两族的两个和其他不同姓氏五族的五个等规模不等的祠堂。家中的神龛"与宗族祠堂的作用完全一样"，前者"用于存放五服以内的祖先的牌位（即同一曾曾祖父的后嗣）"，而后者"用来存放同一宗族内所有不在家庭神龛上的祖先的牌位"。然而，实际上其"界限并不是十分清楚"①。《祖荫下》用续香火和家族繁衍的两层内容来讨论了相当于《生育制度》（费孝通）等所说的社会继替或社会延续之问题。而《宗族、种姓与社团（俱乐部）》聚焦于依赖心理的比较考证，认为与美国人、印度人相比，中国人的生活态度和思想之不同体现在以下差异比较中（见图 3-2）。②

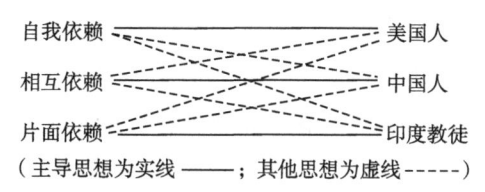

```
自我依赖 ————————————————— 美国人
相互依赖 ————————————————— 中国人
片面依赖 ————————————————— 印度教徒
（主导思想为实线 ———；其他思想为虚线 -----）
```

图 3-2　中、美、印三者的性格或心理比较
注：根据《宗族·种姓·社团》进行改制。

成年教育与祖先意愿——服从与竞争。根据《祖荫下》，有三点视角尤为重要：其一，在喜洲镇教育几乎是"完全承袭祖先的传统"。过去"即是今天的模式"，而"过去和今天是明天的样板"。孩子的早期教育一般都在家庭环境中完成，家庭的责任在"任何时候都仅只是按照祖先的愿望传宗接代"。教育的目的也包含三个培养的内容："谋生的能力""适应社会的能力"以及"适合传统习俗的人"。孝顺是"喜洲镇社会组织的基石"。家庭作为社会结构系统的基本单位，通过"同一屋檐下的分家"这一绝妙的方法，"来维系各个小家庭组成的一个大家庭"。③ 生者与死者之间的联系，经过宗教仪式来保持并有三个方面：一是要"了解死者灵魂的去向"，它们"生活的情况，以

---

① ［美］许烺光：《祖荫下——中国乡村的亲属、人格与社会流动》，王芃、徐隆德译，第 94、44、42 页。
② ［美］许烺光：《宗族·种姓·俱乐部》，薛刚译，第 12 页。
③ ［美］许烺光：《祖荫下——中国乡村的亲属、人格与社会流动》，王芃、徐隆德译，第 171、176—179 页。

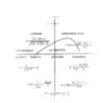

及死者再次投生的时间";二是"给死者的灵魂提供吃食,衣物和钱";三是"祈求死者履行他们生前承担的义务",掌握"婚姻和分家的决定权",充当"年轻人的监督者"。其二,回到家庭教育——从祖先意愿来看,同宅分家的作用在于不仅"使家庭符合大家庭的理想",而且在社会意义和传统习俗上"保持家庭的整体性"。分家后仍同住在一宅屋檐下,这种生活方式协调着家族或宗族之间此消彼长的浮动关系层面,并且还"缓和了祖先权威与个人奋斗之间的矛盾"。每一户人家"在社会习俗方面是一个独立的整体",但从经济意义来看"就分成了若干个更小的单位"或家庭。① 该书进一步认为,人们所做的一切是"为了增加宗族外表的浮饰",而同时"却漠视了宗族内部的团结一致"。就"安全阀"概念而言,用它来指"与文化模式基本方向相反",然而"能够作为这种文化模式的一部分"——次要习俗和情形。② 显然,以上部分视角与《家与社会结构》《永远的家》等③(麻国庆)指出"大家庭的分家是文化上保留整体,经济上出现分离"的看法颇为相似。

其三,"安全阀"即社会控制④可分三种模式,作用存在于父系权威的补充、性别疏远的边界,以及对形式风俗的辩解之中。第一种模式,出现在"同宅分家"这一父系权威的补充形式上。它不仅保留了大家庭理想的父权及完整性,而且"缓和了习俗上的夫妻关系"。第二种模式,反映在有关性别疏远的制约与边界之关系上:"男女授受不亲"这一文化模式强调的是拒绝婚姻之外的一切越轨行为之倾向,而"夫妻相依为命"则保留了这一倾向的抗衡。第三种模式,映射出的是"形式"习俗的一些重要性。关于"孝子"观念,一是父母面子上的"孝子"美誉;二是父母过世后,悔

---

① [美]许烺光:《祖荫下——中国乡村的亲属、人格与社会流动》,王芃、徐隆德译,第143、105、99页。

② [美]许烺光:《祖荫下——中国乡村的亲属、人格与社会流动》,王芃、徐隆德译,第112、211—212页。

③ 麻氏关于分家与大家庭的这种看法,受其《祖荫下》和日本人类学的一定影响和启发;详见麻国庆《家与中国社会结构》和《永远的家——传统惯性与社会结合》。

④ 关于"安全阀"即社会控制,详见[美]爱德华·罗斯《社会控制》,秦志勇、毛永政等译,华夏出版社1989年版;[美]L.科塞《社会冲突的功能》,孙立平等译,华夏出版社1989年版。

改的"孝子"美名。① 至此,《祖荫下》回应了《乡土中国》中有争议的论断,进而指出不能一概地以宗族占有土地—共同财产的比例大小来衡量宗族组织在地区分布的强弱程度;与此同时,质疑本尼迪克特和米德强调被文化环境塑造出来的某种心理倾向和潜力模式,认为这种文化——人格模式视角忽略了文化因素和心理因素之间可能出现的"矛盾和冲突"。

祖荫下的行为过程——贫富差距产生的因果关系。首先,《祖荫下》把喜洲文化看作一种融双维行动为一体的"差格"结构假设,指出其出现贫富差距的社会动因及过程源自因相同社会行为所形成的不同结果,即这一祖荫模型下的内在平行事实。在此,与其说解释祖荫模型及分支系统的出发点是"贫富间不同的社会行为",不如说是"由于经济条件和社会地位的不同",相同的"社会行为所产生的结果也就不同更恰当"。所谓社会行为是指"以祖先庇荫为中心内容的一切活动"。② 贫富现象之所以存在,不是因为贫富间抵牾不容的社会行为,而是因为经济条件和社会地位之"格差",这些造就了因相同社会行为产生的不同结果。

其次,作为喜洲文化之核心动力源,祖先庇荫"对人格产生着重要影响",但其依靠的是"权威和竞争"两个因素。第一个因素包括"父子同一的关系"和"大家庭的理想"这两个概念;而第二个因素关涉所追求的三个内容:"共同祖先的荣耀""宗族内某一支系的荣耀""祖先们最宠爱——最有才干的后代的社会地位"。据此,前者是保持祖先庇荫模型并加以强化的关系基础,后者是争取祖先庇护这一荣耀和地位的奋斗途径。即使是在喜洲文化环境中,祖荫模式作为一种教育的重要形式,其立足于以过去强化现在和未来的行动过程,着意要"把年轻一代人造就成他们祖先的模样"。这种教育使中国年轻的一代过早迈入成年人的行列或世界,实则比欧美青年还要早。正因如此,这不仅源自"几代人之间的同一和教育过程",而且不可避免地"造成富家子弟依旧富裕,穷人之后依然贫穷的结果"。③ 最后,除了权威的教育影响外,《祖荫下》也指出贫富的这些差别

---

① [美] 许烺光:《祖荫下——中国乡村的亲属、人格与社会流动》,王芃、徐隆德译,第212—215页。
② [美] 许烺光:《祖荫下——中国乡村的亲属、人格与社会流动》,王芃、徐隆德译,第7页。
③ [美] 许烺光:《祖荫下——中国乡村的亲属、人格与社会流动》,王芃、徐隆德译,第7页。

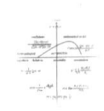

"在决定人格的第二个因素（竞争）上表现得最为充分"。因为，竞争是"与父权因素一脉相承"，并进而"扩大其影响的"。最明显的不同过程和结果是，穷人"仅仅为了生存而竞争"，而富人则"为了权利和名誉而竞争"。这两种竞争的差别，起因于不同经济条件和社会地位的"祖愿"教育，在各自行为表达或选择上渐行渐远，最终"把贫富两个阶级的年轻人造就成两种完全不同性格的人"或角色。从安全阀的意义上讲，比起作为祖荫模型的权威本身，竞争的"目的并非在消灭平等或分清优劣"，而是每一个人和家族都试图"取得一个更有利的地位"，其无疑落在"早已由传统决定的社会等级结构"这一优势选择上①。《祖荫下》由此断言，这种情况不限于喜洲文化这一范围，甚至在中国文化的整个环境中也是较为普遍和常见的。

然而，《祖荫下》以上论题并非以理屈词穷的形式告一段落或收尾，其延伸假设在《宗族·种姓·社团（俱乐部）》等转型中②得以更加详尽的解答，阐释风格更趋成熟，展现出淋漓尽致：中国人的处世观（a）可分为不可转换的亲族（属）团体和可转换的外部世界，其与印度人和美国人的处世观（b）（c）有着本质上的区别（表3-1所示）。

表3-1 中、印、美三者的处世观等比较

分类\内容	处世观	内部和外部世界	图示概括
中国	处世观（a）	1. 可转换的外部世界 2. 不可转换的（亲族团体）	可转换的外部世界 ［不可转换的（亲族团体）］

---

① ［美］许烺光：《祖荫下——中国乡村的亲属、人格与社会流动》，王芃、徐隆德译，第8、180页。
② ［美］许烺光：《宗族·种姓·俱乐部》，薛刚译，第254页。

第三章　人格假设（一）：中国人行为—心智结构

续表

分类\内容	处世观	内部和外部世界	图示概括
印度	处世观（b）	1. 最高阿特曼（不变的）无限的内部世界 2. 可转换的（种姓）可转换的（亲族团体）	
美国	处世观（c）	1. 二次不可转换的内部世界或社团 2. 自我 不可转换的	

　　至此，虽然《祖荫下》对贫富区别的论断与《经济与社会》（韦伯）① 以声望、财富和权力（社会、经济和政治）为标尺的分层说② 颇为相似，但不同的是，其祖荫式的社会行为（服从、竞争）至少蕴含了由经济条件和社会地位之"格差"条件出发的行动形式及趋同结构。正如《社会学理论的结构》（J. H. Turner）所言，社会分层的流动程度即获得"权力、声望与财富的机会"，成为"产生不满与紧张进而造成人们倾向于冲突的重要变量"；诚然，包括韦伯在内的多数者却并不认为"流动率的下降总是与不平等相

---

① 格伦斯基等所说关于报酬等级（声望、财富、权力），详见［德］马克斯·韦伯《经济与社会》（上下卷），林荣远译，商务印书馆1997年版；［美］格伦斯基《社会分层》，王俊等译，华夏出版社2006年版，第11、14—16页；［美］休斯、［美］克雷勒《社会学导论》，周杨、邱文平译，上海社会科学院出版社2011年版，第171页。
② ［美］科塔克（Kottak, C. P.）：《人性之窗——简明人类学概论》，范可等译，上海人民出版社2014年版，第290页；［美］科塔克：《简明文化人类学——人类之镜》，熊茜超等译，上海社会科学院出版社2011年版，第155页；［美］戴维·波普诺：《社会学》，李强等译，中国人民大学出版社1999年版，第238—247页；另见［美］戴维·波普诺：《社会学》（上下册），刘云德、王戈译，辽宁人民出版社1987年版。

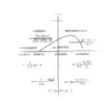

伴生"。① 相较而言，《经济与社会》说的社会行动是个体间产生交往的过程性产物，而《祖荫下》说的社会行为则是祖荫观念定势下产生的个体行为之抽象概括。此外，《社会资本》（林南）等②引入格兰诺维特（Mark Granovetter）的强弱关系论③，进而从经济行为的角度丰富了《经济与社会》的分层说和《祖荫下》的个性（人格）地位结构说的相关论题。

在《祖荫下》的修订版中，开始增加或引入了从大家庭、宗族到国家的理想领域构设和社会心理学的人格结构分析（林顿等），同时也出现了走向"社会心理平衡"（PSH）假说——"人类关系的基本理论"的初步转型：从结构（关系）—角色到内涵（属性）—自觉感情，即源于"人性常数"的社会中心模型。对此，《中国学派》等④认为《祖荫下》以祖先崇拜或权威为切入点，把这种祖先"影响"纳入并改造到家庭系统和亲属体系中来，对由此衍生出的"服从"或"竞争"，乃至传宗接代的制度安排等进行了心理人类学之探索。尽管如此，以上《中国学派》等的评述也有不全面之处，甚至难免有失偏颇。

三 国家：人格、文化与地位效应

《祖荫下》最初（修订前）"并没有假定喜洲文化与中国其他地区的文化相同"。但修订版则认为，在中国上海、北京、太原等相关大城市及一些边疆地区，其个性（人格）结构"也大多表现出和喜洲镇相似的特征"。因为，父子关系发生了巨大的变化：绝对服从权威被弱化，倾向于"合作和亲密的一种关系了"；两性关系的变化"给父子同一关系增添了新的内容"。⑤ 与此同时，该书还基于"社会行为"的人格（个性）结构分析法，沿着卡迪纳

---

① ［美］乔纳森·H. 特纳：《社会学理论的结构》，邱泽奇、张茂元译，第128页。
② ［美］林南（Lin, N.）：《社会资本——关于社会结构与行动的理论》（下文简称《社会资本》），张磊译，上海人民出版社2005年版。
③ 参见［美］马克·格兰诺维特《镶嵌——社会网与经济行动》，罗家德译，社会科学文献出版社2007年版等。
④ 李培林：《20世纪上半叶社会学的"中国学派"》（下文简称《中国学派》），《社会科学战线》2008年第12期，第206页。
⑤ ［美］许烺光：《祖荫下——中国乡村的亲属、人格与社会流动》，王芃、徐隆德译，第243、250页。

（或卡丁纳）、林顿等①倡导的社会心理路径加以深化和完善，并把父子主轴（同一）——大家庭理想和基本人格或地位人格之结构的两组话题统一起来进行了讨论。

文化人格与人类学视角。《祖荫下》对基本或地位人格的结构假设，带有亲属主轴结构——文化或人伦决定论的色彩，但与博阿斯、克罗伯、萨丕尔、本尼迪克特、米德等人类学心理研究之原本传统相比，两者至少在研究方法上既有区别又有联系。随着文化—人格相互作用的新理论视角（卡迪纳和林顿）之出现，C. 克拉克洪、莫勒（莫瑞尔）等也强调遗传和文化如何影响个体的人格形成是个复杂的过程：遗传对因生物系统引起的人格（个性或性格）层面产生直接影响，文化对因后天习得的人格塑形产生较大的影响。也就是说，《祖荫下》借用有关基本·地位人格或个性的两种结构模型，围绕文化对个体的个性或人格形成起什么作用而展开了讨论：基本人格指"某种文化群体的共同特征"；地位人格指"某种文化中一部分人的个性特征"。② 由此断言，个性或人格的形成"不仅仅是早期教育的结果"，而是"在社会文化及其习俗中不断发展、不断融合的产物"。因此，该书重点"探讨中国文化对个性形成的影响"，而"不涉及个性对文化的作用"。③ 从行动逻辑和思维方式的对应关系（图3-3）看，中国人、美国人、印度人的生活态度和思想之不同形成在以下差异比较中：中国人以相互依赖为中心，其有别于美国人、印度教徒以自我依赖和片面依赖为中心的两种情况。④

---

① 1937年，心理学家卡迪纳（Abram Kardiner）和人类学家林顿（Ralph Linton）开始合作，对弗洛伊德的本能决定论进行修正，提出了文化—人格相互作用的新理论，并强调了文化因素尤其是社会制度的初级范畴对人格形成的决定作用——基于土著文化与初级群体的人格结构之间的关系。卡迪纳的著作主要有《个人及其社会——原始社会组织的心理机制》（1939），《社会的心理疆界》（与林顿、杜波依斯等合著，1945）等。

② 关于《个性（人格）的文化背景》（林顿，1945）对基本·地位个性的结构讨论，转引自［美］许烺光《祖荫下——中国乡村的亲属、人格与社会流动》，王芃、徐隆德译，第223页。另见克拉克洪（Clyde Kluckhohn）、莫勒（莫瑞尔，O. H. Mowrer）:《文化和个性——一个理性问题》，《美国人类学家》1944年（Vol. 46），第1—29页。

③ ［美］许烺光：《祖荫下——中国乡村的亲属、人格与社会流动》，王芃、徐隆德译，第13、12页。

④ ［美］许烺光：《宗族·种姓·俱乐部》，薛刚译，第12页。

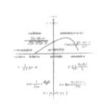

思想	美国人	中国人	印度教徒	主导
	自我依赖	相互依赖	片面依赖	
	相互依赖	自我依赖	相互依赖	
	片面依赖	片面依赖	自我依赖	
思想				其他

图3-3　行动逻辑和思维方式的对应关系

注：根据《宗族·种姓·社团（俱乐部）》改制。

源于父子同一的身份表达和行动纲目：对父权的绝对服从和同级之间的竞争。在喜洲镇，作为祖先的庇荫模式，父权制的家族传统对个体（主要是男性）人格的塑造有着绝对的优势。首先，基本个性（人格）结构包含对父权的绝对服从和同级之间的竞争等行动纲目，其往往表现出谦逊、过度和缺乏创新能力等。这些特征被基本个性结构所规定着，在喜洲多以男性为中心而引人注目。① 基本个性结构类型产生并"适用于贫富分层"的秩序自然化及分类领域，表示赋予其两者行动和角色（地位）特定含义的差异和关联。因为，包括富人这类身居高位者"总是更多地服从于权威"，而穷人即境况不佳者"总是在权威限定的范围内表现出更大的竞争动力"。然而，在人格或"个性的形成过程中，祖先的权威是首要的因素"。作为行动的基本纲目，权威和竞争预示塑造个体性格（个性或人格）的差异化方向，为其地位个性（人格）结构的赖以赓续奠定了基础。其次，地位个性（人格）结构关涉男女性别和贫富层类等个性化或人格化差异，后者更为普遍，即"辈分或者年龄等级的中心是父子关系"。事实上，地位"个性结构的差异"就是"性别等级和贫富等级"的更具体化表达。在喜洲，男女所表现的个性结构大致相同，但是女性"必须服从于更多形式的权威"。② 地位个性（人格）结构的差

---

① ［美］许烺光：《祖荫下——中国乡村的亲属、人格与社会流动》，王芃、徐隆德译，第228—232页。

② ［美］许烺光：《祖荫下——中国乡村的亲属、人格与社会流动》，王芃、徐隆德译，第241、225、232、233、235页。关于角色—地位，有角色地位中程理论、符号互动论、身份或认同表达论等。符号互动的前提源自社会文化的象征符号特性；被翻译为"同一性"（identity, sameness, oneness），尤其是identity既可以译作"身份"，又可以译作"认同"。

异是因辈分、年龄、性别和地位的不同而产生的；所形成的六组等级分别是：长辈和晚辈、男性与女性、老人与年轻人、富人与穷人、大官与小官，以及官家学者与普通百姓文盲之间。① 最后，喜洲文化中的基本个性结构和地位个性结构创建在穷人阶层的公平竞争、富人阶层的绝对服从（或权威）这对选择维度之上，但它们之间并没有不可逾越的绝对界限或鸿沟。具体地看，富裕阶层遵从权威大于竞争的个性或人格结构，贫穷阶层追求权威小于竞争的个性或人格结构。正是由于以上两种地位个性或人格结构的差异化过程，它们在行动或身份表达上表现出：贫穷阶层的个性特征"倾向于谦恭"，"小心翼翼、明白事理、节俭、现实、勤劳、诚实"；富裕阶层"倾向于虚荣"，"没有同情心、放荡、不现实、奢侈、无忧愁、虚伪"。②

个性或人格属于个体基质层面，而个性或人格结构则属于一群人的共同特性范畴。按照《祖荫下》理解，基本个性结构倾向于某种文化共有的特征方面，地位个性结构偏重于有一定社会地位的部分人士所具备的特征方面。③ 支配地位者和被支配地位者之间，"个性结构的差异在本质上更明显"。之所以存在这些差异，其与整个家庭和社会组织所拟制出的关系延伸有关。所以说，了解这些差异的根本在于"贫富群体的教育目的和方法"。在谋生教育方面，富人生活以"优越感和支配权"为共同特征，而这一点"在穷人的生活中极为少见"。富人在经济和保障上无须忧虑，生活目的在于"获得更大的权力、权威和祖宗荣耀"；而穷人的生活则以"生存能力保障和经济"为基本方向。④

国民性格、宗族兴衰和王朝更替。 A. 欧文·哈罗威尔（A. Irving Hallowell）认为，《祖荫下》并不完全依靠"心理学理论方法"，而"根据实地调查写成的"；如果该书能够"将罗沙赫（罗夏墨迹）测试统计法应用于具体分析"中去，那么也许能够达到"更深一层、更加确定的结论效果"。⑤

---

① ［美］许烺光：《祖荫下——中国乡村的亲属、人格与社会流动》，王芃、徐隆德译，第232页。
② ［美］许烺光：《祖荫下——中国乡村的亲属、人格与社会流动》，王芃、徐隆德译，第238页。
③ ［美］许烺光：《祖荫下——中国乡村的亲属、人格与社会流动》，王芃、徐隆德译，第9页。
④ ［美］许烺光：《祖荫下——中国乡村的亲属、人格与社会流动》，王芃、徐隆德译，第235、236页。
⑤ 转引自［美］许烺光《祖荫下——中国乡村的亲属、人格与社会流动》，王芃、徐隆德译，第251页。另见 A. 欧文·哈罗威尔：《性格与文化学的方法》，《美国人类学家》1945年第47卷（4—6月），第195—210页。

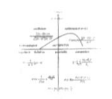

在《祖荫下》的修订版（1967）中，作者提出了试图通过对喜洲镇的经验研究建立起的一个构想，即"将整个中国的朝代兴衰与中国家庭、亲属、宗教和个性形成的规律联系起来"。由此可得出：一方面，"相互关联的一系列原因"汇集成某些"变量或变数"，正是它们"周期性地削弱了富裕人家子弟的能力和追求成功的动力"。另一方面，他们和他们的儿子"将无法达到他们祖先的愿望"，从而不可避免地"给贫穷的孩子造成了进取的机会"。在此，亲属系统看上去以"保护其后代社会地位而不断延续家族"为己任，但它"在其内部创造了有利于对方（富人对穷人）的作用"，甚至引发了"传统中国社会惊人的变化"。[①]归根结底，国民性格之形成以宗族兴衰或阶层性格之塑造为前提，贫富两个阶层各自形成截然不同的情况：穷者追求松散权威而趋于竞争人格和富者服从绝对权威而趋于软弱人格。

《祖荫下》认为，除了以上贫富阶层的行动或能力差异外，宗族兴衰、王朝更替现象的根本原因在于第三个容易被忽视的内生因素——个性结构缺陷，乃是国民性格形成的内在性条件。换句话说，王朝缔造者或初代帝王的性格特征以"智慧超群、英明果断"等为主，而末代的帝王或君主性格特征则以"昏庸无能、懦弱无刚"居多。正因如此，懦弱型的性格决定其家业和朝代的衰败；而智慧型或能力型的性格则成就了家业和朝代的繁盛。在经济条件层面上，富人子弟多骄纵怠惰，因父子同一造成代际衰落；而穷人后裔则发愤图强，跻攀龙门，甚至通过竞争越层而登高。这些个性差异是"家族周期性兴衰的原因"；同样，至少也是"朝代周期性兴衰的部分原因"。社会学者一般认为，朝代兴衰有两个因素："官僚阶层的寄生蔓延和人口过剩"[②]。在人格结构的双向选择中，该书强调微观动力学的理论假设，认为这造就了中国社会长期保持着的平衡和流动。《祖荫下》还断言：喜洲镇"是如此一个社会"，以至于每一个人的"幸福完全取决于他的亲属结构"。对于那些生活在"庇荫边缘的人"，社会压力"对他们几乎毫无帮助"。因此，在庇荫边缘的人，其命运"完全依赖人性"。当自我"利

---

① ［美］许烺光：《祖荫下——中国乡村的亲属、人格与社会流动》，王芃、徐隆德译，第253、250页。
② ［美］许烺光：《祖荫下——中国乡村的亲属、人格与社会流动》，王芃、徐隆德译，第241页。

益不受社会约束时",人性通常"表现为暴躁、偏见和自私"。① 譬如,喜洲这一微型社会的文化基因就是父子同一的关系模式,即儿子对祖先或父亲权威的顺从。因为,"祖先荫庇"本质上是一种对祖先威望、荣誉、权威的沿袭和模仿。

《祖荫下》还通过对中国"家庭和亲属结构内部造成社会变动的因素"的深入了解,试图说明了"外界的变化怎样巨大地破坏了内部因素的作用",以及"可能产生的后果"。但必须明白这一点,一次比一次激烈的变革运动"只能对家庭和亲属结构产生更大的影响",从而可能彻底地动摇"根深蒂固的父子同一关系"。② 在此,《祖荫下》对社会兴衰论的解释主旨并不满足于社会—经济学的相关假说(口过剩说和阶层循环说等),进而另辟蹊径地提出了人格结构(基本—地位)的强式决定说。尽管父子关系在"形式上相同",但经济条件的差别"把贫富两个阶级的年轻人造就成为两种完全不同性格的人":富者"完全依赖父辈",听命于"传统的父权";穷者"独立性较强",不甘受"传统父权的摆布"。③ 这就表明,人格或性格特征是家族兴衰不可忽视的内在因素,懦弱的性格常常与家业衰败相关联,而力量常常是兴旺之家庭成员的象征。

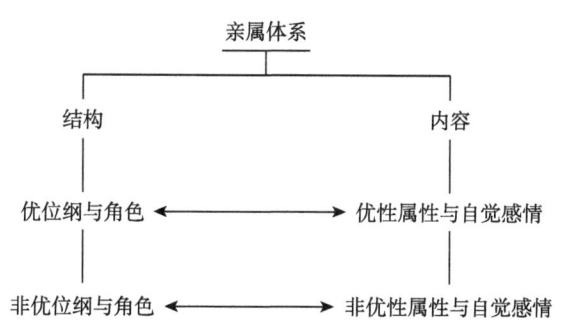

```
                    亲属体系
                   ┌────┴────┐
                  结构        内容
                   │           │
              优位纲与角色 ←→ 优性属性与自觉感情
                   │           │
             非优位纲与角色 ←→ 非优性属性与自觉感情
```

图 3-4 亲属体系的构成部分和关系之网④

注:来自《家元》原所制。

---

① [美] 许烺光:《祖荫下——中国乡村的亲属、人格与社会流动》,王芃、徐隆德译,第221页。
② [美] 许烺光:《祖荫下——中国乡村的亲属、人格与社会流动》,王芃、徐隆德译,第267、267—268页。
③ 李培林:《20世纪上半叶社会学的"中国学派"》,《社会科学战线》2008年第12期,第207页。
④ [美] 许烺光:《家元——日本的真髓》,于嘉云译,第85页。

对于《祖荫下》而言，小到家庭内部其他关系、宗族及亲属结构，大到社会组织、国家模式的基本构型，均建立在这种父子关系和延伸模型之基础上。从以上图3-4即亲属体系的构成关系情况看，与《祖荫下》源于父子同一+服从权威（含竞争）的伞形结构模型相比，直至《家元》开始从亲属体系的整体性出发，进而把纲—结构的优位·非优位关系（含角色）和属性—内容的优位·非优位属性即自觉感情的两个系统看作统合起来的整体模型。

四 心理：人格、层次和相关延续

继《祖荫下》和《文化人类学新论》（1969）等之后，《家元》（1975）、《心理人类学》（1983）和《驱逐捣蛋者》（1984）① 等标志着许氏工作已进入成熟期，其中前三者成为这一时期最重要的亲属体系论范例，尤其是《回忆录》② 所提倡"人类关系的基本理论"以角色与感情、社会心理和谐——人性常数为核心内容或基本骨架。

从《祖荫下》到《家元》等所涉领域，包括以下两点：一端是由亲子等八个纲和其他形式扩展而来的"初级亲属组织"；另一端是"部落或国家疆界之间的次级集团"。就人际关系的本质含义而言，第一个网络是"亲子的三位体（Triad）"，而最终网络则是"部落或国家的疆界（语言、风俗、法律之分）"。③《回忆录》所说的"人类关系的基本理论"，建立在有关结构、内涵的亲属体系论和关于角色、感情的PSH理论这两大系统之上。前者指从《祖荫下》到《家元》《文化人类学新论》《心理人类学》提出侧重于纲—结构（含属性—内涵）的亲属体系·优势假说，后者则指《美国人与中国人》《宗族、种姓与社团（俱乐部）》《家元》《驱逐捣蛋者》《回忆录》所见偏重于角色、感情的社会心理平衡（PSH）理论。

宗族、种姓、社团与家元——中·印·美和日本之间的比较标尺。在

---

① ［美］许烺光：《驱逐捣蛋者——魔法、科学与文化》（下文简称《驱逐捣蛋者》），王芃、徐隆德、余伯泉译，南天书局1997年版。另见问世于1984年的英文初版，*Expelling the Trouble Marks-Magic, Science, and Culture*。

② ［美］许烺光：《边缘人——许烺光回忆录》，许烺光口述，徐隆德访问记录，南天书局1997年版。

③ 《序》，载许烺光《家元——日本的真髓》，于嘉云译，第xvi页。

第三章 人格假设（一）：中国人行为—心智结构

《祖荫下》之后，《美国人与中国人》《宗族、种姓与社团》和《家元》等从宗族、种姓、社团与家元等出发，循着文明类型或文化模式的根本性差异进行比较，并逐渐发展为有关纲—结构（含属性—内涵）的亲属体系·优势假说。《美国人与中国人》把个人中心主义和情境中心主义看作美国人和中国人的基本生活方式，借助细而周密的推理剖析了两者在文化心理上的本质差异——形成个体主义和集体主义的两类社会心理、价值取向及内·外环境反应。① 美国社会以夫妻关系为主轴，而中国社会则以父子关系为主轴，这些也体现在各自形成的亲属关系根基和儿童·成人教育模式之上。父子主轴或伦轴的关系以连续性（Continuity）、包容性（Inclusiveness）、权威性（Authority）和非性性（Asexuality）为特征；而夫妻主轴或伦轴的关系则以非连续性（Discontinuity）、独占性或排他性（Exclusiveness）、择选性或自愿性（Volition）和有性性（Sexuality）为特征。② 因此，这种比较分析法以从《祖荫下》到《美国人与中国人》的视角转型为起点，直至《宗族、种姓与社团》和《家元》等已成为始终贯穿其中的最重要的方法或视角基础。

《宗族、种姓与社团》的基本假设是，印度的种姓社会以超自然中心和片面依赖为特征，中国的宗族社会与美国的社团社会则分别以情境中心—相互依赖、个人中心—自我依赖为特征。这种有关"等级格局"或"团体格局"的比较视角，为后期社会资本和地位网络研究之新方向打下了制度—心理结构探索的根基。③《家元》也进一步指出，作为日本最独特的类次级（初级和次级之间）集团，家元相当于种姓（印度）、宗族（中国）和社团（美国）。④ 这些"类次级"集团作为典型组织形式的文化或文明案例，它们无疑均"植根于亲属关系中的某特定类型的纲优位（Dyadic Dominance）"：家元以父子优位—母子亚位为特征，宗族以父子优位为关联基础；而种姓侧重于

---

① [美]许烺光：《美国人与中国人——两种生活方式比较》，彭凯平、刘文静等译，第 12—13 页。
② [美]许烺光：《彻底个人主义的省思——心理人类学论文集》，许木柱译，第 272 页。
③ [美]许烺光：《宗族·种姓·俱乐部》，薛刚译，第 1—12 页。
④ 《家元》通常把宗族（中国）、种姓（印度）、社团或俱乐部（美国）和家元（日本）当作同一层级的次级团体来看待，但就从传统社会和现代社会的根本区别看，家元、宗族、社团和家元更像是指初级组织（传统）和次级组织（现代）之间的类次级集团或组织。

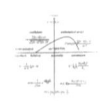

母子优位之关联，社团（俱乐部）偏重于夫妻优位之关联。① 事实上，上述比较论情形与源于差序格局、团体格局的中西差异假设基本相似，但两者对问题的出发点和解释视角有所不同。

有关纲—结构、属性—内涵——亲属体系·优势假说之形成。《文化人类学新论》《心理人类学》等认为，传统人类学的亲属研究只关注小群体型的亲属称谓关系与社会结构，忽视了亲属系统背后隐藏着的人格或个性结构差异。许氏把"二人关系"（主轴，Dyad）看作"优势"关系或属性（Dominant Dyad 或 Attribute）及个性结构的关键，这种优势关系和属性决定了该亲属系统中的成员交往模式及行动反应。因此，他的人类学研究始于亲属纲常（Kinship Dyad）的祖荫模式探索，并经过有关科学、巫术与文化的心智模式之综合思索，进而开启了以优位或优势亲属纲（Dominant Kinship Dyad）假说为中心的心理人类学（Psychological Anthropology）之新路径。

《家元》立足于亲属制度和心理需求之比较观察，视"家元"（Iemoto）这一模式为日本家庭的拟制结构和企业组织原则的基础，将其置于由日至中·印·美文明类型的广泛比较中而进行了细致入微的解析。首先，与中国的家族或宗族是"扩大了的父系亲属集团"相比，日本的父子关系（单嗣或一子继承，乃至家元这一拟制模式）仍处于占优势的核心地位，并以"法人团体"的形式联结本家和分家的松散关系，但母子关系作为亲属关系结构中的"亚（或次）优势"（Sub-dominance）或类强势地位一环而存在。其次，与中国大家庭理想和同宅分家不同，日本的家庭只允许"一个儿子或长子继承祖辈财产"，其余兄弟自然会变成"分家式的同族（Dozoku）"分支，两者之间形成"上下级的亲属关系"。长子继承制（独子继承制）意味着强化长子权威和次子等自愿加入的双重关系，其对家元结构乃至企业组织中的场域认同和晋升途径有着重要的影响。最后，作为家和国家之间的类次级组织范畴，家元这种模式使得"日本的人际关系趋于稳定"，顺应了"现代工业与民族主义发展的文化心理之需要"。② 值得一提的是，从《祖荫下》到《心理人类学》等，尤其是《家元》《回忆录》对亲属体系的

---

① 《序》，载［美］许烺光《家元——日本的真髓》，于嘉云译，第 xvi 页。
② 《序》，载［美］许烺光《家元——日本的真髓》，于嘉云译，第 xvii、xix 页。

结构系统和社会—心理平衡这一属性或内涵系统进行统合,进而形成关于纲(结构)—角色、属性(内涵或内容)—自觉感情的"人类关系的基本理论"(见图3-5)。①

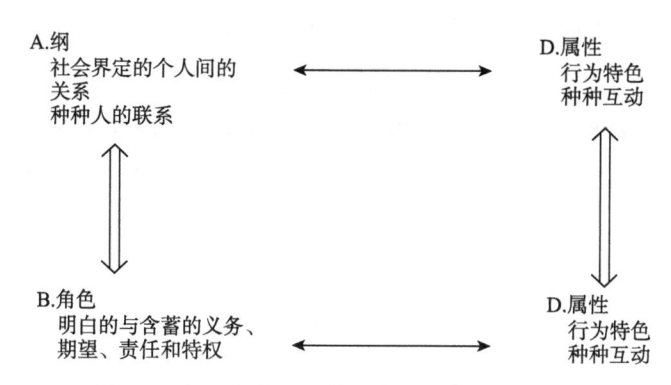

```
A.纲                           D.属性
社会界定的个人间的              行为特色
关系                           种种互动
种种人的联系
  ↕                              ↕
B.角色                          D.属性
明白的与含蓄的义务、            行为特色
期望、责任和特权                种种互动
```

图 3-5 纲—角色、属性—自觉感情的对应关系
注：《家元》所制的原样式。

就亲属优位纲或关系假设来看，这个假说有八个基本概念：一边"从纲和角色开始"，另一边"则为属性和自觉感情"。在每个核心家庭中，至少"有八个基本的人伦之纲（Dyad）"：父亲—子和女、母亲—子和女、夫—妻、兄弟—兄弟、姊妹—姊妹、姊妹—兄弟。角色（Role），指"每个环节关联之明的或暗的义务、责任、期待与特权"。而属性（Attribute）指"每个纲固有之逻辑的或典型的行为方式"，相当于施耐德（史乃德，D. M. Schneider）所说的"常数"（Constants）。② 因此，自觉感情（Affect）实指"行为特点基底的感觉和态度"，它们决定着"互动的强度和密度"。同理，自觉感情或内容（内涵）指所有属性—行为方式之总合，而角色或结构则指所有纲—关系或人伦轴之总合。③

《家元》又特别强调，内涵或内容是指"朝优势属性方向聚集所有属性的总合"，而且所有关系的总合就"相当于整个角色体系的结构"，因为这是"在一个或多个优势关系影响下形成的"。④ 可以说，《文化人类学新论》《心

---

① [美]许烺光：《家元——日本的真髓》，于嘉云译，第79页。
② [美]许烺光：《家元——日本的真髓》，于嘉云译，第76—78页。
③ [美]许烺光：《家元——日本的真髓》，于嘉云译，第78、84页。
④ [美]许烺光：《彻底个人主义的省思——心理人类学论文集》，许木柱译，第270页。

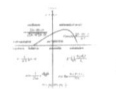

理人类学》等一道推进由关系至行为方式的转型论证，尤其是《家元》从父子同一的主轴学说—八个关系根基出发，将其拓展为角色（纲—结构）和自觉感情（属性—内容或内涵）的亲属体系及对应性整体，进而形成从亲属优势或优位假说到 PSH（行为方式）理论的统合模型，认为有关个体行为、人格结构无不形成于社会文化的环境关系中。

人类关系的基本理论之正式提出：从亲属结构—内涵系统·优势假说到偏重于角色、感情—社会心理平衡（PSH）假说的"人性基本理论"。正如《回忆录》所言，英美的人类学者永远在"叔父、母系、父系亲属间的差异下功夫"，而许氏自己却侧重于"人类关系的基本理论"——"人类的基本层面"之探索，去发掘"人类不同文化间的差别"，以及"人类与其他动物间的差别"。①

《家元》以角色和自觉感情之间的理式联系为论域搭建，开始转向于"人类关系的基本理论"的相关探索。之后，《心理人类学》以彻底的个人主义（Rugged Individualism）为切入点，批评并反思了其对美国社会乃至世界文明可能产生的消极影响一面。从《心理人类学》到《驱逐捣蛋者》《回忆录》，它们无疑均提倡角色·感情二元分析——社会心理和谐或均衡（Psychosocial Homeostasis）假说，认为亲属体系包括角色（纲—结构）和感情（属性—内涵）的两个范畴：角色指实用性，而感情指个人感受。② 该假说更多倾心于情感维度的比较探索，把相对稳定的人格（个性或性格）部分看作一种人性的常数（基本或基础人际状态，Human Constant）。

《回忆录》更明确地强调，真正的"人际关系"有别于任何角色或感情的单一视角，原因是：包括"感情（个人感受）因素在内"的情形，可称为"人际关系"；若只有"角色（实用性）的关系"，就不能"称为人际关系"。也就是说，比起因角色建立的关系，因感情自身产生的行为关联更为完整或重要。例如，角色"在复杂的工业社会中变得又多又繁之际"，感情"却不变"。现代人"与活在数千年前的祖先仍拥有相同的感觉"，其涵盖"爱、恨、愤怒、失望、忍耐、希望、焦虑、忠心、欺骗，等等"。实际上，角色和感情并不"完全

---

① ［美］许烺光：《边缘人——许烺光回忆录》，许烺光口述，徐隆德访问记录，第 56 页。
② ［美］许烺光：《驱逐捣蛋者——魔法、科学与文化》，王芃、徐隆德译，第 142 页。另见［美］许烺光《边缘人——许烺光回忆录》，许烺光口述，徐隆德访问记录，第 56 页。

第三章 人格假设（一）：中国人行为—心智结构

互相排斥"。① 与纯粹个人主义和人性关系主义（角色或主体）的假设不同，这种人性常数的形成规程就等同于社会—心理得以和谐的平衡化过程。同理，上述多层次的心理阐释视角也体现在"社会—心理理论图"（Psychosociogram）所表达的意识—个体—世界的关联中，其人性常数或基本人际状态（Human Constant）与以③④层为中心和包括②⑤层一部分的领域相对应，人格区域（弗洛伊德学派式的）与包括④⑤层一部分和⑥⑦层在内的领域相符。②

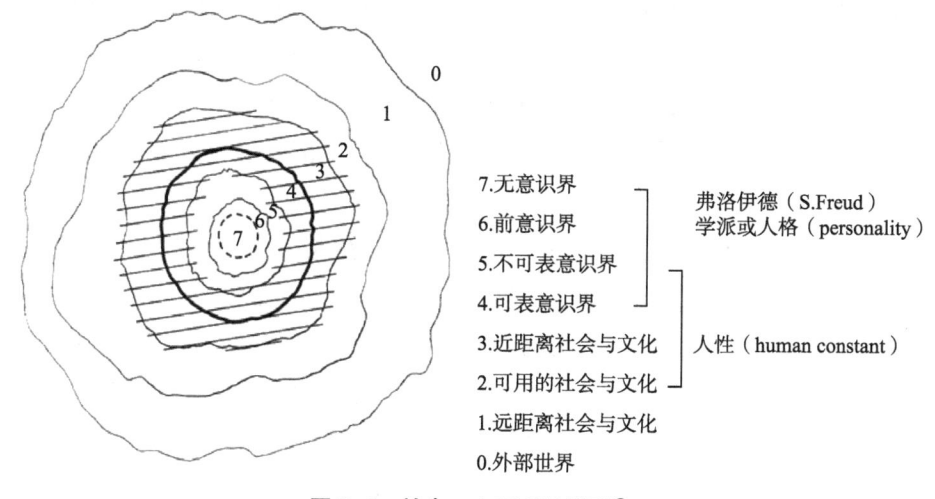

7. 无意识界 ⎫
6. 前意识界 ⎬ 弗洛伊德（S.Freud）学派或人格（personality）
5. 不可表意识界 ⎭
4. 可表意识界 ⎫
3. 近距离社会与文化 ⎬ 人性（human constant）
2. 可用的社会与文化 ⎭
1. 远距离社会与文化
0. 外部世界

图 3-6　社会—心理理论模型③
注：根据《家元》等原所制。

根据以上心智或心理结构图示（图3-6），角色与"近距离的社会或文化"（第三层）发生关联，感情与"可表意识界"（第四层）相互对应。其中，第四层的"圆圈比其他圆圈要厚"，那是"因这一个圆圈代表传统中人的人格界限"。无论"人格的组成、调节、改变、表现等"，还是"基本或人格模式"，其实均以第三层和第四层之间的这一交叉部分为底色。这一圈也就是"弗洛伊德所说的自我的外围"，而且社会或文化的"认知及道德价

---

① ［美］许烺光：《边缘人——许烺光回忆录》，许烺光口述，徐隆德访问记录，第59—61页。
② ［美］许烺光：《家元——日本的真髓》，于嘉云译，第123—125页；［美］许烺光：《边缘人——许烺光回忆录》，许烺光口述，徐隆德访问记录，第61—69页。别见津城寛文『日本の深層文化と宗教』，國學院大學博士論文，2000年，第129—130页。
③ ［美］许烺光：《家元——日本的真髓》，于嘉云译，第124页。另见许烺光：《边缘人——许烺光回忆录》，许烺光口述，徐隆德访问记录，第62页。

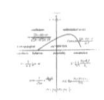

值发生在这一层"。在不变的人性常数中,所形成或获得的心理平衡这一满足过程或状态,便指接近社会—心理平衡(或和谐)的表达范围。① 归根结底,作为人际关系的基本理论,社会—心理平衡或角色·感情假说不是从西方式的"个人中心"模式出发的,而是基于"社会中心"模型而形成的。②

《回忆录》指出,马林诺夫斯基有系统的民族志工作,他"将土著生活作息与他们的物资环境数据搜集起来";不过马氏"缺乏与相处对象建立起正人际关系"——不管"是或与特罗布里恩人"。③ 正如《驱逐捣蛋者》所言,马林诺夫斯基等也将人类思维模式分为"理性"与"迷信"(非理性)的两类,其建立在"文明"——科学知识和"原始"——宗教魔法的简单等式推论上。事实上,这与弗雷泽、涂尔干等提出巫术是伪科学的或前逻辑的等论断颇为相似。该书还进一步指出"观察某一文化背景中人们的思维模式和文化方式",就会容易发现"宗教魔法与真正的知识二者不仅是交织在一起",而且"在人们的头脑中也没有明确的分界线";人们"同时采用宗教魔法与科学知识的现象",这并不是"因为他们缺乏理性(Rationality)",而是因为人们"行为受到其所处的社会组织和文化模式中形成的信仰之影响"。④ 从这一点看,《驱逐捣蛋者》对理性和非理性的同时存在性予以关注,其与列维-斯特劳斯等强调的文化相对主义做法十分接近。同理,《心理人类学》也认为,马氏发现了"人的基本需求:食物与性",但他"从未走出这两个基础范围",尤其是对人类行为的观察"也就停留在食物与性这对生物学层面"。与此相比,本尼迪克特和米德等"过于强调社会或文化的整体特征",而忽略了"人群及个体的差异"。之后,林顿、卡迪纳和杜波依斯(Cora Dubois)等对本尼迪克特和米德的相关工作予以修正,试图创立社会心理——人格测验的心理学方法。⑤

综上所言,与《祖荫下》(初版)对喜洲文化的伞形—阶序架构假设相

---

① [美]许烺光:《边缘人——许烺光回忆录》,许烺光口述,徐隆德访问记录,第60、67—69页。
② [美]许烺光:《彻底个人主义的省思——心理人类学论文集》,许木柱译,第243页。
③ [美]许烺光:《边缘人——许烺光回忆录》,许烺光口述,徐隆德访问记录,第59页。
④ [美]许烺光:《驱逐捣蛋者——魔法、科学与文化》,王芃、徐隆德、余伯泉译,第8页。
⑤ [美]许烺光:《彻底个人主义的省思——心理人类学论文集》,许木柱译,第183、184页。

比，修订版则开始更加注重社会心理学的人格结构分析（林顿等），进而试图论证了从大家庭到国家的理想领域之合理化假设。进入《家元》等较后期工作，其才开始对结构或关系—角色和内涵或属性—自觉感情之间的转化论题予以关注，指出其整体结构是以内涵（所有属性的总合）—结构（所有关系的总合）为架构底本的：结构—角色包括优势关系和非优势关系；内容—自觉感情包含优势属性和非优势属性。之后，直至《心理人类学》和《回忆录》等基本完成了从亲属结构—内涵系统·优势假说到偏重于角色、感情—心理社会平衡（PSH）假说的"人性基本理论"的整体对接和转型工作。

第二节　文化语法——"三层次均衡和谐"结构

在《文化与行为》（1966）[①]、《文化的图像》（1992）[②] 等之后，《人类的视野》（1996）[③]、《文化与修养》（1996）[④] 等标志着作者文化结构（表—深双层）论探索步入成熟阶段的最具代表性成就，其以物质或科技文化、社群或伦理文化和精神或表达文化（不可观察的文化，Unobservable Culture）为考察对象，旨在统合以上三大表层现象等大小传统背后的深层法则和基础语法（可观察的文化，Observable Culture）领域。[⑤] 相较而言，作为《人类的视野》和《文化与修养》的前身，《文化与行为》《文化的图像》（上下册）等试图用行为和图像概念的关系假设来对中国传统文化构成的物质、伦理和精神三层及诸要素加以把握，通篇贯穿其宗教伦理、家庭组织、社会制度、仪式行为等核心内容，初步彰显出了其文化语法（行动）—结构阐释的宏观思考和独特洞察力。

[①] 李亦园：《文化与行为》，台湾商务印书馆1992年版；另见李亦园《信仰与文化》，Airiti Press Inc. 2010。

[②] 李亦园：《文化的图像》（上下册），允晨文化出版公司1992年版。参见李亦园《田野图像——我的人类学研究生涯》，山东画报出版社1999年版。

[③] 李亦园：《人类的视野》，上海文艺出版社1996年版。另见李亦园等《中国人的性格》，中国人民大学出版社2012年版。

[④] 李亦园：《文化与修养》，九州出版社2013年版。另见李亦园《文化与修养》，广西师范大学出版社2004年版。

[⑤] 李亦园：《李亦园自选集》，上海教育出版社2002年版，第10—11页。详见李亦园《文化的图像——宗教与族群的文化观察》（下册），第194—195页；《人类的视野》，第100—105页。

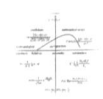

一 社会结构：亲属、伦理与关系模拟

世系的关系结构（亲属关系、世系制度）。《人类的视野》和《文化与修养》认为，作为社会和人群最基本的单位，家庭对子女的培养与教育，关乎整个民族文化的生存发展。家庭是中国传统文化的养成之地，而"父子伦"的主轴则是家庭或家族文化形态得以延续的根基。中国以父系家庭（Patrilineal）为典型，传递香火依附于家系、姓氏、财产等，其"都是经由父方的男性"，亦即"经由祖父、父亲、儿子、孙子……一直传递下去"。这种家庭，"在世界约占百分之四十二"。[①] 而汉族地区多属父系家庭范型，人们也常常看到父居或随父居（Patrilocal）、单偶婚（Monogamy）、核心家庭（Neuclear Family）等不同组合形式，但却很少见到母系家庭（Matrilineal）、双系家庭（Bilateral）和两系家庭（Double Descent）等其他模式。

与《祖荫下》（许烺光）形成对比，《李亦园自选集》引入弗里德曼的循环说，进而丰富了其有关大家庭理想—循环说的比较维度。弗里德曼等均持大家庭即富有人家这一主张，并以英国非洲研究学者 Meyer Forts 的"家庭循环（Domestic Development Cycle）"观念为参照系，发展出了其"中国'穷人'家庭循环与'富人'家庭循环两种发展模式"。据上述推理，贫富循环的两种模式如下[②]：

1. 穷人循环：夫妇家庭—主干家庭—夫妇家庭
2. 富人循环：夫妇家庭—主干家庭—联合家庭—夫妇家庭

正如施耐德所言，西方亲属研究无疑是现代人类学中的一大特色，但也"充斥着西方人'血浓于水'的'民族中心主义偏见'"。[③] 相比之下，除了西方人类学的亲属理论外，卫惠林与宋龙生等"同时也受汉人文化亲属概念的

[①] 李亦园：《人类的视野》，第197—198页。
[②] 李亦园：《李亦园自选集》，第168页。关系分类有亲子、世系和权力三种，见李亦园《文化的图像——文化发展的人类学探讨》（上册），第186页。
[③] David M. Schneider, *A Critique of The Study of Kinship*, Ann Arbor: The University of Michigan, 1984；另见马腾岳《对中国人类学亲属研究的若干反思——兼纪念李亦园院士》，《思想战线》2017年第4期，第44页。

影响"。①

中国文化传统——亲属结构。《人类的视野》认为中国社群文化的根基搭建在伦理或人伦关系这一亲属系统之上：其一，亲子关系（家系传承及仪式、祖先崇拜、风水观念）。在家庭形式的人伦关系中，中国的"家庭成员关系是以父子关系为主轴"，因此中国文化"是以这种父子轴的家庭关系为出发点而发展形成的"。② 其二，个家庭成员间也可"分为许多种角色关系，如父子、夫妇、兄弟、姐妹等"，这些关系相当于《祖荫下》等所说的"人伦角色关系（Dyad）"。就特定社会或民族的文化系统而言，人们经常在"各种人伦关系中采择一种关系为主要代表"，便形成其主轴的人伦关系。主轴关系是"家庭中其他人伦关系都以之为模型或典范"，因为主轴关系的特性"掩盖了其他关系的特性而成为家庭生活的轴心"。在中国，家庭的基石是父子伦轴，其有别于欧美式的夫妻伦轴、印度式的母子伦轴和非洲式的兄弟伦轴等。③ 其三，中国家庭关系以父子伦为主轴，具备四个特性：延续性、包容性、权威性和非"性"性。④ 需要指出的是，《文化与修养》《人类的视野》（李亦园）受其《祖荫下》《美国人与中国人》等之影响，认为中国人的亲属关系为父子伦轴，而美国人的亲属关系则为夫妻伦轴。⑤ 与此同时，《人类的视野》以上述中国家庭的特性分析为切入点，对祖先崇拜的家族仪式及争端问题进行了反思：（1）祖灵是保佑子孙还是作祟致祸于子孙？（2）祖先牌位的供奉是否一定与财产的继承有关？（3）坟墓风水仪式中是否有"操弄"祖先骨骸之嫌？⑥ 就家庭的延续性和权威性而言，祖先崇拜和家族兴旺的根本前提是保佑子孙和风水观念，家族仪式和财产继承的实在化内容是规范过程和权利分配。同理，《宗族、种姓与社团》也指出中国、印度和美国三者都有自己文化背景的

---

① 马腾岳：《对中国人类学亲属研究的若干反思——兼纪念李亦园院士》，《思想战线》2017年第4期，第44页。详见 David M. Schneider, *American Kinship: A Cultural Account*, University of Chicago Press, 1980; Richard Feinberg, Martin Ottenheimer, *The Cultural Analysis of Kinship: The Legacy of David M. Schneider*, University of Illinois Press, 2001。

② 李亦园：《人类的视野》，第200页。

③ 李亦园：《人类的视野》，第201页。

④ 详见李亦园《人类的视野》，第201—202页。

⑤ 另见李亦园《文化与修养》，第70—74、75—79页。

⑥ 李亦园：《人类的视野》，第212页。

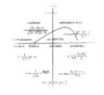

处世态度，并形成了基于不同心理文化取向和行为模式的独特世界观：印度人"以超自然中心或片面依赖为特征"；中国人"以亲情（'情境'）中心和相互依赖为特征"；美国人"以个人中心和自我依赖为特征"。① 显而易见，《人类的视野》遵循"父子伦"主轴说模型（许烺光）这一核心思想，并开始质疑源于祖先崇拜即被扩大了的服从权威这一阶序假设，进而支持了以下这样的核心论点，即强式的伦理或人伦关系决定着中国社群文化的根基及亲属结构走向。

权利关系的假设案例（财产继承、"吃伙头"等）。《人类的视野》等有关"吃伙头"的观察，集中在对中国汉族民间社会的大小传统及转型视角等，就中国人的仪式行为及其家庭结构进行了深入浅出的阐述。"吃伙头"（轮吃伙头），指现代意义上的轮值供养，是中国社会传统中较为普遍的反馈模式之一。中国作为父子主轴的父系社会，世系上下延伸，呈现一种"上一代抚养下一代，下代奉养上代"的反馈模式（费孝通）和理想类型（潘光旦）。② 对现代人而言，冥婚、"看风水"和"童乩"通常被理解为迷信行为，这些仪式行为所满足的实质，是"认知和宣泄的欲望"，其核心只在于"亲属群体脉络中人的地位如何保持"，人与人之间的"关系如何规范，以及人与自然间的和谐如何维持"。说到底，中国人的基本心理需要"在于维系人际以及社会与自然关系"，而其重心又在于"亲属系统的动作（运作）过程"。③ 例如，在中国社会的儒家传统中，最容易形成以下四种权力或权威的关系结构，分别为甲—理想形态（○→○→○→○）、乙—政治权威（天子→官吏→平民）、丙—社会权威（圣贤→士→平民）和丁—家族权威（族长→家长→家庭成员）。同理，以上四种权威支系也可被理解为集体主义、差序格局（自我主义）等不同阶序或关系类型的内生基础；所谓"集体（集团）主义"是指以情境为中心的集体或集团现象，其以源自个体的道德规范+家族主义+地方主

---

① 许烺光：《宗族·种姓·俱乐部》，薛刚译。对此的相关评论，另见何星亮《李亦园的文化观与文化理论》，《广西民族学院学报》（哲学社会科学版）1999年第3期，第12页。
② 庄英章：《李亦园与中国家庭研究——一个长期的对话》，《中南民族大学学报》（人文社会科学版）2018年第4期，第65—66页。
③ 李亦园：《从若干仪式行为看中国国民性的一面》，载李亦园等《中国人的性格》，中国人民大学出版社2012年版，第146—166页。

义为内容（见图3-7）。①

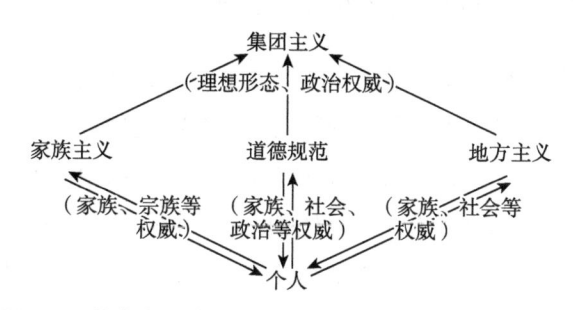

图3-7 从个人到家族、地方和集团所见中国人性格构成

注：根据《中国人的性格》进行改制。

正如《人类的视野》等所进一步论证，不同的"文化有不同的社会结构"，不同的社会结构则"决定了其成员间特定的权利义务和行为模式"。一个社会之所以"能维持其存在"，则全靠"成员是否能履行这些权利义务"，或者说要靠"其每一个成员是否扮演他所应扮演的'角色'（Role）"。因此，这个"角色"的观念，在说明"个人与社会之间的关系时确实是一个关键"，也可谓是"个人与社群两个系统的交切点"。② 在社群或人伦网络中，成员间之所以凝结成特定的地位与关系，是因为这种特定地位与关系取决于"社会结构"对每一角色扮演者所履行的权利义务和行为规范的形塑力。

《人类的视野》《文化与修养》等强调人伦对家庭、亲属和社会等关系结构的关键性作用，进而认为在中国家庭、家族至宗族多以父系为规范或典型，其身份和财产等通过父亲的家系、姓氏之归属来得以确认并续香火或传递，还融合了以父子为主轴的夫妻、兄弟、姐妹等，甚至亲戚朋友等亚位轴的错综复杂关系及行动系统。由此断言，文化的多样性铸造了其不同的人际关系模式，因此特定文化在求得"社会与心理平衡"的过程中便孕育出了与此对应的不同人际关系或行动结构模式。

---

① 文崇一：《从价值取向谈中国国民性》，载李亦园等《中国人的性格》，第44—47、56—57页。目前，国内学界一般用集体主义或差序格局（自我主义）来代替"集团主义"（文崇一）的说法，是为了避免与日本学者提出的"集团主义"混淆使用。

② 李亦园：《人生三则》，载梁漱溟等《人为什么活着——文化名家笔下的人生答案》，文津出版社2013年版，第247页。另见李亦园《人类的视野》，第68—69页。

二 人格结构：价值、行为和意义系统

《人类的视野》和《文化与修养》等紧紧跟随其物质、伦理和精神三层的文化阐释路径加深推进，尤其是《中国人的性格》（包括《文化与行为》）力图整合人类学、民俗学、心理学等定性—定量方法，指出中国人理想的性格或人格和过去大有不同，借助个人和社会对家庭这一中间层产生的互动·映射关系，可从更加纵深的视角上去解释或理解因儿童抚养、仪式行动和价值观之变迁等所形成的性格或人格形塑及相关特征。其中，"现代化过程中农民性格之蜕变"和"中国国民性研究及若干方法问题"这两篇，① 从一般社会统计学的量化研究法（F检验法）等出发，并围绕乡民或农民性格测量和有关国民性的众趋量表、罗沙赫（罗夏墨迹）测验等得以展开，进而触及方法论上的改进一面。

国民的性格抑或众趋人格。从《文化与行为》到《文化的图像》《人类的视野》等，不仅受凌纯声、芮逸夫、卫惠林、李济等早期研究者的启发，还打上了来自克拉克洪（Florence Kluckhohn）、许烺光、杜波依斯和本尼迪克特等美国式心理学派的深刻烙印。按照李氏的回忆，他受到作为导师之一Cora Dubois的直接影响，"研究问题的取向多少使用了心理人类学的文化与人格的取向"，这体现在有关"雅美族的Anito信仰"和高山族青少年对现代化适应问题探索的《文化与行为》等论著里。② 在西方，本尼迪克特、米德、克拉克洪夫妇（Florence Kluckhohn 和 Clyde Kluckhohn）、格雷戈里·贝特森（Greogory Bateson）、亚历山大·莱顿（Alexander Leighton），以及乔佛瑞·戈勒（Geoffrey Gorer）等无一例外，他们均"受过心理学或心理分析学的训练，并曾长期研究过异民族"；他们后又因特定工作之需要尤其对德国、日本与意大利的国民族性进行比较系统的考察，并奠定了"文化模式及基本人格结构"探路之基础。对于这些研究者而言，民族性或国民性（National Character）是指"一个国家或一个民族所特有的人格特质（Personality Characteristics）以及其生活风格（Life Style）而言"。民族性或国民性研究，大致也可分为三类：

---

① 吴聪贤、项退结：《现代化过程中农民性格之蜕变》《中国国民性研究及若干方法问题》，载李亦园等《中国人的性格》，第299—310、343—361页。

② 李亦园：《人类学要关心人类的未来——人类学者访谈录之十五》，《广西民族学院学报》（哲学社会科学版）2002年第2期，第3页。另见李亦园《文化与修养》。

一是"心理学研究的趋向",着重于"人格特质的探讨";二是"人类学的研究取向",偏重于"对文化素材的分析";三是"心理分析学的方向",侧重于"儿童教养方式对民族性格形成的影响"。其中,人类学心理学派"对民族性的研究都是以群体人格的概念为基础"的。在此,不论是基本人格结构,还是群体人格或众趋人格皆"指一个民族、一个国家之国民所共同具有的一些性格特征"。例如,众趋人格更具备"严格的意义"和量化的普遍性,支持这一概念者均认为"一个民族的共通性格特征不但出现于大多数成员的身上",而且其"出现的状况并成为统计学上的众数(Mode)"。①就《中国人的性格》的相关解读来说,不同学者对人格系统的差异性理解体现在上下层级和立体结构的不同关系假设中,从下面概括(图 3-8)也可领略在个体—社会—文化和角色—规范—人格等系统之间形成的各种关系及行动网络。②

投射系统　　　　　（Projective System）

社会系统　　　　　（Social System）

人格　　　　　　　（Personality）

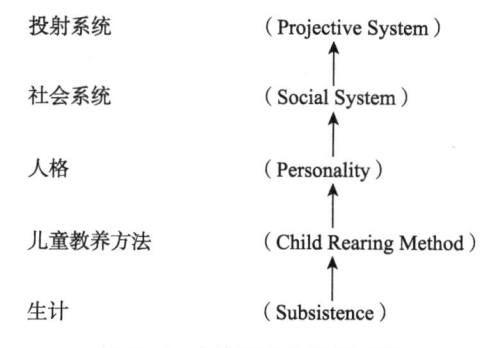

儿童教养方法　　　（Child Rearing Method）

生计　　　　　　　（Subsistence）

图 3-8　人格形成的投射系统

注:根据《中国人的性格》原制作。

人格系统(Personality System)是"许多动机趋向的组织系统",而且这一系统的基本过程"包括驱力的消除与需要的满足";在此,不可或缺的两个步骤包括"手段行为(Instrumental Behavior)和目标(Goal)"。目标是"需要满足过程的目的地";而手段行为即是"指向此一目的地的行动"。③

中国人的性格特征。人类学者把文化人格拓展到民族性或国民性加以考

---

① 李亦园:《人类的视野》,第 63—64 页。
② 李亦园、朱岑楼:《讨论》《从社会、个人与文化的关系论中国人性格的耻感取向》,载李亦园等《中国人的性格》,第 36—37、72—75 页。
③ 李亦园:《李亦园自选集》,第 243 页。

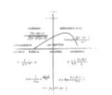

察，认为"一个民族有其特有的教养儿童方式"，由于这种"特有的教养方式，所以形成该民族的独特性格素质"；通过了解"儿童教养方式的过程，就可以解释民族性格形成的因素"。以上观点是根据弗洛伊德"所谓早期经验对成年人格影响理论而形成"的一种解说。同理，人类学者对民族性或国民性的观察，侧重于文化模式（Culture Pattern）或民族精神（Ethos）的分析，多数攫握并以"传说、神话、故事、民间习俗、艺术作品、人伦关系、宗教仪式，以及其他文化产物（Cultural Products）为材料"基础或支撑资源，力图推进"该民族性格的研究"更具深刻性更有阐释力。① 这一类进展以本尼迪克特关于日本民族性的《菊与刀》（The Chrysanthemum and the Sword）最具代表性。《人类的视野》等也认为，"近代对我国民族性之描述最为精采的应推林语堂"。林氏开始使用"中国人之德性"的组合词，把英文"Character"一词译成"德性"，认为该词"有正面价值判断之义"。进入现代研究阶段，学者们也用"National Character"来指"民族性"或"国民性"，但此时"Character""已属中性之意，最少可以包括正面和负面之性质"。比如，《吾国与吾民》（林语堂）已归纳出中国人性格的十五项特征，涵盖了综合正负两方面的表现：（1）稳健；（2）淳朴或单纯；（3）爱好自然；（4）忍耐；（5）无可无不可或消极避世；（6）老猾俏皮；（7）生殖力高；（8）勤勉；（9）俭约；（10）热爱家庭生活；（11）和平；（12）知足；（13）幽默；（14）保守；（15）耽于声色。②

如同《吾国与吾民》，《中华文明之精神》（辜鸿铭）对中国人的性格也有深邃而精当归理，认为"中国人具有三种特点：深刻、广阔与单纯"。与美、英、德和法等西方人相比，中国人"不太为冰冷的理智所左右"，而"有很浓厚的人情味"，因此中国人的"礼貌是世界闻名的"。中国人的性格"具有一副成人的头脑和一颗赤子之心"的双重特征。较晚近，项退结推出《中国民族性研究》（1966）一书，"就中国文化以及绘画、音乐等方面作综合分析"，而"对中国人之民族性提出两项基本特征的结论"：一是，中国人的智能重于整体（非逻辑式）的全观表达；二是，感情生活具有对

---

① 李亦园：《人类的视野》，第64页。
② 林语堂：《吾国与吾民》，陕西师范大学出版社2002年版，第28页；《中国人》（全译本），郝志东、沈益洪译，学林出版社1994年版，第56页。另见李亦园《人类的视野》，第60—61页。

立性的两面。① 较之《中国人的性格》（明恩溥，Arthur H. Smith）所描摹的27种特性或气质②，怀特（Arthur Wright）在其《儒者的人格》（Confucian Personality）中也谈及中国传统的13种人格特征和行为规范：（1）服从权威——父母或长上；（2）服从礼法；（3）尊重过去和历史；（4）好学，尤其是好学正统的经典；（5）循例重俗；（6）君子不器；（7）主张逐渐的改革；（8）中庸之道；（9）与人无争；（10）任重道远；（11）自重与自尊；（12）当仁不让，不妄自菲薄；（13）待人接物，中规中矩。③ 正如《中国人的性格》（李亦园等）所言，中国人的价值取向乃是国民性的核心部分，可分为认知的、评价的、道德的三个系统，逐次与传统与权威——重农与重功名——仁义忠孝等相对应，其以权威、保守、依赖、顺从、礼让、谨慎、勤俭、忍耐、安分为具体内容。④

从《人类的视野》到《中国人的性格》均一再说明，中国民族的性格可概括为如下三点：一是在个人性格的表现上，中国人认为个人是依靠整个群体而存在的；二是在人际关系上，中国人的性格特征表现为"他人取向"、以家庭为中心和具有较强的权威性格；三是在对宇宙或自然的态度上，中国人表现的是"乐天知命"的观念。⑤《文化的图像》（下册）等也认为，所谓不可观察的文化语法是指"一套价值观念，一套符号系统或意义系统"，来自"个体的先天机制"，或"从出生或怀胎期开始灌输或'谱入'的原则"，其作为性格或人格形成的原本基石。尽管这种语法及原则

---

① 李亦园：《人类的视野》，第61—62页。另见辜鸿铭《春秋大义》，颜林海译，四川文艺出版社2009年版。

② ［美］史密斯：《中国人的性格》，乐爱国、张华玉译，学苑出版社1998年版。英文名为"Chinese Characteristics"，又译《中国人的特性》《中国人的气质》等。这些归纳包括以下内容：（1）保全面子；（2）节俭持家；（3）勤劳刻苦；（4）讲究礼貌；（5）漠视时间；（6）漠视精确；（7）易于误解；（8）拐弯抹角；（9）顺而不从；（10）思维含混；（11）不紧不慢；（12）轻视外族；（13）缺乏公心；（14）因循守旧；（15）随遇而安；（16）顽强生存；（17）能忍且韧；（18）知足常乐；（19）孝悌为先；（20）仁爱之心；（21）缺乏同情；（22）社会风波；（23）株连守法；（24）相互猜疑；（25）缺乏诚信；（26）多元信仰；（27）现实与实务。

③ 李亦园：《李亦园自选集》，第246—247页。另见许倬云《中国传统的性格与道德规范》，《思与言》（第2卷）1965年第5期。

④ 文崇一：《从价值取向谈中国国民性》，载李亦园等《中国人的性格》，第64页。

⑤ 李亦园：《人类的视野》，第65—66页。另见李亦园等《中国人的性格》；梁漱溟等《人为什么活着——文化名家笔下的人生答案》，第243—244页。

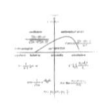

"总是下意识地存在着的",却每时每刻地统合或"支配人的行为",这使他的行为"成为有意义而可以为同一群体内的人所了解的"。这些反映在以下三个方面：(1) 中国人对宇宙的态度，前提是认同"命定"观念，之后这"使得中国人的关系变为稳定，而且崇尚和谐"；(2) 在家庭关系中，讲究"亲子和睦孝悌，夫妇百年好合"；(3) 在政治关系上，时常"服从权威，安于现状"。①

《人类的视野》指出，上述从林、辛二氏到项氏的研究视角均属艺术家或"文学家的全貌性、印象性的观察"，但是"无论如何，这都是较早期的研究"，缺乏"严格的科学定义与标准"。至于对中国民族性的科学探究，这恐怕"却有待人类学者与心理学者的携手合作后才真正开始"。② 人格或性格形成本身涉及个体、社会或文化、环境或构境等多方面因素，但最终关键还是通过《人类的视野》《文化与修养》《中国人的性格》等来进行或得以完善，其凸显或强调了从父子人伦拓展到包括社会关系或身份地位在内的权利和义务——行为规范和价值系统等。

三　三维一体结构：均衡、和谐——致中和

继《信仰与文化》《文化的图像》（下册）之后，《人类的视野》《宗教与神话》等以中国台湾的高山族、汉族和海外华侨为对象，就中国文化——家庭、宗教、神话，以及华侨、高山族、怀旧和杂感等展开了深入而细致的考察。③ 具体而言，李氏的宗教研究以道格拉斯（Mary Douglas）的仪式主义为基础，而神话探讨则以列维-斯特劳斯的结构主义为架构，试图解释了传统中国包括宗教、仪式和神话内在所蕴含的和谐均衡观及内在精神。

神话与宗教或仪式——语言、行为象征的结构表达。《寒食与介之推》《端午与屈原》等④，依仗于列维-斯特劳斯式的结构人类学方法，去丈量并

---

① 李亦园：《文化图像——宗教与族群的文化观察》（下册），第195页。
② 李亦园：《人类的视野》，第62页。
③ 李亦园：《人类的视野》，第3页。
④ 李亦园：《寒食与介之推——一则中国古代神话与仪式的结构学研究》（下文简称《寒食与介之推》）、《端午与屈原——神话与意识的结构关系再探》（下文简称《端午与屈原》），载李亦园《宗教与神话》，广西师范大学出版社2004年版，第207—235页。关于《一则中国古代神话与仪式的结构学研究》（1981）等，详见李亦园《文化图像——宗教与族群的文化观察》（下册）。

构拟了中国古代神话和传说所保存下来语言—仪式背后的文化意识及其思维结构。

《寒食》神话的语言、仪式—行为表达①：

干季：湿季，稀少：丰盛，禁火：用火，生产：熟食，自然：文化。

《介之推》传说的基本结构（用以支持寒食仪式的）②：

点火：禁火∷煮熟：生冷∷人际关系的高估：人际关系的低估∷文化：自然

端午仪式和传说的季节性仪式转换：

冬至（日<夜）≠夏至（日>夜）

《寒食》神话+端午仪式传说的对比结构③：

冬至：夏至∷寒食：端午∷阳：阴∷昼：夜

德（生）：刑（杀）∷火：水∷燥：湿

正如克拉克洪等所言，神话和仪式皆作为象征的表达方式，它们产生于满足社会需要的过程中。因为，神话和仪式本身就是语言和行动的象征系统，两者互为表里，用不同的方式暗含了相同或相近的意义或需要。④ 进而《信仰与文化》也指出，区别于默多克（G. P. Murdoch）所说的人际关系这一结构系统，列维-斯特劳斯所指的结构是"意义思维的结构"，而"非社会关系的结构"。结构人类学者深受涂尔干、莫斯等和结构语言学之启发，其谙熟于心的探测工作一般以"模式""交换"观念工具为圭臬，以说明"如语言法则一样先天性思维法则是如何作用于社会行为的表达"。这种沉迷于深层逻辑的结构主义者均坚信社会关系的结构是"无法从经验的行为层次分析而得到的"，然而人类行为的基本法则就是受思维深层结构——"无意识模式所控制

---

① 李亦园：《宗教与神话》，第282页；另见《文化的图像》（上下册）。
② 李亦园：《宗教与神话》，第292页。
③ 李亦园：《宗教与神话》，第312—315页。
④ 转引自李亦园《信仰与文化》，Airiti Press Inc. 2010年版，第144页。

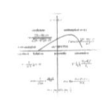

的",而非"由于意识模式的约束"。①

《象征人类学理论模型的建立》一文,立足于宗教—象征人类学的"群"和"格"(ABCD)的坐标模型,认为传统中国社会是仪式主义的社会类型,这种观念的产生与《祖荫下》所说祖先权威—长幼有序和宗教信仰—超自然秩序有着密切关联。② 根据 SPIRO 的宗教人类学理论,宗教功能可分为三种:生存、整合和认知。③ 人类行为有三种:实用行为、沟通行为、宗教巫术行为。仪式(Ritual)行为包括沟通和宗教巫术行为,仪式与信仰是宗教一事的两面。④ 尤其在《宗教与神话》《文化与修养》和《人类的视野》等中,它们系统论述了其对文化的基本看法,认为人类学关心的是文化法则,即文化的语法。对于人类学者而言,可观察的文化仅仅是文化的材料而已,而不可观察的文化才是真正文化的本质所在,其蕴含着文化的文法和逻辑。固然,语法"在语言中是把词构成句子的规则",研究"文化正是研究、揭示这种规则"⑤。《宗教与神话》还强调杜维明(TU Weiming)的"文化中国"概念不够全面,提供的仅仅是"从大传统的平面角度理解中国的架构"。在此,有必要垂直地理解庶民生活,着眼于民间文化的小传统分析,探索形成中国文化的普遍价值观——"三个层面和谐与均衡"即"致中和"原理。《文化观与文化理论》(何星亮,1999)也指出,《人类的视野》《文化与修养》《宗教与神话》等专注于有关中国大小传统的整体文化观这一荦荦大端,以美国式人类学象征主义、心理人格研究和法国人类学的结构主义理论为参照系并加以深化,进而使其发展成为中国文化传统中所积淀"三层次均衡和谐"——"独自创立的"本土化理论。

致中和、三层次均衡与和谐——整体、层次的结构系统。《人类的视野》等把中国人对和谐与均衡的追求看作宇宙观及最根本行动的遵守法则,建立

---

① 李亦园:《信仰与文化》,Airiti Press Inc. 2010 年版,第 291、293 页。
② 李亦园:《社会变迁与宗教皈依——一个象征人类学理论模型的建立》(下文简称《象征人类学理论模型的建立》),载李亦园《宗教与神话》,第 67—77 页;《宗教与神话论集》,立绪文化事业有限公司 2004 年版。
③ 李亦园:《宗教与神话》,第 107—108 页。
④ 李亦园:《宗教与神话》,第 48—49 页。
⑤ 何星亮:《李亦园的文化观与文化理论》(下文简称《文化观与文化理论》),《广西民族学院学报》(哲学社会科学版)1999 年第 3 期,第 9 页。

在人与自然、社会、自我的和谐或均衡——"致中和"之基础上。① 譬如，在中国传统文化的基本领域中，无论是"大传统的士绅文化与小传统的民间文化理想中的最完善的境界"，还是"个人的身体健康以至于整个宇宙的运作"，这些都"以此一最高的均衡和谐为目标"。若要达此目标，个体、人际和自然三层次系统皆必然要维持均衡和谐，因为即使"单一层面的和谐，其状况也是不稳定的"，只有"三层面的整体和谐，才是最理想的境界"②。

《宗教与神话》也认为，儒家文化即大传统中蕴含其"天人合一""致中和""与天地合""与人和""调理四时，太和万物"等形而上哲学的理念；而民间文化的小传统中则包含了食物医药习惯、命名系统、祖先崇拜仪式、择日占卜、神明仪式，以及符箓咒法等观念和行为模式。③ 所谓宇宙系统的均衡与和谐是指有关"三层次均衡和谐"模型的雏形和后期修正，详见表3-2——《个人宗教性变迁的检讨》（1988）④、《从民间文化看文化中国》（1992/1994）⑤、《传统中国宇宙观与现代企业行为》（1994）⑥ 和《传统宇宙观与现代社会生活》（1998）⑦ 等。不难发现，最初在《文化的图像》（下册）中开始使用"宇宙系统的均衡与和谐"的提法⑧，而中后期的《文化的视野》和《宗教与神话》等已基本摒弃关于宇宙系统这一早期笼统设想或说法，以"致中和——整体的均衡与和谐"代之。

---

① 1986—1988年，《和谐与均衡——民间信仰中的宇宙诠释与心灵慰藉模型》（1988）和《个人宗教性变迁的检讨——中国人宗教信仰研究若干假设的提出》（1988）等论文中提出"三层次均衡和谐"模型的基本构架，之后的《从民间文化看文化中国》（1994）、《传统中国宇宙观与现代企业行为》（1994）和《传统宇宙观与现代社会生活》（1998）等均围绕这一理论模式问题展开，并使其发展成为中国文化的行为运作规则（何星亮，1999）之基本原理。
② 何星亮：《李亦园的文化观与文化理论》，《广西民族学院学报》（哲学社会科学版）1999年第3期，第9页。在此，需要说明的是大传统一般与国家系统对应，不与士绅这一中间阶层对应。
③ 李亦园：《宗教与神话》，第117—118页。另见李亦园《文化图像——宗教与族群的文化观察》（下册），第141页。
④ 李亦园：《个人宗教性变迁的检讨——中国人宗教信仰研究若干假设的提出》（下文简称《《个人宗教性变迁的检讨》），载李亦园《宗教与神话》，第116—134页。另见李亦园、宋文里《个人宗教性变迁的检讨——中国人宗教信仰研究若干假设的提出》，《清华学报》（第18卷）1988年第1期；《文化图像——宗教与族群的文化观察》（下册），第139—178页。
⑤ 李亦园：《从民间文化看文化中国》，载李亦园《李亦园自选集》，第225—240页。
⑥ 李亦园：《传统中国宇宙观与现代企业行为》，载李亦园《宗教与神话》，第136—163页。
⑦ 李亦园：《传统宇宙观与现代社会生活》，"海峡两岸弘扬中华传统文化学术研讨会"，山东曲阜1996年。
⑧ 李亦园：《宗教与神话》，第186页。

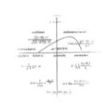

表 3-2

三维度 \ 三层次均衡和谐	宇宙系统的均衡与和谐(《个人宗教性变迁的检讨》,1988)	宇宙系统的均衡与和谐(《从民间文化看文化中国》,1992/1994)	致中和——整体的均衡与和谐(《传统中国宇宙观与现代企业行为》,2004)
自然系统（天）的和谐——自然关系系统	时间系统的和谐 空间系统的和谐 神明系统的和谐	时间系统的和谐 空间系统的和谐 神明系统的和谐	时间的和谐 空间的和谐
个体系统（人）的和谐——有机体系统	内在实质性和谐 外在形式性和谐	内在实质性和谐 外在形式性和谐	内在的和谐 外在的和谐
人际关系（社会）的和谐——人际关系系统	家庭亲族（属）和谐 祖先关系和谐 邻里社区和谐	家庭亲族（属）和谐 祖先关系和谐 邻里社区和谐	人间的和谐 超自然界的和谐

在三层次均衡和谐的结构模型中，第一层次是自然系统的和谐，这应和了中国传统价值观念里寻求所谓"天人合一"的目标。自然系统包含时间和空间的和谐与均衡两方面。民间记时观念以对时间和谐的信仰化表现为特征，个人的生命无疑作为伴随其宇宙时间的内在形式而存在；空间和谐观念肇始于传统文化中的阴阳说，经五行和八卦等综合化路径，便形成"风水堪舆"的行为习性。第二层次是个体系统的均衡与和谐，作为有机体的均衡和谐，其可分内在实质性的和外在形式性的两个方面。前者用阴阳对立观念来理解人体内部的均衡和谐，最典型的就是日常生活中对于食物"冷"与"热"观念的认识延伸及联想律；后者通常表现在"个人名字的运用上"。在传统的姓名学中，名字和个体两者有着"一种神秘的关联"，名字"对于个人而言具有一种转换的力量"。第三层次是人际关系的和谐，也是中国传统"文化价值系统中最高的目标"。就儒家文化的社会传统自身来说，其"在人间建立一种和谐的社会秩序"，这个"社会秩序的基本骨架是伦理"。①

如果把人际关系的和谐看作大传统和小传统互为转化的中间范畴，那么

---

① 何星亮：《李亦园的文化观与文化理论》，《广西民族学院学报》（哲学社会科学版）1999年第3期，第9—11页。

说明其至少还在横向和纵向（共时和历时）的两个维度上得以延伸：一是"同时限（Synchronic）内人际关系的和谐"；二是"超时限（Diachronic）的社会秩序的和谐"。横向和谐是指从以"家"为出发点的"家族成员的伦理关系"，并"逐步一波波地扩及其他人群"；而纵向和谐则指向于"人际关系的维持从现生人的向度延续到已经过世的成员关系上"，并进而"扩展到其他超自然的神灵关系"。诚然，大传统强调"抽象的伦理观念"，小传统注重"实践的仪式方面"，但是"归根结底这仍是一件事的两面"。① 在此，以上纵向—抽象和横向—现实或实践两大领域互为映射，便形成纵横交错的坐标模型，实则反映了"差序格局"（费孝通）和祖荫模式（许烺光）的内在关联。至于大传统，它是否与儒家传统严丝合缝地对应，这有待商榷。

四　文化结构基质：伦理、人格和宇宙观

从《文化的图像》（上下册）到《文化的视野》《文化与修养》等，均以物质科技、族群伦理和精神表达的三维一体文化论和实例论证两块内容为准线，着力于文化的意义、起源启示、积累、塑造力、相对性、内涵等论域往深挖掘，就宗教信仰、制度结构、仪式活动、服饰、饮食和居住文化及其相关法则等展开了探讨。纵观其整体历程，虽说社会文化人类学对于结构的探究可谓汗牛充栋，但在深耕细作的某些挖掘方面仍未摆脱或深陷其付诸阙如之状态。

文化系统的三维一体结构。《社会结构、价值系统与人格构成》（1965）②、《从若干仪式行为看中国国民性的一面》（1972）③、《中国家族与其仪式》（1985）④ 和《文化与修养》等论著，专注于从父子伦轴的社会结构到价值系统和人格构成，再到有关宗教信仰仪式、人际伦理的国民性格系统，无不反映了关于三种文化—两大类型的宏大构想。具体来说，文化可分成可观察与

---

① 李亦园：《宗教与神话》，第186—195页。
② 李亦园：《社会结构、价值系统与人格构成——中国人性格的社会人类学探讨》（下文简称《社会结构、价值系统与人格构成》），《思与言》（第2卷）1965年第5期，第22—27页。
③ 李亦园：《从若干仪式行为看中国国民性的一面》（后收录于《中国人的性格》），"中研院"民族学研究所1972年第4号（专刊乙种），第175—199页。
④ 关于《中国家族与其仪式》（1985）、《近代中国家庭的变迁———一个人类学的探讨》（1985）、《现代伦理的传统基础》（1986）等，详见李亦园《文化图像——宗教与族群的文化观察》（下册）。

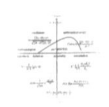

不可观察的两部分（图3-9）。"不可观察的文化"，是指文化表象背后隐藏着的语法结构；"可观察的文化"，指的是平常能够看得到，或者体会得到的文化形式。按照其性质，可观察文化又可分为三类：（1）物质文化或技术文化：是"为了克服自然或适应自然"，并借以"获得生存所需而产生的文化"；（2）社群文化或伦理文化：是"为了维持人类团体或社会生活和谐而产生的文化"；（3）精神文化或表达文化：是人类"为了表达自己心中的各种感觉与感情"，或是"为了安慰自己、克服心中种种'魔障'而产生的文化"[①]。

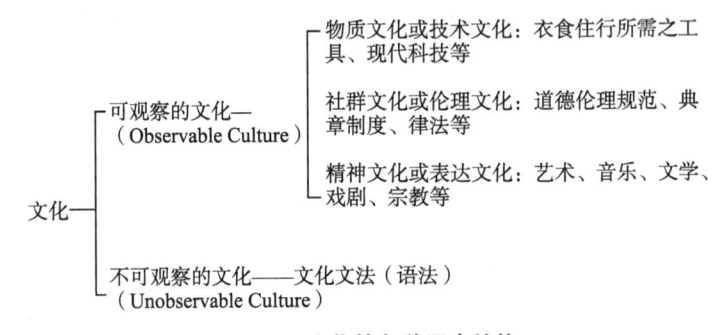

```
          ┌─可观察的文化─┬─物质文化或技术文化：衣食住行所需之工具、现代科技等
          │ (Observable │
文化──┤  Culture)    ├─社群文化或伦理文化：道德伦理规范、典章制度、律法等
          │              │
          │              └─精神文化或表达文化：艺术、音乐、文学、戏剧、宗教等
          │
          └─不可观察的文化──文化文法（语法）
            (Unobservable Culture)
```

图3-9　文化的各种层次结构

注：来自《李亦园自选集》等所制。

除了父子伦轴、文化人格的相关讨论外，无论是宗教信仰的仪式规程，还是人际伦理的价值系统，均属《文化的视野》《文化与修养》等所说不可观察的文化语法——三类可观察文化或表达背后的元基础及整一体范畴。

中国人的性格或人格——社会结构。其一，中国人的人格构成。《文化的视野》等使用行为科学之人格理论，探究了传统中国的社会结构与人格构成的功能关系。由此看来，传统的中国社会是"典型的父系、随父居与父权的社会"。在这个社会中，"最基本的社群是一般所谓父系家族"。家族没有形成严格的团体界限，它可以沿着单系路线和"亲属差序向外扩大"，便发展成为五世同堂乃至根据单系亲属原则所组成的最大社群——氏族。其二，在中国传统社会中，人与人的关系"全依照家族或氏族的结构而定"：假如"要说得更清楚一点，可以从横的和纵的两方面来看中国人的人际关系"。在此，《文化的视野》等站在差序格局和祖荫模式等理论化视角，进行比较和重新审视

---

① 李亦园：《李亦园自选集》，第10—11页。

第三章 人格假设（一）：中国人行为—心智结构

了传统中国社会在横向和纵向的维度上形成的两种情况：家庭的横向拓展（家族、宗族，而至氏族）和祖荫的纵向延伸（祖先—父子—子孙）。正因如此，在中国社会的这种环境里，人们"孕育了一套行为规范和价值系统"，这一套行为规范和价值标准"即成为中国人做人处事（世）的楷模"。其三，《文化的视野》等从社会结构和角色人格的关系出发，认为"人格系统"是由所有不同扮演角色的总和构成的，因为"一个人在社会上有多种的社会关系"，在不同的"社会关系中便有不同的权利义务"。① 因为，社会是"人类生物性和文化性的共同产物"。人类必须"靠社会的生活才能维持其生物个体的存在"，但社群生活的"主要条件是各成员间有其特定的地位的关系"，这种特定的地位与关系构成了人类学者所说的"社会结构"。②

按照《信仰与文化》的相关论证，与默多克有关经验层次的行为科学探讨相比，列维-斯特劳斯的思索则更多以哲学式的思维层次的追求为主旋律。后者专攻其亲属结构、仪式生活或实践和传说神话的结构学说等方面，并对符号象征、宗教仪式、认知思维等人类学理论建构产生了深刻的影响，起到了推波助澜的作用，可谓取得大放异彩的进展和成就。③ 然而，正如《文化观与文化理论》所言，一百多年来影响世界的文化理论"主要是西方学者创立的"。《文化的视野》《文化与修养》所开启的三层次均衡和谐——致中和理论"是在中国文化资料的基础上创立的理论"，更是"中国人独自创立的理论"；它"与其他中国学者的文化理论一起，形成一股清流"，为"中国人在世界文化理论中争得一席之地"。④ 如果说"差序格局"带有乡土现实的浓厚色彩，那么"祖荫模式"和"三层次均衡和谐"模型均带有"离土"想象——先灵庇荫、抽象伦理或精神的超脱色彩。

大意而言，《人类的视野》等所依据的资料属于小传统，或者说它完全来自民间的田野调查，是大众日常生活文化现象。较之根据中国文化（国家或儒家）的大传统而形成理论构建，这种植根于中国文化的小传统土壤而构建

---

① 李亦园：《人类的视野》，第72、73、69页。
② 李亦园：《李亦园自选集》，第242页。另见李亦园《人生三则》，载梁漱溟等《人为什么活着——文化名家笔下的人生答案》，第246—247页；李亦园《人类的视野》，第69页。
③ 李亦园：《信仰与文化》，Airiti Press Inc. 2010年版，第293页。
④ 何星亮：《李亦园的文化观与文化理论》，《广西民族学院学报》（哲学社会科学版）1999年第3期，第13页。

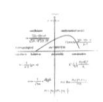

起来的理论尝试却并不多见，尽管大小传统之边界有待进一步确定。因此，上述"三层次均衡和谐"——致中和模式假设无疑是首次根据大众文化实例而构筑起来的理论化实践，① 其深受"祖荫模式"（许烺光），尤其是亲属优位假说和PSH（心理—社会和谐）模型之启发，同时也融合或吸收了文化三维论（罗素）、"致中和"之说（杜维明）、"差序格局"（费孝通）等不同风格的相关因素。

---

① 何星亮：《李亦园的文化观与文化理论》，《广西民族学院学报》（哲学社会科学版）1999年第3期，第11页。大众文化或民间文化，是与国家上层的精英文化（=大传统）相对应的概念，国外一些学者称之为"小传统"。在中国文化研究史上，大传统所依据的主要是儒、释、道及诸子百家的经典文献等，小传统的根基则是中国大多数人的大众或民间文化。

第四章 人格假设（二）：日本人行为—心智结构

第一节 神话·制度——秩序化的心智结构

尽管《日本神话的起源》（1961）、《稻作神话》（1973）① 等着力于日本神话起源和系谱的文化史比较，但实则是对《东南亚大陆诸民族的亲属组织》（1955）和《葬礼的起源》（1965）② 等早期工作的某种延续，自始至终贯穿着亲属制度、礼仪和习俗，甚至物质文化等原型、起源史重构之探索。据此看，大林太良的早期考察等聚焦于亲属制度、仪式结构的比较视角，而中后期探考则着重讨论了日本神话的起源、文化系谱及其仪式—制度结构原型等。

一 作为神话—心智根基的秩序领域结构

日本神话学界将《古事记》《日本书纪》当作学问对象进行原型考察，"是从江户时代的贺茂真渊、本居宣长之后的国学学者中开始的"。之后，《日本民族的起源》（1958）提出要"探明日本神话构成要素的来源和系统问题"，就必须"以历史民族学的观点为基础进行深入探讨"。天岩户神话属于"母系的、狩猎的、旱稻栽培民的文化"；相反天孙降临故事则属于"父权的、氏族的、支配者的文化"。③ 可以说，大林等的文化史重构不仅与《日本民族

---

① 大林太良：『日本神話の起源』，角川書店1961年版；『稲作の神話』，弘文堂1973年版。
② 大林太良：『東南アジア大陸諸民族の親族組織』，東京大学東洋文化研究所1955年版；『葬制の起源』，角川書店1965年版。
③ ［日］高木立子：《日本民间文学》，宁夏人民教育出版社2014年版，第51页。

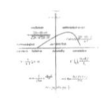

的起源》（冈正雄等）①、《河童驹引考》（石田英一郎）② 等有着内在的学理性关联，而且以阐明稻作农耕中心—起源神话的结构和制度系统作为核心考察点。

日本民族—神话的起源谱系。继对亲族或亲属组织和仪式制度的早期观察之后，《日本神话的起源》聚焦于宇宙（制度或文化）起源神话和国家起源神话，包括创世神话（天地形成）、出云神话、天孙降临神话和日向神话等论域，试图确立日本神话体系——秩序化心智结构的基本构架。依照该书的要点及结论部分（松村一男），日本神话大致可归纳为四组类型：第一组是从开天辟地时期说起，到伊邪那岐命（Izanagi，又称"伊弉诺尊"）和伊邪那美命（Izanami，又称"伊奘冉尊"）的国度诞生（《古事记》和《日本书纪》）、天照大御神（Amaterasuō Mikami）和须佐之男命（Susanoo No Mikoto，又称"素戈鸣尊"或"素戈呜尊"）之争的神话；第二组是以出云为舞台或背景神话；第三组是天孙降临神话；第四组是日向神话。依此断言，第一组类型接近属于弥生式时代，是从中国中南部·东南亚·波利尼西亚传播而来的，也是由水稻耕作民、渔民肩负起并发展而来的文化传统；第二组类型是相当于古坟时代的产物，其对应着的仍是中国中南部·东南亚，以及农耕民·锻冶·祭司等传统；第三组类型是受朝鲜和蒙古等文化传播之影响而形成的，开始迈入了古坟时代和皇室祖先的确立等历史阶段；第四组类型是由东南亚特别是印度尼西亚，以及隼人等综合因素发展而来的，属于弥生式时代。③ 据此发现，《日本神话的起源》对《日本民族的起源》（冈正雄）所说文化古层的原型构拟观点进一步发展并加以完善，确定"日本神话主要构成要素的传播途径、时期及担当者（传播载体）"，④ 进而勾勒了日本神话谱系

---

① 冈正雄等：『日本民族の起源——対談と討論』（略称『日本民族の起源』），平凡社 1958 年版。别见冈正雄、八幡一郎、石田英一郎『日本民族の源流』（編：江上波夫；解説：上田正昭），講談社 1994 年版（1995 年再版）。

② 石田英一郎：『河童駒引考——比較民族学の研究』（略称『河童駒引考』），東京大学出版会 1966 年版。别见石田英一郎『河童駒引考——比較民族学の研究』，筑摩書房 1948 年版。

③ 小松和彦、田中雅一、谷泰、原毅彦、渡辺公三：『文化人類学文献事典』，366. 别见大林太良『日本神話の起源』。天照大御神：上位古领域建军；月夜见=月读命：上位古领域土潜；素盏鸣=须佐之男：上位古领域崩山。

④ ［日］高木立子：《日本民间文学》，第53页。详见冈正雄『異人その他——日本民族·文化の源流と日本国家の形成』（略称『異人その他』），言叢社 1979 年版；大林太良『日本神話の起源』。

第四章 人格假设（二）：日本人行为—心智结构

及世界观—文化领域论的基本框架。

特别是在《神话学入门》（1966）① 之后，《稻作神话》《日本神话的结构》等对日本神话的结构分析加深了极大兴趣，这前后出现在从神话起源·体系论到三功能体系·领域论的结构论证方面。《稻作神话》以大气都比卖型神话结构——"杂粮谷物型"旱地耕作系统，以及穗落神或谷物起源神话、"乌劝请"——农耕祭礼（仪式）、谷物偷盗型神话和"流米洞"传说等为资料根基或内容，并通过对日本农耕起源神话、传说与东亚、东南亚等周边文化进行广泛比较，从历史民族学的宏观视角力图揭示其结构和文化系谱等背后形成的普遍制度原理。正如《文化人类学文献事典》所概括，《稻作神话》首先对东南亚的农耕、家畜饲养进行系统考察，并将其与日本神话的系统论、起源论相结合，进而完成了通过农作制度、仪式要素来重构神话深层的文化根基之工作。作为日本民族·文化系统论的一环，该书不只是对神话，而是对整个文化进行系统阐明的一种尝试，尤其为由农耕文化至狩猎文化前身的溯源观察提供了广泛比较的材料支撑。也就是说，除结构分析（第一章）和有关尸体化物、烧田耕作型—文化复合型的神话结构考察外，尤其是"大气都比卖型神话的结构与系统"（第二章）对谷物神·大气都比卖被杀害的神话进行了结构考析，并将其与伊邪那岐型神话相互串联了起来。例如，因伊邪那岐引出的三贵神之降生和被须佐之男杀害的大气都比卖，这些都源于以死亡为媒介的创造行为，正因如此，大气都比卖的被杀害也可谓一种"文化的创造行为"。另外，食物起源神话（ハイヌウェレ型）的要素分析也丰富了深入了解大气都比卖型神话的可能性范围。② 在此，《稻作神话》以阐明稻作·农耕起源神话的结构和仪式系统为出发点，认为日本文化传统是以种稻型的农耕模式为基础的，这些无疑反映在作为集体心智历程的日本神话结构及文化交往的周边体系中。

秩序—领域所示系统结构及其他。 从《日本神话结构》（1975）到《东亚王权神话》（1984）无疑以日本神话所见印欧神话中的三功能为线索，并在东亚神话群和印欧语族文化的关联中寻找相同功能体系的存在，进而拓宽了

---

① 大林太良：『神話学入門』，中央公論社1966年版。另见 ［日］大林太良《神话学入门》，林相泰、贾福永译，中国民间文艺出版社1989年版。

② 小松和彦、田中雅一、谷泰、原毅彦、渡辺公三：『文化人類学文献事典』，367.

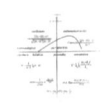

东、西方的王权文化比较—制度原型探索路径及范围。相比之下，前者至少积极地吸收神话语言—结构意义或符号系统（社会或文化的心智研究）和三功能体系论等理论方法，尤其对日本神代神话的基本结构及原则进行深入挖掘，勾画出了以天·海·山神话的宇宙领域为根据地的结构模式及制度原型——古代日本人对自然观·文化观的认知概貌。而后者则围绕天皇家族由来的日本王权神话结构及亚洲领域之比较，从形式和主题上着眼并论证了其特别与古代朝鲜和南部沿海地区等神话有着极为相似的权力来源与制度结构。① 另从民俗学的角度看，较早展开日本神话研究"是从柳田国男和折口信夫开始的"。高崎正秀、肥后和男等也延续上述这种民俗学方向，在日本神话研究中注入更为彻底的人文主义视点，使其研究方法更为多样化了。② 诚然，无论是大林太良等倡导的稻作神话学（以冈正雄、石田英一郎提倡的历史民族学为基础），还是柳田国男开创的民俗学传统，两者在稻作文化的历史重构方面均取得了一定的进展。如果说《日本神话的起源》以神话世界观—文化领域论（德式历史民族学的神话分析）为理论圭臬，那么《稻作神话》《日本神话结构》和《东亚王权神话》等则构筑在神话—仪式的对应或互换分析（宗教民族学、古典文艺学派）、神话语言—结构意义或符号系统分析（社会或文化的心智研究）和印欧——三功能体系论等多维观察基础上。不难发现，《稻作神话》《日本神话结构》等以《古事记》《日本书纪》——神代神话的普遍结构功能为考察点，借此来对"父权制—太阳神话""母权制—月亮神话"或其他等历史民族学的一般公式③加以改造，实则得益于杜梅齐尔（Georges Dumezil）的印欧——三功能体系论分析④和列维-斯特劳斯对美洲大陆西北海岸钦西安人（Tsimshian）——阿斯迪洼尔神话的结构剖析（图4-1）⑤等之启发。

《神话与日本人的心灵》（河合隼雄）指出，《日本神话结构》和《东亚

---

① 详见大林太良『稲作の神話』，弘文堂1973年版；『日本神話の構造』，弘文堂1975年版（2014年再版）。『東アジアの王権神話——日本・朝鮮・琉球』（略称『東アジアの王権神話』），弘文堂1984年版（2014年再版）。
② [日]高木立子：《日本民间文学》，第55页。
③ [日]大林太良：《神话学入门》，林相泰、贾福永译，第22—24页。
④ 印欧社会的三功能体系论实属早期朴素的社会关系论，与社会学后期发展出来的角色或认同（地位）论、关系结构论等较为接近。
⑤ [日]大林太良：《神话学入门》，林相泰、贾福永译，第29页。

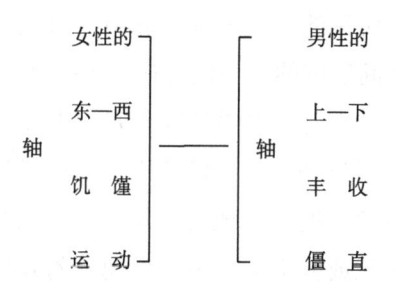

```
           女性的           男性的
            ┐               ┐
           东—西            上—下
        轴                轴
           饥馑             丰收
            ┘               ┘
           运动             僵直
```

图 4-1 西安人——阿斯迪洼尔神话的结构
注：《神话学入门》原所制。

王权神话》（大林太良）等也承认构成"日本古典神话体系之中轴者"，乃据说"经由朝鲜半岛传入的王权神话"。一个一个的神话"正是以为地上世界的正当统治者天皇的地位提供理论支撑的神话为核心"，被"集结在一起，并被体系化"。而且，接纳这种王权神话并赋予日本神话以个性特点的，大概就是"南方系"的"无为中心"结构。[①] 大林还致力于对"日本神话学先驱者学术成就的系统评价"，为"日本神话学史的科学建构做出了卓越的贡献"。在大致同一时期，还有"松前健、伊藤清司、吉田敦彦等神话学者"，和"大林太良密切合作形成一代神话学者群体"，尤其伊藤清司"对中国《山海经》神话的研究在日本具有最高权威，贡献巨大"。[②] 较之单纯重视日本文化"南道"的同时代学者，大林从20世纪八九十年代开始关注以"北方民族"为主题的世界民族学话题，这与他在东亚、日本所做的历史民族学最初构想形成了鲜明的对比。大体上说，大林的后期历史民族学通过日本（南北双路线）乃至东亚地区神话中的秩序结构·心智假设来进一步深入挖掘，并重新回到最初所关心的祭祀、制度组织等中，最终铸就为前后完整又关联性极强以文化要素及其历史构拟为主线的理论范式。例如，《剑之神、剑之英雄》（1981）、《北方的人——文化与宗教》（1997）、《银河之道、彩虹之桥》（1999）等[③]，

---

①　［日］河合隼雄：《神话与日本人的心灵》，生活·读书·新知三联书店2018年版，第211页。别见河合隼雄『神話と日本人の心』，岩波書店2003年版；『日本神話と心の構造』，河合俊雄監訳，岩波書店2009年版。

②　乌丙安：《民俗学丛话》，长春出版社2014年版，第301页。

③　大林太良：『剣の神・剣の英雄——タケミカヅチ神話の比較研究』（略称『剣の神・剣の英雄』，吉田敦彦との共著），法政大学出版局1981年版；『北の人——文化と宗教』，第一書房1997年版；『銀河の道・虹の架け橋』，小学館1999年版。

这些尝试无疑对煎本孝所说的北方民族学和阿伊努族研究产生直接或间接影响，或者说其与后者之间形成的共鸣也是有目共睹的。

通常而言，民族学或文化人类学是以研究"未开化"民族文化为中心发展起来的学问，其通过对早期阶段—民族文化的广泛比较，探求人类文化发展传统—特定领域的诸相、世界各地的诸民族文化系统；或者透过对早期阶段或传统领域—民族文化或社会的分析，发现并勾勒出人类文化社会的普遍结构和规律性特征。因此，无论是日本人还是欧美和其他地区学者，他们对像日本文化这样岛屿文明现象的理解和看法不尽相同；有时被看成是相对独立性的"高文化"，而有时却被看成是不像美国、西欧等那样的"高文化"，或者被说成是自己不发光的"月光"文明，等等。但从历史和现状的发展来说，这些理所当然都是某种片面或相对的想法而已。

二 自然·文化：神代神话的结构类型

大林对日本神话的结构探索以《日本神话的起源》对日本稻作·农耕文化根基的比较观察为开端，并以《稻作神话》和《日本神话的结构》等对神代神话和王权神话的仪式制度及模式推为成熟或高峰阶段。平心而论，与《稻作神话》相比，《日本神话的结构》① 对日本神话结构及体系探索更加趋于成熟，其在分类理论、三功能体系和天·海·山领域三方面着力，概括出了古代日本人生活—心智历程所承载着的自然观·文化观及认知形貌。

神代神话——秩序领域所见对应关系结构。《稻作文化的世界观》指出，《稻作神话》《日本神话的结构》（大林太良）等对神话结构的解读包括自然的宇宙领域，以及婚姻制度等文化创制领域。② 根据这种结构分析说法，伊邪那岐·伊邪那美型神话和天照·须佐之男型神话具有相同的结构。伊邪那岐、伊邪那美是兄妹，而且又是"天父"和"地母"的化身，在此，其兄妹婚意味着天与地结合的尝试。同样，天照、须佐之男也是姐弟，而且分别代表着

---

① 大林太良：『日本神話の構造』。
② 嶋田義仁：『稲作文化の世界観——「古事記」神代神話の構造分析より』（略称『稲作文化の世界観』），京都大学博士論文，2000 年，50. 別見嶋田義仁『稲作文化の世界観——「古事記」神代神話を読む』，平凡社 1998 年版。

第四章　人格假设（二）：日本人行为—心智结构

上界和下界的意思，姐弟婚是上界和下界结合的尝试。但无论是何种情况，女性都会死去。因此，整个情节就预示着天界与地界、上界与下界结合尝试的失败。之所以出现这种结合失败的情况，这是因兄妹婚、姐弟婚的近亲乱伦所致的。但是，在伊邪那岐·伊邪那美型神话中，上述结合失败之后，男神伊邪那岐通过驱邪的方式孕育出了统治高天原的天照和统治大海的须佐之男，以及统治夜之国的月读命的生命。这就象征着创造"自然的宇宙领域"。另一方面，在天照·须佐之男型神话中，在这种结合失败之后，被神逐出的须佐之男也在给大气·大宜津比卖（谷物女神）吃东西过程中，一气之下杀死了大气津比卖。从死者身体或尸体长出来了蚕、稻、菜、红豆、大豆等各种栽培植物。大林认为这果然是男神的"文化创造"。据此，伊邪那岐·伊邪那美型神话和天照·须佐之男型神话之间，具有极其相近结构的同一性和对称性（图4-2）。①

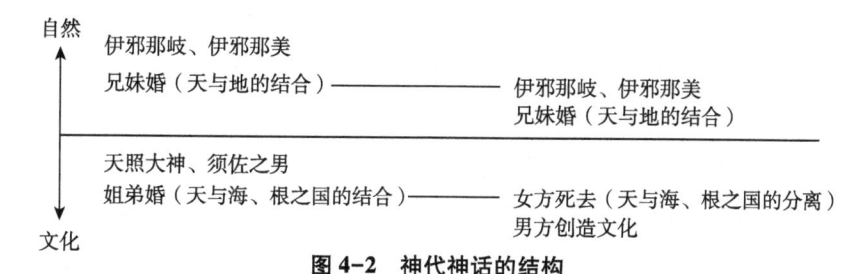

```
自然
 ↑    伊邪那岐、伊邪那美
      兄妹婚（天与地的结合）————————伊邪那岐、伊邪那美
                                     兄妹婚（天与地的结合）
      ─────────────────────────────────────────
      天照大神、须佐之男
      姐弟婚（天与海、根之国的结合）——女方死去（天与海、根之国的分离）
                                     男方创造文化
 ↓
文化
```

图 4-2　神代神话的结构

注：根据大林等所制关系图示。

大林试图用列维-斯特劳斯对自然、文化结构的对应关系分析和沼泽喜市对天地分离神话的结构观察等方法，并以"宇宙领域"的自然创制和"文化领域"的人为创造这种区分为突破口，旨在修正历史民族学的世界观——秩序领域论及文化史重构这一探索路径。

就从异族或异血之间的婚姻来说②，天孙琼琼杵尊与"山神之女"——木花开耶姬结婚，而在海幸·山幸神话中，山幸彦与"海神之女"——丰玉毗卖成婚；借此"将诞生拥有天、山、海这三个宇宙领域的皇子"，即后来的

---

① 嶋田義仁：『稲作文化の世界観——「古事記」神代神話の構造分析より』，京都大学博士論文，2000年，51.

② 詳见《古事記》《日本书紀》等，转用嶋田義仁『稲作文化の世界観——「古事記」神代神話の構造分析より』，51.

神武天皇这一身份。值得一提的是，在被称为虚构论的神代神话体系假说中，男神与容易被忽视的皇祖海神的女儿结成良缘，这便成为天皇制的意识形态基础。

  ……是原古的水中分娩和火中分娩这一分娩方法的试行错误的结果。确立了通常的分娩方法这一范型，由此，现代人在不得不面对生育或分娩这一事情时，那么水中分娩、火中分娩的神话就为其赋予了基础。①

  大林氏也发现，在《古事记》（中下卷）所载的神功皇后——仁德天皇故事里，也有与伊邪那岐·伊邪那美型神话和天照·须佐之男型神话一样的共同结构。②《稻作神话》《日本神话的结构》等有关历史民族学的文化史重构，是沿着两条路线发展起来的：一是探索日本神话和民族文化系统的内在相关问题；二是确定日本稻作或农耕神话的结构系统及其仪式制度原型，借此来推断整个日本文化乃至心智历程的形成情况。

  对神代神话结构—秩序领域论的批判。《稻作文化的世界观》（岛田义仁）指出，大林所说的范式对日本古代社会的近亲通婚这种微妙性问题没给出明确的解读方法，因此这种做法不能被称为范型。③大林氏对关于日本的古代婚姻制度，特别是其近亲通婚（Incest）问题已经进行了相当数量的论究，但是其他的研究和现在作为问题的神代神话研究并没有真正地联系起来。与此相近，上山春平和梅原猛也执着地尝试论证从天照到琼琼杵尊的神统谱和延续情况，再到圣武的皇位继承图及其对应关系。

  岛田氏认为，神代神话是指《古事记》等神代叙事的神话。在神代神话的结构探究方面，当推上山春平、大林太良和吉田敦彦、北泽方邦，以及马塞等，他们所进行的尝试皆最具刺激性。根据上山氏的哲学化观察，神代神话的基本结构是由两个体系组成的，即原初是未分化东西，后又被分为阴阳

---

  ① 転用の部分は，詳見嶋田義仁『稲作文化の世界観——「古事記」神代神話の構造分析より』，京都大学博士論文，2000年，52.
  ② 嶋田義仁：『稲作文化の世界観——「古事記」神代神話の構造分析より』，52.
  ③ 嶋田義仁：『稲作文化の世界観——「古事記」神代神話の構造分析より』，57.

的两系；① 这就便成为阐明日本天皇谱系的架构基础。尽管这种二分结构解释过于简单，但也归纳或总结出了日本神代神话的基本构成样貌。见图4-3，上山春平对《古事记》的"神化人物"进行谱系分析如下②：

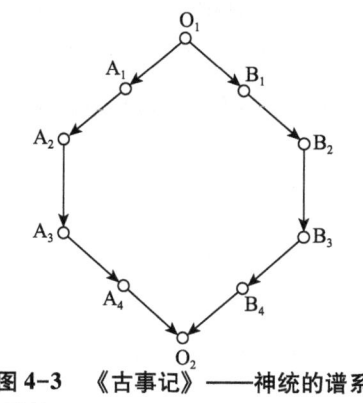

图4-3 《古事记》——神统的谱系

注：根据上山春平所制。

高天原系

  A_1 高御产巣日神（タカミムスビ）③

  A_2 伊邪那岐／伊弉诺／伊耶那岐（イザナギ）④

  A_3 天照大御神（アマテラス）

  A_4 琼琼杵尊（ニニギ）

根之国系

  B_1 神产巣日神（カミムスビ）

  B_2 伊邪那美命（イザナミ）

  B_3 须佐之男命スサノヲ／スサノオ

  B_4 大国主神（オホクニヌシ）

  O_1 天之御中主神（アメノミナカヌシ）

---

① 详见上山春平『神々の体系——深層文化の試掘』，中央公論社1972年版；『続・神々の体系——記紀神話の政治的背景』，中央公論新社1981年版。
② 転用（相当于中文的转引自）嶋田義仁『稲作文化の世界観——「古事記」神代神話の構造分析より』，38。
③ 『古事記』では高御産巣日神，高木神と；『日本書紀』では高皇産靈尊とされる。
④ 『古事記』では伊邪那岐神、伊邪那岐命；『日本書紀』では伊弉諾神と表記される。

O₂ 初代神武天皇（イハレヒコ）

神代神话的"神话连续"—结构分析。《稻作文化的世界观》宣称，《古事记神话的结构》（马塞）①才能算得上对《古事记》（上中下卷）神话的真正而彻底的结构分析，其不论在致密性和彻底性上还是在分析的内在性上都表现出前所未有的尝试或创新。这种分析范围并不局限于神代神话（尤其是上卷），实则还关涉带有半神半人色彩的中卷内容——神话·传说（化）部分。但是，该书却把《古事记》的整体构成看作"一种神话"，试图阐明"《古事记》的整体神话性结构"。沿着以上基本构思看，尤其包括《古事记》的上中卷，均有某种"神话连续"被重复六次的相同情况，同时这个过程是以同一结构的相同连续统串联起来的。而且，这六个"神话连续"大致分为两种：讲述"宇宙秩序"确立的"伊邪那岐神话群"和讲述"人类秩序"确立的"天孙降临神话群"。②

Ⅰ伊邪那岐神话群（宇宙秩序的确立）
①伊邪那岐神话连续（伊邪那岐·伊邪那美型的国生神话）。
②须佐之男神话连续（天照·须佐之男型的神话中，也包括消灭八岐大蛇或八俣大蛇）。
③大国主神话连续。
Ⅱ天孙降临神话群（人类秩序的确立）
④天孙降临神话连续。
⑤崇神—垂仁—景行神话连续。
⑥成务—仲哀—应神神话连续。

岛田还认为，《古事记神话的结构》（马塞）是《日本神话的结构》等（大林太良）所示的构思方向之连续，前者发展了后者提出的基本架构和二分法："古事记"神话首先是讲述"宇宙领域的创造"，然后是彻底推进了"文

---

① フランソワ・マセ（Macé, François）：『古事記神話の構造』，中央公論社1989年版。别见北沢方邦『古事記の宇宙論』，平凡社2004年版。
② 嶋田義仁：『稲作文化の世界観——「古事記」神代神話の構造分析より』，60、61.

化创造"。然而,《古事记神话的结构》在分析时,没有详细地"涉猎神话的细节,这是令人困惑的地方"。① 具体而言,虽说六个"神话连续"具有相同的结构,但它并不是基于单纯的"相似"的同一结构,而是通过"对称""倒置"的关系建立起来的同一结构。在此,"倒置"是指叙事顺序"形成相反或逆向的关系"。所谓"对称",表示"木花开耶姬神话和丰玉毗卖神话的对称结构关系":木花开耶姬的分娩——在火中分娩,女性是植物(木之花),产房是泥制的——产房是完全密闭的;丰玉毗卖的分娩——在水边分娩,女性是动物(八寻蛟),产房是鸬鹚(同科鸟类)的翅膀——产房是用鸬鹚的翅膀铺不完的。②

《稻作文化的世界观》也观察到,虽然说这个两类神话的结构对称性有据可循,但这不是"木花开耶姬型神话和海幸、山幸型(含丰玉毗卖的情节)神话的整体对称性",而只是"其一部分的对称性"。根据马塞的说法,"天孙降临神话连续"具有如此复杂的内部结构,并且这种同一的结构是通过其他五个"神话连续"和"对称"或"倒置"的关系组合而形成的。但无论如何,寻求六个"神话连续"结构的同形性这一工作变得极为繁杂。了然于目,《古事记神话的结构》之缺点"完全也是列维-斯特劳斯的结构主义神话分析的缺陷本身"。③ 马塞氏的分析,尽管触及了《古事记》神话的意义体系,但最终还将《古事记》神话系统看作"无意义的符号体系"。这就说明,《古事记》神话以"宇宙秩序的确立"和"人类秩序的确立"为中心,并建立在通过各三次合计六次的同一结构的神话连续得以组合的过程中。

岛田氏抱怨说,列维-斯特劳斯的范式常常"走向神话间结构性逻辑关系的阐明",神话分析"将无限接近数学逻辑的操作"。因此,不可否认的是,神话和民众生活自身的"关系变得越模糊",因为后者包含了"创造出神话并流传下来"的动态过程。按照这种结构主义的人类学理解,神话"并不是由

---

① 嶋田義仁:『稲作文化の世界観——「古事記」神代神話の構造分析より』, 61.
② 嶋田義仁:『稲作文化の世界観——「古事記」神代神話の構造分析より』, 62.
③ 关于《古事记神话的结构》和结构人类学神话分析的比较,详见嶋田義仁『稲作文化の世界観——「古事記」神代神話の構造分析より』, 62、63.

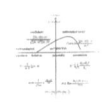

具体的人思考创造的"，神话本身"是自己思考的"。① 在此，值得假设这样的双向过程：一方面借助具体形象或角色行动的过程或结果来判断神话结构和构成特征；另一方面通过神话结构的组合过程来重新模拟出具体形象或角色乃至行动本身。

《稻作文化的世界观》认为，神代神话的结构可分为基本结构和整体结构。基本结构指高天原神话、日向神话、出云神话等相似系统中共同出现的同一结构；而整体结构则指由包括"国生神话"在内的高天原神话、日向神话、出云神话等组合而成的完整架构。② 具体来讲，神代神话的基本结构由以"生""死"为主题的恋爱神话（A型神话）和以"水""地"为喻体的兄弟斗争神话（B型神话）构成。在神代神话的基本结构中，恋爱神话和兄弟斗争神话均具备三段式的过程形式或同形性，得益于"密屋隐居"这一中间环节的逆转关系（或喻底启示）——互为转化逻辑，便形成"因生而死"::"因死而生" = "水胜于地"::"地胜于水"的循环关系表达。③ 值得一提的是，尽管岛田对恋爱和斗争的拟剧化理解看似合理，但将其置于社会现实的环境来考察就发现这样解释也不一定是完全科学的。

《神话与日本人的心灵》（河合隼雄）则坚信，《古事记》神话的基本结构是"中空结构"，即它并不"依靠居于中心的强大力量或原理来统一整体"，而"即便中心为空，依然可以保持巧妙的整体平衡"。这种中心空格但又能保持整体平衡的作用，实属"均衡的力本学"的核心论题。在整个关系网络中，第一组至第三组均有相同的三元结构："中间的神只有名字，没有对其行为的任何描述"。这种整体上的三元结构，无疑反映出了"日本神话最重要的特性"——"中空结构"。作为《古事记》的基本结构，"中空结构"是由三组三元结构组成的；与第一组和第二组相比，第三组三个神均为男性，这就是开始出现"双重结构的反映"。因此，不用说第一、第二组，直至第三

---

① 嶋田義仁：『稲作文化の世界観——「古事記」神代神話の構造分析より』，65. 关于结构主义对人类学的设想，另见［法］列维-斯特劳斯《结构人类学》，上海译文出版社1995年版，第390、392—395、312页。列维-斯特劳斯认为，人类学应立足于自然科学，背靠人文科学研究，放眼于社会科学。所以，人类学的任务，有三方面：客观性、整体性和意义性。社会结构研究之目标是借助于模型来理解社会的关系。

② 嶋田義仁：『稲作文化の世界観——「古事記」神代神話の構造分析より』，117、119.

③ 嶋田義仁：『稲作文化の世界観——「古事記」神代神話の構造分析より』，118、122.

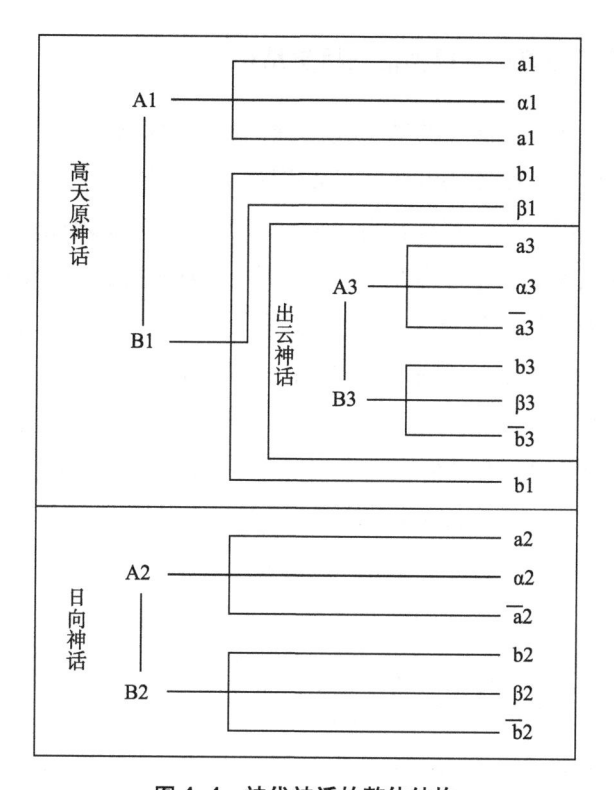

图 4-4 神代神话的整体结构

注：根据《稻作文化的世界观》所制。

组也算是着眼于"心理性的层面，那么母权意识强烈这一点是不变的"，但是"家庭的实际情况却逐渐变为以父亲为主导"，纵然天皇"是以天照大御神为先祖的"，主导者"却仍要选择男性来做"。①

大林太良也认为，"中空结构"（河合隼雄）假设指中间隔着"无为中心"的，"两端二神对立的三神结构"；这类结构首先有着"两个相对立的神，或者两个各自代表不同原理的神"的二元基础，再需要加上还能"囊括这种对立或者不同原理的，代表整体性的神"的叠加形式。这是"印度尼西亚各民族共通的神界结构之一"，毫无疑问，其对类似问题的深层挖掘"具有基础性的重要性"和启示作用。②

---

① ［日］河合隼雄：《神话与日本人的心灵》，第186—188页。
② 关于大林太良对中空结构的看法转引自［日］河合隼雄《神话与日本人的心灵》，第209页。

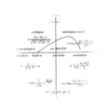

三 制度·心智：王权神话的历史结构

在早期，大林太良深受德国文化圈理论的历史民族学之影响，对东亚和日本的神话、仪式、制度展开了广泛的探讨，追随冈正雄和石田英一郎等的文化史重构这一延线，丰富或拓宽了日本民族学的相关领域，尤其是神话学的心智结构和制度史构建之维度。例如，从《稻作神话》到《日本神话的结构》《东亚王权神话》等[①]始终聚焦于由制度、秩序的心智结构至制度文化的原型及秩序领域论构建，进而也反映在《神话的谱系》(1986)、《东和西、海和山》(1990)、《北方的民族与文化》(1991)[②]、《新年来历之道》(1992)和《海之道、海之民》(1996)[③]等有关东亚和起源史原型的文化领域方面。

《稻作神话》的一大特色是，除了"大气都比卖型神话的结构与系统"（第二章）外，重点在于对谷物起源、农耕仪礼等稻作仪式和自然循环结构的功能关系进行了历史民族学的溯源式考察。与此相同，吉田敦彦也认为一方面天照、须佐之男、大国主神分别象征着"祭司""战士"和"生产者"；另一方面镜、剑、玉三种神器作为天皇权力的象征也分别表示了与以上三角色对应的"三种功能"。对此，岛田氏提出用吉田的"三功能"体系论来理解这三种神器，或解释"它们在古代日本——神话叙述中的作用是极其困难的"。因为令人质疑的是，上述三类器具是否与现实"朝廷礼仪等中三功能"或象征意义对应，况且三者能否作为一个体系而"完全存在于日本神话和朝廷礼仪中"，等等。[④]然而，宇宙论（コスモロジー）的专题探讨（北泽方邦，1981/1991）[⑤]——则以试图解读神代神话的内在置换关联为框架，不仅"与高木致夫（1972）导入的M. 缪勒（Max Muller）的自然神话学"路径颇为相似，而且使用列维-斯特劳斯的结构主义分析法，并将"宇宙和自然的诸现象及其法则作为具

---

① 详见大林太良：『日本神話の構造』；『東アジアの王権神話——日本・朝鮮・琉球』。
② 大林太良：『神話の系譜——日本神話の源流をさぐる』（略称『神話の系譜』），青土社1986年版；『東と西・海と山——日本の文化領域』（略称『東と西・海と山』），小学館1990年版；『北方の民族と文化』，山川出版社1991年版。
③ 大林太良：『正月の来た道——日本と中国の新春行事』（略称『正月の来た道』），小学館1992年版；『海の道・海の民』，小学館1996年版。
④ 嶋田義仁：『稲作文化の世界観——「古事記」神代神話の構造分析より』，52、57.
⑤ 转用嶋田義仁『稲作文化の世界観——「古事記」神代神話の構造分析より』，58. 別見北沢方邦『古事記の宇宙論』，平凡社2004年版。

体符号置换"的神话内在逻辑和二项对立的隐喻模式。

大林有关稻作仪式和农耕文化的重构，同民俗学者坪井洋文对夏日作物栽培文化与复活季节的深层关系解读颇为接近。坪井洋文认为，在日本人固有信仰的再生复活思想和日常仪式活动中，生死的秩序转换或节奏与水稻栽培的节奏、季节循环的节奏始终有着一种对应的内在关系（坪井，1970）。①坪井理解日本人对生死观和生产活动的态度为民俗世界的内在视角，其具有稻物产生过程与仪式对应的含义（图4-5）：②

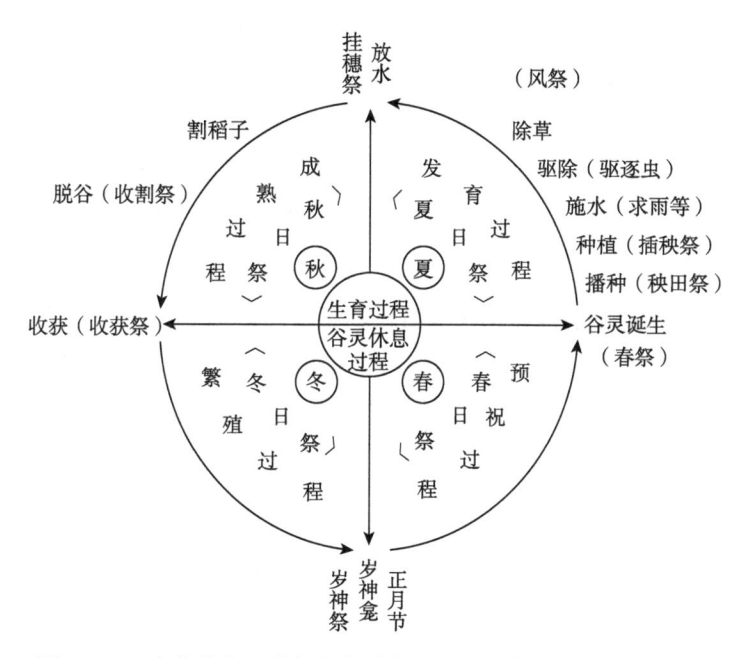

图4-5 日本人的生死观和生产活动——稻物产生过程与仪式对应
注：根据坪井洋文原所制。

《东亚王权神话》视神话、制度和仪式为内在同一的结构及其维度，并把它拓展到包括日本、朝鲜等在内的东亚社会和文化传统中来考察，实际上延续了《稻作神话》和《日本神话的结构》的结构分析和基本构思。譬如，大林太良和吉田敦彦两人互相协助，采用"列维-斯特劳斯、杜梅齐尔等提出的

---

① 嶋田義仁：『稲作文化の世界観——「古事記」神代神話の構造分析より』，151.
② 转用嶋田義仁『稲作文化の世界観——「古事記」神代神話の構造分析より』，151、152. 别见坪井洋文「日本人生死観」，載岡正雄『民族学から見た日本』（岡正雄教授記念論文集），河出書房新社1970年版。

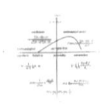

理论方法研究日本神话"。大林于 1975 年发表《日本神话的结构》,引入列维-斯特劳斯的"辩证结构主义研究法"来讨论日本神话中"二分观""三分观"等,同时还用杜梅齐尔的理论（Trifunctional Hypothesis,即"三功能假设法"）论证了日本神话中存在——有主权者＝祭司、战士和生产者这三种社会身份——"分担不同的责任和对应的三种功能"这一情形。同一时期,吉田的《日本神话的源流》（1976）也用杜梅齐尔的理论讨论此类问题,概括出了"通过印欧系的这种结构体系研究法",得出了"日本的神话是经由朝鲜半岛流传进来的观点"。①《东亚王权神话》② 围绕着有关天皇家之由来的日本王权神话展开,在其形式和主题上特别与古代朝鲜等王国的神话有着显著的相似点。作者在日本神话中发现印欧神话中具有特色的所谓三功能体系,并在东亚神话群中寻求该体系的存在,尤其通过对日本和相邻各国的王权文化的敏锐洞察和深入考证,将其与遥远的印欧语族文化的关联纳入进来加以比较。

用印欧语族的三功能体系来观察日本王权神话体系。1975 年后,《东亚王权神话》③ 对以讲述天皇家渊源的《古事记》《日本书纪》为轴心的日本王权神话（讲述王权起源、神圣性的神话）和以古代朝鲜等为中心的东亚王权文化（神话、礼仪）进行比较,可谓有关日本王权文化的结构系统论的一次重要尝试。该书还认为,印欧语族的三功能体系论作为一种王权文化学说的典型现象,其与以内陆亚洲的阿尔泰系畜牧文化为媒介,经由朝鲜半岛进入古代日本的王权系统论极为相似,在神话·礼仪的形式、主题以及结构比较分析（相互开明法）上却有着高度的一致性。也就是说,不仅限于三功能体系,而且从关于秩序更新时期的表象（"新尝"这一古代朝鲜的文化传统）到王权和动物的关系（广泛分布于欧亚,通过动物的帮助建造城堡的传承·礼仪等）,以及从天而降的统治者类型等无疑都作为自然秩序转换的某种映射而出现并得以确认。除了《故事记》和《日本书纪》外,在被认为忌部氏（中央或中部）传承的《古语遗存》中也有类似的相关内容——日本与来自朝鲜的渡来人集团有着密切联系,反映了日本统治者文化形成保留在社会叙事传统

---

① ［日］高木立子：《日本民间文学》,第 53、54 页。
② 大林太良：『東アジアの王権神話——日本・朝鮮・琉球』。
③ 小松和彦、田中雅一、谷泰、原毅彦、渡辺公三：『文化人類学文献事典』,368.

中的事件印迹。

《神话的谱系》① 以日本神话为轴心，对世界各地区的同类文化现象进行比较，沿着以地域为重点的路线展开并分析了其各历史文化的内在性，其体现在从《古事记》《日本书纪》到世界各地或周边地域的关联主题的对应关系和比较把握上。根据津城宽文的归纳，所涉内容包括五个方面。②

1. 石器时代——绳文时代：采集狩猎文化，《记》《纪》等并没有记载，只有山神信仰等传统；

2. 绳文时代的后期或晚期：从中国南部传入日本的"刀耕火种农作文化"型神话，大气·大宜津比卖型尸体化生作物起源神话，从女性生殖器出生的火神神话和仪式活动；

3. 弥生时代开始阶段，"失针捞海"型、国家诞生神话即原初海洋型洪水神话、"无为中心"观念型神话——以中国南海岸为中心的海洋人文化或性格型神话；

4. 古坟时代，朝鲜等王权关系显著的大和王权神话——包括农耕起源神话，作为中轴发展起来，加上与南方系神话出现融合，形成日本古典神话（=《记》《纪》神话）体系；

5. 天孙降临神话或包括天上异界观的王权神话，一方面是与北方以及中亚阿尔泰系"游牧民文化"有关的，另一方面是与加上伊朗等地区的接近西域的世界有联系。

日本神话的基层结构是与弥生时代对应着的，建造在"无为中心"这一神界型神话上，但日本神话结构的中轴仍是王权神话系统。这就表明，南方系统里对应的是"神代神话"，包括"开天辟地或天地分离的宇宙秩序神话和人类秩序神话（文化创作）"；北方系统包括"建国神话、驱邪仪式神话"，以及"通过朝鲜联系起来的北方游牧民生活神话"。③

---

① 大林太良：『神話の系譜——日本神話の源流をさぐる』。
② 津城寬文：『日本の深層文化と宗教』，國學院大學博士論文，2000 年，53-54.
③ 津城寬文：『日本の深層文化と宗教』，國學院大學博士論文，2000 年，54.

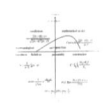

对于大林的文化史重构而言，《异人及其他》（冈正雄）① 等有着极其重要的参考价值，因为前者受后者影响较深。该书进一步认为，"古日本"的文化是由多个文化层或复数形态混杂而成的。具体论证，分两个部分：一阐明日本列岛的文化层是因外部种族文化多次迁入而形成的，即在绳文时代后期之后（第一部）；二说明借助比较民族（民俗）学的考察，通过与邻近地区和亚洲·太平洋民俗文化进行比较，加深并提倡了对民族文化的确立和复数结构的合理理解（第二部）。冈提出"异人（他者）论"（含秘密结社），在民族学、民俗学和相关领域均产生一定的影响，这种继承体现在《异人、河童、日本人——解读日本文化》（住谷一彦、坪井洋文、村武精一、山口昌男等的对话集）②、《西南诸岛的神观念》（J. 克莱纳和住谷一彦）③、《文化与两义性》（山口昌男）④、《异人论——民俗社会的心理性》（小松和彦）⑤、《异人论序说》和《结社和王权》（赤坂宪雄）⑥ 等中。

大林的后期研究方向⑦，包括世界整体和日本自我两个方面，尤其《北方众神、南方英雄》⑧是他后期以日本为对象进行的一系列研究中的重要著作之一。在此，大林把列岛看作沿着从北向南铺开的地形，通过各地的传承或祭仪、生产和物质文化的存在形貌来加以观察，关键方向与其说是融汇于东·西日本的传统文化之差异，倒不如说是聚焦于更细致的地域特色，以及其与外部的联系。正如山田仁史所总结，具体的话题包括几个方面⑨：有关北太平洋的阿伊努，以及东北域的鲑鱼信仰，反映日本海和对岸之间关联的北日本的雪橇（走雪套鞋，カンジキ）；关东古老文化同样也与日本海对面的畜牧旱

---

① 小松和彦、田中雅一、谷泰、原毅彦、渡边公三：『文化人類学文献事典』，372-373. 別見岡正雄『異人その他——日本民族＝文化の源流と日本国家の形成』。
② 住谷一彦ほか：『異人・河童・日本人——日本文化を読む』，新曜社1987年版。
③ ヨーゼフ・クライナー（Josef Kreiner）：『南西諸島の神観念』（住谷一彦との共著）。
④ 山口昌男：『文化と両義性』，岩波書店2000年版（1975年初版）。
⑤ 小松和彦：『異人論——民俗社会の心性』，筑摩書房1995年版。
⑥ 赤坂憲雄：『異人論序説』，筑摩書房1992年版；別見赤坂憲雄『結社と王権』，講談社2007年版。
⑦ 大林太良：『東と西・海と山——日本の文化領域』；『正月の来た道——日本と中国の新春行事』；『海の道・海の民』。
⑧ 大林太良：『北の神々・南の英雄——列島のフォークロア12章』（略称『北の神々・南の英雄』），小学館1995年版。
⑨ 小松和彦、田中雅一、谷泰、原毅彦、渡边公三：『文化人類学文献事典』，368。

田农作民生活有着某种联系，它映射着"旱田·稻作·鱼捞三文化存在共生——违州见付天神之祭祀"，讲述着"河内·饶速日神话和吉备的温罗神话等朝鲜统治者神话及关联范围"，传承着"类似中国和欧洲故事的爱媛河野氏传说"；以东海世界为背景的九州的宗像神社，从江南传入九州的高丽岛传说和稻作文化，南九州的隼人和印度尼西亚·中国之间的双重联结等。

要而言之，《日本神话结构》《亚洲王权神话》等不仅在《稻作神话》所涉少量结构分析之基础上发展了起来，而且投身到以日本神话为材料，制度文化的原型、历史结构为主轴的中后期工作中潜心考析，从而奠定了日本神话学的制度结构、心智秩序研究之基础。事实上，大林所做的所有工作基本延续柳田国男和冈正雄等稻作一元—多元文化假设，同时凸显了将日本民族起源还原于各类神话问题的秩序—制度领域之探索。不言而喻，在文化人类学或民族学中培育多年的研究法和各种概念都是以研究所谓"未开化"民族的文化和社会为目的而来的，但进入现代化步伐之后，人们对"高低文化"的社会观念也发生了变化，不再用传统的思想来约束自己世界观的弹性和自由一面了。

第二节 人格层次和县民性的地域结构

祖父江孝男有关心理人类学的初步构想发端于《行动中的人间》（1959）[①]，即从语言、大脑到行动—人格的心理映射的理论化阐释及有趣尝试，后又加上《文化人类学的进路——行动中的人间》（1976）[②]、《文化与人格》（1976）[③] 等系统化理论提升，以及《文化人类学入门》（1979/1990）[④]、《思考人间——跨学科方法》（1995）[⑤] 等教材系列式的应用补充这一实践化

---

① 祖父江孝男：『行動する人間』，日本評論新社1959年版。需要说明的是，"人間"一般与汉语的"人类"一词对应，但日本学界对"人間"的理解不完全等同于"人类"的含义，因为多数"人間学"相当于社会科学的实证研究，而"人类学"则接近于人文学科的研究传统。
② 祖父江孝男：『文化人類学のすすめ——行動する人間』，講談社1976年版。
③ 祖父江孝男：『文化とパーソナリティ』，弘文堂1976年版。
④ 祖父江孝男：『文化人類学入門』，中央公論新社1979年版（1990年新版）。
⑤ 祖父江孝男：『人間を考える——学際的アプローチ』（教材），放送大学教育振興会1995年版。

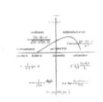

过程，进而以《文化与人格》为标志的心理人类学——人格理论也就应运而生，可谓水到渠成。对于祖父江的心理人类学探路来说，始终贯穿其中的无疑是以从语言、大脑机能到行动—人格的心理反应为准线的实验论证法及理论化阐释，这些尝试也出现在《县民性的人间学》（2000）①、《日本人的结构》（1980）② 和《日本人的国际性——及其结构分析》（1989）③ 等日本自我乃至世界领域比较研究的广泛检验中。

一　心理人类学的人格测验法

在美国式的人类学历史或国民性研究中，"文化与人格"探究者可谓多系或多元派，来自各种跨学科背景，但影响力却不容小觑。根据辛格（Singer）的归纳，国民性人类学研究前后涌现了三种不同的看法：第一种是文化性格（人格），即国民性的人类学性质说法，赋予国民性以文化统一性，以本尼迪克特和卡迪纳的观点为基本构架。第二种是以弗洛姆（E. Fromm）和里斯曼（David Riesman）为代表的社会学性质说法。他们关心的不是国民性的文化统一性条件，而是国民性的社会·历史功能。第三种是统计学性质的，理解国民性这一现象为各种各样的人格类型之分布状况。④

文化与人格的比喻和统计假说。 根据史铎金等的相关论证，继单数的"文化"概念（泰勒和博阿斯，后者1895年前也使用单数概念）之后，大约1910年开始"博阿斯的学生们则使用了复数"的文化概念。⑤ 在博阿斯以来的文化相对主义派中，萨丕尔和戈登威泽强调"人与文化的关系"这一问题的关键是文化"如何把个人塑造出来的"。他们强烈反对克罗伯，以及于1917年其提出极具结构决定论特色的"超有机体"文化说。另外，本尼迪克特从文化体系中的价值或观念出发，理解各种文化为"大写的人格"，进而发展出了与"阿波罗型""狄奥尼索斯型"（尼采式的比喻）等对应的文化类型

---

① 祖父江孝男：『県民性の人間学』，新潮社2000年版。
② 祖父江孝男等：『日本人の構造』，至文堂1980年版。
③ 祖父江孝男：『日本人の国際性——その構造分析』，くもん出版1989年版。
④ 箕蒲康子：「文化と人格・心理人類学」，載綾部恒雄『文化人類学15の理論』，中央公論社1984年版，106.
⑤ 綾部恒雄：『文化人類学15の理論』，中央公論社1984年版，97. 根据相关资料，文化相对主义"产生的时间是1900年至1910年"，而"文化与人格"理论之出现似乎比起文化相对主义稍晚些。

第四章 人格假设（二）：日本人行为—心智结构

之比较范式。与源于内、外的"价值·态度体系"——基本人格或结构系统不同，林顿则认为相同个体在社会体系中会形成一种相似的反应机制，在这种反应背后必定有一种人格的系统规范，并锻造于相似的交往行动和价值·情感之基础上，可称之为"身份人格"（或结构系统）。①

到了20世纪60年代，"文化与人格"又以心理人类学的方式复活，而国民性研究则成为"一蹶不振的历史"。与此同时，《心理人类学——迈向文化与人格的途径》（许烺光，1961）则提倡人格这个概念是指伴随"个人一生并与社会、文化相互作用"的过程假说，而过去其往往片面地被理解为一种"一成不变的实体"。② 相较之下，本尼迪克特的"文化人格"、卡迪纳的"基本人格结构"、弗洛姆和里斯曼有关"人格的社会历史功能"等均表现出缺乏数理统计学前提和基本假设之困境，而杜波依斯则首次尝试使用心理测试方法进行验证，将众数（典型）人格的检验纳入"文化与人格"研究乃至人格结构论中来。③ 很显然，祖父江的工作深受美国式的文化人类学之影响，他有关文化与人格的心理人类学和人格测验法等正是在这样的学术背景下形成的。

在日本，《文化与人格》（祖父江孝男）等马不停蹄地忙碌于心理人类学的提出和统计测试方法的引进，这就使得文化人类学开始有了更积极拥抱或接触科学论证方法的新进展，并充满了统计学味道。譬如，某种文化中数量最多的人格类型，可称为众数（典型）人格（Modal Personality），这是根据显示最频值的统计数（Mode）等而引申出来的。据《文化人类学文献事典》的相关评述④，祖父江的《文化与人格》（1976）之核心内容包括倾向于理论梳理的开篇部分和偏重于应用的实例分析两方面。开篇部分以"文化和人格"论为核心点，全面而系统地勾勒了美国式文化人类学心理学派的基本脉络和历史框架，其代表者有萨丕尔、本尼迪克特、米德等。而应用分析则就实例

---

① 綾部恒雄：『文化人類学15の理論』，中央公論社1984年版，98、103。
② 关于心理人类学的评述，载綾部恒雄『文化人類学15の理論』，中央公論社1984年版，107-108。另见 Francis L. K. Hsu, *Psychological Anthropology: Approaches to Culture and Personality*, Homwood, Illinois: Dorsey Press, 1961; 在此，Approaches 是双关语，表示途径或方法；日语学界用方法（approach）一词来对译 Approaches 的含义。
③ 箕蒲康子：「文化と人格·心理人類学」，载綾部恒雄『文化人類学15の理論』，中央公論社1984年版，104。
④ 小松和彦、田中雅一、谷泰、原毅彦、渡辺公三：『文化人類学文献事典』，弘文堂2004年版，122。详见祖父江孝男『文化とパーソナリティ』，弘文堂1976年版。

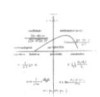

部分展开讨论：（1）不是对人格的整体，而是对态度、情绪等人格部分表现之探究；（2）有关文化变迁的心理适应、不适应等话题；（3）精神异常、精神卫生等相关议题；（4）宗教、信仰等各种文化现象研究，尤其是20世纪60年代的认知结构问题更加引人注目，其中多数以亲属名称体系的结构分析为焦点，与社会人类学和语言学的相关进路也有重叠之处。

《文化与人格》①所涉日本社会乃至文化比较，这一实证化努力涵盖了以下问题方面：正常和异常、罗夏克墨渍测验、日本人的心理特质、应对灾害的反应所见日本人的国民性、婴儿笼（エジコ，东北日本育儿笼所载性格影响）、日本同乡人的结合或交往方式、诹访和伊那（特定地区）、文章完成测试所见日本人的性格、村庄生活的变化、美国人的性格变化、爱斯基摩（因纽特人，Inuit）的文化和行动的变化、现代日本人的生理或两性（＝与性别有关），等等。正如A. F. 华莱士（A. F. Wallace）等所言，"文化和人格"论经历新旧立场并驾齐驱这一加以分化过程，并且新立场之确立宣告被称为"心理人类学"（Psychological Anthropology）以振翮高翔的深化态势擘画未来的蓝图。也就是说，该书的突破点在于：一方面系统梳理了美国式"文化与人格"研究的基本脉络及学理谱系；另一方面从本土文化的纵深结构出发探索了以日本为中心的案例分析和应用性领域。

源于整体性和分析性的观察—测验：从比喻模式到统计视角。《文化人类学中人格的测定方法》（1951）②声称，有一段时间，文化人类学即美国学派最显著的特色无疑"以接受或接近心理学，以及精神医学（Psychiatry）的过程为发展方向"，甚至可以说其完全蜕变为"社会心理学"，尤其是"社会精神医学"（Social Psychiatry）等同义词。这种走向最具典型性的表现就是所谓"文化和人格问题"（Culture-and-Personality Problem）的出场，其从弗洛伊德修正主义的立场出发，并把核心议题牢牢构设在"生活方式·文化类型和人格"间的相关性考察中来。其中，值得一提的是"日本人类学现阶段围绕文

---

① 祖父江孝男『文化とパーソナリティ』。别见小松和彦、田中雅一、谷泰、原毅彦、渡边公三『文化人類学文献事典』，122. パースナリティ一词，又称パーソナリティ，英语为 personality。

② 祖父江孝男：「文化人類学に於けるパーソナリティの測定方法」，『人類学雑誌』1951 年第62 巻 2 号，81. 别见祖父江孝男「県民性再考——文章完成法テストにあらわれた日本人パーソナリティの地域差」，『国立民族学博物館研究報告』1981 年第6期。

第四章　人格假设（二）：日本人行为—心智结构

化人格这一点所做各种各样的考察",它们均建立在"何等程度的效果和实际状态调查的基础上呢",对此彻底的科学主义践行者"不得不抱有或产生不少疑问和担心"。然而,文化人类学者的工作毕竟不是"安乐椅上的哲学者"或纯粹的人文主义者等所理解的那样。无论如何,学界开始承认"日本文化人类学和心理学乃至精神医学之间还存在着很大的裂痕",由于考虑到上述这一点的不足,人类学者去弥补"文化与人格论"缺乏"实证性考察这一空白也是必不可少的"。

祖父江提出,文化人类学中的人格测定（文章完成）方法可分为七种：（1）观察；（2）实地访谈；（3）内省测验；（4）神经反应测验；（5）精神作业测验；（6）投射性测验；（7）作品分析。

观察：虽然是最原初的,但也不能说是"最基本的和不可或缺的"。根据观测性质,将其分为"整体性观察"和"分析性观察"。一是整体性观察：起因于为了系统地掌握作为对象的个人或集团所持有的轮廓·状况（プロウフィル,Profile）或气氛等全面领域,如果是这样的话,凭借其"文学者的感觉"来把握就只会出现"文学者的观察"。例如,尽管美国学者 W. L. 华纳（W. L. Warner）、日本学者铃木荣太郎和喜多野清等曾都尝试使用写小说式的技巧来记述社会人类学调查和分析报告,但这种深陷直觉判断的"文学者的观察"毕竟不能实证或证明自身的科学性和客观性。[①] 二是分析性观察：不言而喻,它是"将行动的整体分解为极其细微的特性（Trait）来进行观察的方法",特别是其"通过核对表格和其他自动生成法正确地记录下来的"。在此,"分析性观察"接近更加人格化·被投射的各种制度及分析,即包含了"宗教、传说、民谣、语言、习惯等其他各种制度化的"——卡迪纳所谓的"第二次制度"（Secondary Institution）或"投射体系"（Projective Systems）分析,杜波依斯称其为"众趋人格的投射性分析（Projective Analysis）"。[②]

[①] 祖父江孝男：「文化人類学に於けるパースナリティの測定方法」,82. 然而,要表现出这种"整体的轮廓或气氛",必然就用文学的方式表现出来。作为一种"非常非科学的"方法,无论如何其论证结果都是主观性的。比如,本尼迪克特等有关"精神特质エトスEthos之分析"——"酒神（狄俄尼索斯）型"和"太阳神（阿波罗）型"的两种文化之形态比喻,许烺光等提倡心理人类学的文明类型比较之类比,这些均属于这种整体观察的文化学式做法。

[②] 在此,无论是整体性观察还是分析性观察,详见祖父江孝男「文化人類学に於けるパースナリティの測定方法」,『人類学雑誌』1951 年第 62 巻 2 号,82、83.

化人格这一点所做各种各样的考察"，它们均建立在"何等程度的效果和实际状态调查的基础上呢"，对此彻底的科学主义践行者"不得不抱有或产生不少疑问和担心"。然而，文化人类学者的工作毕竟不是"安乐椅上的哲学者"或纯粹的人文主义者等所理解的那样。无论如何，学界开始承认"日本文化人类学和心理学乃至精神医学之间还存在着很大的裂痕"，由于考虑到上述这一点的不足，人类学者去弥补"文化与人格论"缺乏"实证性考察这一空白也是必不可少的"。

祖父江提出，文化人类学中的人格测定（文章完成）方法可分为七种：（1）观察；（2）实地访谈；（3）内省测验；（4）神经反应测验；（5）精神作业测验；（6）投射性测验；（7）作品分析。

观察：虽然是最原初的，但也不能说是"最基本的和不可或缺的"。根据观测性质，将其分为"整体性观察"和"分析性观察"。一是整体性观察：起因于为了系统地掌握作为对象的个人或集团所持有的轮廓·状况（プロウフィル，Profile）或气氛等全面领域，如果是这样的话，凭借其"文学者的感觉"来把握就只会出现"文学者的观察"。例如，尽管美国学者W.L.华纳（W. L. Warner）、日本学者铃木荣太郎和喜多野清等曾都尝试使用写小说式的技巧来记述社会人类学调查和分析报告，但这种深陷直觉判断的"文学者的观察"毕竟不能实证或证明自身的科学性和客观性。① 二是分析性观察：不言而喻，它是"将行动的整体分解为极其细微的特性（Trait）来进行观察的方法"，特别是其"通过核对表格和其他自动生成法正确地记录下来的"。在此，"分析性观察"接近更加人格化·被投射的各种制度及分析，即包含了"宗教、传说、民谣、语言、习惯等其他各种制度化的"——卡迪纳所谓的"第二次制度"（Secondary Institution）或"投射体系"（Projective Systems）分析，杜波依斯称其为"众趋人格的投射性分析（Projective Analysis）"。②

---

① 祖父江孝男：「文化人類学に於けるパースナリティの測定方法」，82. 然而，要表现出这种"整体的轮廓或气氛"，必然就用文学的方式表现出来。作为一种"非常非科学的"方法，无论如何其论证结果都是主观性的。比如，本尼迪克特等有关"精神特质エトスEthos之分析"——"酒神（狄俄尼索斯）型"和"太阳神（阿波罗）型"的两种文化之形态比喻，许烺光等提倡心理人类学的文明类型比较之类比，这些均属于这种整体观察的文化学式做法。

② 在此，无论是整体性观察还是分析性观察，詳見祖父江孝男「文化人類学に於けるパースナリティの測定方法」，『人類学雑誌』1951年第62卷2号，82、83.

第四章 人格假设（二）：日本人行为—心智结构

化人格这一点所做各种各样的考察"，它们均建立在"何等程度的效果和实际状态调查的基础上呢"，对此彻底的科学主义践行者"不得不抱有或产生不少疑问和担心"。然而，文化人类学者的工作毕竟不是"安乐椅上的哲学者"或纯粹的人文主义者等所理解的那样。无论如何，学界开始承认"日本文化人类学和心理学乃至精神医学之间还存在着很大的裂痕"，由于考虑到上述这一点的不足，人类学者去弥补"文化与人格论"缺乏"实证性考察这一空白也是必不可少的"。

祖父江提出，文化人类学中的人格测定（文章完成）方法可分为七种：（1）观察；（2）实地访谈；（3）内省测验；（4）神经反应测验；（5）精神作业测验；（6）投射性测验；（7）作品分析。

观察：虽然是最原初的，但也不能说是"最基本的和不可或缺的"。根据观测性质，将其分为"整体性观察"和"分析性观察"。一是整体性观察：起因于为了系统地掌握作为对象的个人或集团所持有的轮廓·状况（プロウフィル，Profile）或气氛等全面领域，如果是这样的话，凭借其"文学者的感觉"来把握就只会出现"文学者的观察"。例如，尽管美国学者 W.L. 华纳（W. L. Warner）、日本学者铃木荣太郎和喜多野清等曾都尝试使用写小说式的技巧来记述社会人类学调查和分析报告，但这种深陷直觉判断的"文学者的观察"毕竟不能实证或证明自身的科学性和客观性。[①] 二是分析性观察：不言而喻，它是"将行动的整体分解为极其细微的特性（Trait）来进行观察的方法"，特别是其"通过核对表格和其他自动生成法正确地记录下来的"。在此，"分析性观察"接近更加人格化·被投射的各种制度及分析，即包含了"宗教、传说、民谣、语言、习惯等其他各种制度化的"——卡迪纳所谓的"第二次制度"（secondary institution）或"投射体系"（Projective Systems）分析，杜波依斯称其为"众趋人格的投射性分析（Projective Analysis）"。[②]

[①] 祖父江孝男：「文化人類学に於けるパースナリティの測定方法」，82. 然而，要表现出这种"整体的轮廓或气氛"，必然就用文学的方式表现出来。作为一种"非常非科学的"方法，无论如何其论证结果都是主观性的。比如，本尼迪克特等有关"精神特质エトスEthos之分析"——"酒神（狄俄尼索斯）型"和"太阳神（阿波罗）型"的两种文化之形态比喻，许烺光等提倡心理人类学的文明类型比较之类比，这些均属于这种整体观察的文化学式做法。

[②] 在此，无论是整体性观察还是分析性观察，详见祖父江孝男「文化人類学に於けるパースナリティの測定方法」，『人類学雑誌』1951 年第 62 卷 2 号，82、83.

实地访谈：通过"实地的对话或访谈来掌握或考察人格的特性"，因此提问项目"必须根据具体目的和情况来进行记录"，并追求"愈加结构性或非结构性的详尽过程"。比如，在社会调查的现时场域中，被调查者"很少有不协作的或乃至反抗性的场合"，也因而现场参与者"通过被观察者的对象（包括积极互动）来获得所谓的概括性素描（Thumb-nail Sketch）"，这也是很重要的。①

内省测验：假设制作"倔强""沉默""忧郁"等一定数量的指标问卷（50个），进而借此来"观察或把握内省自我的性格"，并对回答"是"或"否"中的一方"进行数理统计和提炼"，然后根据"得出的答案进行计算，求出趋向指数（V.Q.）"。如果内省测验只有"对日语沟通的范围内有效"，那么所谓"未开（或他者）社会"领域就"不能全部地照搬使用，而且这在文化人类学的应用方面可以说是致命的缺点"。② 然而事实上，所谓"未开"领域的实地访谈和"文明"领域的内省测验在本质上没什么区别，这种"未开—文明"的内部统合性在有关《日本性"宗教意识"结构》（真锅一史）的素描（宏观）事例测验也得以实证，因为关于日本宗教行动的各项目的最小空间分析和量化指标分布情况无疑反映了这一点（图4-6）。③

神经反应测验：这种方法借助一种神经系统的反应情况分析来掌握人格的表现状况，有"脑电波（E.E.G）""精神电流现象（P.G.P）"和"条件性反应（C.R.）"三种。就条件性反应来说，性格和C.R.的"关系并不乐观"，现在看来这是"一个值得思考的问题"。④

精神作业测验：该测验接近所谓"Kraepelin（连续加算）法"，即"在一定时间内，使其已量化指标进行连续加算"，描绘出"表示每1分钟内加算效率变化的曲线"；根据其"类型诊断性格，同时还参照此时间内的分配方式"，

---

① 「文化人類学に於けるパースナリティの測定方法」，83–84.
② 詳見「文化人類学に於けるパースナリティの測定方法」，84、85.
③ 真鍋一史：「日本的な宗教意識の構造——価値観と宗教意識に関する全国調査の結果の分析」，『関西学院大学社会学部紀要』2008年第104号，52.
④ 祖父江孝男：「文化人類学に於けるパースナリティの測定方法」，85、86.

第四章　人格假设（二）：日本人行为—心智结构

```
          扫墓 2
    佛龛 10
         神龛 9
                    护身符
                     5  4  1
    拜礼·劳动            祈愿     新年参拜
       6  8
         参拜
    7 圣书·经典
                     神签或纸签 3
```

指标及分布说明：
1. 新年参拜（初诣）；2. 扫墓（墓参り）
3. 神签或纸签（おみくじ，お御籤）
4. 护身符（お守り・おふだ，御札）
5. 祈愿（祈願）；6. 拜礼·劳动（礼拝·お勤め）
7. 圣书·经典（聖書·経典）；8. 参拜（お参り）
9. 神龛（神棚典）；10. 佛龛（仏壇）

图 4-6　日本性"宗教意识"宏观结构
注：各项意识行动的最小空间分析和指标分布。

来制定"各种人格描述的确定类型"。① 与神经反应测验和精神作业测验相同，根据《日本性"宗教意识"结构》（真锅一史）的微观实例测验，可得出关于日本宗教信念、感情、意识的各项最小空间分析图和七层分布情况，比如图 4-7 所示：②

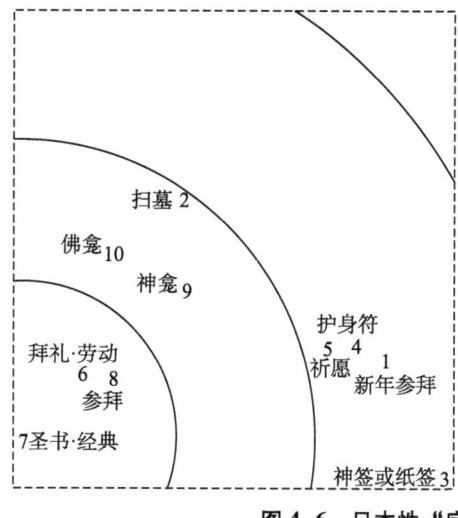

指标及分布说明：

第一层：1 信仰

第二层：28 宗教性心理

第三层：10 先祖供养即信仰

　　6、8、9、13、14 保护和救助——神佛眷顾·祖先的守护、救助和回报

　　2、7 与祖先有关的心灵感应

第四层：5、22 双手合十，令人敬畏

---

① 祖父江孝男：「文化人類学に於けるパーソナリティの測定方法」，86. 别见泉靖一「北海道新十津川部落と奈良県津川部落との変動の状態の人類学的調査」，人類学會，1949 年。
② 真鍋一史：「日本的な宗教意識の構造——価値観と宗教意識に関する全国調査の結果の分析」，55.

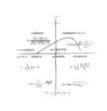

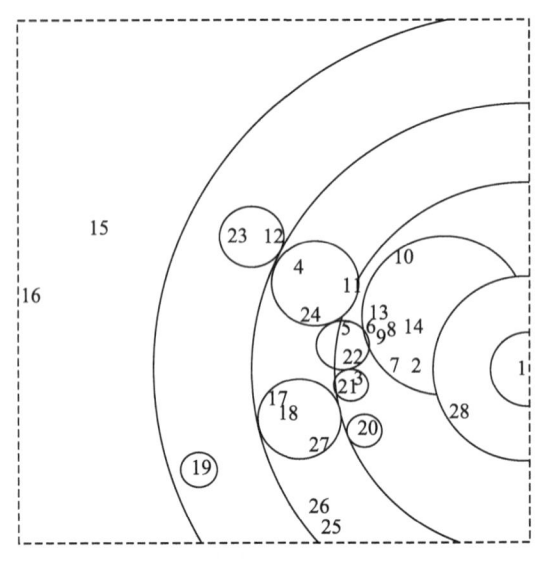

图 4-7　日本性"宗教意识"微观结构

注：宗教信念、感情、意识的各项最小空间分析。

3 神佛的恩惠

21 心情平静——神社、寺庙、教会、赞美歌、经书、咏歌

20 用看不见的力量活着

第五层：4、11、24 蜜蜂——疏松、不好的纸捻、垃圾

17、18、27 宗教自然观——古树、日出、日落、月光、山川草木

26 艺术

25 第6感

第六层：12、23 记录现实主义——回忆·浮现

19 这瞬间很重要

第七层：15 神即佛

16 今世的幸福>来世的救赎

投射性测验（projective test）：亦译"投射测试"，是指"通过给予参与者一定的场面并使其产生反应"，同时"将参与者的思考样式、感情等投射或反映到该场面中来"，进而借此"把握该参与者的投射性人格"。在美国，这种测量人格法"已成为最有效的手段，真正地显示出了惊人的发展"，而日本的这种测

第四章　人格假设（二）：日本人行为—心智结构

量法"也与美式方法有很大的关系"。①（a）按位置分类：联想是"整体的还是部分的"，或者是"源于细微部分的还是源于圆形的间隙部分的"；并将"这些回答与其他颜色的要素组合起来考虑"，进而确定"其思考中的抽象性、对细微小事的关心、自信心、犹豫、自我不满、后悔等"性格特征。（b）根据决定要素的分类：确定其"从形态的相同、色彩的相同、明暗状态的相同等出发的何种联想"，以此来"判断人类的联想与动物的运动情况之间有无关联"，并分析"可掌握情绪·感情的状况、不安·抑郁的状况、理智性的程度和向性等"。（c）按内容分类：确认"与动物、植物、人物、无生物、解剖学的事物等分类对应的关系表达"，并通过"此类联想或投射关系了解其智能、兴趣、关心、心中的自卑感等"状态。此外，通过反应数、反应状况等分析，也可得出各种有趣的结果。②

作品分析：虽然是一种投射性测试，但由于"投射"的"自由度更大一些，所以作为独立的状态来思考"，可分为"绘画（或作画）、作文两种"。一是绘画（F. L. Goodenongh 的测验），根据"作品勾画出来的状态（快乐程度等）来测量智能"，除此之外，由于被用于"比起其他异常人格再正常不过的人格研究"，因此文化人类学"也开始使用起来了"。二是作文，尽管说该方法在所谓"未开社会"中不能使用，但在"文明社会"中，作文的分析"对人格的调查有一定的成效"，因此有"必要时候还可使用 T. A. T. 等辅助方法"。③ 在此，祖父江氏用"未开"和"文明"来区分或检验测试法的有效性，但这种说法是并没多少科学依据的。

归纳起来看，心理人类学人格测验法有如下七种④：（1）观察：指有关个体或集体情境的"整体性观察"和"分析性观察"；（2）实地访谈：包括关

---

① 祖父江孝男：「文化人類学に於けるパースナリティの測定方法」，87. 投射性测试方法有很多种，其中常见的包括：罗沙赫即罗夏墨迹或墨渍测验（Rorschach test）、主题统觉测验（T. A. T. 或 Thematic apperception test）、人形游戏测验。其中，罗夏墨迹测验（Rorschach test）ロールシャハ・テスト：向参与者展示 10 张上述的无意义圆形卡（在早大修订式中为 8 张），参与者根据所见情况回答由此产生的联想，给出的答案可以被分为以下几种人格即性格诊断的因素或依据（ファクター，Factor）。
② 祖父江孝男：「文化人類学に於けるパースナリティの測定方法」，87. 另外，T. A. T. 是极为有价值的，但作为有意义的圆形，其特征必须完全符合参与者自身的生活环境。人形游戏测验是为了了解幼儿在家庭内以感情为中心的人格形成，因此让幼儿去玩人形游戏，进而观察分析其状态。
③ 详见祖父江孝男「文化人類学に於けるパースナリティの測定方法」，89-90.
④ 祖父江孝男：「文化人類学に於けるパースナリティの測定方法」，90-91.

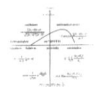

于梦境的心理分析访谈，憧憬或场景等；（3）内省测验：以 Awaji-Okabe 版本测试、心理卫生专业测试等为主；（4）神经反应测验：涵盖脑电图—框架（Electro-Encephalo-Ramm）、心理电流现象与条件反应（Psychogalvanic Phenomenon and Conditioned Response）等；（5）精神作业测验：实指"连续加算"测验法；（6）投射性测验：以罗沙赫或罗夏墨迹测试、T. A. T.（主题统觉测验）、人形游戏测试为中心；（7）作品分析：绘画和作文分析（Analysis of The Drawings and Compositions）。

在以上七类人格测量方法中，与文化人类学——"文化与人格论"的目的和方法更为接近的有四种：观察（整体性、分析性）、实地采访或访谈、投射性测验（罗沙赫或罗夏墨迹测验、T. A. T.、人形游戏测试、其他）、作品分析（作画或绘画、作文），在适当情况下加上"内省测验"批判的并用测试也会达到相当不错的效果。由此断言，《文化与人格》等所致力的不单是从比喻模式（整体性观察）到统计视角（分析性观察）的理论转型，更是从方法论的根本层面进行改造的"文章完成"（人格测定）法之创建。

二　日本县民性和地域人格结构

《县民性的人间学》（2000）[①]，把县民性看作现代日本文化的人格中轴，认为它包括"从语言的口音、文化风俗到人品（性格）气质的差异"，以及极具"地方色彩的丰富话题"；因为县民性不是作为表象或印象的"虚像"，而是作为"实像"而存在的。对于近现代日本而言，虽说人们会轻而易举地提起"东京的江户之子""大阪的逆官僚""京都的茶饭待客""长野的斗嘴子""东京沙漠"等社会印象也不足为奇，但县民性意识有强弱之分，其与县民性受其宗教、历史之影响的文化结构等因素有关。[②]

县民性的人格判断和地域分析前提。"实像""虚像"分别指县民性的"实在化"和"虚构化"之现象，起因于祖父江氏回应我妻洋提出日本是否存在普遍县民性问题的学理性对话。比如，我妻洋对日本人社会行为和心理

[①] 祖父江孝男：『県民性の人間学』。别见祖父江孝男『県民性——文化人類学的考察』；『出身県でわかる人柄の本——日本人の常識』，同文書院 1993 年版；祖父江孝男等『日本人の構造』。

[②] 祖父江孝男：『県民性の人間学』，12-17. 别见「県民性再考——文章完成法テストにあらわれた日本人パーソナリティの地域差」（略称「県民性再考」），231.

第四章　人格假设（二）：日本人行为—心智结构

方面的探讨，也贯穿至其代表作《自我的社会心理》（1964）、《家族的衰落》（1985），以及《日本人和欧美人》（1959）和《偏见的结构》（1967）等①中。在这一点上，《县民性的人间学》等与我妻洋以纯粹行动为中心的心理研究划清了界限。

  我曾经公开出版过关于县民性的著作［祖父江1971］，我妻洋对此提出意见认为："在同一个日本，实际上不存在县民性和村民性"，乍一看"像不同县民性的东西，实际上是由于地理、经济、制度等条件的不同，行动（行为）方式的不同而形成的行动样式之差异化表现"，所以"各个地区和县的模式·人格或性格并没有什么差别"。［我妻洋·原话，1974］②

《县民性再考》认为，决定用"所谓的县民性"这个词来表达县民性格之意，其缘由是，虽然县民性被日本不同地区理解成这样那样而且内容十分广泛的差异性的人格特征，但不考虑那些表象的不同，就会易于发现使用含义极其模糊的情况。③ 该文还指出，我妻洋从一开始就提出否认这种人格部分存在地域差异的看法，但是仅从"文章完成法测试"的结果来看，虽说这种差异只是极其小的，但也可以明确地看出人格特性在不同地域中形成的差异一面。④ 祖父江氏还将日本人的人格结构和心理特征划分为与特定行动相关的表—中—基三层次，认为基层部分是地域性差异极小的稳定基盘，但表层和中层部分逐次出现地域性差异变大的趋向。不过，根据《县民性再考》所涉文章完成法观测结果，

---

  ①　我妻洋：『自我の社会心理』，誠信書房1964年版；『家族の崩壊』，文芸春秋1985年版。别见『国民の心理——日本人と欧米人』（略称『日本人と欧米人』，祖父江孝男と共著），講談社1959年版；『偏見の構造——日本人の人種観』（略称『偏見の構造』，米山俊直と共著），日本放送出版協会1967年版。

  ②　祖父江孝男：「県民性再考——文章完成法テストにあらわれた日本人パーソナリティの地域差」，231．

  ③　祖父江孝男：「県民性再考——文章完成法テストにあらわれた日本人パーソナリティの地域差」，231．也就是说，通常被称为"县民性"的第一个含义只是作为"表象或印象"而存在的。"××县的人是这样那样的"，是指在普通人之间被理解成这样那样的，实际也是一种模糊表达的刻板印象。

  ④　祖父江孝男：「県民性再考——文章完成法テストにあらわれた日本人パーソナリティの地域差」，232．

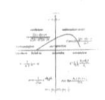

有些地区差异也比一般预想的要少得多，甚至对于某些特性来说，这种地区差异几乎接近于零。①《县民性的人间学》实例划分②和常见的北海道·东北、关东、近畿、中国、四国、九州等地区划分基本相同，唯一一个区别的是《县民性的人间学》中把常用各县地图中的中部地区划分成为北陆和中部两个地区。

日本的县民性和地域结构。东京的人际关系是自然形成的，大阪的人际关系是有意识地制作出来的，名古屋的人际关系是原本已形成了的。③《县民性的人间学》对各地区的人格诊断，大致包括九个方面（图4-8）。

北海道（Hokkaido）地区，分为札幌（Sapporo）、函馆（Hakodate）、小樽（Otaru）等。④该地区人豁达、坦率，不拘泥于形式，追求自由人格。虽然说开拓精神是该地区所体现出的进取印象，但仍是缺少独立性格，依赖心较强，并且很多人都安于现状又较为诚实。说话拘谨，不善于表达。人的性格都极好，但是沉迷于贪玩，热衷于饮食等，尤其在与女性交往的关系方面较铺张浪费。札幌圈正因为是边境"殖民地"，所以开放而淡泊。函馆和小樽在北海道也算是历史悠久的地区，所以显得过于保守。内陆地区不乏很多固执或顽强的人群。

东北地区，包括青森（Aomori）、岩手（Iwate）、宫城（Miyagi）、秋田（Akita）、山形（Yamagata）、福岛（Fukushima）等县。青森县人被分为津轻和南部，前者爱唠嗑，后者沉默寡言；即使是遇到降低自己身份之场面，也要尊重长辈。⑤岩手人的性格，非常顽强，嘴笨但善于营销。⑥宫城人，有消

---

① 祖父江孝男：「県民性再考——文章完成法テストにあらわれた日本人パーソナリティの地域差」, 232. 在此，可以论证这样一个检验过程：要测量基层人格（个性或性格）和表层人格两者地域差异的大小程度，事实上，若通过非常有限的事例（数量过小的样本）来进行，那么任何测试和假设中均会出现不一致结果，这也是意料之中的。

② 祖父江孝男：『県民性の人間学』, 新潮社2000年版。该书的前身为『県民性——文化人類学的考察』（中央公論社1971年版），『出身県でわかる人柄の本——日本人の常識』（同文書院1993年版）等。

③ 根据相关资料，在日本有「東京は人間関係ができる、大阪は人間関係を作る、名古屋は人間関係がある」的说法。

④ 性格或人格考论以山口昌男、井上靖、渡边淳一等文化名人为案例基础，详见祖父江孝男『県民性の人間学』, 33-39.

⑤ 根据三浦雄一郎、三浦哲郎等文化名人案例，参照祖父江孝男『県民性の人間学』, 40-44.

⑥ 案例以千昌夫、金田一京助、新渡户稻造等为人物来源，详见祖父江孝男『県民性の人間学』, 45-48.

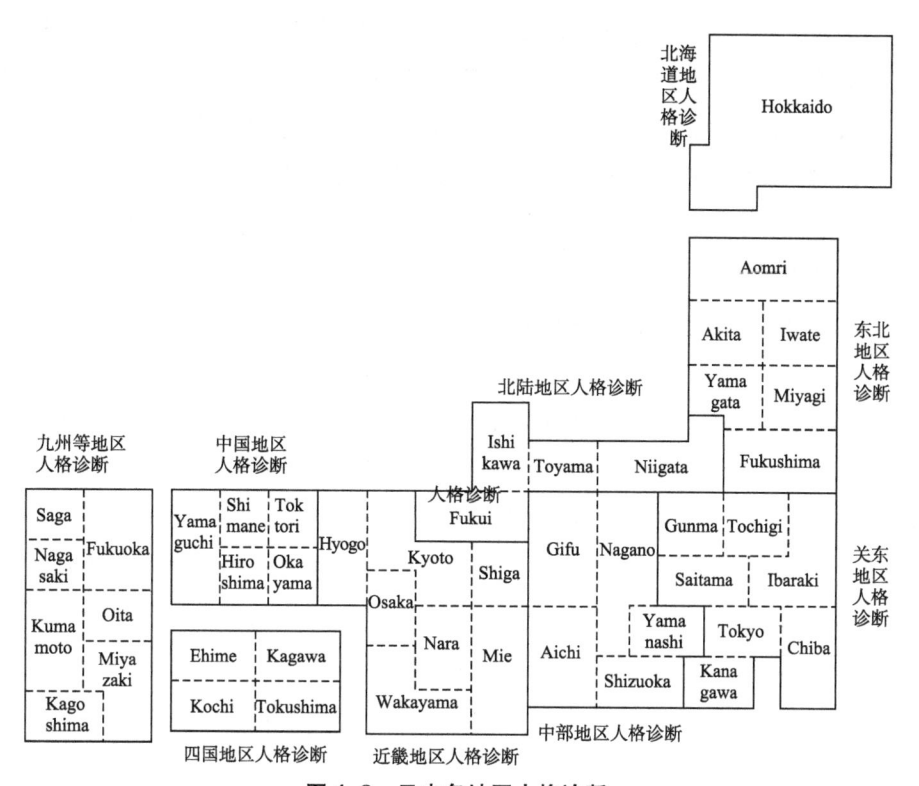

第四章 人格假设（二）：日本人行为—心智结构

图 4-8　日本各地区人格诊断

注：根据《县民性的人间学》的"日本人性格分析"所制。

极性和稳重性的性格特征，倾向于唯利主义者。① 忍耐心较强，设有好客待人的悠闲房间，对什么事都表现出慎重。秋田人，淳朴友善，以美女出名，但离婚率高。② 山形人，人情味浓厚，稳重诚实。③ 福岛人，具有保守·自忍的性格，其中俗称会津人的性格为倔强又纯粹。④

关东地区，分设茨城（Ibaraki）、栃木（Tochigi）、群马（Gunma）、埼玉（Saitama）、千叶（Chiba）、东京（Tokyo）、神奈川（Kanagawa）等市县。茨城人，善于交际，不计较；水户藩气氛随处可见，多为激情但短暂，俗被称

---

① 源自梅原猛、志贺直哉等人物案例考察，参照祖父江孝男『県民性の人間学』，49-52.
② 实例以西木正明、平田笃胤等为人物基础，详见祖父江孝男『県民性の人間学』，54-58.
③ 根据藤泽周平、清河八郎、阿部次郎等文化人物案例，参照祖父江孝男『県民性の人間学』，59-62.
④ 具体以西田敏行、野口英世等为人物实例，详见祖父江孝男『県民性の人間学』，63-67.

为"关东无敬语地带"。① 栃木人,也属"关东无敬语地带",保守又积极,爱开玩笑。② 群马人,善于赛马、赛艇等竞技活动,有逞强又造势的性格。③ 埼玉人,文化、经济等无形成中心,非常质朴,土语特色浓厚。④ 千叶人,乡土意识弱,以保守性、稳健性突出。⑤ 东京人,江户之子,逞强性子明显,崇尚权力至上,节约又吝啬,自我意识过强。⑥ 神奈川人,追求合理性,市民主义气氛极浓。⑦

北陆地区,设有新潟(Niigata)、富山(Toyama)、石川(Ishikawa)、福井(Fukui)等县。新潟人,以东京洗澡店、豆腐店的经营者见长,同县人间互助精神强,花钱不冒险,形成储存、节俭风气;比起虚名更追求实在,对教育不热心,具有不华丽但实干的劳动者性格;男性对家庭或家族的责任心浓足,女性以出护士闻名,生活中夫唱妻随。⑧ 富山人,多为勤勉的劳动者,团结力、警戒心均强,尤其女性亦是如此;药店经营者讲究信用,极力逃避与工作无关的场合,因此咖啡店和茶店很少;对教育及其投入较热情,女性比男性还遵守传统的道德观,有着不服输的坚强性子,表现出实力主义者气度。⑨ 石川人,官吏(现在的公务员)气质十足,有别于江户、大阪传统(对武士的表在化),对武士式的教养崇敬有加(内心深处),权力面前较软弱;金泽商人有"财产三分制","无职业者"社会地位(金钱等)相对高,比起过去现代男女关系格外严格。⑩ 福井人,女性群体爱劳动,可与群马县——"平地型"强女性格媲美,喜欢存款,家庭意识较强,善于家庭经济

---

① 来自对中川志郎、渡边彻、松居直美等人物案例,参照祖父江孝男『県民性の人間学』,71-76.
② 根据柳田帮男、落合惠子等人物实例,詳见祖父江孝男『県民性の人間学』,77-80.
③ 案例以金井美惠子、内村监三等为人物原型,参照祖父江孝男『県民性の人間学』,81-85.
④ 根据森村诚一、涩泽荣一等人物实例,詳见祖父江孝男『県民性の人間学』,86-90.
⑤ 源自日莲、伊能忠敬等人物案例,参照祖父江孝男『県民性の人間学』,91-95.
⑥ 来自山口百惠、芥川龙之介、三岛由纪夫等实例基础,詳见祖父江孝男『県民性の人間学』,96-101.
⑦ 根据近藤真彦、冈仓天心等人物案例,参照祖父江孝男『県民性の人間学』,102-106.
⑧ 实例以佐藤忠男、三波春夫、小林幸子等为内容,詳见祖父江孝男『県民性の人間学』,109-114.
⑨ 根据上野千鹤子、野际阳子、藤子不二雄等人物案例,参照祖父江孝男『県民性の人間学』,115-119.
⑩ 源自松井秀喜、泉镜花、西田几多郎等人物实例,詳见祖父江孝男『県民性の人間学』,120-124.

第四章　人格假设（二）：日本人行为—心智结构

管理。①

　　中部地区，分为山梨（Yamanashi）、长野（Nagano）、岐阜（Gifu）、静冈（Shizuoka）、爱知（Aichi）等县。山梨人，计划力强的思考者，重视义理人情，向往城市生活。② 长野人，具备努力家兼极强的责任感，教育虚象化，有"历史大将"精神。③ 岐阜人，仍保留着大家族制，处于东、西日本连接点，善于商业活动。④ 静冈人，生活悠闲自在，几近慢吞吞，忍耐力、意志力并不突出；像发明家新想法较多，顺应性极好，明朗又开阔，好奇心较强；有东、西两侧方言或文化之差异，以中央地沟带（フォッサ・マグナ）为界限，但均追求正直、中庸、平均等。⑤ 爱知人，常以独行者的脸面出现，忠于自我价值观，局限于地方性眼界，狭隘又缺乏魄力，排他性强，但也有合理性兼坚实性一面。名古屋印象即为庞大的"乡巴佬"，闭锁性或封闭性（清水义范）显明，以三河所留农耕个性、尾张所见商业化性格（司马辽太郎）为根基；质朴节俭，善于计算又不浪费（田边圣子），有时也爱面子；保守又消极的，但也有热情和开放一面。⑥

　　近畿地区，辖设三重（Mie）、滋贺（Shiga）、京都（Kyoto）、大阪（Osaka）、兵库（Hyogo）、奈良（Nara）、和歌山（Wakayama）等市县。三重人，地处东京、大阪中间，毗邻京都和名古屋，因这种环境使人变温和或稳重；但紧张感较弱，对事态度不够霸气和深刻，尤其是男性表现出健全的平凡人性格；人际关系柔和，对暴力天然厌恶，加上"海女"等职业所见忍耐性（可与纲野善彦所说——"海夫"历史对比）。⑦ 滋贺人，大阪商人即近江印象，正直又坚

---

① 根据三屋裕子、荒川洋治、久里洋二、桥木左内等人物案例内容，参照祖父江孝男『県民性の人間学』，125-129.
② 实例以日向方齐、辻信太郎、堀内恒夫、三浦友和为人物根据，詳见祖父江孝男『県民性の人間学』，133-138.
③ 源自伊藤淳二、丸山健二、秋本奈绪美等人物案例，参照祖父江孝男『県民性の人間学』，139-144.
④ 根据小岛信夫、篠田正浩、松原智惠子等人物实例，詳见祖父江孝男『県民性の人間学』，145-149.
⑤ 案例以大贺典雄、小川国夫等为人物根基，参照祖父江孝男『県民性の人間学』，150-154.
⑥ 根据盛田昭夫、黑川纪章等人物实例，詳见祖父江孝男『県民性の人間学』，155-164.
⑦ 案例以丹羽文雄、松尾芭蕉、本居宣长等为人物内容，参照祖父江孝男『県民性の人間学』，167-172.

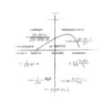

实，有勤勉、俭约精神；看似外在柔和，但也有谨慎、冷静或精打细算等一面。① 京都人，旧都（市内）精英意识饱满，称东京、大阪像是乡下（《徒然草》，吉田兼好），自尊心超强；但闭门自守，"自扫门前雪"，重视家格、出身等；讲究脸面，聪明又现实，公私分明。② 大阪人，追求实在的合理性，说话带顽强、劲儿足的浊音（与大阪、神户相比）；走路急性子，纵式组织意识弱，反权力主义者，个人意识较强；对钱很细致，买东西讨价还价，但不像名古屋那边吝啬，恋爱忽冷忽热。③ 兵库人，乡土自满——因"神户夜景"和饮食所显露出；街巷所见开放性，不局限于固定想法和权威，追求自由感觉。④ 奈良人，消极又保守，表现在"好睡"一面（"京都好穿，大阪好吃"），排他性比京都稍弱。⑤ 和歌山人，明朗热情，反抗心较强，进取又冒险，商业优先印象浓厚，等等。⑥

中国地区，关涉鸟取（Tottori）、岛根（Shimane）、冈山（Okayama）、广岛（Hiroshima）、山口（Yamaguchi）等县。鸟取人，竞争心薄弱，模糊性格以不明朗、不追时髦为特色，消极弱气稍微多；东侧因幡，排他性显著，雨季有强韧性，西侧伯耆，开放性略突出，风季有忍耐性；男性气度弱些，女性性格朴素又老实。⑦ 岛根人，分东部出云和西部石见，内向型的社恐者，甚至消极悲观，缺乏野心和热情。⑧ 冈山人，积极向上，有进取风气，缺少自我中心或协调性；对教育热心，商业气氛浓，回避纠纷和冲突。⑨ 广岛人，冒险

---

① 源自石田三成、中江藤树等人物实例，详见祖父江孝男『県民性の人間学』，173-177.

② 根据野村克也、千宗室、山村美纱、吉田兼好、今西锦司等人物案例，参照祖父江孝男『県民性の人間学』，178-184.

③ 以司马辽太郎、藤本义一、田中裕子、谷村新司、川端康成为人物实例，详见祖父江孝男『県民性の人間学』，185-192.

④ 源自河合雅雄、河合隼雄 村上春树、渡哲也、柳田国男、和辻哲郎等人物案例，参照祖父江孝男『県民性の人間学』，193-197.

⑤ 根据福井谦一、田中一光、山村聪等人物实例内容，详见祖父江孝男『県民性の人間学』，198-202.

⑥ 案例以东尾修、坂本冬美、南方熊楠、佐藤春夫等为人物基础，参照祖父江孝男『県民性の人間学』，203-206.

⑦ 根据小林繁、伊谷纯一郎、冈本喜八、泽田研二等人物实例，详见祖父江孝男『県民性の人間学』，209-212.

⑧ 案例以梨田昌孝、安野光雅、田中美佐子、林鸥外等人物为对象，参照祖父江孝男『県民性の人間学』，213-216.

⑨ 源自川相昌弘、正宗白鸟等人物实例，详见祖父江孝男『県民性の人間学』，217-221.

第四章　人格假设（二）：日本人行为—心智结构

心富足，具有忽冷忽热的浮躁性，所谓淡泊即半途而废；缺乏主体性主义，责任心较弱，有执着的乡土意识，平常平衡感甚优。① 山口人，系纯粹理想者、大事主义者（志向于中心），高信息收集者；善于操弄组织，洞悉人脉，但仍保留重男轻女等传统。②

四国地区，包括德岛（Tokushima）、香川（Kagawa）、爱媛（Ehime）、高知（Kochi）等县。德岛人，有着强韧的精神力，勤快又实利（势利）性富足，内心冷漠（阿波人）；竞争心较强，劳动欲积极又高；由于"颜面平静，内心冷静"双向性格，所以商业竞争中手腕硬。③ 香川人，对教育投资的热情极高，气质偏温和，协调性较好；个性较弱，缺乏独创性和才华，善于服务行业。④ 爱媛人，英雄意识强，个性淡泊，稳重开放，不乏魄力；中位（中立）主义显明，自由向上，反集团意识强，自强意识高；想法丰富，悟性或理解力（钝感力）较强。⑤ 高知人，黑白分明，好强性格，强情豁达，也有高傲自大的一面；反权威主义明显，甚至以无组织（或政府）主义者的倾向居多，离婚率较高。⑥

九州地区，下设福冈（Fukuoka）、佐贺（Saga）、长崎（Nagasaki）、熊本（Kumamoto）、大分（Oita）、宫崎（Miyazaki）、鹿儿岛（Kagoshima）、Okinawa等县。九州全体印象，连带意识浓厚，开放性、进取心、团结性皆强，可谓大事主义者。福冈人，豁达开放，进取心强，排他心弱，也有都市型冷淡一面；系反权威主义者，自我主张意识显著，对纵式社会的依赖较低。⑦ 佐贺人，武士性理想氛围浓，顽固彻底不通融，外面看似很礼仪道德；内部倾向利己主义，

---

① 根据仓本昌弘、大林宣彦、杉村春子、西城秀树等人物案例，参照祖父江孝男『県民性の人間学』，222-227.

② 实例以门田博光、宇野千代、星野哲郎、西村知美、松田优作、林芙美子等人物为根据，详见祖父江孝男『県民性の人間学』，228-234.

③ 源自板东英二、潮崎哲也、佐古纯一郎、竹宫惠子等人物案例，参照祖父江孝男『県民性の人間学』，239-243.

④ 根据田尾安志、西村望、松本明子、菊池宽等人物实例，详见祖父江孝男『県民性の人間学』，244-247.

⑤ 案例以西本圣、大江健三郎、高见知佳为对象，参照祖父江孝男『県民性の人間学』，248-253.

⑥ 根据宫尾登美子、仓桥由美子、高松英朗等人物实例，详见祖父江孝男『県民性の人間学』，254-260.

⑦ 案例以松永浩美、中野浩一、赤川次郎、梦野久作、松田圣子等人物为基础，参照祖父江孝男『県民性の人間学』，266-270.

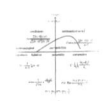

社交性方面不够大方，当地封建性影响大。① 长崎人，阳气开放，外向型印象显著；但也有保守性（人际关系、金钱观、伦理观等），喜欢悠闲生活。② 熊本人，顽固者印象突出，系保守的个人主义者等。③ 大分人，实在正直，隐藏其积极性，谈吐幽默，新想法较多。④ 宫崎人，豪爽耿直，女性热情温和，淳朴但弱气又消极。⑤ 鹿儿岛人，乡土主义强些，缺乏计划性，人情味过浓，系异想天开的理想主义者。⑥ Okinawa人，男女都温和，封闭性又自由豁达，竞争意识弱。⑦

县民性——日本人的行动根基和地域分布之确定。《县民性的人间学》等把县民性文化人格（或个性）部分看作日本人行动的根本基础，认为尽管在不同地域中仍存在差异，但这种不同或差别与形成县民性的历史观变化有关。在此，作者强调与日本人行动相关的人格论题，并将其"他者志向性"与土居健郎有关日本人的"依赖"（或译"娇宠"，amae）特征进行了比较。譬如，《依赖的结构》（土居健郎）也把"依赖"作为日本人独特的人格结构和心理特征来捕捉，这无疑代表了日本人的精神结构及人论探索的重要方向。⑧ 与此相同的是：

> 从日本人的人格（个性、性格）来看，可以推测其所谓核心部分或最基本的部分在全国都是具有共通的特征而存在的，几乎看不到地域差异。我认为，可以指出作为日本人最核心特性的自我主张之薄弱，或者用其他表达方式来说，被称为"自我不确定性"（Uncertainty About One-

---

① 源自北方谦三、村田英雄等人物实例，详见祖父江孝男『県民性の人間学』，271-274.
② 根据野田秀树、美轮明宏、原田知世等人物案例，参照祖父江孝男『県民性の人間学』，275-278.
③ 实例以秋山幸二、野田知佑、八代亚纪、宫崎美子等人物为内容，详见祖父江孝男『県民性の人間学』，279-284.
④ 源自筑紫哲也、山下久美子、福泽谕吉等人物案例，参照祖父江孝男『県民性の人間学』，285-289.
⑤ 根据今井美树、山崎哲、永瀬正敏等人物实例，详见祖父江孝男『県民性の人間学』，290-294.
⑥ 案例以稻盛和夫、山崎浩子、吉田拓郎等人物为对象，参照祖父江孝男『県民性の人間学』，295-303.
⑦ 源自安室奈美惠、又吉荣喜等人物实例，详见祖父江孝男『県民性の人間学』，304-311.
⑧ 大久保喬樹：『日本文化論の系譜——「武士道」から「甘えの構造」まで』，中央公論新社 2003年版。

self）的这一点。因此，所谓的个人主义（Individualism）极其微弱，其与"他者志向性"（Other-orientedness），或者"对他者的敏感性"相互结合和重叠，正如土居健郎所说的"依赖"倾向较为显著，特别是其与母亲之间的"依赖"关系、"相互依存关系"（Mutual Dependency）尤为显明。①

以上说明，日本人性格在基本核心部分很稳定，几乎看不到较大的地域性差异，与此对应，在越接近个性或人格的表层部分，就越有可塑性，或越容易变化；由于同一个日本内部的文化环境之不同，在某种意义上也有可能产生相当程度上的地域差异。此外，父子关系、母子关系在男性的情况下几乎不出现较大的地域差异，但对女性而言，地域差异就一直很大，这一点值得注意。②

《县民性再考》等不仅回应了我妻洋有关县民性结构的无差异说和土居健郎有关人格结构的依赖说，还与其《文化与人格》（祖父江孝男）所主张的人格层次—三维结构说这一自己理论衔接了起来。诚然，除祖父江孝男、我妻洋、米山俊直等外，土居健郎等提倡日本心理—人格结构论③也极为重要，可谓日本自社会的精神分析及母系原型探索的典范事例。

三　文化人格的三层次结构

《文化与人格》④ 以人格层次结构为假设框架，指出职业性行为处于人格最外层的面具社交中，其在某种程度上得以内在化后，呈现出向人格最核心部

---

① 祖父江孝男：「県民性再考——文章完成法テストにあらわれた日本人パーソナリティの地域差」，229–230.

② 祖父江孝男：「県民性再考——文章完成法テストにあらわれた日本人パーソナリティの地域差」，230.

③ 如果说《依赖的结构》（1971）、《表和里》（1985）、《注释"依赖"的结构》（1993）是以现代日本人、社会心理的人格基础为研究对象的话，那么《续"依赖"的结构》（2001）特别以时代性的考察为焦点，从"依赖"和自立的关系来论述了日本人和社会的未来走向。详见土居健郎『「甘え」の構造』，弘文堂 1971 年版；『表と裏』，弘文堂 1985 年版；『注釈「甘え」の構造』，弘文堂 1993 年版；『続「甘え」の構造』，弘文堂 2001 年版。

④ 祖父江孝男：『文化とパーソナリティ』。根据《简明文化人类学》（中译本）的第四章即核心部分，另见 [日] 祖父江孝男：《简明文化人类学》，季红真译，作家出版社 1987 年版。

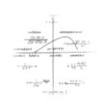

分——外部和内部逐次渗透的真实心象。上述人格层次的构设及提法，初步出现于《日本人和欧美人》（祖父江孝男、我妻洋合著，1959）、《爱斯基摩人》（1961）等①比较观察，后经由《文化与人格》等拓展成为《世界的民族与日本人》（1986）、《日本人的国际性——结构分析》（1989）等②西方、日本心理结构比较和量化实例探索之典范。

人格形成的三层次和理论来源。《文化与人格》把人格结构理解为三个层次的阶序模式（图4-9所示），即从最表层的外边到核心层的外部和内部层级，依次称为"职业性行为"（Role-behavior）、"核心部外层"（Core-peripheral Personality）、"核心部内层"（Core-nucleus Personality）。在此，令人易于想起的是弗洛伊德所倡导基于本我（Id，快乐原则）—自我（Ego，现实原则）—超我（Superego，理想原则）的三层人格结构，三者分别与潜意识（Unconscious）、前意识（Preconscious）和意识（Conscious）或交错或模糊地对应。当一个人"处于被给予的位置，扮演被要求的角色的时候，他的行为就成为职业性行为"。这类角色的形成是后天习得和熟悉、适应的过程，但如果不这样，就必须去面对可能"会发生非常严重的纠葛（Conflict）"之困扰。在这个阶段，"行为的本身不过仅仅是假面具，并且内心深处非常高明地不受那个假面具的影响"。在下一个阶段，假如职业性行为"被某种程度地内在化了，而这一情形，又属于个体或个人格结构的中间层次（＝核心部外层）"。以此类推，人格的最核心部分（＝核心部内层），不仅接近于卡迪纳、林顿的"第一次性制度"或"基本人格结构"（与弗洛伊德式的"个体人格"以遗传为前因有所不同），而且与弗洛姆（Erich Fromm）的"社会性性格"（倾向于集体人格）的原本基础有关联。因而，要说明"在集团内部共通的人格"，杜波依斯提倡的"众数或众趋人格"（"最频性人格"，modal personality）这一术语更为贴切或更有统计学味道，尽管卡迪纳和林顿、弗洛姆等以基本人格结构和社会性性格等为圭臬，指定了社会心理—人格结构探索的基

---

① 祖父江孝男：『国民の心理——日本人と欧米人』（我妻洋共著），講談社1959年版；『エスキモー人——日本人の郷愁をさそう北方民族』（略称『エスキモー人』），光文社1961年版。
② 祖父江孝男：『文化人類学——世界の民族と日本人』（略称『世界の民族と日本人』），放送大学教育振興会1986年版；『日本人の国際性——その構造分析』，くもん出1989年版。

本方向，但其仍存在表述模糊和不够精准等可疑之处。①

说明：
A.职业性行为
B.核心部外层
C.核心部内层

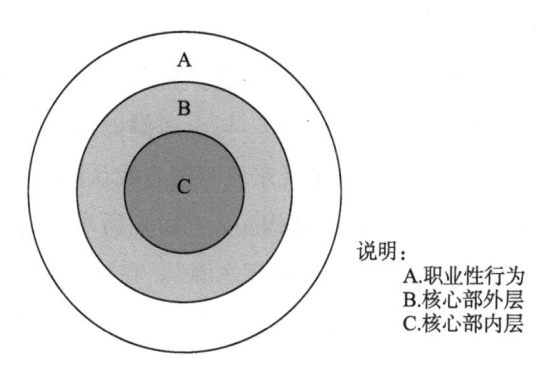

图 4-9　人格构成的三个层次结构
注：根据《文化与人格》所制。

卡迪纳以第一次性制度和第二次性制度（＝投射系统）为人格层次及构成内容假设，提出了基本—投射结构的人格分层论。第一次性制度指婴幼儿期（或儿童期）的各种各样制度或习惯样式，作为人格形成的共通样式，这一"基本人格结构"可谓个体一生中保持固定不变的最重要的人格基础。第二次性制度是指各种各样的禁忌规则、宗教仪式、民间传说、思维方式等，同时也是经由基本人格被"投射"而延伸出来的部分，称其为"投射体系"。这么说，一切文化现象就是第一次性制度——基本人格结构和第二次性制度——投射人格结构相互作用的产物，并按照基本＋投射这样方式被创造出来的。弗洛姆的"社会性性格"强调其"在同一文化中的大多数成员共同具有的性格结构的核心部分"。与卡迪纳相反，他还认为社会性要求是决定性格类型形成的关键所在。林顿说的"身份性人格"探索，聚焦于因不同的生活场景而出现不同的身份等，指出教师·家长等这样"身份性人格"是按照社会身份或角色原则所呈现出来的职责和行为之类型。显然，祖父江孝男对文化的基本看法来自克罗伯和 C. 克拉克洪等的文化观念，他们均承认文化是"由后天被造成的，成为群体成员之间共通具有且被保持下来的行为方式"。② 事实上，尽管博阿斯以来的历史特殊学派均注重人与文化人格之间的关系问题，但萨丕尔"文化形貌"说、本尼迪克特

---

① ［日］祖父江孝男：《简明文化人类学》，季红真译，第 115—118 页。
② ［日］祖父江孝男：《简明文化人类学》，季红真译，第 99—100、108—114 页。

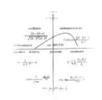

的"文化模式"说和克罗伯的"超文化·有机体系"说等在个体人格和集体人格的解释选择上略微不同。

他者志向性——日本人行动的人格基盘。祖父江强调与日本人的行动相关的人格论题，同时还对"他者志向性"与土居健郎所说的日本人"依赖或娇宠"特征做了比较分析。① 与诸如《东亚跨国自我认同》②和《透视真实的日本》③等实例情况一样，《依赖的结构》（土居）所考证的"母亲"这一关系像既是"精神上的安定之源，又是养育之源"。在社会集团内部，上下关系也是"模拟它（母系原型）而形成的"，因为上司和部下的关系"就是要谋求一种情绪上的安定感，即培养感情"。④ 在《间人主义的社会——日本》（1982）中，浜口惠俊使用"间人主义"这一概念，进而重新评估了以往"耻文化（双重性格）""纵向社会""依赖心理"等片面化假设。⑤ 而《日本文化论的变迁》（1990）认为，无论是"纵向社会"还是"依赖心理"，⑥乃至"间人主义"，无疑均强调《菊与刀》所假定日本人缺乏西方式个人意识—集团关系这一点，并借此来进一步诠释日本整体文化——"异质""双面"或"矛盾体"的集团意识及其表现。

《依赖的结构》宣称，立足以下三点观察试图阐明日本社会病理诊断的基本路径：其一，依赖心理是赋予日本人的心性以独特性的东西；其二，

---

① 大久保喬樹：『日本文化論の系譜——「武士道」から「甘え」の構造まで』，中央公論新社2003年版。「甘え」，常用的有"依赖"或"娇宠"等不同译法，在此用"依赖"来概括。

② ［日］青山铃二郎：《东亚跨国自我认同——当代在华日本人社会的人类学研究》（下文简称《东亚跨国自我认同》），复旦大学出版社2019年版，第178页。《菊与刀》（1946）提出"文化的类型"或模式这一说法，论证了日本如何"构建自己独特的文化结构"，其论证基础来自日本的"耻感文化"和欧美的"罪感文化"的假设判断，认为前者"带有批判外来因素的意识"，而后者"带有自身内在良心的意识"。

③ ［日］早坂隆：《让您见笑了——在笑话中透视真实的日本》（下文简称《透视真实的日本》），南海出版公司2011年版，第84页。詳見向坂寛『恥の構造——日本文化の深層』，講談社1982年版。向坂宽的《耻感的结构》一书也指出，日语"耻"中的"仕"与"叶""齿""端"之意相近，均指"从本体延伸出来的部分"。"耻"包含着"偏离群体的意思"。

④ 青木保：『「日本文化論」の変容——戦後日本の文化とアイデンティティー』，中央公論新社1990年版，99；［日］青木保：《日本文化论的变迁》，中国青年出版社2008年版，第95页。别見土居健郎『「甘え」の構造（第三版）』，弘文堂1991年版（1971年初版）；［日］土居健郎《日本人的心理结构》，阎小妹译，商务印书馆2006年版。

⑤ 浜口惠俊：『間人主義の社会——日本』，東洋経済新報社1982年版。

⑥ 青木保：『「日本文化論」の変容——戦後日本の文化とアイデンティティー』，中央公論新社1990年版，100-101. ［日］青木保：《日本文化论的变迁》，第96页。

第四章　人格假设（二）：日本人行为—心智结构

依赖概念是解读各种病态心理的关键或钥匙；其三，"依赖"为了解社会不安或病状可提供有力的视角。① 相较而言，土居的依赖说以日本文化的语言和心理之关系为对称结构，而中根的纵式·场合说则以人际交往中的身份和依存关系为结构基础。② 虽然说《依赖的结构》深受《菊与刀》（本尼迪克特）之影响，但所得出结论却与《菊与刀》强调有关"义理""人情"的罪感文化和耻感文化之区分，以及所确定的日本人道德观及行为特征大相径庭。义理和人情（与"依赖"关系更密切）并不是单纯的对立概念，而是两者之间存在着既相互对立又相互依存的双向循环关系。如果说依赖"比起依存性更加含有抽象性"的话，那么人情"更倾向于依存性"，而义理则"把人维系于依存性的关系中"。③ 不难看出，罪感文化源自西方式的优越环境，其重视内在的行动规范；而耻感文化产生于日本式的相对弱环境，其看重外在的行动规范。④ 因此，土居认为在日本难以确立脱离集体的个体化自由，也不会出现超越集体的个体"公共精神"。即，这种日本自我的精神结构探索，也反映在九鬼周造所发现"いき"（"意气""活态"）的结构⑤和杉山鼎所说"被撕裂的日本审美意识"——黄金分割的秘密⑥等意识领域。

他者志向性的环境（国际）—文化适应和母权制的内在根基。《日本人的国际性——结构分析》从日本人的国际性出发，把日本性格走向分为义理和人情等，并与漱石型和鸥外型进行比较，提出了自己独特的见解。在此，重点讨论什么是县民性的问题，阐明了日本县民性的意义，勾勒了自成一体的独特文化论的可能性。

---

① 土居健郎：「前言」，载『「甘え」の構造（第三版）』，弘文堂1991年版，13.

② 土居健郎：『「甘え」の構造（第三版）』，33-37. 也就是说，在过度集中的背后，一种"依赖"心理与非"依赖"心理的结构范式起着原动力的作用。"依赖"心理是婴儿或子女等通过母子依存关系来获得安全的情感表达，也是与弗洛伊德所说"恋母情结"不同的一种朴素的依存情感状态。

③ 土居健郎：『「甘え」の構造（第三版）』，29-33. "人情"相当于与自然发生的亲子或同胞关系有关的人际交往和一般情感形式，而"义理"则接近于人为地制造出来或注入"人情"因素的亲属交往、师徒交往、朋友交往和邻里交往等关系形式。

④ 土居健郎：『「甘え」の構造（第三版）』，48-59.

⑤ 九鬼周造：『「いき」の構造（他二篇）』，岩波書店1979年版（1930年初版）。别见九鬼周造对訳『「いき」の構造』，博，奈良訳，講談社（インターナショナル）2008年版。在中国，把『「いき」の構造』翻译成《"粹"的结构》，但日语的「いき」和汉语"粹"也并不完全相同。

⑥ 杉山鼎：『ひき裂かれた日本の美意識』，幻冬舎ルネッサンス2007年版。

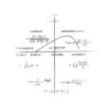

《母性社会日本的病理》（1976）、《中空结构日本的深层》（1982）等①也强调日本社会心理的结构研究视角，通过对东、西方文化·社会组织的深度观测及比较，集中谈论了两者的本质区别，以及日本社会母权制基因之所以还能延续的心理前提和基础。例如，《母性社会日本的病理》紧扣东、西方文化和制度中父性、母性的社会特征之比较，剖析了"深受西方父性社会影响"，但又"原本就作为母性社会的日本人所具有的精神病理"。正如吉田敦彦所言，《中空结构——日本的深层》作为一本重要的精神结构之探索，以阐明"日本人内心深处作为模型的古事记神话中的中空—均衡结构"，使其"与西欧型结构进行对比，探究其特质"。虽然上述日本人的精神或心理结构探索不是严格意义上的人类学研究，但至少它们均受到了人类学理论工作的直接或间接影响。② 另外，《依赖的结构》等以西方和日本的社会文化之比较为契机，认为西方个人主义和日本集团主义的区别之关键在于：有关公共或契约精神和无原则精神的本质差异。依赖概念不仅是理解日本人精神结构的关键因素，而且也是理解日本社会结构的内生要素，即日本人对依赖的重视和理解，与中根千枝所说日本社会对于纵向·场合关系的认同和依赖基本相似。③

总言之，《文化与人格》（祖父江）等提出人格三层次——"职业性行为"或"他人意向性"等概念，不仅深受 C. 克拉克洪等"对外性人格"说法之影响，而且与林顿的"身份性人格"（面具化）和荣格的"人格面具"颇为接近。《文化与人格》《依赖的结构》（土居）《母性社会——日本的病理》（河合）等断言，西洋文化是在父权社会的基础上发展起来的，与此不同，虽然近代以来日本人被西洋父权思想所影响而发生了变化，但日本文化却萌芽并产生于母权制的稻作农耕传统中。

---

① 河合隼雄：『母性社会——日本の病理』，講談社 1997 年版（1976 年初版）；『中空構造——日本の深層』，中央公論新社 1999 年版（1982 年初版）。

② 此外，日本意识或精神的结构研究主要有《近代日本的精神结构》（1961）、《日本人的意识结构》（1970），《耻感的结构——日本文化的深层》（1982），等等。详见神島二郎『近代日本の精神構造』，岩波書店 1961 年版；会田雄次『日本人の意識構造』，講談社 1972 年版；向坂寛『恥の構造——日本文化の深層』，講談社 1982 年版。

③ 土居健郎：『「甘え」の構造（第三版）』，23. 別見『「甘え」の構造』；『「甘え」雑稿』，弘文堂 1975 年版；『「甘え」の思想』，弘文堂 1995 年版。

第四部

构境之网：社会文化的历史地理结构

第五章 构境假设（一）：单一文明考古结构

第一节 中国青铜文明——行动·意义及聚落结构

考古人类学理论模型作为张光直所构拟的宏观走向，其建立在有关中国青铜文明的行动·意义及聚落结构假设之上，来自三种理论思想或认识论基础：聚落形态的环境考古学、神话—仪式的制度政治学和社会—文化的结构人类学。仔细地看，《古代中国考古学》（1963）、《商文明》（1980）和《中国青铜时代》（1983）等①前期工作以夏商周三代乃至中国文明整体重构这一相对中·微观化的视角为中心，而《艺术、神话与祭祀》（1983、《考古学专题六讲》（1986）和《考古学》（1967）等②后期工作则以考古人类学理论模型之创建为增长点。

一 商文明结构：宗系、社会和国家

《商文明》指出，商文明的"中心是国王"，正如安阳等考古遗址和相关遗物所反映出的那样。实际上，《史记》所载的"商代历史就是商王的历史"，殷代卜辞也可被理解为"有关商王占卜的刻辞"；各种资源都是"商王的财产"，他"通过一个复杂的高层次的网络体系统治着这一切"。③ 就商文

---

① ［美］张光直：《古代中国考古学》，印群译，辽宁教育出版社2002年版。另见［美］张光直《商文明》，张良仁、岳红彬、丁晓雷译，辽宁教育出版社2002年版；［美］张光直：《中国青铜时代》，生活·读书·新知三联书店1983年版。

② ［美］张光直：《美术、神话与祭祀》，郭净译，辽宁教育出版社2002年版。另见［美］张光直《考古学专题六讲》，文物出版社1986年版；［美］张光直：《考古学——关于其若干基本概念和理论的再思考》（下文简称《考古学再思考》），曹兵武译，辽宁教育出版社2002年版。

③ ［美］张光直：《商文明》，张良仁、岳红彬、丁晓雷译，第145页。

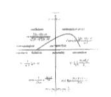

明的社会结构而言,最关键的步骤是对商代王制的全面了解和分析,就等于对商代社会运行机制的全过程解释。具体而言,商文明的社会结构不仅包括商王制结构(血缘组织)、商的王都结构(血缘+地缘或拟制组织)和国家或政体结构(地缘或拟制组织),而且被熔铸于与家庭—村落或城镇—国家对应的初级、次级等多元架构中。

商王制的结构——国家和血缘组织的基础。《商文明》认为商代王制有两个特征:第一,它"居于一个庞大的国家机构的顶端",依靠"正规的军队和明确的法律来统治国家",该国家机构是"向心经济的核心";第二,它也是"庞大的血缘组织的核心",该组织"以实际的和传说的血缘关系为基础",与"国家机构相并辅"。在此,作者把亲属制度结构看作王族政体结构的缩影,引入与血缘组织—国家机构的层级关联相对应的"家"或"宗"·"氏"或"王"之族概念,并确立了亲属—政体制度这一框架的结构假设及论证基础。譬如,族群的成员都居住在城邑之中;"族"按照血缘关系"分为不同的'宗'",依据政治地位和信仰"又分为不同的'氏'"。男性成员"多以其城邑名或'氏'"来命名;而女性则"通常以其氏族之名,即'姓'来命名"。① 因为,这些族群中的一部分是"同一氏族的不同分支",而其他的"则代表着不同的氏族"。在城邑的人群构成中,氏族群这一社会单位意味着从血缘—地缘到政体或联盟的关系转型,至少存在两方面的差异:一是他们"属于不同的氏族";二是他们"代表着不同的政治地位"。据上述论证,城邑中的"血缘组织较为简单",但它可能较"适合于一大批商代中、小型城邑"。② 不难看出,商王制或亲属制度的初级结构基础是以家庭、家族、宗族的亲属模式为前提的,其关系还延伸到氏族、部落的平行联合等论域。

《商文明》断言,假设"王族被分为10个祭仪群",那么商王(包括配偶和臣下)的命名皆以"干"日为依据,其均出自"这10个不同的单位"(或又

---

① [美] 张光直:《商文明》,张良仁、岳红彬、丁晓雷译,第145、150页。
② [美] 张光直:《商文明》,张良仁、岳红彬、丁晓雷译,第151、153页。根据该书考证,子族是"商王朝时期的统治族",虽说并非"所有的子族成员都可成为商王",但他们"是统治族,在商王朝中的地位是至尊的"。在子族内部也"有一个王族和一个子族(或称多子族)",商王出身必定是"王族,多子族的成员常常担当商王的王室卫士"。子族的"部分女性成员(可能来自王族)成为商王的族内配偶",其他氏族的"女性成员则可能成为商王的族外配偶",其他氏族的其余成员还可"作为商王的下属也享有部分统治权",等等。

称"天干群")。在他们死后则以"原所在祭仪群的'干'名为其谥名",并以此"规定他们的祭祀活动"。原因在于,商王的命名系统"并不是基于诸如生日、死日或继位的顺序来确定的"。根据带干—日的名字排列,可揭示出干—名分布格局的两个特征:一是"在同代商王中或两代商王之际部分'干'名趋向于集中";二是"商王的法定配偶没有与其夫相同的'干'名"。其中,从第一个集中的条件来看,以隔代列法对商王名字的两个组合进行排列,可得出"甲、乙、戊、己出现较为集中";而"丙、丁和壬较为集中",同时"庚和辛与两组皆有伴出",癸"不出现于大乙以后诸王名字中",等等。鉴于图5-1,以上带干—日的商王名字排列——A∷B两组的对应关系如下:①

```
A              B
乙              丁
甲              丙
戊              壬
己              庚
庚              辛
辛
```

图 5-1　干—名分布的两组格局
注:根据《商文明》原所制。

《商文明》这项工作以董作宾提出五个时期"贞人组"的分类假设为前提或基础,依据是对迁至殷都即小屯时期后9位商王名(前3位商王的卜辞尚不清楚)与甲骨卜辞的对应关系之分组观察,详见表5-1。②

表 5-1　五期"贞人组"情况(董作宾)

第一期:武丁(及其以前3位商王)	11名贞人
第二期:祖庚、祖甲	6名贞人
第三期:廪辛、庚丁(康丁)	8名贞人

---

① [美]张光直:《商文明》,张良仁、岳红彬、丁晓雷译,第160、158—159页。
② [美]张光直:《商文明》,张良仁、岳红彬、丁晓雷译,第90、88页。据《古本竹书纪年》,"小屯的定都时期长达273年,历经12位商王"。迁殷后的"前三位商王(盘庚、小辛、小乙)的卜辞至今尚未辨别出来"。所以,至今在"小屯(及安阳其他地点)发现的所有甲骨卜辞分别属于9位商王:武丁、祖庚、祖甲、廪辛、庚丁(康丁)、武乙、文武丁、帝乙、帝辛(根据一个修改过的世系表,王名与《史记·殷本纪》不同)"。

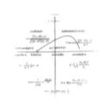

	续表
第四期：武乙、文武丁	0
第五期：帝乙、帝辛	1 名贞人

注：根据《商文明》所制。

表 5-2（董作宾等）通过对第一期至第五期的修正工作，把贞人数目分别增加或改为 25 名、18 名、13 名、17 名、4 名，随后岛邦男"更把这五期的贞人数目分别增加到 36 名、24 名、24 名 24 名和 7 名"。此外，虽然贞人组分类仍存在争议，但关键是两类贞人组的关系问题：一个包括 ℬ、大、⼄ 和其他相关贞人名（包括 ⛍），另一个包括 ⚘、⚶、⚖、⚗、⚙ 和其他相关贞人名。①

表 5-2　五期"贞人组"的后续修正（董作宾、岛邦男）

制作者 分期	董作宾等 （《大龟四版考释》—— 第一组武丁时代的贞人②、 《甲骨文断代研究例》③）		岛邦男 （第一期至第五期分别增加到——36 名、 24 名、24 名、24 名和 7 名贞人④；4a 组 定为武乙时期，4b 组定为文武丁时期，5a 组定为帝乙时期，5b 组定为帝辛时期—— 《殷墟卜辞研究》）
第一期 （武丁 及其以 前 3 位 商王）	11 名 → 25 名 贞人	《大龟四版考释》 （1931）	36 名 贞人

---

① ［美］张光直：《商文明》，张良仁、岳红彬、丁晓雷译，第 90、92 页。
② ［美］张光直：《商文明》，张良仁、岳红彬、丁晓雷译，第 89 页。《大龟四版考释》（1931），表示第一组武丁时代的 11 贞人的关系情况。
③ 关于第一组武丁时代的贞人，确定其 11-25 贞人之数量和变化。另见董作宾《董作宾先生全集 甲篇（第一册）》，艺文印书馆 1977 年版，第 384—390 页。
④ ［美］张光直：《商文明》，张良仁、岳红彬、丁晓雷译，第 91 页。另见［日］岛邦男《殷墟卜辞研究》（全二册），濮茅左、顾伟良译，上海古籍出版社 2006 年版，第 58 页。

第五章 构境假设（一）：单一文明考古结构

续表

制作者 \ 分期	董作宾等（《大龟四版考释》——第一组武丁时代的贞人、《甲骨文断代研究例》）	岛邦男（第一期至第五期分别增加到——36名、24名、24名、24名和7名贞人；4a组定为武乙时期，4b组定为文武丁时期，5a组定为帝乙时期，5b组定为帝辛时期——《殷墟卜辞研究》）
	《甲骨文断代研究例》（1933）	
第二期（祖庚、祖甲）	6名→18名贞人	24名贞人
第三期（廪辛、庚丁或康丁）	8名→13名贞人	24名贞人
第四期（武乙、文武丁）	0名→17名贞人	24名贞人

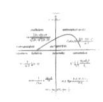

续表

制作者 分期	董作宾等 (《大龟四版考释》—— 第一组武丁时代的贞人、 《甲骨文断代研究例》)		岛邦男 (第一期至第五期分别增加到——36名、 24名、24名、24名和7名贞人；4a组 定为武乙时期，4b组定为文武丁时期，5a 组定为帝乙时期，5b组定为帝辛时期—— 《殷墟卜辞研究》)
第五期 (帝乙、 帝辛)	1名 → 4名 贞人		7名 贞人	5a 临夕 5b 寅狄姁立凡

注：根据《商文明》等制作。

商王都的结构假设——血缘+地缘或拟制组织。《商文明》所涉两种关系网络，包括王都的殷或商地区结构和安阳核心区结构。与基于亲属这一初级关系的族别—制度结构相比，商"王都"的结构假设是指源于聚落形态的中间架构模式。商代社会的结构探索应从规模小又简单的商代城镇开始。因为，商王都的"社会结构无疑是复杂的"，但它实际上"仍是商代基本的社会和政治单位"，即"'邑'的一种复杂的结构形式"。① 其一，作为王都的殷或商地区结构（商，又称殷商）：尽管殷的都地位曾被相关资料学实证过，但殷"这个名称仅见于周代文献"。而"商"（禹和"大邑商"等）这个名称"经常作为商人对他们的国都的称呼"，多见于甲骨文、商和周文献中。② 殷"在河南北部是没有问题的"，它也"不必被拘泥于较小的地域"。殷这个名下应该"包括一个范围相当广阔的王畿地区"。③ 因此，殷不仅仅是商代某一时期的都市，更是范围较广的地区。其二，王都——安阳核心的关系结构：据《商文明》对"安阳核心"和"王都"的规模构设，"安阳核心"指"安阳一带遗址密集的这一区域"，而"王都"则指"河南北部较大的有商代遗

---

① [美]张光直：《商文明》，张良仁、岳红彬、丁晓雷译，第146页。
② [美]张光直：《商文明》，张良仁、岳红彬、丁晓雷译，第59页。引自岛邦男的《殷墟卜辞综类》，"商"以禹，或大邑商以"大邑商"等名称出现。
③ [美]张光直：《商文明》，张良仁、岳红彬、丁晓雷译，第60页。

址的地区"。① 根据图 5-2 等,"王都""安阳核心"之大小与其所涉范围有关:前者作为大型的地理结构——略等于建都在殷时期商王都各种组成部分所形成的可能组织结构;而后者作为洹河边安阳遗址及其地域的具体关系网——相当于"根据考古地点建立的商代定都安阳时期都市网络结构模式图"。②

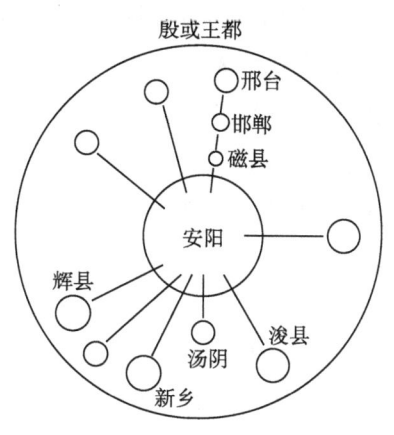

图 5-2　安阳核心—都市网络结构
注:根据《商文明》所制。

与此相同,洹河两岸的遗址由四种核心板块组成,并形成地域结构的关系网络:(1)小屯的宫殿宗庙及其附属建筑、作坊和(某些时期的)大墓;(2)西北冈的王陵区;(3)属于不同社会阶层的定居村落,有的属于平民,但绝大多数有自己的墓葬区;(4)手工作坊和作坊区。这些板块"在空间上并不相连,没有构成房屋、街道密集的城区";但整个网络"是王都的政治和礼仪中心",并且是"整个商王国的核心"。③ 可见,《商文明》所描绘的

---

① [美]张光直:《商文明》,张良仁、岳红彬、丁晓雷译,第 64 页。安阳核心只是"王都"这一地区的一部分。据考古遗址的情况,安阳核心"沿洹河两岸分布,长约 6 公里,宽约 4 公里,在今安阳市西北"。安阳核心遗址,由小屯、西北冈和其他遗址三个部分构成,其中突出的遗址是"南岸的小屯——宫殿—宗庙建筑群和甲骨卜辞的主要出土地点",北岸的"名遗址是西北冈的王陵区"。
根据《商文明》的描述,小屯村位于"安阳城墙西北 3 公里处。洹河在村北 600 米外由西向东流过";又折而向南,从村东 160 米外流过。商代遗址主要发现于"村北部、东北部直至洹河岸边(北地)、村南半部及其以南(南地)和村西部(西地)"。

② [美]张光直:《商文明》,张良仁、岳红彬、丁晓雷译,第 62、115—116 页。

③ [美]张光直:《商文明》,张良仁、岳红彬、丁晓雷译,第 116 页。

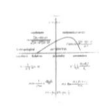

商"王都"整体结构假设包括作为王都的殷或商地区结构和安阳核心区结构的两种关系网络。如果殷这一王都的空间范围"有确切的依据，那么安阳的商代遗址构成的网络就仅仅是这一王都的核心部分"，王都则是"由更大的板块构成的更高层次的网络"。然而，安阳核心"标志着一个十分发达和特色显著的古代文明"；例如，"小屯有成片的地面建筑基址，有的还建在高出地面的台基上"，有的为"重屋，平面布局为对称形，并有方坛和多重大门，全部为南北向"。① 目前，学界对商代迁都和殷这一王都的假设仍众说纷纭，除《商文明》提出的逐矿说（试图确定殷都的大致范围）外，影响较大的有河或水患说（洪水等自然灾害）、游牧说（生活生产的经济形式）、内斗说和扩张说等。再有，《商文明》以聚落考古的生态系统为依据，对黍(𪏭)、稷(𥞤)、稻(𥞫)、麦(𡳿)、秜(𥠰)等②植物名称和文化化现象进行考察，并为其提供了自然经济意义上的考古人类学论证。

商社会的国家结构。《商文明》对"内服"和"外服"概念进行区分，视商社会的国家结构为由"四方"环绕起来的区域整体和政体程序结构。先说"外服"概念，在甲骨卜辞中，"方"一字指"政治实体，而不同于商王控制下的诸多城邑"；而且"邑"指"城邑或带有方形城圈的居民点"和"聚族而居之处"，是与"方"明显不同又形成鲜明对比的"地域单位"。依此看，"邑"和"方"是两个概念，或者准确地说，它们"是等级相近的两个地域单位"。同理，商域——"被四分为东土、北土、西土和南土"，或称为"四土"——由"四方"环绕"起来的中心区域"。③ 再说"内服"概念，城邑（The Walled Town）指"以单一血缘组织—族为基本单位的地区性居民群"，是商代中国"最主要、最基本的统治机构"；而商王国就是"商王直接控制的诸多城邑所组成的统治网络"。据上述观察，这样的统治网络相当庞大（据统计，约有1000个城邑）——"该统治网络等级森严"，并且"网络的周边范围也具有较强的伸缩性"，尤其在商代农业生产的经济阶层中，通过王

---

① [美]张光直：《商文明》，张良仁、岳红彬、丁晓雷译，第117、118页。据此推断，这个王都是"南起新乡、北到邢台的广大地区"，它"坐落于太行山东麓平原上，几条注入卫河的河流（淇、洹、漳河）流经境内"，南北长达"200余公里的一个地域"。安阳是"这地域的中心，距南北两端各100公里"，从考古学上看"它是这个王都的指挥核心"。

② [美]张光直：《商文明》，张良仁、岳红彬、丁晓雷译，第133—135页。

③ [美]张光直：《商文明》，张良仁、岳红彬、丁晓雷译，第201—207页。

室和诸侯—管理者—众人（包含羌人俘虏）这一金字塔式分层来廓清或了解商王国的内部结构特征，其从"内服"——城邑范围入手这也最适合不过或更加明朗化了。①

就国家或政体结构而言，权力分配是社会分层的产生基础和主要内容之一。商代社会乃"由一个世袭统治阶层所控制"，该阶层"具有单一的血缘宗族关系（子姓）"。在王族里，成员的社会地位取决于距离王位这一最高血统标志的远近关系，在祭仪上分为十个天干群："甲、乙、丙、丁、戊、己、庚、辛、壬、癸"。这十个天干群"相互接纳合并"，最后形成"两个主要的组系：A 组和 B 组"。甲、乙两群"无疑皆为 A 组成员，丁群为 B 组成员"。在政治上，除这三群最为强大外，其他干群则是："丙群属 B 组，戊和己群为 A 组"，而"壬、癸两群可能是 B 组"。庚和辛"超然在外，或者属于 A、B 以上或以外的另一单位"，但至少"辛群多半场合与 B 组同进退"。实际上，乙—丁制"却对重新认识新、旧两派提供了基础"。因为，新、旧两派的更替"就是商王族内 A、B 两组暂时的亚文化群的更替"。②图 5-3 所示，可以看出十天干群在商王朝的王室宗庙和王位轮流继承中的假定模式。③

抛开旧派和新派的祭祀礼仪有所不同不说，王族"内部其他分群的二分现象也是值得注意的"。安阳西北岗的"商王陵墓区可分为东、西两区"。西周时期文献也有记载，"昭"辈之王"在宗庙之中排左位"，也就是说，"在面南背北而坐的辈分最高的周王之左侧"，而东侧"穆"辈之王在"宗庙之中排右位，即靠西侧坐"。在商代的乙—丁制度中，上述思想早就已有所反映，乙相当于西周的"穆"，丁相当于西周的"昭"。以此类推，乙组"商王死后埋在西侧"，而丁组"商王死后则葬在东侧"。在西区有"七座大型墓葬，而迄今为止在东区仅发现四座"。这恰好与安阳乙组——"盘庚、小辛、小乙、祖庚、祖甲、武乙、帝乙"七王，以及丁组——"武丁、禀辛、康丁、

---

① ［美］张光直：《商文明》，张良仁、岳红彬、丁晓雷译，第 200—206、222 页。至于"直接控制"（direct control），是指"商王授邑主以封号，并赐之土地"，该邑主则"由此土地获得财富，依此财富管理城邑"；同时，该邑主相应地"要臣服于商王，为商王提供各种服役和谷物以作报答"。
② ［美］张光直：《商文明》，张良仁、岳红彬、丁晓雷译，第 169、170—171、174 页。
③ ［美］张光直：《商文明》，张良仁、岳红彬、丁晓雷译，第 170 页。

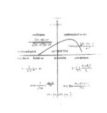

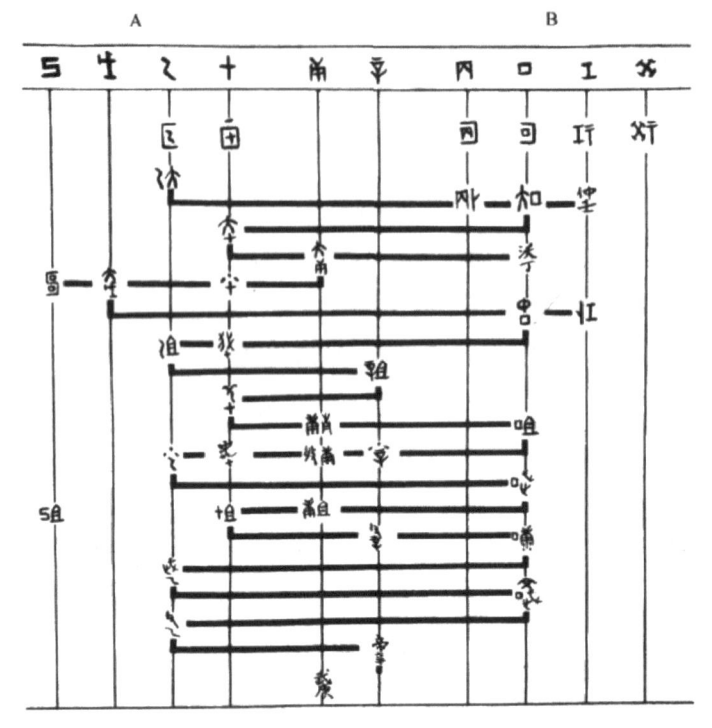

图 5-3 乙—丁制及其交换结构

注：根据《商文明》《中国青铜时代》等制作。

文武丁"四王相一致。①

A∷B 两组意味着权力分配的过程结构，便形成 A：B/B：A 的循环模式。以上源于考古单位或聚落的还原结构视角与列维-斯特劳斯说的生食：熟食和自然：文化之间的二元对立和转化模式颇为相似，其关键是二元对立——整体守恒和部分转化——系统调节的普遍原理。

二 权力结构：过程动力学

《美术、神话与祭祀》《中国青铜时代》等所涉核心论题可谓一脉相承，包括在形式和内容上相近的以下两个方面：一是能够精准测定中国古代文明——青铜器时代的基本特征；二是用与世界其他古老文明进行比较来再检

---

① ［美］张光直：《商文明》，张良仁、岳红彬、丁晓雷译，第178页。在此，最后一位商王帝辛的情况变数较大，因为他的墓葬记载尚缺乏资料。

第五章　构境假设（一）：单一文明考古结构

验中国古代社会的独特性。譬如，尤其是《艺术、神话与祭祀》专注于攫取手段的动力学视角，以独特的文明观考证夏、商、周三代的社会政治景观，揭示了神话、祭祀、艺术和文字等手段背后的权力分配及运作过程。

神话和祭祀的攫取手段探索。《中国青铜时代》把神话或仪式（祭祀）看作权力攫取的中介手段，其不仅有文史哲等学科的传统基础和延续，而且与社会文化人类学、民俗学和心理学等现代人文·社会科学化的晚近发展分不开。就从考古人类学的观察来讲，几乎"所有的人文社会科学者都感兴趣，喜欢从事研究的"大概率就是两种话题："城市发达史"，抑或是"神话"。① 在此，对神话的科学鉴定就以三个要素为准绳：情节的行动性、人物的神圣性和故事的虚构性。正如 C. 克拉克洪（Clyde Kluckhohn）所断言，商周的神话也可分成四个类型："自然神话""神界神话与神界·人界分裂的神话""天灾神话与救世神话"，以及"祖先英雄事迹系裔的神话"。比如，商周神话——英雄故事又可分两大类：一为"亲族（属）群始祖诞生的神话"；二为"英雄的事迹及彼此之间的系裔关系的神话"。这两种神话的共同观念基石来自"英雄即祖先"这一基本原则，所不同者在于，前者中的祖先"与确实的特殊的亲族群有关"，而后者中的祖先"是比较空泛而不著根的"。根据神话、宗教与亲族群的政治史关系特征，商周两代可分为三期——"商、周早期与周晚期"。因此，神的世界与祖的世界之分立，以及将"德"这个观念作为连接神·人这两种世界的桥梁，"乃是西周时代的新发展"。在东周后期，君主们接受该两个观念之共存，并使其继续发扬光大，造就成"神话组织上的一个崭新局面"。武王伐纣前后，"西周的长老也许以为凭这两个观念的发展推行，姬姓之代子姓而有天下"。② 这种对权力独占的合理化与正统化也体现在该书所制"商周文化演变分期简表"中，因为除天地分离、宇宙形成等

---

① ［美］张光直：《中国青铜时代》，生活·读书·新知三联书店1983年版，第254—255页。另见［美］张光直《中国青铜时代》（二集），生活·读书·新知三联书店1990年版。在此：首先，神话材料"必须要包含一件或一件以上的'故事'"。故事中"必定有个主角，主角必定要有行动"。其次，神话的人物、行动乃至事件或世界"必须要牵涉'非常'的"——"所谓超自然的，神圣的，或者是神秘的"。无论平凡与否，以常人知识或现代人的眼光、立场来看，这些神话人物的故事或许是"假象"或"荒唐"的。最后，回到神话年代，当时者"不但坚信这些'假'的神话为'真'的史实"，而且就社会行为的标准而言——还来源于"以神话为其日常生活社会行动仪式行为的基础"。（关于真假事实，转引自——《中国青铜时代》所引用 David Bidney, Bain R. 的论述）

② ［美］张光直：《中国青铜时代》，第262、276、309页。

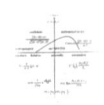

神话外，神话叙述类型以氏族始祖起源、神化英雄救世、氏族始祖诞生等为核心内容。①

《古代中国考古学》也指出，夏商周三代文化"在物质上的表现，其基本特点是一致的"，夏商周三族"纵然不是同一民族，至少是同一类民族"或它的"不同变体"。进而，根据哈兰的提法，该书又把"交互作用圈"（interaction sphere）和"地域共同传统"（area co-tradition）的两个概念引入考古人类学中加以发展。② 见图5-4，就文化相互作用的范围和层级来说，其从文化、类型、遗址和相互作用范围出发，论证了两者在相互作用的层级中的位置及关系维度。

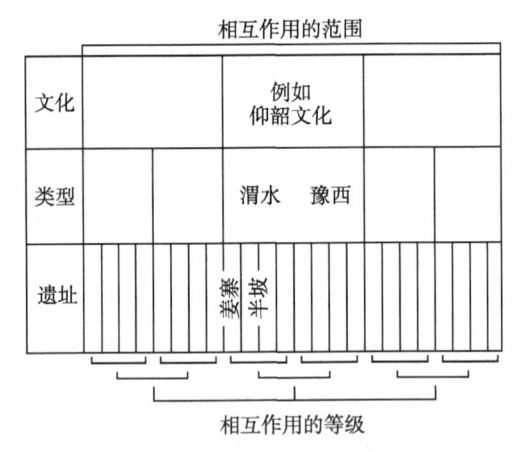

图5-4 三代文化相互作用的范围

注：根据《古代中国考古学》所制。

青铜器——艺术和文字等符号对权力的攫取手段。在商周时代，带有动物纹样的青铜器是古代君王神裔身份通过拥有"巫觋通天"这一神秘经历来得以合理化说明的中介性工具，同时也是为其统治阶级服务的政治工具。③ 战车、戈戟、刑法，乃至九鼎等无一例外，均同样成为三代最重要的权力象征物。《考古学专题六讲》认为，神话和祭祀在社会制度和行动实践层面上参与权力产生的过程，而艺术或文字等则在情感表达和地位阶序中变为获取权力的手段。在此，以上对古代世界的基本设想无不反映出了一种泛萨满主义的

---

① ［美］张光直：《中国青铜时代》，第312页。
② ［美］张光直：《古代中国考古学》，印群译，第245—246、383—384页；另见［美］张光直《青铜挥麈》，上海文艺出版社2000年版，第269页。
③ ［美］张光直：《古代中国考古学》，印群译，第370页。

社会认识:"中国古代文明中的一个重大观念",是"把世界分成不同的层次",其中关键的"便是'天'和'地'"。许多"仪式、宗教思想和行为"皆具有很重要的任务,因为所谓万物"在这种世界的不同层次之间进行沟通"或得以联结;并且能够具备这一沟通能力的"人物就是中国古代的巫、觋"。据此,中国古代文明俨然是"萨满式(Shamanistic)的",这也是它最主要的一个特征。①

就艺术和文字对权力的攫取手段而言,它展现在商周铜器装饰花纹——动物纹样等工艺器具中。其一,《中国青铜时代》《美术、神话与祭祀》均指出,在商代和西周初期(商周),青铜器的装饰花纹之典型特征以动物纹样为中心,况且这种"动物纹样的发达的形式在安阳殷墟达到了高峰"。但是,兽面的原型"至少是两目和脸廓",在商代"中期(郑州、辉县、盘龙城等)的铜器上已很显著",而且"与东海岸史前时代的黑陶和玉器的若干装饰纹样可能有一定的渊源"。② 其二,根据甲骨文等相关文字资料,说起古代中国的文字,"至少其中的一部分",可能"从族徽(赋予亲族政治和宗教权力的符号)演变而来"。由此推论,古代中文字的"形式本身便具有内在的力量"。文字的力量"来源于它同知识的联系";而知识"却来自祖先",生者"须借助于文字与祖先沟通"。这种知识被看作权和利的化身,归根结底由已故祖先所掌,祖先或"死者的智慧则通过文字的媒介而显示于后代"。对于手握权力和利益的统治者而言,这种能力"至少有一定宗教渊源":它可能"从专职者作为宗教媒介的原始角色演变而来";或者"从文字所充当的与祖灵沟通的角色演变而来"。③事实上,独占权力的整个过程往往通过控制少数几项稀有资源(首先是青铜

---

① [美]张光直:《考古学专题六讲》,文物出版社1986年版,第4页。另见[美]张光直《考古学专题六讲》(增订本),生活·读书·新知三联书店2010年版。

② [美]张光直:《中国青铜时代》,第314页。另见《美术、神话与祭祀》,郭净译,第43页。此外,到了"殷墟时代和西周初期,动物纹样已经复杂多样";动物纹样包括:饕餮纹、蕉叶饕餮纹、夔纹、两头夔纹、三角夔纹、两尾龙纹蟠龙纹、龙纹、虬纹和各种动物纹样,等等。(容庚在《商周彝器通芳》中所列)

③ [美]张光直:《美术、神话与祭祀》,郭净译,第71、78、79页。因此,对手段的独占过程的一个轮廓:行使权力者们拥有显赫政治权威,"恰好自身于某个氏族(尤其是宗族),并与合适的对象婚配";他们恰好处于"宗系的中心,与合适的神话相联系";他们的行为"能得到民众的支持,并最终(但不是没有)控制甚至独占从仪式、艺术和文字中得来的祖先的知识和预言能力"。这些条件当然都不可缺少,但"关键是最后一项——它是使天平倾向自己一边的决定因素"。

器）或其他积聚手段等方式来完成并得以合理化。正如神话、艺术、仪式所示那样，文字—九鼎等无疑"成为历代正统王朝统治的象征"。《美术、神话与祭祀》进一步考证，青铜礼器"是明确而强有力的象征物"：象征着财富，因为它们本身就是财富，以及其所"显示的荣耀"；象征着各类仪式，让其所有者与祖先沟通并成为一种"合理的可能"；象征着对金属资源的控制，借此为拥有者"对与祖先沟通的独占和对政治权力的独占"提供条件。①《中国青铜时代》也指出，陶器和青铜容器"不但是研究古代技术与年代的工具"，同时"更是饮食器具"。固然"有些是仪式用器"，但是它们在"仪式上的作用是建筑在它们所具备饮食上的用途上的"。譬如，在商代甲骨文字里就出现了"关于烹饪、食物和仪式的一些字的形状"，类似"字也见于商周的金文里面"，而且这些文字均与"在仪式中使用的饮食"文化有关。据图 5-5，可观察商卜辞中有关饮食文字与青铜器文明——仪式活动等之间的内在联系。②

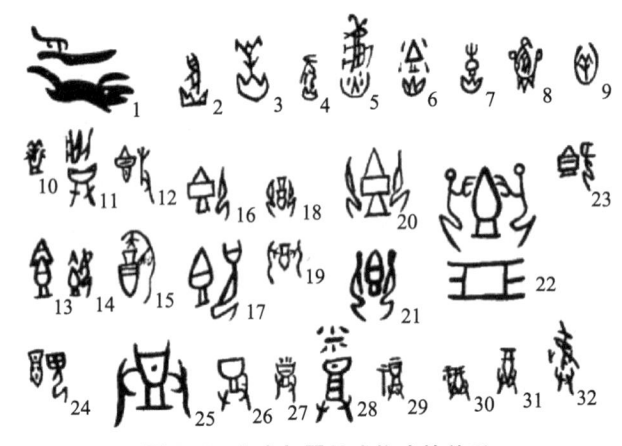

图 5-5　文字与器具或仪式的关系

注：1. 屠宰；2—9. 烹调；10—23. 在各种场合中之盛用；24—32. 祭祀用。③

《中国青铜时代》宣称，不同民族对饮食的文化态度如何，应从数量、结构、象征和心理等指标去衡量或观察。比如，列维-斯特劳斯"企图通过食物、

---

① ［美］张光直：《美术、神话与祭祀》，郭净译，第 81、84 页。
② ［美］张光直：《中国青铜时代》，第 221、222 页。
③ 源自《中国青铜时代》的解说：1、11、21、22、25、28 采自金文编；2、3、7、9、10、12、23 采自《续甲骨文编》；其余采自《甲骨文编》。

烹饪、饭桌上的礼节"，以及"人们在这方面的一些概念"来建立"一些'人性'的普遍的表现"。因此，他坚信这些现象和抽象概念是"文化中最尖锐的一些象征符号"和关系范畴，若绕开自然—社会—文化去理解它们是有困难的。①《中国青铜时代》进一步指出，在饮食里面，食字可指"狭义之食，即饭或谷类食物和肉蔬的菜肴（现代话中的菜）的对立"情形。这一语词"以及与它相联系的信仰、规矩的一套系统"，是"中国饭食方式的结构上的本质"，自"晚周到今天一直未变"。下面为饮食的结构表达②：饮食→饮〔水〕、食；食→食、饭〔土〕、膳、羹等〔火〕。

政治程序结构——权威崛起过程。《艺术、神话与祭祀》着眼于"导致政治权力集中在某个统治集团手中的各种条件"，进而考察了"这些条件在历史进程中是如何产生的"这一生成过程结构，它们包括七个方面：（1）个人威望；（2）国家网络—连锁的加强系统；（3）军事装备（包括青铜武器和战车）；（4）有德之行为（依神话权力所承）；（5）对文字的独占（神灵或祖先赋予）；（6）巫术仪式（文字以外的手段）；（7）财富和它的荣耀。这些因素"都有其内在的逻辑联系"，但是如果"将这些因素各自孤立起来分析"，它们的"内在动力结构便隐而不彰了"。③ 因此，关键在于认清这个动力系统及其过程结构是如何在古代中国产生的。

《考古学专题六讲》指出，中国古代文明的重要特征是"经过巫术进行天地人神的沟通"；古代中国作为一个典型的阶级社会，它之所以产生不平等的权力或财富分配是因为"沟通手段的独占"，或者说促成这种"沟通手段独占的是政治因素"，即"人与人关系的变化"。④ 归根到底，中国古代社会的文明型特征之关键在于意识形态或政治程序的连续性，借助整体性框架的宇宙形成论（=有机物性程序的宇宙起源论）得以传播或延续，并被镌刻在从史前到文明的过渡中，乃至"中国社会主要成分多方面的、重要的连续性"的整序转型中。因此，在中国尤其是古代，财富积累主要依靠政治程序，很少

---

① ［美］张光直：《中国青铜时代》，第223、226页。
② ［美］张光直：《中国青铜时代》，第240页。
③ ［美］张光直：《美术、神话与祭祀》，郭净译，第91页。
④ ［美］张光直：《考古学专题六讲》，第13页。在中国古代由野蛮时代进入文明时代过程中，主要的变化和关键程序是"人与人之间关系的变化"，而次要的变化和程序是"人与自然的关系的变化，即技术上的变化"。

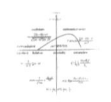

依赖技术或贸易的程序而得来。① 诚然,《中国青铜时代》《艺术、神话与祭祀》根据夏商周三代的国家文明生成特征,勾画出了古代中国即青铜器时代的纵式社会—过程结构之图景:中国文明的特点在于"它是在一个整体性的宇宙形成论的框架里创造出来的"。但这里的意思"并不是把意识形态作为前进的主要动力",而它只是重新调整"社会的经济关系"和"文明所必需的财富积累"的一个主要工具。② 这种纵式社会过程及其结构之图景,包括五个方面内容(图5-6)。③

1. 财富之相对性与绝对性的积蓄"主要是靠政治程序而达成的"。

2. 政治程序中的优势事实,是"贸易主要是限于宝货的范展之内",而战略性"物资的流通常以战争方式加以实现"。

3. 连续性文明的产生"不导致生态平衡的破坏",而"能够在连续下来的宇宙观框架中实现"。

4. 现有的"宇宙观以及社会体系正供给了政治操纵的工具"。操纵的关键在于社会与经济的分层——中国这种分层体现在对以下三方面的独占:即"宗族分支""聚落的等级体系(导致城市和国家)""萨满阶层以及萨满教的法器(包括美术宝藏)"。

5. 由于人口增加和宗教分支而导致走向阶级社会,这反映在"具有各种政治地位、职业地位的分支宗族与形成等级体系的聚落"彼此融合中。

---

① [美]张光直:《考古学专题六讲》,第11—12页。以中国古代文明的延续性为例,主要有四方面:一是生产工具。在中国青铜器文明或史前时期,生活工具仍以对石、木、骨、蚌等原材料的简单改造为主;青铜器的主要用途不是制造生产工具,而是制造政治权力相关的象征物——"用于祭祀的是大量青铜礼器,用于军事的就是各种兵器"。二是城市—氏族制度。亲族制度和国家制度的统一性,反映在宗族—氏族制度的延续性和中介性之上。在国家即城市形成之后,早期的宗族和氏族仍然有顽强的生命力,对西周以及之后封建制度而言亦是如此;三是文字。它主要被用于政治、亲族的辨认和有关宗教仪式的文化认同中,这些也说明陶文在史前时代的作用在文明时代得以延续。四是意识形态。这体现在万物并齐、天地人合一的"存有的延续"和本体哲学观之基础上。(根据杜维明的哲学本体观)

② [美]张光直:《美术、神话与祭祀》,郭净译,第123页。

③ [美]张光直:《美术、神话与祭祀》,郭净译,第123—125页。

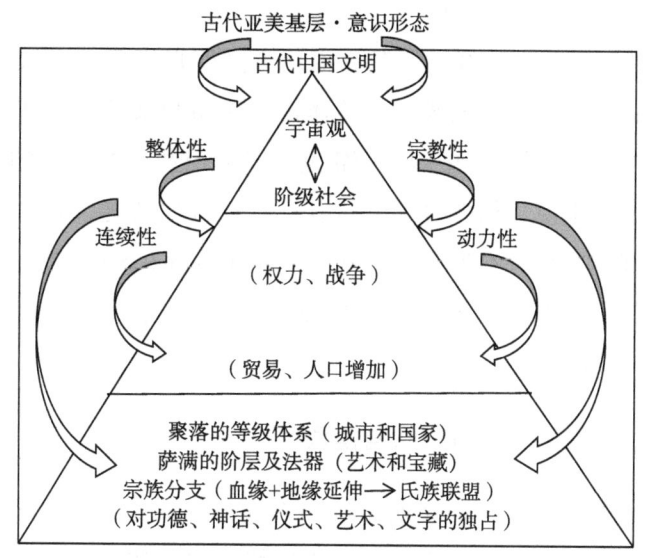

第五章　构境假设（一）：单一文明考古结构

```
                   古代亚美基层·意识形态
                        古代中国文明
                           宇宙观
                  整体性              宗教性
                          阶级社会
                  连续性              动力性
                         （权力、战争）

                        （贸易、人口增加）

              聚落的等级体系（城市和国家）
              萨满的阶层及法器（艺术和宝藏）
              宗族分支（血缘+地缘延伸→氏族联盟）
              （对功德、神话、仪式、艺术、文字的独占）
```

图 5-6　整体性框架（有机物性程序）的宇宙形成论
注：根据《美术、神话与祭祀》等核心论点所制。

  中国文明"是藉由中国所代表的政治程序而"出现的，自"古代亚美基层发展出来的"。与此相比，西方文明"类型的特征不是连续性而是破裂性"，即"与宇宙形成的整体论的破裂"——"与人类和他的自然资源之间的分割性"。走这条路是因为用"生产技术革命与以贸易形式输入新的资源"这种方式积蓄起来，并以此类"财富为基础而建造起来的"。① 对于西方社会或文化而言，文明出现的主要标志是出现"文字、城市、金属工业、宗教性建筑和伟大的艺术"等，同时也意味着"阶级社会的出现"这一社会演进过程的突破性变化。② 也就是说，文明进程的区别性标志在于文明人把自己与自然环境的原始状态分离开来，并通过技术和贸易经济的程序来制造出新的环境。言归正传，整体性框架的宇宙形成论这个提法，与《艺术、神话与祭祀》所涉古代社会或"萨满教的知识世界中的另一条公理"——"说人和动物在品质

---

  ① ［美］张光直：《美术、神话与祭祀》，郭净译，第 125、127 页。与此不同，关于社会进化和城市、国家兴起的各种理论，来自马克思、恩格斯、韦伯、柴尔德等学者偏重自我视角的西方学说，认为"中国走向文明之路却好像是一种变形"，也因此常常称其为"亚细亚式的"变形。
  ② ［美］张光直：《考古学专题六讲》，第 14 页。这些条件也体现在生产和政治工具、地缘替代亲缘（以城市或国家形式替代亲属关系等）、文字产生和城乡分离等主要领域。

上是相等的"的解释基本一致。①

中国文明形态是"连续性"的,而西方文明形态是"破裂性"的。在此,张氏所倡导意识形态框架——整体性的宇宙形成论这一提法,其与牟复礼(F. W. Mote)提出"中国的宇宙起源论是有机物性程序的起源论——有机的整体观"学说、杜维明所说"有机物性程序的连续性、整体性和动力性"三个基本主题、本杰明·史华兹(Benjamin I. Schwartz)——"联系性的宇宙观";② 以及尤其是列维-斯特劳斯——无文字社会的"人类世界观"等有着内在的关联。

三 单位和聚落:考古—结构模型

《古代中国考古学》《商文明》等以古代中国的相互作用圈与文明形成为立论构架,以确立中国古代文明的典型特征这一初步假设,进而提出它源于"整体性框架的宇宙形成论(有机物性程序的宇宙起源论)"之论断。《中国考古学论集》认为,进入龙山时代的初期(公元前3000年左右),在古代中国版图上已经出现"成千上万的'城邑'和由此构成的一个或几个'国'或'邦'",分布在黄河流域、长江流域和东海岸等地区。在"国"或"邦"内,宗法制度依旧作为社会行动的基础或依据,并且上层统治者的财富积累完全是依靠政治手段而完成的:战争,或增加劳动人口。这种政治权力得以强化是与统治阶层对巫术等的独占有关的,艺术品在三代考古遗址中的显著地位就说明了这一点。③ 因此,无论是神话和祭祀(或仪式)还是文字和艺术,对它的权力拥有者既是以王族或王权者出现的,也是以巫师的身份出场的。

权力继嗣的拟制系统和道德权威之强制力量。《商文明》指出,夏商周作为"文化一体,只是在细节上有所不同"。在社会组织得以拟制化发展阶段,

---

① [美]张光直:《美术、神话与祭祀》,郭净译,第120页。大概意思是与斯宾塞氏说的"人类决不是造世的主人,而永远是靠天吃饭的"这一观点相吻合。
② [美]张光直:《美术、神话与祭祀》,郭净译,第118、119页。
③ [美]张光直:《中国考古学论集》,生活·读书·新知三联书店1999年版,第384—400页。财富积累完全是"依靠政治手段",而不是"技术手段"。另见[美]张光直《美术、神话与祭祀》,郭净译,第106—107页。

第五章 构境假设（一）：单一文明考古结构

夏商周所形成一种重要的共同点，无疑是"以城市内的宗法制度成为统治工具"的。夏为"姒族，商子族，周姬族"。三者的最高层"都是一个家族内产生的统治集团"，虽然"三代的统治者来自不同的家族"。在王位继承法上"也有一些基本的共同特征"。① 尽管对夏代世袭制度做出最接近社会现实的推论有一定的难度，但"夏代也用十个天干作为谥名"，因而可推断"夏代制度在重要方面与商代相似"，甚至夏代"很可能也有'昭穆'制度"。三代不仅可能均"拥有相同的宗法制度，而且都有分封宗室血亲的制度，至少商周两代是如此"。因为，这类制度在中国古代早期城市的制度延线上得以结合，并发展成为夏商周三代都建造城市的重要基础，所有这些都表明"它们是在共同的社会发展水平上"。需要说明的是，中国古代文明的发展论假设一直被"孤岛模式"所左右，这就意味着三代连续发展是周边文化"所包围的文明岛屿"现象。而按照《商文明》对三代考古的观察，可提出另一种的阐释模式："中国文明起源是平行发展、相互联系的"，图5-7所反映的是三代文明的平行发展·连续模式。②

《美术、神话与祭祀》也认为，夏商周"三代王朝既为姒姓、子姓和姬姓三支氏族所创"，王朝兴亡之缩影便作为"众多氏族并存的政治疆场上各个氏族命运之盛衰"而表现了出来。所谓政治权力被"以血缘纽带维系其成员的社会集团左右着"，这就深刻地突出了"中国古代国家最显著的特征"，再加上各氏族"身世按照血缘关系而高度层序化了"。③

权力继嗣的拟制系统——宗族、氏族和城邑的分层结构。《美术、神话与祭祀》指出，在古代中国，单个"宗族，甚至每个宗族中的单个成员，其政治地位都有高下之分"。三代的世系制度"尚不十分清楚"，但宗系"决定政治地位这个原则是无可置疑的"。宗族分支源于父系宗族的分裂（Fission of The Agnatic Lineages）和分支宗族"在各自具有明确空间界限的领地内的建立"。假设有"这样一个大宗族"，它凭借"强大的治力量统治着一个都邑"。王族是"自己王国内的统治者"，其通过"宗族里男性成员的继嗣而长存"；

---

① ［美］张光直：《中国考古学论集》，生活·读书·新知三联书店1999年版，第341页。
② ［美］张光直：《商文明》，张良仁、岳红彬、丁晓雷译，第342—343页。
③ ［美］张光直：《美术、神话与祭祀》，郭净译，第3页。

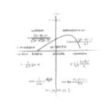

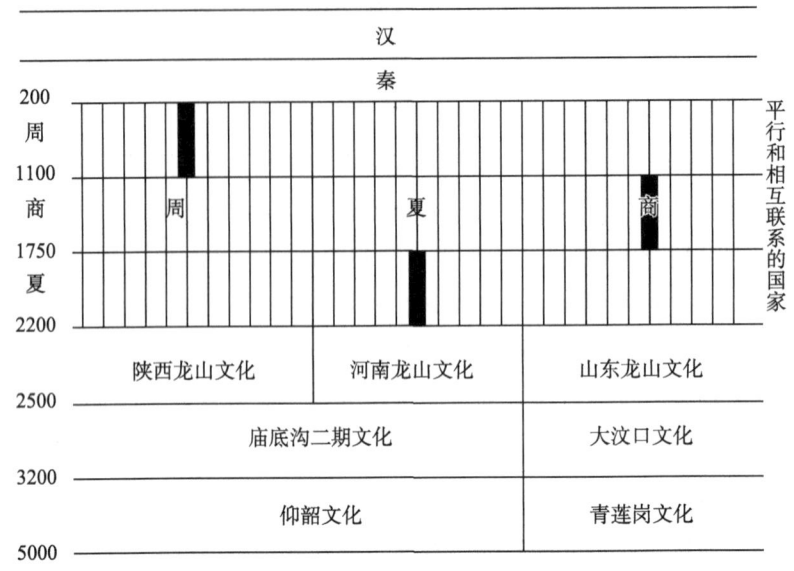

200 周 1100 商 1750 夏 2200 2500 3200 5000		汉		平行和相互联系的国家
		秦		
	周	夏	商	
	陕西龙山文化	河南龙山文化	山东龙山文化	
		庙底沟二期文化	大汶口文化	
		仰韶文化	青莲岗文化	

图 5-7　三代文明的并行发展模式

注：根据《商文明》所制。

这些成员的地位如何，又取决于正妃之子或长子等族内规定和特定条件。① 分支"宗族的集核心"，是"城墙环绕的城邑"。就动机而论，城市构筑其实是"一种政治行动"，新的宗族"以此在一块新的地上建立起新的权力中心"。当然，城邑的规范与功能"并不因土墙的有无而改变"。如前所述，数千座城市点布在"三代政治地图上"，并且"经种种无形的纽带联为一体"，构成"行政控制和财富分配的分级系统"；而城邑的分级体系"大体上与氏族和宗族的分级分层相吻合"。古代中国的每个"国"，都是"一个由若干等级不同的城邑构成的网状组织"；在三代初期，"这类国很多，每个国可能又包括了数量较少的城邑"。②

---

① ［美］张光直：《美术、神话与祭祀》，郭净译，第6页。
② ［美］张光直：《美术、神话与祭祀》，郭净译，第7、14、20页。换句话说，各级城邑之间的互动行为，主要有"政治结盟、贸易往来、攻伐交战、婚配结亲"。变幻不定的政治同盟"使城邑的总数和国的数量都减少了"。夏、商、周"三个时代似乎都有一个国家占据着优势地位"。然而，夏、商、周三国"只是它们那个时代最显赫的国家，却决不是当时唯一的国家"。在此，有关三代的可靠证据已表明，古代中国的政治景观便形成了这样一幅图画：分布着"成百上千个为不同氏族和宗族所占据的城邑"；它们"按照亲族关系和聚落互动模式，在政治分层系统中彼此联结在一起"。

第五章　构境假设（一）：单一文明考古结构

正如《美术、神话与祭祀》所言，道德权威是强制力量的源泉，也是权力（或权利）产生的温床。在三代时期，城邑、氏族和宗族自然出现过分级分层，这些又"组成了一幅理想化的政治结构图"。一般情况下，这个系统"可能正常运转"，但"它的平衡终究是脆弱的"。在此，亲族制和由此延伸而来的拟制系统本身"已不能严格维持层序体系"，不得不"把其他因素引入这个平衡面中来"。因此，以"功"（Merit）为基础的价值评判，无疑是这种"对维持众多竞争者的政治平衡最有影响的因素之一"。他们生而具有"治人的资格还不够"，还必须"靠行动赢得被统治者的拥护，才能真正取得统治权"。质言之，这些酋长或首领、帝王必须具备既有神的后裔这一血统尊贵的先天条件，又有行动能力超群的综合优势；因为"族"本身大概就是"最重要的社会强制组织"。族规即"社会的基本法律"，比如，族内的行为"规范于三代时期汇编为礼"。事实上，这种礼便是"法"。① 就三代王朝创立者的功德来看，他们的"所有行为都带有巫术和超自然的色彩"。② 所以说，习俗和道德的权威产生于血缘或亲属的自然生物性——初级关系中，但由血缘走向地缘的关系延伸却促成了社会或文化关系的初・中・高多级拟制系统。进而《美术、神话与祭祀》抱怨说，无论是马克思（Karl Marx）的亚细亚制度、韦伯的世袭制国家—中央集中制、河流管理，还是威特弗格（Wittfogel）的"水利社会"或"灌溉文明"（Hydraulic Societies, or Irrigation Civilizations），均"没有掌握中国三代社会的考古材料"；这种东方社会特征的描述分析和对其形成原因的一般推论，是"根据对后期历史，而且常常是转手材料进行分析的基础上得来的"。③

戈登・威利（Gordon R. Willey）认为，古老文明的"物质遗存，就像退潮后遗留在海滩上的贝壳"。这些功能性的"有机体和它们所生存的环境已悄然消

---

① ［美］张光直：《美术、神话与祭祀》，郭净译，第21、23、29、31页。把"功"说成"建立统治的基础，这大概是儒学的理想"。然而，商周两朝"的确曾借这个观念来证明自己统治的合理性"。因此，这个观念"可视为古代中国权术的一个组成部分"。不难发现，三代以前的"神话君王都是文化方面的英雄人物"，至少"记录祖先生活的人是这样讲述的，这些记载多形成于周代后期或汉代"。三皇五帝中"以归于黄帝的功业最突出"。

② ［美］张光直：《美术、神话与祭祀》，郭净译，第33页。
③ ［美］张光直：《美术、神话与祭祀》，郭净译，第108页

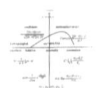

失",留下"死寂与空壳"。① 追随其后,《考古学再思考》(张光直)立足于基本概念—理论构建的内在关联,尤其深受聚落考古学(戈登·威利)和社会文化人类学的结构主义(埃德蒙-利奇和列维-斯特劳斯等)之启发,进而为考古人类学的聚落形态分析法及其问题假设勾勒出了基本的框架:(1)什么是聚落——稳定态、考古单位;(2)聚落是怎么样的——抽象的还是经验的,共时性的还是历史性的;(3)聚落结构和规模延伸。② 因此,与偏重自然科学—透物见物范式的遗迹特征及类型研究——传统考古学不同,有关聚落形态的考古人类学则旨在构建偏重自然科学+人文学—透物见人的生存状态·行为结构研究。

社群和"聚落"(Settlement):与社会文化人类学的抽象化事实、考古人类学的经验性实体相对应。其一,考古学者可以用"'聚落'径指社群"。因为,社会文化人类学或民族学所说的社群"主要是基于血缘关系来划分的",而这"在考古学上并无可操作性"。准确地说,考古人类学者则"把聚落当作一个具有行为意义的考古学的基本单位"——"就像转换语言学中的一个句子",或"生物学中的一个活体、物理学中的一个原子",和"化学中的一个分子"一样。③ 其二,作为稳定态的社群和"聚落"。在这一点,考古学上的"稳定态"和社会人类学的"稳定态"有一定的区别。考古学者关心的重点在于"人类行为的遗存而非行为本身",其无法究及"古代的事件、人与人之间的相互关系","言语、情绪以及它们的实际结果"。如果一个村庄或一座房子的"毁坏和重建确实是一个新的社会结构的开端",那么它"也应该是一个新的考古结构的开端"。列维-斯特劳斯也提示,一个"稳定态"的时间维度可被叫作"微观时段","在这样一个时段里,各种

---

① [美]戈登·威利:《聚落与历史重建——秘鲁维鲁河谷的史前聚落形态》(下文简称《聚落与历史重建》),谢银玲等译,上海古籍出版社2018年版,第1页。要了解"古代社会的结构和功能,就必须依靠这些仅存的、承载着生活印迹的静态模型"。所有那些"留给考古学家的史前人类各方面的材料,或许以聚落形态(settlement patterns)的方法去了解最为有益"。
② [美]张光直:《考古学——关于其若干基本概念和理论的再思考》,曹兵武译。
③ [美]张光直:《考古学——关于其若干基本概念和理论的再思考》,曹兵武译,第11—12页。与文化人类学或民族学对社会或群体的理解不同,考古人类学所强调的聚落"不是一个用逻辑抽象出来的概念,也不能用一连串的器物特征来代表它";相反,"聚落由一系列以特定方式被遗弃于特定空间的文化遗物所构成,是一个考古学可以处理的经验性的实体"。

第五章 构境假设（一）：单一文明考古结构

变化和替代对于整体结构的均一性来说简直是微不足道的"。① 其三，社会结构不能等同于"社会实体"或社会事实，一个考古单位"也不一定是一个社会实体"。与其"为一个考古单位寻找相对应的社会实体"，不如试图"去理解它所包含的社会意义"。对考古人类学来说，所采用的单位——处于"稳定态"的聚落，与社会人类学者说的社会结构相比，它"在操作时更为真实"。或许用"'考古单位'比起用'考古结构'更为简洁合理"，但无疑也会"引起不必要的混乱"。②

沃森（P. J. Watson）等提出历史过程的、共时功能的和比较维度的等聚落形态三框架，本质上也是这种社会文化人类学的结构功能主义范式的翻版。之后又被戈登·威利发展为四种建筑类型——八个时期聚落形态的模型：先确定"四种建筑类型的聚落形态"，从"八个时期的历时过程来观察这四种建筑的数量和质量的空间分布"。③

共时构境中——考古结构和社会结构。根据《考古学》的结构假设，无论是较小的聚落单位——稳定态（共时的静态），还是较大的复数聚落形态——包含运动系统（社群行动和历时动态），它们均通过遗物、遗迹和遗址的整合过程来塑造或呈现出一种经验实体，其与时间、空间与数量等密切相关。如果说考古人类学者谈论微观时段，那么所涉及的"实际上是一个考古结构的物理世界"，并"用考古遗存的变化来描述它"。因为这种做法同样需要让人们去相信观察者自己"所处理的厚厚的垃圾堆积"确定无疑这样，它

---

① ［美］张光直：《美术、神话与祭祀》，郭净译，第29、28、27页。譬如，戈登·威利（Gordon Willey）和菲力蒲斯（Philips）提出了一个接近稳定态结构的"考古单位"概念，即考古单位是在特定的时空范围内"具有某种面貌、重复发生和内在一致性的形式"。在社会文化人类学领域里，弗思（菲思 Firth, 1964: 13）和纳德尔（Nadel）都用来自经济学的"稳定态"概念来讨论了社群和聚落所具备的稳定静态属性。

② ［美］张光直：《美术、神话与祭祀》，郭净译，第35、44页。其意思是，无论是拉德克里夫—布朗，还是列维-斯特劳斯，他们对人类社会或文化的结构探索无疑都是抽象的，而不是经验实体的。例如，尽管 J. H. 斯图尔特（Julian H. Steward）和斯泼尔丁（Spaulding）的"文化类型"非常适合于这样的"稳定态"，但是考古人类学家考虑到操作方便"宁愿用'聚落'的概念来指称它们"。

③ 陈淳：《中文译序》，载［美］戈登·威利《聚落与历史重建——秘鲁维鲁河谷的史前聚落形态》，谢银玲、曹小燕、黄家豪、李雅淳译，陈淳审校，第10—11页。包括孔德、涂尔干在内，以及拉德克里夫-布朗和马林诺夫斯基、列维-斯特劳斯等的社会结构—文化功能学说皆是维鲁河谷考古的聚落形态研究形成文化功能观的重要理论来源。

是"在一个可以被定义为具有'共时性'的时间片段中积累起来的"。① 其一，空间结构：遗物、遗迹和遗址作为实体的存在物，它们被联结成为结构统一体并反映在考古单位——聚落这一范畴里，这些假设均与空间有关。就考古资料本身而言，"空间绝对是经验性的"。② 其二，时间结构：在考古学中，时间"可能是最难定义和解说的一个概念"，它对人的感知来说仍是"看不见、摸不着"的，但它"又无处不在，无法用经验加以度量"。考古学者常常称时间为"时代或者时间表——一种勉强可以用物理的形式定下来"，并"把考古遗存放在其中一个固定的位置"或尺度上来计算。正如埃德蒙-利奇所提示，"科学的时间"和"文化的时间"分别起因于对时间观念的普遍性和特定性（相对性）理解。③ 其三，聚落形态研究则以对微观时间（"稳定态"之内的时间）和宏观时间（超出"稳定态"的时间）的本质理解为区分标尺：前者"指一个遗址内文化特质的空间分布和空间模式"，它"在遗址内将不同的遗物关联起来"；而后者则"指不同聚落间的空间关系"。④ 值得一提的是，在孔德率先对静力学和动力学之概念加以区分之后，很多这种共时性考察以用某一时间段代替历时性维度来自居，进而却为一般结构的静态探索招致来人们对其缺乏历史感的不满。

聚落结构和事实结构——行动及其意义结构。 与此相关，《考古学》所总结的解说有三点。其一，与考古学的传统范式不同，在文化史或史前文化的时间尺表中，聚落可"被看作是考古学上一个基本的分析单位"，一个"静态

---

① ［美］张光直：《考古学——关于其若干基本概念和理论的再思考》，曹兵武译，第30页。相比之下，对社会文化人类学家而言，"社会结构则是一个时间过程的理论总结"（Nadel, 1957: 128），他"需要让人们相信他所说的共时性结构具有一个时间的深度"。

② ［法］克洛德·莱维-斯特劳斯：《结构人类学》，谢维扬、俞宣孟译，第300、331页；另见第334页——心理学和生物学视角的探讨。而在《结构人类学》（列维-斯特劳斯）看来，布朗的社会结构或社会形式略等于社会关系整体；而列维-斯特劳斯自己却认为社会结构不能还原成为关系整体；社会结构由模型构成，包括系统、变形、安排、转换和整体等特征。因此，与孔德、涂尔干和列维-斯特劳斯等的法国式超经验主义或理性主义不同，无论布朗的社会结构说还是马林诺夫斯基的文化功能说，均属英国自然主义或经验主义一派。

③ ［美］张光直：《考古学——关于其若干基本概念和理论的再思考》，曹兵武译，第19页。

④ ［美］张光直：《考古学——关于其若干基本概念和理论的再思考》，曹兵武译，第31页。也就是说，无论是列维-斯特劳斯还是Fortes（1949: 55），他们都坚信如果一个社会结构是共时性的产物，那么"时间的特性就是空间的特性"。空间作为一个共时性展现的单位，这种空间位置和空间结构对社会事件或组织结构乃至整体结构来说都是至关重要的，同时也可以考虑到"有规律的空间运动标志着结构的变化等等"。

第五章 构境假设（一）：单一文明考古结构

的、占据着特定的时间和空间范围的单位"或经验实体。作为较大的考古单位，聚落无疑是"对经验实体的直接反映"，而且它本身就蕴藏着静态化社群的行动及意义结构。① 其二，对"稳定态"概念的不同理解：考古学者认为它是"由文化遗物的有意义的空间和时间特征所构成"的，而社会学者坚信它是"根据人类行为及行为的模式概括而成"的。② 据此，前者确认稳定态为聚落的概念，而后者则理解稳定态为社群的概念。③ 与社会事实的关系或模型结构（唯实论）相比，聚落的经验结构（接近唯名论）是以遗迹和遗物等所蕴含的行动和意义关联为根基的。④ 其三，微观和宏观的聚落形态结构：微观环境是指包括遗物、遗迹和遗址—生态位（聚落或微观环境的组成部分）—微观环境或结构（有考古资料依据的整个聚落环境）在内的三个层级概念。在此，一种模式是"用来关联在聚落里可以看到的材料的"，称这种情形为微观的结构；而另一种模式是"在较大的时空范围内组成的——把不同目的的不同聚落关联起来"而形成的，称这种情形为宏观的结构。从微观和宏观结构的整体联结看，聚落规模应当包括人口数量和行为的总量⑤，这些同时又与社群分工、事件与行为等⑥有关。假设聚落——宏观结构建立在生态、技术、社会和风格四个维度上，那么按照2×4排列式的组合原则估摸总体结构——八种分支结构：在共时性和历时性的两项预设前提下，生态、技术、社会和风格四种聚落再加以组合，最终形成共时性和历时性的生态宏观结构、共时性和历时性的技术宏观结构、共时性和历时性的社会宏观结构、共时性和历时性的风格

---

① [美]张光直：《考古学——关于其若干基本概念和理论的再思考》，曹兵武译，第32—33页。相比之下，社会学的静态单位"是一种为研究方便而设的抽象的、结构的模式"，其意味着基于现实的关系结构或超乎经验关系边界的模式结构。比如，传统的考古学"实际上只是在谈论物质文化——或者更极端一些，技术的历史（Osgood, 1951）而非人类的历史"。无论如何，从人类行为的角度来说，"将聚落作为考古学的最重要的基本单位具有十分重要的理论意义"。
② [美]张光直：《考古学——关于其若干基本概念和理论的再思考》，曹兵武译，第33页。
③ [美]张光直：《考古学——关于其若干基本概念和理论的再思考》，曹兵武译，第77—78页。如果说社群作为"第一位研究单位和操作概念"，它是"由一群活动着或相互作用着的人构成的"，那么考古聚落作为"社群在考古学中的对应体"，它是"由时间、空间、有意义的形式和稳定态所界定的经验实体"。
④ 考古模式或结构建立在时空特征—聚落形态—物质文化或技术文明的实体基础上，社会模式则形成或潜藏在行动链—行为模式—制度文明的事实根基中。
⑤ [美]张光直：《考古学——关于其若干基本概念和理论的再思考》，曹兵武译，第80页。
⑥ [美]张光直：《考古学——关于其若干基本概念和理论的再思考》，曹兵武译，第86、89—91页。

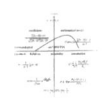

宏观结构。①

地理学与民族学的蓝图。《考古学专题六讲》指出，在地理学和民族学上，"模式"（Model）这个观念是"一种认识论上的构筑"，用来"模仿真实作为研究的基础"。因此，以"蓝图"（Model）替代"模式"（Model）完全是"方法论上的"。② 民族学者（含社会文化研究者）将聚落单位划为三层来观察，包括"个别建筑物、村落内与村落间"。③ 而考古人类学者则把聚落形态视作"在社会关系的框架之内"的考古资料，所涉程序分为四个步骤：（1）聚落单位的整理；（2）各聚落单位的联接；（3）各聚落单位在时间上连续成串；（4）聚落资料与其他资料关系的研究。以上程序或步骤"参考了地理学与民族学的蓝图（或模式）"，并且是"以考古作业的实际需要为基本依据的"。④ 如果遗物、遗迹和遗址等⑤对考古单位的微观聚落探究来说皆是材料学的原本基础，那么聚落形态的宏观探索之重点必定在于"许多聚落单位之间的关系"。据此，"微观聚落形态"（Micro Settlement Patterns）指"聚落单位之内布局"，而"宏观聚落形态"（Macro Settlement Patterns）则指"聚落与聚落之间在较大区域内的彼此关系"。根据图5-8，可了解聚落单位与文化—功能群（包含生态、政治、经济、宗教、婚姻）等之间的内在关联。⑥

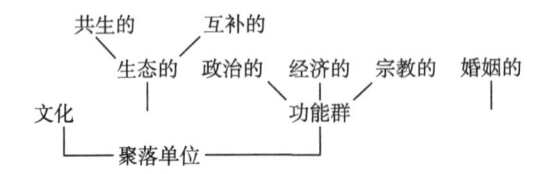

图 5-8 聚落单位与文化—功能群等的关系

注：根据《考古学专题六讲》原所制。

---

① ［美］张光直：《考古学——关于其若干基本概念和理论的再思考》，曹兵武译，第 93、96—97 页。聚落间的关系，主要有：一个变为另一个；两者合为一；两者建立联系；等等。因此，一个聚落"只有一个微观性结构来填充其整个的时空框架，但是只要有"足够参照点和参照标准，它就可以参与到多个宏观结构中去，这些必须完全重合"。
② ［美］张光直：《考古学专题六讲》（增订本），第 76 页；《考古学专题六讲》，第 78 页。
③ ［美］张光直：《考古学专题六讲》（增订本），第 80 页；《考古学专题六讲》，第 82—83 页。
④ ［美］张光直：《考古学专题六讲》，第 86 页。
⑤ ［美］张光直：《考古学专题六讲》，第 57—58 页。
⑥ ［美］张光直：《考古学专题六讲》，第 90、84 页。

概括而言,《商文明》《考古学》等奠定了其"在聚落形态理论研究方面仅次于《聚落与历史重建》(戈登·魏利,1953)"①的重要地位。《古代中国考古学》也表明,自20世纪50年代以来,中国考古学界一直存在"探索如何摆脱'见物不见人'的困境"。面对上述情况,而聚落考古考察"把考古学的'资料'转化为人类学的'现象'",从而实现了其"透物见人"这一中国考古人类学所急需的人文转型任务。②考古人类学者"将试图把文化作为一个有机体"来对待,而不再以"已过时的化石"来进行研究或看待。进而,聚落形态研究不仅对传统考古学的类型学框架之不足质疑,同时还与文化人类学或民族学所涉社会、文化的种种探索保持了距离。这是因为,传统的考古学者"从来就没有从理论上廓清以下两点"③:一是考古学的基本单位必须"从现象出发",而不"对遗物进行研究之后的抽象概括";二是有关器物分类或特征描述的概念"必须可运用于基于人的行为和生活现实",借此可"概括出来的考古学的基本研究单位"。

第二节　日本人起源——双重结构模型

直至1930年左右,访日欧美学者对日本民族学·人类学者的启发愈加明朗了起来,所产生影响深刻者当推西尔伯德父子(P. F. von Siebold, H. P. von Siebold)、贝尔茨(E. von Baelz)、摩斯(E. S. Morse)和米尔恩(J. Milne)等。在日本起源论的这样前提和环境下,从坪井正五郎、小金井良精、长谷部言人到鸟居龙藏和清野谦次,再到埴原和郎等把族源考古和制度结构当作深入挖掘日本自我历程这一民族寻根考察的主线或脉络,进而旨在构建衔接古代日本和近现代日本的族源假设、历史原型及结构模式。

一　自然人类学的立论基础

说起民族学和人类学在日本落地生根,它无疑缘起于日本人对自我认同这

---

①［美］罗泰:《四海为家——追念考古学家张光直》,生活·读书·新知三联书店2002年版,第237—272页。
②《中文版自序》,载［美］张光直《古代中国考古学》,印群译。
③［美］张光直:《考古学——关于其若干基本概念和理论的再思考》,曹兵武译,第8、11页。

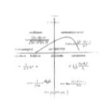

一身份建构的知识生产之土壤，整体过程在大森贝塚考察（摩斯）①、日本须惠村调查（恩布瑞）② 乃至"菊与刀"比喻这一日本文化类型研究（本尼迪克特）③等西方列强影响下逐渐得以铺开，并为自然人类学（以考古、体质为主）、民族学（以社会、文化为主）的竞艳盛开和形成走向埋下了经得起科学检验的伏笔。

日本自然或体质人类学的兴起。从欧美学者到坪井正五郎、小金井良精等一同开拓自然人类学之探路，其始终以人种的混血—原人说、置换或交替说为问题导向，从作为后期代表性成果的《人类进化学入门》（1972）、《考骨——一位人类学者的体验》（1982）④ 等略窥一二。就早期这一阶段而言，考古学者和人类学者对族源问题的主要假设（埴原和郎的归类）如下：

西尔伯德父子：日本人——蒙古人种；新石器时代日本人——现代阿伊努人的祖先。

贝尔茨：日本人二体型说（Dual Physique Theory）——萨摩型+长州型；阿伊努人的起源——Okinawa 人的起源。

米尔恩：新石器时代的本州人群——阿伊努人群；北海道的人群——克鲁波克罗（コロボックル）人群。

摩斯：阿伊努人——绳文土器、北方系阿伊努的退缩；前阿伊努人（大森贝丘人）——无绳文土器、南方系前阿伊努（プレ・アイヌ）人的扩张。

新石器时代日本人——阿伊努人群——现代日本人的祖先群体。

---

① E. S. モース（Morse, Edward, S.）：『大森貝塚—付 関連史料』，近藤義郎と佐原真編訳，岩波書店 1983 年版；Edward S. Morse, Shell-Mounds of Omori（『大森介墟古物編』，矢田部良吉訳），Tokio：the University Tokio, Japan（Nisshuska Printing-office），1879. 別見 E. S. モース『日本その日その日』，石川欣一訳，講談社 2013 年版；Edward S. Morse, *JAPAN DAY BY DAY*, Houghton Mifflin Comp, 1917.

② John F. Embree, *Suye Mura: A Japanese Village*, Chicago：The University of Chicago Press, 1939. 別見ジョン・F.エンブリー（约翰・F.恩布瑞）『日本の村——須恵村』，植村元覚訳，日本経済評論社 2005 年版；田中一彦訳，農山漁村文化協会 2021 年版。

③ ［美］鲁思・本尼迪克特：《菊与刀——日本文化的类型》，吕万和、熊达云、王智新译，详见 Ruth Benedict, *The Chrysanthemum and the Sword: Patterns of Japanese Culture*, Boston：Houghton Mifflin (The Riverside Press), 1946。ルース・ベネディクト『菊と刀——日本文化の型（定訳）』，長谷川松治訳，社会思想社 1972 年版（1949 年初版）。

④ 埴原和郎：『人類進化学入門』，中央公論新社 1972 年版；『骨を読む——ある人類学者の体験』，中央公論新社 1982 年版。

埴原和郎、斋藤成也、池田次郎等异口同声地宣称，作为日本民族学或人类学的早期代表者，坪井正五郎、小金井良精、鸟居龙藏和金关丈夫等纷纷加入欧美学者所开启的日本人种假说行列，围绕无绳文土器——大森贝丘人（前阿伊努人）和绳文土器——阿伊努人等层类假设加以持续深化，便形成了置换说或交替说（西尔伯德、摩斯、坪井、小金井）和混血或融合—原人说（贝尔茨、鸟居、清野、金关）的两大人种假设类型。

日本人起源的诸人种假说："置换（或交替）"、"原人（或混血）"、"变形（移行或连续）"。根据日本人的起源说特征，铃木尚等将其大致分为3类人种说："置换说"（摩斯、米尔恩、W. W. Howells 等）、"混血说"（贝尔茨、金关丈夫等）和"变形说"（长谷部言人、铃木尚）。① 之后，埴原和郎、山口敏、尾本惠市和 C. G. 托纳（C. G. Turner）等在混血说基础上发展出更新版的起源论假设，其中埴原的"双重或二重结构模型"假说便是对混血说范式进行添枝加叶并加以改造的直接产物：

1. "置换说"（替换或交替说）：绳文人（第一移居者）的直接子孙是阿伊努人，现代日本人主要是外来者弥生人（第二移居者）的子孙。

2. "混血说"（或融合说）：现代日本人的大部分是由东北亚系的渡来人（第二移居者）和东南亚·原住系的绳文人（第一移居者）混血而产生的，至少在西日本的一部分地区尤其如此。

3. "变形说"（移行或连续说）：在绳文人和弥生时代以后，日本列岛居民之间的形态学差异主要是由于外在环境因素而造成的（包括日本原人本身的内部自我演化和环境适应，因为绳文人和弥生人皆是第一移居者日本原人的子孙）。

"置换说"的直接前身是"前阿伊努说"和"克鲁波克罗说"。尽管摩斯曾提出过"前阿伊努说"，但他并没有发展出"具体地确定前阿伊努是什么样

---

① 沟口優司：「混血説と二重構造モデル——そして今後の日本人形成論」，『人類誌』（Anthropol. Sci.）1994 年 102（5），489. 别见埴原和郎「日本人のルーツ」，『日本老年医学会雑誌』（第35回日本老年医学会総会記録〈特別講演Ⅱ〉）1993 年 30 卷 11 号，923. 别见山口敏『日本人の生いたち——自然人類学の視点から』，みすず書房 1999 年版。

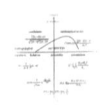

人种等"这类假设的合理化阐释。面对"前阿伊努说"的遗留问题，米尔恩进一步提出"克鲁波克罗说"，比起摩斯的说法往前迈了一步。米尔恩对"置换说"或"交替说"的修正试图调和"前阿伊努"和"克鲁波克罗"的前后两段假设，实则建筑在以下双线逻辑的推理上：一是阿伊努人的居住曾经分布在日本全部境内；二是日本人作为渡来人的继承者，是他们逐渐取代了先住民——前阿伊努人被迫撤离而北上。① 值得一提的是，西尔伯德的日本人种论与摩斯、米尔恩的观点基本接近，均以《古事记》《日本书纪》，尤其是神武东征故事为历史事实之原型。但据《考古说略》中的相关表述，西尔伯德对日本人起源论的假设并不完全归属"置换说"，原因在于他也部分地承认混血这一过程之存在：现代日本人不是土著的民族，恐怕最早居住在中国或朝鲜附近，随后因混血而形成的。②

表 5-3　明治前期的日本人种论（"置换说"最为主流）

发表者	石器时期住民	遗迹	遗物	食人	年代	人种交替	文献（发表时间）
摩斯	前阿伊努	贝冢	土器 石器	+	1500~2000年以前	前阿伊努→阿伊努→日本人	相关2类 1879年 1879年
西尔伯德	阿伊努	贝冢	土器 打制石器	+?	1500~2000年以降	阿伊努→日本人	相关1类 1879年
米尔恩	阿伊努	贝冢	土器 石器	+?	2000年以降（1300~2600年）	阿伊努→日本人	论文3篇 1880年 1881年 1882年
	克鲁波克罗（北海道）	竖穴	土器（纹样单纯）石器	?	—	克鲁波克罗→阿伊努→日本人	

注：根据原书的表格样式，对置换或替换表述的归纳。

---

① 吉冈郁夫、長谷部学：『ミルンの日本人種論——アイヌとコロポクグル』，雄山閣出版1993年版，43、111–112. この本はMilne, Johnの資料による編著——解釈共訳として作られたものである.

② 吉冈郁夫、長谷部学：『ミルンの日本人種論——アイヌとコロポクグル』，雄山閣出版1993年版，64、67. 別見ヨーゼフ・クライナー等『小シーボルトと日本の考古・民族学の黎明』，同成社2011年版，24.

第五章　构境假设（一）：单一文明考古结构

日本学者对诸人种说的发展。坪井正五郎扛起摩斯和米尔恩所创的置换或交替说之大旗，大力倡导并坚守了石器时代的绳文人和阿伊努传说中的克鲁波克罗人同属一个祖先这般假说阵地（见表5-3）。① 然而，小金井良精则支持西尔伯德父子和贝尔茨等所强调绳文后期或弥生初期进入人种融合阶段这一观点，推出了只有阿伊努先住民才是石器时代的绳文人之大胆论断。假如说前者的论点来自文献资料和出土文物的比较观察，那么后者的看法则建立在对人骨的实证分析基础上。② 与坪井和小金井相比，作为明石猿人推论和变形说的权威研究者，长谷部言人则坚信绳文人是现代日本人祖先的"原住人说"，甚至毫不动摇地表明了对石器时代绳文人=阿伊努人一说的否定态度。因此，尽管坪井和小金井的核心观点和研究方法有所区别，但他们皆把石器时代绳文人和阿伊努人勾连了起来，并且这种假设在鸟居龙藏和清野谦次的后期探索中得到了进一步的发展。鸟居龙藏投身于绳文人（阿伊努人）+蒙古人种（Mongoloid，原住或固有日本人）这一多元复合说的实证方向，其以《有史以前的日本》（1918）、《人类学所见我们上代文化》（1925）等③为代表。他还认为，绳文人是阿伊努人（接近前阿伊努），而现代日本人的祖先则是来自亚洲北部（经由朝鲜半岛侵入日本列岛）的人群，其与弥生时代的原住或"固有日本人"=日本人（大和民族）的假设如出一辙。清野谦次的日本原人说（一元分化或再加上混血—融合说）视石器时代原住人+外来人种的融合为日本人和阿伊努人的共同祖先阶段，其构设在《日本原人的研究》（1925）、《基于古代人骨研究的日本人种论》（1949）等④数据分析之基础上。清野断言，石器时代的日本原人与外来人种开始接触，尤其进入绳文时期之后经过漫长的混血融合逐渐出现再次分化，便成为现代的日本人和阿伊努人。虽说鸟居和清野均承认"固有人"或"原人"说法的合

---

① 吉岡郁夫、長谷部学：『ミルンの日本人種論——アイヌとコロポクグル』，121-128。
② 三上徹也：『人猿同祖ナリ・坪井正五郎の真実——コロボックル論とは何であったか』，六一書房2015年版。別見川村伸秀『坪井正五郎——日本で最初の人類学者』，弘文堂2013年版。
③ 鳥居龍藏（竜藏）：『有史以前の日本』，磯部甲陽堂1925年版（1918年初版）；『人類学上より見たる我が上代の文化』，叢文閣1925年版。別見前田速夫『鳥居龍藏——日本人の起源を探る旅』，アーツ・アンド・クラフツ2015年版。
④ 清野謙次：『日本原人の研究』，岡書院1925年版；荻原星文館1943年版（補増版）。別見『日本歴史のあけぼの』，潮流社1947年版；清野謙次等『古代人骨の研究に基づく日本人種論』，岩波書店1949年版。

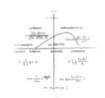

理性，但两者的不同在于对"固有人"＝弥生时代和"原人"＝石器绳文时期前的差异性理解上。

"南来"说、"北来"说和"渡来"说等：与柳田国男提倡单一民族的"南来"说（＝山人论）① 相左，坪井正五郎的"北来"说和鸟居龙藏的"渡来"说与新井白石的"肃慎"说三者颇为接近。在此，肃慎是指"中国古代东北的民族"，也是"现代满族的祖先"。在新井白石提炼出"肃慎"说之后，木内石亭（江户时代的石器研究者）"创立了肃慎民族是虾夷人（阿伊努人）的学说"。从某种意义上看，西尔伯德等也受其木内石亭之影响，基本支持了木内发展出"肃慎民族＝虾夷人（阿伊努人）"学说的核心观点。② 当时，日本民族学或人类学尚处于初创期，学界"关于日本民族的起源论几乎与复合民族论完全一致"。复合起源论者均承认日本民族作为一种多元群体而存在，它"由经过朝鲜半岛渡来的大陆移民、南方渡来的马来移民以及原住民阿伊努人等混合而成"。例如，坪井支持日本多民族的混合论，指出日本人由五个民族或群体组成，包括"日本人、阿伊努人、桦太阿伊努人、色丹人"等。鸟居龙藏等"以日本民族里有一些大陆人、罕见的短毛人为依据"，判断说"日本民族是由南方的尼格利托人种（矮黑人）混合而来"。与此相同，"日鲜同祖论"（天皇家族的朝鲜渡来说）缘起于"1890年前后星野恒和久米邦武提出的学说"。据相关成果文献，学界（久米邦武等）提倡亚洲存在两类"人种"的看法：一类是"分布在中亚到中国北部的包括'通古斯'在内的'北种'"；另一类是"经过海路从印度到越南、菲律宾等地方，尔后到达中国南部的'南种'"，即从北种人和南种人传入朝鲜半岛和日本列岛算起，部分学者把朝鲜半岛南部和日本列岛的主要民族看作来自"同一民族"的历史化现象。久米邦武还提出"失败的种族被赶到山区成为异民族"这种观点，其不仅"对柳田国男的'山人论'有一定的影响"，甚至不乏更深刻的刺激性作用。之后，江上波夫等提倡"骑马民族渡来说"这一假设，本质上说就是"天皇家族移民而

---

① 柳田国男：『海上の道』，筑摩書房1961年版；角川书店2013年版。
② ［日］小熊英二：《单一民族神话的起源——日本人自画像的系谱》，文婧译，生活·读书·新知三联书店2020年版，第18—19页。

来的学说"的再次登场或某种延续。① 继坪井、鸟居之后，八幡一郎②等把日本文化的现代性根基（黎明或曙光）放在弥生文化时代加以深挖，特别是就以考古学知识为基础的许多例证和日本古典中盛行的各种现象赋予对应性的关系考察，提出了其颇有见地的分析和阐明路径。直至冈正雄的"文化古层说"，它仍带有浓厚的考古—考据学色彩，并以日本文化或文明的多元结构及复合特性为基调而被提炼了出来，在日本民族学、社会学等领域的自我探索方面均具有举足轻重的地位。作为文化古层说之雏形，冈正雄之博士论文《古日本的文化层》（1933）③ 在维也纳大学以德文公开或得以发表，对向欧洲宣传日本文化起到了不容忽视的重要作用，后来还对石田英一郎、江上波夫、大林太良等学者或多或少地产生了这样那样的影响。④

迈进自然人类学的成熟化阶段。埴原和郎等认为对于大部分的现代日本人之形成来说，来自绳文人的影响不大，反而弥生或渡来人所产生的影响较大。⑤ 譬如，双重结构模型假说理解现代日本人的起源团体为三个类型，论证了绳文人和弥生人分别对以下三类团体产生的影响及混合情况："居住在本州、四国和部分九州的大部分本土日本人"，"南部地区的人种"和"北海道的阿伊努"。与此相同，对双重结构模型假说的不同评说声音也不绝于耳，多数批评者指出这种假设以渡来者——农耕民单凭人口数量极少的情况来影响，或改变数量庞大的绳文人及狩猎文化为推理依据，能否成立也值得磋商。加上，"均一性的绳文人"这个说法也难以成立，至少在 DNA 的数据分析上也

---

① ［日］小熊英二：《单一民族神话的起源——日本人自画像的系谱》，文婧译，第 69—72、83—91 页。

② 八幡一郎：『日本史の黎明』，有斐閣 1953 年版；『日本文化のあけぼの』，吉川弘文館 1968 年版。别见『日本石器時代文化』，鎌倉書房 1947 年版；『土器・石器』，古今書院 1930 年版。

③ 住谷一彦：「岡正雄——古日本の文化層或る素描」，载住谷一彦『歴史民族学ノート』，未來社 1983 年版；A・スラヴィク：『日本文化の古層』，未来社 1984 年版。别见岡正雄『異人その他——日本民族＝文化の源流と日本国家の形成』；『異人その他：他十二篇——岡正雄論文集』；岡正雄等：『日本民族の起源——対談と討論』。

④ 石田英一郎：『河童駒引考——比較民族学的研究』。别见江上波夫『騎馬民族国家——日本古代史へのアプローチ』，中央公論社 1985 年版（1967 年初版）。

⑤ 篠田謙一：「自然人類学が解明する日本人の起源——DNA 分析の発展と現在の起源論」，载ヨーゼフ・クライナー等『小シーボルトと日本の考古・民族学の黎明』，同成社 2011 年版，107-108。别见埴原和郎『日本人の骨とルーツ』，角川書店 2002 年版（1997 年初版），50-51。

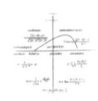

是如此。① 事实上，尽管大多数考古学者大致赞同双重结构模型这一假说，但在如何估测绳文人和渡来者——弥生人之间的比率及相关程度这一点上，其与自然人类学者的意见并不殊途同归。

自然人类学始终以人类的起源及相关论题为核心②，涵盖一元—多元进化论、气候环境（地层学）与人类身体适应、DNA 序列与生物医学等方面。埴原对自然人类学的关注和应用也以人种的融合—混血说为问题导向，尤其是双重结构模型假说所面对的立论核心直接来自变形说—单一民族论（铃木尚等）和混合说—多元或复合民族论（贝尔茨、金关丈夫等）之间的矛盾及调和处理。

二 双重结构的起源模型及框架

20 世纪 80 年代后，埴原和郎、山口敏③等自然人类学者以对人体或头骨等的形态学和数值统计分析为重要手段，不仅将日本人的起源命题归类于"双重构成"或"二重结构"这一新名称或范畴④的框架下，还勾勒出了先住（原先）人和渡来人这南·北两类集团（群体或团体）的近缘性。⑤ 事实上，贝尔茨等曾就阿伊努人和冲绳人的共通性等（1911）展开讨论，开启日本人起源的"混血说"这一探路，后又被埴原等所推崇，发展为引人注目的关键话题。双重结构模型假说（埴原和郎）指出，群体形成的根源或起源（roots）和路线或途径（route）是不尽相同的。因此该假说只专注于对日本人的根源

---

① 篠田謙一：「自然人類学が解明する日本人の起源——DNA 分析の発展と現在の起源論」，載ヨーゼフ・クライナー等『小シーボルトと日本の考古・民族学の黎明』，同成社 2011 年版，108-109。

② 埴原和郎：『新しい人類進化学——ヒトの過去・現在・未来をさぐる』，講談社 1984 年版；『人類の進化試練と淘汰の道のり——未来へつなぐ 500 万年の歴史』，講談社 2000 年版；『人類の進化史——20 世紀の総括』，講談社 2004 年版。

③ 山口敏：『日本人の顔と身体——自然人類学から探る現代人のルーツと成り立ち』，PHP 研究所 1986 年版；『日本人の生いたち——自然人類学の視点から』，みすず書房 1999 年版。

④ 埴原和郎：「日本人のルーツ」，『日本老年医学会雑誌』（第 35 回日本老年医学会総会記録〈特別講演 II〉）1993 年 30 巻 11 号，930。

⑤ 斎藤成也（Naruya Saitou）等：「出雲と枕崎出身者を含む日本人のゲノム規模 SNP データの解析結果はうちなる二重構造モデルを支持する」（Genome-wide SNP data of Izumo and Makurazaki populations support inner-dual structure model for origin of Yamato people），『日本人類遺伝学会雑誌 6』（*Journal of Human Genetics 6*），2021 年，681-687。

或起源考究，而并不对路线考究处于保留状态进行深入挖掘，以期留给今后发展或完成。①

日本人起源的结构假说及提出脉络。《日本人的起源》（1984）、《日本人来自哪里》（1984）② 和《围绕周边民族及其关系》（1986）等③均以日本人来自哪里的追问为出发点，通过对基于DNA分析的分子遗传学和各地持续发掘的考古学资料之比较观察，从自然人类学的考据立场出发初步明确了石器时代以来"日本人"群体，以及其每每登场所载的基因进化及双线文化结构这一形成历程。《日本人新起源论》（1990）、《日本人与日本文化的形成》（1993）等④将"东亚与日本人——从自然人类学视角说起""日本人的形成"等作为核心议题，提出了日本人起源的双重结构模型及其初步形貌。

之后，日本人起源的双重结构模型在《日本人的构成》（1995）、《日本人的诞生》（1996）⑤ 中得以进一步完善和发展，并把日本人的起源（泛指来源和路线）假设为东南亚系的绳文人（接近原有土著）和北亚系的渡来人两者趋于混血而产生的重构现象，甚至确认阿伊努·Okinawa人无疑与东南亚系的人群极为相似。作为成熟期的代表作之一，《日本人的骨和起源》（1997）等⑥则以"日本人团体的形成——双重结构模型""日本人的地域性——双重结构""日本人的起源——双重结构模型"为承上启下的主线或内容，尤其通过对旧石器、绳文、弥生（包括阿伊努人、Okinawa人）等时期人骨DNA的序列分析及数据考证，力图揭开被日本人起源谜团所遮蔽的人论假设面纱——双重结构模型这一生动而惊险的逻辑推论底色。与铃木和长谷部提倡

---

① 埴原和郎:「二重構造モデル——日本人集団の形成に関わる一仮説」（略称「二重構造モデルの仮説」），『人類誌』（*Anthropol. Sci.*）1994 年 102（5），473.

② 埴原和郎等:『日本人の起源』，朝日新聞社 1984 年版（1994 年増補版）；『日本人はどこからきたのか——新・日本人起源論の試み』（略称『日本人はどこからきたのか』），小学館 1984 年版。

③ 埴原和郎等:『日本人の起源——周辺民族との関係をめぐって』（略称『周辺民族との関係をめぐって』），小学館 1986 年版；別見『史話・日本の古代〈第 1 巻〉：日本人はどこから来たか——日本文化の深層』，作品社 2003 年版。

④ 埴原和郎等:『日本人新起源論』，角川書店 1990 年版；『日本人と日本文化の形成』，朝倉書店 1993 年版（2011 年新版）。

⑤ 埴原和郎:『日本人の成り立ち』，人文書院 1995 年版；『日本人の誕生——人類はるかなる旅』（略称『日本人の誕生』），吉川弘文館 1996 年版。

⑥ 埴原和郎:『日本人の骨とルーツ』，角川書店 2002 年版；別見『日本人の顔——小顔・美人顔は進化なのか』，講談社 1999 年版。

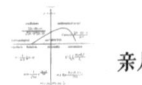

单一民族的变形说相比，埴原则以对贝尔茨等混血说的补充改造为深化方向，发展出了双重结构模型这一日本人起源论题的新假说。正如沟口优司所言，面对混血说等陷于众说纷纭的观念分歧和僵局，埴原从混血或勾配的立场出发为自己的自然人类学成果注入养分，从而实现了赋予"混血说"以"双重结构模型"这一名称或新意的重要转型。①

尾本惠市也指出，以往对日本人形成的观察仅仅囿于如何理解来自大陆的人群及移居之论断，但这些置换、混血、变形等提法均构设在一种直观又朴素的类比判断或推理上，而非基于DNA序列形态学和数值分析的类比化论证。因此，埴原首次应用自然人类学（或生物学DNA序列鉴定）的数值统计方法，进而坚定了支持混血说的基本立场。毋庸讳言，他所描绘的"双重结构模型"探路正是在这样背景下产生的。

日本民族形成的双重结构模型及其核心框架。此假说是埴原氏运用自然人类学的统计分析法，并在总结"混血说"（与"置换说"和"变形说"相比）等的基础上进一步发展而得出的。在此，有必要对这一双重结构的"模型说"及中心思想加以把握，同时从三方面简明扼要地归纳出其核心步骤和观点脉络②：（1）现代日本人的祖先是绳文人，其属于来自东南亚系统的先住（原先）人——古蒙古人种（Mongoloid，东南系黄种人等），移居到日本列岛大约是旧石器时代的晚期。（2）从弥生时代到公元7、8世纪（前后论证表述不一致），东北亚系统的人种大量地流入日本九州等地区，其渡来人（新蒙古人种或北系蒙古人种等）从大陆带来高度发达的文化，对原有东南亚系统的先住人产生了巨大的遗传影响。（3）由于原先东南亚人种和后来东北亚人种两大系统在发展过程中得以不断融合，使现代日本人的身体—地域结构表现出明显的二重性或双重性特征。有鉴于此，可以推断出：（1）日本民族的二重性特征是从弥生时代以后逐渐形成的，之后变得更明显。（2）从弥生时代直至今天，日本人种混合过程所见的地域性差异与上述两大人种系统的融合程度和文化影响的程度不同有关。（3）阿伊努人和Okinawa人在人体形态特征方面

---

① 溝口優司：「混血説と二重構造モデル——そして今後の日本人形成論」，『人類誌』（Anthropol. Sci.）1994年102（5），489.

② 埴原和郎：「日本人のルーツ」，『日本老年医学会雑誌』（第35回日本老年医学会総会記録〈特別講演Ⅱ〉）1993年30巻11号，923-931.

第五章　构境假设（一）：单一文明考古结构

有很多相似之处，主要原因是两者祖先均属于东南亚系统的人种，况且与中心区的日本人相比，其很少受到来自东北亚系统人种的直接交往之影响。[1]

在图5-9的理论构建中，"两极分化"（Bi-polarization）和"南北逆转"（North-south Inversion）概念是"双重结构模型"（Dual Structure Model）假说的全部内容基础，也是借助多元进化——融合或勾配[2]这一视角解释日本人起源（Roots）和东、西差异的关键所在。正如埴原所强调，尤其在考虑日本人的形成史时，不容忽视双重结构模型得以滋养的完备化过程，其包括生物—地理—社会或文化的对应律这三维范畴：一是弥生时代出现的两极或两路线分化；二是身体形质（与地理或环境适应的性态）的南北反转现象；三是阿伊努系·Okinawa系群体和本土群体的关系。[3] 面对以上饶有兴趣的两种现象浮出表层，埴原用"象征性过程"来解释其两极分化和二重结构难免误入非科学化的论证陷阱；事实上，两极分化的用意重在"差异"，而南北逆转的用途重在"勾配"。

人种一元论和"两极分化"：气候或地理适应造就人口移动和多元进化。据上述情况，双重结构模型的大前提是古代亚洲板块气候变动及环境适应这一背景因素和人种一元论，而小前提则是人口移动和地域差异的内在对应关系和多元"小进化"。[4] 这种假设建筑在人种或人口变迁和地理—气候适应的共同基础上，涵盖了自然环境、生物体和社会文化等多层系统。"两极分化"是指由绳文系的先住人和弥生系的渡来人形成的前后进化和分组情形。以上说明，分布在自北海道至南部或南岛的日本全境的绳文人形成第一个组（"第一结构"），到了弥生时代后因渡来人流入九州等部分日本列岛而逐渐出现第

---

[1] 埴原和郎:「二重構造モデル——日本人集団の形成に関わる一仮説」,『人類誌』(Anthropol. Sci.) 1994年102 (5), 455-477. 另见埴原和郎「日本人集団の形成——二重構造モデル」, 载『日本人と日本文化の形成』, 朝倉書店1993年版, 258-279.

[2] 埴原说的"勾配"一词来自地理——生态学的"地理勾配"一说, 后者是指于1938年赫胥黎（J. S. Huxley）等发展出的一种构象或渐变群（cline）概念; 该现象意味着性状（形质）的连续变化, 生物的种内或种间变异因地理位置而异, 当测量一种性状时, 在一定方向上显示连续变化。

[3] 埴原和郎:「日本人のルーツ」,『日本老年医学会雑誌』(第35回日本老年医学会総会記録〈特別講演Ⅱ〉) 1993年30卷11号, 930.

[4] 埴原和郎:「寒冷気候とモンゴロイドの成立」,『第四紀研究 第12卷第4号』(The Quaternary Research), Vol. 12 No. 4, 1974年, 265-269. 另见安田喜憲:「気候変動と民族移動」, 载埴原和郎『日本人と日本文化の形成』, 朝倉書店1993年版, 247-257.

亲属·人格·构境

图 5-9 日本人起源的双重结构模型[1]

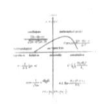

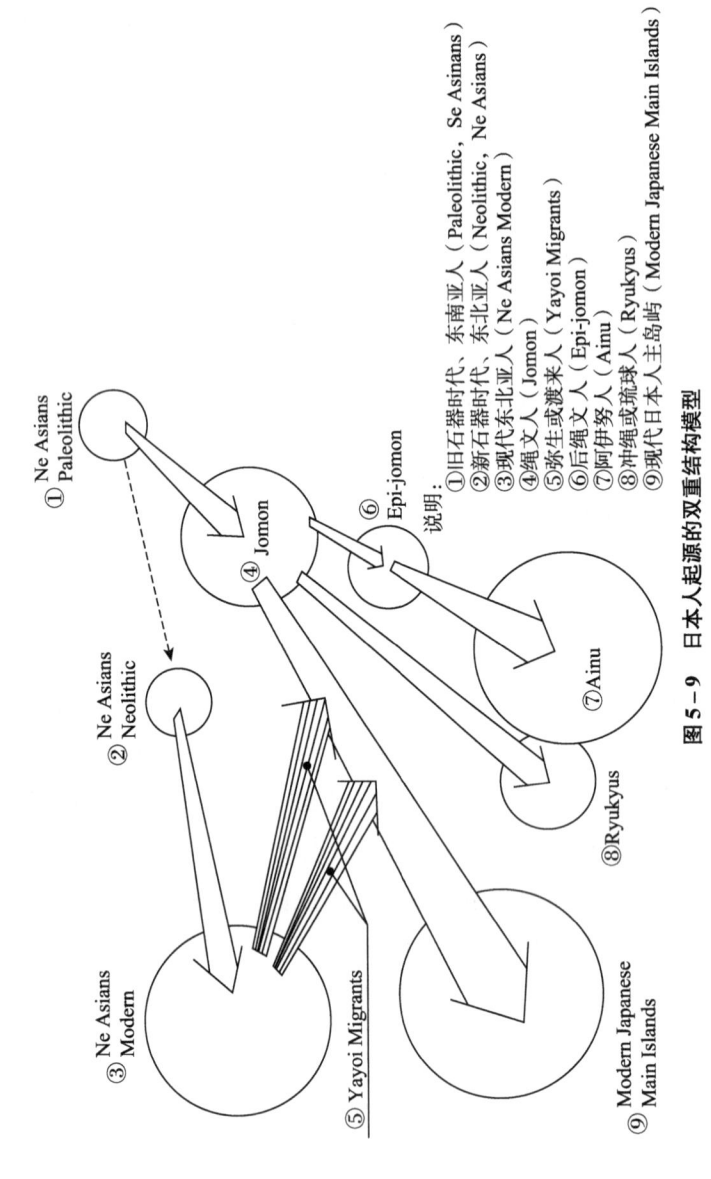

说明：
① 旧石器时代、东南亚人（Paleolithic, Se Asinans）
② 新石器时代、东北亚人（Neolithic, Ne Asians）
③ 现代东北亚人（Ne Asians Modern）
④ 绳文人（Jomon）
⑤ 弥生或渡来人（Yayoi Migrants）
⑥ 后绳文人（Epi-jomon）
⑦ 阿伊努人（Ainu）
⑧ 冲绳或琉球人（Ryukyus）
⑨ 现代日本人主岛屿（Modern Japanese Main Islands）

注：根据《日本人和日本文化的形成》等所制。①

---

① 埴原和郎：「二重構造モデル——日本人集団の形成に関わる一仮説」,『人類誌』(Anthropol. Sci.) 1994 年 102（5），472. 别见埴原和郎「日本人群体的起源——双重结构模型」,载『日本人と日本文化の形成』,朝倉書店 1993 年版，277；「日本人のルーツ」,『日本老年医学会雑誌』(第 35 回日本老年医学会総会記録〈特別講演 II〉) 1993 年 30 巻 11 号，930．

二个组（"第二结构"）。① 在此，其与今西锦司的"分栖共存"②说法——自然选择或适应这一"行动分布"十分接近。

埴原进一步指出，考古所发现绳文人特性与居住在东南亚地区的人群特征十分相近，属于源自旧石器时代的东南亚系统人种。黄种人作为广义上的人种概念，指包括日本人，以及中国人等在内的人类学人种名称，是与欧美的白人和非洲的黑人相对而言的。依自然人类学的相关论证来看，在广义的旧石器时代人种当中，东南亚人是最为古老的。之后，该群体迁移至北亚并向着中国东北部、蒙古地区、东西伯利亚等多路线发展，经历适应寒冷气候等漫长进化逐渐形成为北亚或东北亚系的新人种。由此，东南亚系的原有古人种和北亚或东北亚系的新人种在遗传基因和其他身体特征方面都出现了明显的区别。先住人（旧石器时期人种）是石器·狩猎文化即绳文阶段之代表者，而渡来人（经过新石器时期演化的现代东北亚人种）是金属器及农耕文化即弥生时期之代表者。即这两次人种移动和文化传播，均是经由朝鲜半岛而传入日本列岛的。尤其是渡来人，最早在九州北部、本州西南部（山口县一带）繁衍生息，之后先向四国附近等地方移居，最后扩散到了其他地区。

日本人群体形成的两极分化——双重结构模型假说不仅用来蠡测"日本人群体的生物学认识"领域，还用来了解"与日本文化相关的各种现象"范围。例如，该假说就"横断着本州的遗传性以及形态勾配、特定性状（形质）向特定地区的失衡（偏在）、东西日本的文化差异等"进行阐述，③ 指出直面上述问题无论置换说或变形说还是混血说也都束手无策，就算做出说明也简直难以置信。诚然，该假说批评上述各类相关学说时，对待"勾配""失衡""差异"等所表现出的无差别用意也有偏颇之处，甚至似乎忽略了这些现象背后的逻辑自洽一面。

南北逆转现象： 日本地理的东、西（或北、南）差异和逆转格局（人群

---

① 埴原和郎：「日本人のルーツ」，『日本老年医学会雑誌』（30巻11号）1993年，927；『日本人の骨とルーツ』，角川書店2002年版（1997年初版），47. 关于"第一结构"和"第二结构"，别见埴原和郎等『日本人新起源論』，角川書店1990年版，54-56.

② "分栖共存"，与日语"棲み分け"形成对译，是日本学者今西锦司提出的概念，指两种以上生活方式相似的动物，合理分享各自活动时间以及活动场所的一种共同生存状态。

③ 埴原和郎：「二重構造モデル——日本人集団の形成に関わる一仮説」，『人類誌』(*Anthropol. Sci.*) 1994年102(5)，473、471.

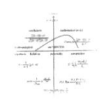

的南—北)。它以因人口移动和多元进化所形成的逆转过程为内容,反映在从地理到生物、政治或文化的不同层面和差异化过程上。这种差异及逆转现象尽管与日本列岛地理版图即经纬交错坐标上所呈现的历史关系及变化情形有着内在对应的强式关系,但其与亚洲大陆所见的地理或气候适应的分布结构并不对称或一致。埴原指出,"南北逆转"现象以日本人的生物或生态学特征为整体背景或前提,是指本州"西南部和九州的群体类似于北亚群体",本州"东北部的群体近似于东南亚群体"这种差异性和适应性转化等。因为,日本人群体的两极分化从弥生时代开始就存在,这维持至今仍是不容置疑的。的确,这两个过程似乎"象征性地显示了日本人群体的两极分化或二重结构"。① 这样的地域差异均有一定的共同规律,而且之所以能够起到如此举足轻重的作用,这应从遗传基因的频率度和身体性状上所见完美的勾配(混合型变化)说起。但从结论上说,不得不承认这个勾配(交融)是基于原有(东南亚)和渡来(北亚或东北亚)两个系统的多层结构。② 这些地理或气候—生物—社会或文化的差异,最终既是随发差异或偶然偏差,又是因共同勾配所昭示出的必然理由及其存在。

　　埴原以包括阿伊努人和冲绳人在内的现代部分日本人为立论点,认为其分布于北海道、本州东北部、四国(含九州南部、西南诸岛),实属具有东南亚系特征的人种系统。从旧石器时代或到整个绳文时代,这一时间段先住人登场并孕育出绳文系单一人种融合的群体,并且保存了几近东南亚人种的诸多遗传特征。步入弥生时期,渡来人的出现或流动对当时日本人群的两极分化和南北逆转现象——"双重结构模型"之形成起到了决定性作用。据此,该假说从地理和生物、社会或文化的角度把东南亚系的先住人群和北亚系的渡来人群的两次交替(勾配)过程理解为日本东、西部差异形成的事实原型和对应性依据。于是,日本人地域分布差异变成两极分化和南北逆转之间的简单交替现象,导致理解从两极分化到南北逆转这一现象或过程背后的双路线逻辑为地理或生物系统——社会或文化的直观对应之产物,实则难以准确

---

① 埴原和郎:「二重構造モデル——日本人集団の形成に関わる一仮説」,『人類誌』(*Anthropol. Sci.*) 1994 年 102 (5), 470、473.
② 埴原和郎:「日本人のルーツ」,『日本老年医学会雑誌』(第 35 回日本老年医学会総会記録〈特別講演 II〉) 1993 年 30 卷 11 号, 928.

第五章　构境假设（一）：单一文明考古结构

预测"逆转现象"所涉表层和深层的转化关系。即从表面上看，亚洲大陆各地区的东、西—北、南格局及分布形态恰恰与日本列岛（九州南部和西南诸岛除外）的东、西—北、南格局的形态特征相互对称，但这种地理分布与岛屿人群的现状或生活样态（注意南方系的第一次流动和北方系的第二次流动的交替）两者之间形成一种相反的对应关系。① 因此，这种二重结构的模型解释尽管取得了一定的进展，但仅限于日本地域性的东、西—北、南差异，以及本土系·阿伊努系· Okinawa 系三者之间关系、日本人和周边地区的关系等表层，甚至停留在象征、比喻之类上而并没往深层去挖掘。需要补充的是，该假说还利用古人口学的数理统计方法等②，试图填补了从医学—考古学到自然人类学转型的生物模型分析上的不足。

假说从日本式双重结构模型——南北逆转现象出发，将其与亚洲大陆的地理或气候适应的分布结构进行比较，试图揭示两者所见差异和逆转缘由。③ 显然，考虑到渡来人的相关因素，这个看似不可思议的区别之谜也就很容易解开。就日本内部而言，东、西的分界线位于"中部地区，即东连接新潟县和静冈县"，西"连接富山县和名古屋市的两线之间"，从许多性质或状态上可以看出"横断本州的勾配"。④ 该假说的东、西分界线与地质学等提出 Fossa Magna 构造线⑤大致重叠或接近，这也是学界备受瞩目的原因所在。另外，即使是本土，以及东、西日本之间也存在差异，这与被文化面统称为东、西对立的现象十分一致。⑥

---

① 埴原和郎：「日本人のルーツ」『日本老年医学会雑誌』，（第35回日本老年医学会総会記録〈特別講演Ⅱ〉）1993年30巻11号，923-931.

② 埴原和郎：「判別関数による日本人骨および歯の性別判定法」，J. Anthrop. Soc. Nippon『人類誌』1981年89（4），401-418.

③ 埴原和郎：「日本人のルーツ」，『日本老年医学会雑誌』（第35回日本老年医学会総会記録〈特別講演Ⅱ〉）1993年30巻11号，928.

④ 埴原和郎：「二重構造モデル——日本人集団の形成に関わる一仮説」，『人類誌』(Anthropol. Sci.) 1994年102（5），466.

⑤ fossa magna 线，是指在日本列岛中部地区存在南、北（西、东）横穿面，即日本地质结构上的重要地带。西侧是丝鱼川—静冈构造线，东侧是直江津—平冢线，柏崎和千叶构造线—信越房豆带说（山下升，1970）、棚仓结构线（1976）、上越铫子线（加藤芳辉，1988）等。有一种说法还认为，东侧被富士山和八岳等覆盖，很难确认其边界，但可以初步断定位于通过关东山地的西缘部。

⑥ 埴原和郎：「日本人のルーツ」，『日本老年医学会雑誌』（第35回日本老年医学会総会記録〈特別講演Ⅱ〉）1993年30巻11号，928.

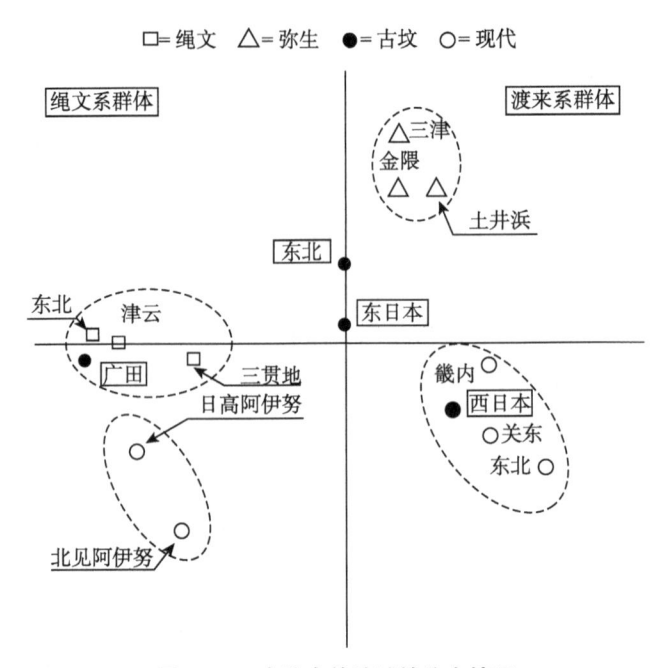

```
       □=绳文  △=弥生  ●=古坟  ○=现代

  绳文系群体                        渡来系群体

                              △ 三津
                                金隈
                             △   △
                                    土井浜
              东北    ●
       东北   津云           东日本
         ┌──□──┐    ●
         │广田  □ │ 三贯地        畿内
         └─────┘  日高阿伊努       ●
              ○                  西日本
                              ○ 关东
                                东北
                 ○
          北见阿伊努
```

图 5-10　古坟人的地域性分布情况

注：根据《日本人的骨和起源》原所制。①

图 5-10 所示，古坟时期的地域性分布也反映出两极分化和南北逆转现象之特征，无疑保留了绳文时代和弥生时代以来的大部分延续性内容。根据日本人形成过程——"双重结构模型"之假说，源于南方系的原亚洲人（旧石器人）从中国南方传入日本列岛，进化为绳文人——相对意义上的"先住人"。与此同时，另一部分群体北上大陆并适应了寒冷地区的条件，他们自身的生理形态得以进化或改变而发展为东北亚人。到了绳文晚期或弥生初期，东北亚系的人种或群体把稻作的农耕带入日本列岛，并逐渐形成渡来系的弥生人。因此，该假说强调现代日本人是由原先系（绳文人）和渡来系（弥生人）混血而形成的。但是，作为绳文人的直系子孙，北海道的阿伊努人和冲绳人几乎并没有受到弥生时代——渡来人带来的北方文化之影响。与对东、西—北、南这一表层或地理差异的民族学、社会人类学部分看法相比，双重

---

① 埴原和郎：『日本人の骨とルーツ』，181.

结构模型假设几乎忽略了古代亲属——社会结构方面的考据和论证。同理，学界也对该假说提出过很多批评意见，其中最备受争议的主要有两点：一是从朝鲜半岛传来——渡来人带入稻作假说；二是渡来人流入——人口激增说（从弥生时代到古坟时代，100万人规模）。具体来说，上述遗物或遗迹所载信息之探索既可借助年龄、性别、生活方式等判断特定社会或文化的内涵及生存状况，也可通过对父系或母系的关系鉴别来进行亲属制度或社会结构的假设和进一步检验。不言而喻，这种规模较小的结构形态研究以出土的人骨及人口推断——通过对人骨的遗传性状的分析为依据，并用数理统计方法预测或检验亲属关系的结构规模和整体假设，其本身对人种史探索具有重要的参考意义。

埴原喜欢用双重结构模型的假说这一名称，而并不把双重结构模型看作一成不变的特定学说。① 双重结构模型假说始终贯穿其中的是从地理或气候条件到生物——社会或文化层面的对应律和转型问题。两极分化和南北逆转概念正是应对这些对应、转型难题而提出的，但在这两个概念之间并没形成所谓逻辑转化过程的推理步骤或环节。这样导致，双重结构模型假说去触及或解释社会或文化层面——东西差异是极为被动的。

三 生物·拟制的解说和相关批判

双重结构模型这一假说起步于20世纪80年代，更准确地说，其雏形出现于《日本人的起源》（埴原编著）等对日本列岛人种起源的双路线探究工作等中。迈入20世纪90年代，《日本人新起源论》和《日本人与日本文化的形成》等对双重结构模型加以系统化并以正式的假说提出来，而《日本人的构成》《日本人的诞生》和《日本人的骨和起源》等则就该假说的自然人类学基础和基本理论架构做了全面而深入的阐释。正如埴原所宣称，在题为"作为亚洲·太平洋民族的一员的日本人"的国际研讨会（1990）上，他将这个假说命名为"日本人的双重结构模型"（Dual Structure Model for The Japanese Population），正式向学界公开并提出了该假说的核心论点及

---

① 埴原和郎：『日本人の骨とルーツ』，47．

基本架构。①

　　双重结构模型假说在日本人起源—跨文化领域中的比较论验证。作为《日本人的起源》等②的拓展版，《日本人新起源论》③聚焦于对日本人、民族或团体的多学科对话，分Ⅰ（讲演）和Ⅱ（综合讨论）两部分：Ⅰ（讲演）涉足"人间科学序说"（井口洁）、"人种起源"和"日本人的形成"（埴原和郎）、"遗传学"（尾本惠市）、"考古学"（佐原真）、"自然环境"（安田喜宪）、"人口学"（小山修三）、"宗教学"（山折哲雄）等；Ⅱ（综合讨论）则包括南北逆转现象、人口交替期、骑马民族的文化影响等内容。该书对双重结构模型的假说构建（埴原和郎等）④，关涉"人种的起源""日本人的形成"两方面。前者即"人种的起源"提出，与"人种"概念的生物属性相比，民族是"文化的概念或现象"，文化现象又包括"语言、社会组织和宗教等尺度"。因此，自然人类学指有关骨、牙齿和生物体的形态学，即从形式出发阐明"人类进化——遗传因子变化"，或者说进行"人种或民族的比较研究"。后者即"日本人的形成"把双重结构模型分为"第一结构"和"第二结构"的起源类型，并与人骨、牙齿和脸型的相关分析相结合，说明了由两类结构——地域性分化形成的东、西社会分布这一文化差异。

　　有意思的是，正如尾本惠市有关遗传距离的图5-11⑤所示，人群排序为阿伊努人—现代阿伊努人—日本人、泰国人、中国人—爱斯基摩人（或因纽特人Eskimo）、北美印第安人、印度人，等等。在此，作为自然人类学的坚定支持者，埴原和尾本所提倡的人类多元进化说（遗传因子和地域适应）⑥与江上波夫的"骑马民族征服说"⑦——考古学理论背景十分吻合，后者是根据日本天皇家族的祖先（骑马民族王朝模式）来自内亚或北亚的游牧民族系

---

① 埴原和郎：「日本人のルーツ」，『日本老年医学会雑誌』（第35回日本老年医学会総会記録〈特別講演Ⅱ〉）1993年30巻11号，930。別見「二重構造モデル——日本人集団の形成に関わる一仮説」，『人類誌』（Anthropol. Sci.）1994年102（5）。
② 埴原和郎等：『日本人の起源』，朝日新聞社1984年版（1994年増補版）；『日本人はどこからきたのか——新・日本人起源論の試み』，小学館1984年版。
③ 埴原和郎等：『日本人新起源論』。
④ 埴原和郎等：『日本人新起源論』，36-48、50-56、59-67、70-82。
⑤ 埴原和郎等：『日本人新起源論』，88-90。
⑥ 別見尾本惠市『分子人類学と日本人の起源』，裳華房1996年版。
⑦ 江上波夫：『騎馬民族国家——日本古代史へのアプローチ』。

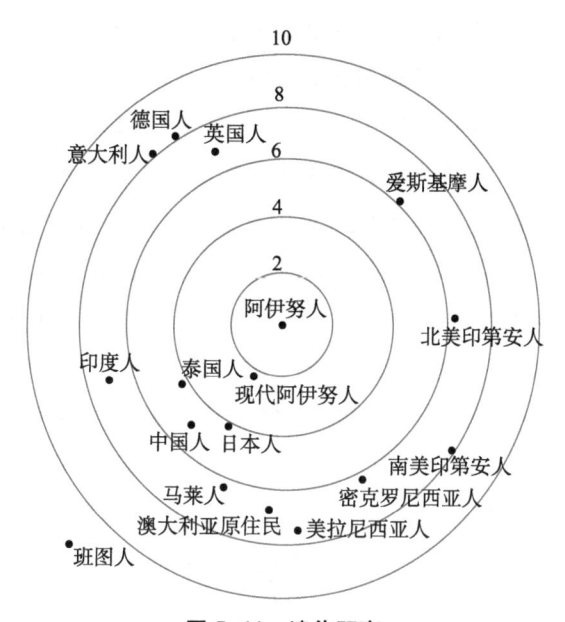

第五章　构境假设（一）：单一文明考古结构

```
                    10
                  8
    德国人   英国人
  意大利人   ●          6
    ●                      爱斯基摩人
                              ●
                       4
                     2
                  阿伊努人
                              北美印第安人
    印度人              ●
     ●    泰国人
          ●    现代阿伊努人

        中国人 日本人
         ●    ●           南美印第安人
              马莱人        密克罗尼西亚人
               ●             ●
          澳大利亚原住民  美拉尼西亚人
               ●           ●
      ●
   班图人
```

图 5-11　遗传距离

注：根据尾本《日本人新起源论》中所制。

统这一假设提出的，依据是日本古坟时代的考古发掘及其科学论证，因为日本弥生后期、古坟前期与古坟中后期之间存在着巨大的差异性。较之弥生后期和古坟前期的自然衔接或过渡，古坟中后期的文化延续并没呈现出内部演进的自发过程，而出现了中断式的骤发进程——由外来者开创了亚洲北系的王权政体。虽然骑马民族征服说不是由江上波夫独自首创的，但他的工作为该假说的考古论证和成熟化发展打下了基础。同理，双重结构模型假说积极吸收和借鉴同时代学者小山修三所说的"绳文人口密度表"等成果精华，其不仅为气候适应和人口移动的科学论证提供数据统计基础，而且丰富了基于人口模式—墓地遗迹这一社会或文化线索的结构或形态研究论域。

与《日本人的起源》《日本人新起源论》等相比，《日本人的起源——围绕周边民族及其关系》①专注于北亚、东亚和日本人的广泛比较视角和关系论题，其内容包括"自然人类学立场"（埴原和郎）、"文化领域论"（大林太良）、"农耕文化类型"（佐佐木高明）、"东亚基层团体"（尾本惠市）等，

---

① 埴原和郎等：『日本人の起源——周辺民族との関係をめぐって』。

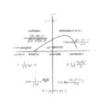

并立足日本起源的双重结构假设追溯并讨论了日本列岛和周边各种民族因自然环境、遗传基因和文化领域等形成的异同点。《日本人与日本文化的形成》① 勾勒日本人团体的形成——双重结构模型这一假设的合理性存在和全面领域，尤其旨在弥补该假说在宗教或文化基层、语言系统、社会风俗·王权拟制等根脉测量上的不足：宗教或文化基层（上田正韶、中西进、久野健、佐佐木高明）、语言系统（村山七郎、崎山理、塚本勋）、社会风俗·王权拟制（大塚和义、大林太良、小山修三、武光诚、山折哲雄）和团体遗传学·DNA 分析·HLA 测定（尾本惠市、宝来聪、德永胜士·十字猛夫）等。

构成抑或诞生、起源：对日本人种形成的系统化探源。《日本人的构成》② 对日本人起源的自然人类学探索，立足旧石器时代以来绳文·弥生、阿伊努·冲绳人的考古数据分析，利用假设考证的科学方法来揭开日本人起源的谜团——双重结构模型这一日本人种论之序幕。《日本人的诞生》③ 可分为"日本人诞生的背景"和"日本人的家谱"。前者把古代日本人诞生的背景看作剧本（Scenario）式的两种类比：一种剧本以从古代灵长类到初期人类和原人的扩散为主线延展，另一种剧本以亚洲人的谱系——种族、民族和团体的流动或勾配为主要内容；后者即日本人的家谱论题关涉"绳文人的祖先""弥生人的故乡""日本人的地域性—双重结构""阿伊努和冲绳等人群""日本人是单一民族吗？"等，旨在考证基于绳文人和弥生人（包括阿伊努人和 Okinawa 人的亲缘性）双线推论的日本人地域性—双重结构这一模型及形成过程。该书的基本假设包括以下内容：第一，日本人作为人类团体（集团）的一部分，它也是在人类的进化或移动、分化、融合这一过程中形成的；第二，古代日本人不是单一民族，而至少是由两大人种系统构成的，即支持混合说并阐明了作为"复合民族"的日本人的起源和由来。显然，有别于"日本人单一民族"论等，双重结构模型假说为了避免陷入沙文主义（Chauvinism）和种族主义（Racism）之困境，以严格的科学态度和数据论证明确了其"人种偏见和歧视是多么没有根据"这一自然人类学立场。书中把"民族"作为"与文化相关的概念"来看待，而将"人种"作为"生物学的概念"来使用。

---

① 埴原和郎等：『日本人と日本文化の形成』。
② 埴原和郎：『日本人の成り立ち』。
③ 埴原和郎：『日本人の誕生——人類はるかなる旅』。

第五章　构境假设（一）：单一文明考古结构

作为《日本人的诞生》等的某种延伸或发展，《日本人的骨和起源》（共12章）① 虽说以科学随笔的形式完成，但它对日本人起源之形成过程——双重结构模型加以修正，并以牙齿、脸（形状）和心理等探索拓宽自然人类学对日本人起源的论证进路，构拟了从地域性或自然环境到生物性、文化差异的对应律及基础论范畴。首先，该书前三章是来自《日本人的诞生》的直接关联部分，也是对双重结构模型假说的自然人类学基础、核心论点及架构给出的总体性概括："亚洲人的系谱"（第一章）以"原人的扩散""智人（Homo sapiens）的登场""新人的起源论争"为出发点，勾画了从"亚洲的新人"到"太平洋民族的扩散"和"亚洲人的故乡"等纵向发展的壮阔历程。"日本人的起源——双重结构模型"（第二章）以"日本人的形成史"和"旧石器时代的人们"为日本人起源的大背景，就"绳文人和弥生人——绳文系和渡来系""日本人的地域性""阿伊努和冲绳的人们"进行实证性数据分析，概括出了双重结构模型这一假设的论证基础和核心框架。"寒冷适应——日本人形成的关键词"（第三章）基本延续其自然人类学对人类起源或进化的气候或环境适应这一探索传统，包括"氏系与成长（遗传基因与环境）""东北亚的气候""脸上所见寒冷适应""体型的寒冷适应""寒冷适应的进化""日本人的寒冷适应"等。② 其次，"牙齿的人类学"（主要是第五章，也包括第四章）以"牙的特异性""牙的形状的遗传"等为科学推论的依据，围绕日本人和太平洋民族的"关联系统"——"东南亚型"（Sundadont）和"中国型"（Sinodont）等深入展开，以确定绳文人的"血缘关系"。"日本人的脸面"（第六章）立足自然人类学对头骨或脸型的科学数据对比，力图论证绳文人和弥生人在地域或气候适应中形成的异同点。最后，"阿伊努研究开端"（第七章）、"日本人中的异族"（第八章）、"读古代人的心理"（第十一章）等则均以绳文系（先住人）和弥生系（渡来人）的双重起源为结构假设或框架，估测并讨论了日本人两大群体或团体（包括阿伊努人和冲绳人）以内部演化、外部环境适应和宗教或文化心理为根基的整体进化形貌。③ 事实上，所涉中国型或北方人种型出现于东亚群体，东南亚型或南方人种型多见于东南亚群体。在

---

① 埴原和郎：『日本人の骨とルーツ』；别见『日本人の顔——小顔・美人顔は進化なのか』。
② 埴原和郎：『日本人の骨とルーツ』，8-28、30-47、50-66.
③ 埴原和郎：『日本人の骨とルーツ』，84-111、114-147、150-174、176-189.

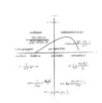

日本列岛，绳文时代的日本人（包括阿伊努人和 Okinawa 人）基本都是东南亚型的，而弥生时代以后的日本人（由西日本扩展而来的）几乎皆是中国型的。

尾本对阿伊努的小进化设想等。① 其也与双重结构模型的假说即阿伊努人起源推论大致相似，前者力图论证了现代阿伊努形成的两大路线和混血阶段的发展历程，按照图 5-12：一是非特殊化形态（隔离）——→原日本人团体——→原阿伊努团体——→现代阿伊努；二是特殊化形态（寒冷适应、人口增加、扩散和混血）、原日本人团体（形态变化）——→现代日本人（和人）——→现代阿伊努。

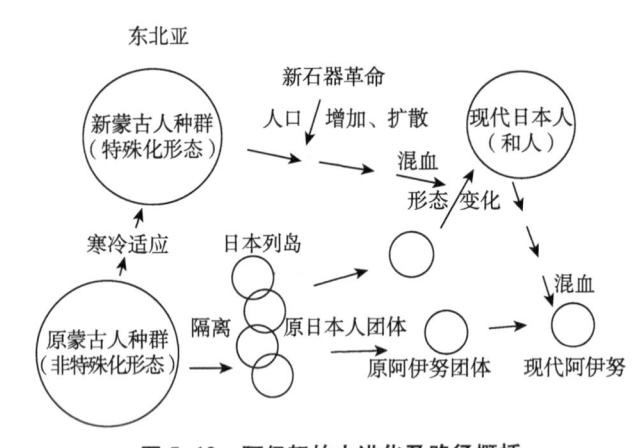

图 5-12 阿伊努的小进化及路径概括

注：根据尾本的进化演示图所制。

埴原等均把目光集中在东、西差别或界线较显著的日本中部地区，这与德国地质学者 E. 瑙曼（E. Naumann）所命名的 Fossa Magna 线大致相似。因此，东、西（东北、西南）日本的差别不单是文化上的，而且其与形成于 DNA 等生物体的遗传因素适应地理或气候环境这一勾配过程中的差异等有关。Fossa Magna 线指位于日本列岛中部地区的横断南、北（或西南、东北）的地域构造带，西端是丝鱼川—静冈线，东端是直江津—平冢线或柏崎—千叶线等（尚未明确定论）。② 就该假说而言，东日本和南方系统以源于旧石器时代

---

① 埴原和郎等：『日本人新起源論』，90-92.
② 该构造线与中国的爱珲（黑龙江黑河）—腾冲线（云南保山）颇为相似，后者又被称为"胡焕庸线"，以地理—人口分布为对应依据。

第五章 构境假设（一）：单一文明考古结构

人种的绳文系为对应内容，而西日本和北方系统则以来自新石器时代——东北亚人种的弥生系为内在对应。① 相比之下，民族学者冈正雄等提倡日本人起源的五个或多个源流，指出日本文化基层存在着北方和南方的两大系统，同时北、南这两大系还影响着东、西日本文化圈的分布或对应情形。佐佐木高明等也认为东日本和北方文化圈是同一个阔叶树林系统的，而西日本和南方文化圈是照叶树林系统的。在此，民族学等领域的东—北::西—南这一地理·文化一体化的对应模式和双重结构模型假说的东—南::西—北、东—北::西—南的人群或文化两极分化或分布并不对称或一致，而处于或呈现出一种完全相反或逆转的关系。

学界对该假说的后续发展和批评不一而足，但又聚讼不已，甚至莫衷一是。《古中国人种牙齿特征的连续性及起源》一文把 C. G. 托纳的二重起源·混血假说和埴原的日本民族起源——双重结构模型假说看作多地区起源说（Multiregional Hypothesis）或连续演化学说的一种发展或变型②，并对其与单一地区起源说或非洲起源说（Out of Africa）的情形做了简单的比较。可想而知，二重或多元起源·混血——结构假说基本均承认：绳文人和阿伊努人的齿型接近于东南亚的巽他型牙齿（Sundadonty），而狭义的日本人或弥生人的齿型则近似于东北亚的中国型或铲形牙齿（Sinodonty）；以上两种牙齿类型的对应形式也呈现在现代日本人的南（或西）、北（或东）地理文化差异和来自绳文人或阿伊努人（包括 Okinawa 人）、弥生人即狭义本土日本的两大人种系上。尾本也试图与埴原的双重结构模型假说和三种团体说进行对话，指出日本从古至今大致前后以阿伊努人、南岛或 Okinawa 人、狭义的日本人即和人（大和民族）为主体。③ 而沟口优司则批判性地提出，作为日本人形成

---

① 梅原猛:「埴原和郎教授退官記念—埴原和郎氏のこと」,『日本研究——国際日本文化研究センター紀要』卷 8, 1993 年, 186-187. 根据梅原猛的相关论述，与双重结构模型假说相反，柳田国男、金田一京助等并不支持本土日本（稻作系统）和阿伊努（狩猎系统）的同根性或共同起源，进而指出两者在文化或生活传统上不存在共通性；而且柳田还支持了基于水稻—仪式之道的北上说。

② 刘武、扬茂有：《更新世——全新世中国人类牙齿特征的连续性及蒙古人种的起源》（下文简称《古中国人种牙齿特征的连续性及起源》），载安芷生主编《第四纪地质》，地质出版社 1999 年版，第 14、19 页。

③ 埴原和郎等:『日本人新起源論』, 85.

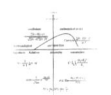

论的基础研究，其至少考虑最低限度的以下几点①：（1）写明作为根据的标本的大小（个体数）；（2）确认相应形质（性状）的观察误差；（3）使用成为相关关系基础的相似度系数或生物学距离时，考虑形质或性状之间相互关系；（4）确认相应形质或性状的遗传和环境的变性异，在分析相关关系时，考虑其上述因素；（5）相似度系数或生物学距离的差、系统树、各种假说，在进行其显著性检验的基础上作为讨论的对象；（6）对所收集的标本信息的界限进行明确的讨论。此外，有的学者也认为双重结构模型假说是机上空论，而有的则指出该假说的依据来自错误或不可靠的历史事实（渡来人带来稻作文化），等等。②

更为极端者批评道，双重结构模型假说是错误的，因为该假说的不足以体现在起源原型的产生背景和前提、论证假设，以及可靠性材料的数据分析基础等方面。就该假说的核心论点来看，从绳文后期至弥生时代开始，东北亚系的人种团体大量传入并居住在日本列岛，还与东南亚系的先住人种团体产生混血或融合，直至现代日本也保持着双重路线勾配的结构形貌。然而，双重结构模型这一假说仍存在两大缺陷：一是，该假说是受1980年代以来全球化·国际化文化相对论之影响产生的，建立在由包括阿伊努人、大和人等在内的绳文和弥生两大系统组成的前提上。与铃木和长谷部等坚信单一民族说相比，尽管埴原的假说部分地支持了日本人起源的混血说，但事实上并没有合理地解释清楚其所面对的人种勾配等复杂性方面（包含置换说和变形说所涉话题）。二是，论证材料或理论—方法论基础是不科学或不充分的，因为渡来人从朝鲜半岛传入日本列岛并带来东北亚的文化传统，但很难确定这种文化必定与稻作的生活方式直接对应，加上该假说只停留于生物遗传或地理或气候差异、社会文化的制度或生活区别等这层的松散关系，然而无视了两者内在的转型逻辑关系。此外，鉴于绳文人和弥生人的差异论证（D4基因）、人口急剧增长说和日语（语言系统）归属等，该假说也存在论据不足之嫌，易于陷入前后论点自相矛盾之困境，导致严重缺乏亚洲人整体动向的说明。

---

① 溝口優司：「混血説と二重構造モデル——そして今後の日本人形成論」，『人類誌』（Anthropol. Sci.）1994年102（5），495.
② 長浜浩明：『日本人ルーツの謎を解く——縄文人は日本人と韓国人の祖先だった！』，展転社2010年版；松本憲郎：『「日本人」の心の深みへ——「縄文的なもの」と「弥生的なもの」を巡る旅』，新曜社2016年版.

第六章　构境假设（二）：跨地域类型结构比较

第一节　文化·文明的历史类型或坐标结构

作为梅棹忠夫的代表性论著，《蒙古研究》（1990）、《回想蒙古》（1991）等①早期民族志工作以自然生物学主义和社会有机论为统合性尝试，而《文明的生态史观序说》（1957）和《文明的生态史观》（1967）等②中后期的理论化构建则以一种生态史极端构想的环境决定论为基本视角范式。也因此，《文明的生态史观》等（梅棹忠夫）集中或致力于比较文明—坐标构型之探索方向，这一独创性尝试意味着从《蒙古研究》到《文明的生态史观》等在以下两方面的努力或进展：对文明类型·形态史学说（汤因比，A. J. Toynbee）和共生进化论（今西锦司）的某种突破或超越。

一　他者表象：从民族志—游牧移动论说起

梅棹的民族志工作可分为前期和后期的两个阶段：《蒙古研究》《回想蒙

---

① 梅棹忠夫:『モンゴル研究（「著作集」第2巻）』，中央公論社1990年版；『回想のモンゴル』，中央公論社1991年版。
② 梅棹忠夫:「文明の生態史観序説」（論文），『中央公論誌』1957年；『文明の生態史観』，中央公論社1998年改版（1974年初版）；『文明の生態史観』，中央公論社1967年初版。另见［日］梅棹忠夫《文明的生态史观——梅棹忠夫文集》，王子今译，生活·读书·新知三联书店1988年版。

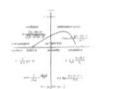

古》等前期作品偏重于单一社会·地域的民族志实践；而《莫卧儿（Moghol）族探险记》（1956）、《东南亚游行记》（1964）等后期作品①则更多倾向于多元社会·地域的民族志之比较考察。

日本学者的民族志起步。综览学科现状乃至发展史义旨，虽然日本民族学者或人类学者们在学术兴趣和追求上各有侧重，即从坪井正五郎、柳田国男到冈正雄、石田英一郎，再到梅棹忠夫和中根千枝等均无一例外，但他们在日本自社会及民族构建方面却有着惊人相似的自我意识和认同感。这种"何谓日本"② 的问题意识可能源自因"人生于文化"而感发的团体情结及完满理想。因而，要想了解日本社会或民族，就不能绕开日本民族学·人类学等学科的核心人物及代表作而侃侃阔论，否则很难去深入理解或思考无论东方还是西方，乃至世界的整体格局。

较之梅棹的实地调查，更早对内蒙古地区进行人类学田野调查的日本学者，非鸟居龙藏及鸟居夫人、江上波夫等莫属。③ 据梅棹等的相关记述，鸟居于1907—1908年带着他的妻儿到内蒙古地区，开展了一次横穿内蒙古大草原的实地旅行调查，这一长达17个月考察包括来回路程等所有沿途经过。与鸟居对考古学方面的人类学调查相比，鸟居夫人专注于民族学·民俗学的资料搜集，出版了一部名为《关于蒙古的民俗学考察》的调查成果。1930年前后，日本东亚考古学会开始对内蒙古地区进行调查，江上波夫等作为成员根据调查完成记录（1931），出版了书名为《蒙古高原横断记》的田野报告④。此外，后藤十三雄活跃于蒙古善邻协会等，致力于对内蒙古地区的田野调查工作，出版了《蒙古游牧社会》等代表作⑤，见表6-1。

---

① 梅棹忠夫：『モゴール族探検記』，岩波書店1956年版；『東南アジア紀行』，中央公論社1964年版；『東南アジア紀行』（上下卷），中央公論新社1979年版。
② 伊藤幹治：『柳田国男と梅棹忠夫——自前の学問を求めて』，岩波書店2011年版，19。
③ ［日］梅棹忠夫：《日本前期在通古斯与蒙古研究方面的情况》，《民族译丛》1993年第5期，第77—78页。
④ 東亜考古学会蒙古調査班：『蒙古高原横断記』，東京朝日新聞社1937年版。另见［日］江山波夫等《蒙古高原行记》，赵今志译，内蒙古人民出版社2008年版。
⑤ 後藤十三雄：『蒙古の遊牧社会』，生活社1942年版。另见［日］后藤十三雄《蒙古游牧社会》（蒙古文），玛·巴特尔、王银莲译，内蒙古人民出版社1990年版；《蒙古游牧社会》，内蒙古自治区蒙古经济史研究会1992年版。

第六章 构境假设（二）：跨地域类型结构比较

表6-1　日本人类学者对20世纪上半叶内蒙古地区的调查成果情况

作者	书名	出版社	时间
鸟居龙藏	《蒙古旅行》	博文馆	1911年
鸟居纪子	《土俗学所见蒙古》	大镫阁	1927年
江上波夫等	《内蒙古·长城地带》（水野清一共著，东方考古学丛刊；乙种第1册）	东亚考古学会	1935年
江上波夫等	《蒙古高原横断记》（东亚考古学会蒙古调查班编著）	东京朝日新闻社	1937年
江上波夫等	《欧亚古代北方文化——匈奴文化论考》	全国书房	1948年
后藤十三雄	《蒙古游牧社会》	生活社	1942年
今西锦司	《草原行》	府中书院	1947年
今西锦司	《游牧论及其他》	秋田屋	1948年
今西锦司	《大兴安岭探险——1942年探险队报告》	讲谈社	1975年
梅棹忠夫	《蒙古研究》	中央公论社	1990年
梅棹忠夫	《回想蒙古》	中央公论社	1991年

梅棹对内蒙古地区的实地调查。早期工作始于1942年5月他在中国北大兴安岭地区的民族志考察，并为与达斡尔人、鄂伦春人和鄂温克人等原住民近距离地接触或交往创造了条件。北大兴安岭探险队"一行10人，从海拉尔出发，队员们分乘卡车，带上全部行李物品，穿过草原，北抵三河"。① 从严格或真正意义上讲，梅棹关于蒙古社会的实证性研究缘起于他在中国张家口西北研究所期间的民族志实践。1944年9月至1945年8月，今西锦司考察队旗下梅棹等成员以张家口西北研究所为田野根据地，对附近的内蒙古地区展开了民族志的实地考察。譬如，1944年蒙古善邻协会以改组换取新面貌，更名为西北研究所。该所以今西锦司（生态学）为所长，石田英一郎（民族学）为副所长，以梅棹忠夫和中尾佐助（植物学）为主要成员。1944年9月至1945年2月，今西锦司等5人深入到草原牧民生活中去，对从察哈尔到锡林郭勒的牧业（或社会）生态进行实地调查，搜集

---

① [日]梅棹忠夫：《日本前期在通古斯与蒙古研究方面的情况》，《民族译丛》1993年第5期，第75—77页。

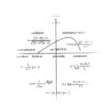

并带回了丰富的民族志资料。① 之后，梅棹把有关内蒙古地区的调查成果整理并出版为《蒙古研究》和《回想蒙古》等，这些代表作的初衷或兴趣在某种程度上很可能来自一种族源寻根的愿望，即通过语言或文化的同属性假设，可以在族源上追溯它们之间的亲缘关系。在这一点上，他的前期民族志研究与前辈学者后藤十三雄、今西锦司、江上波夫的蒙古社会调查有着一脉相承的关联。

梅棹对民族志实践的后期阶段关注不再局限于内蒙古地区—日本的单线比较视角，而已拓展到中亚、东南亚和印度等实地考察的广泛领域。1954 年前后，梅棹再次展开有关游牧地区的民族志调查，特别是《莫卧儿族探险记》作为内蒙古地区民族志调查的某种延续，充分体现了从单一路线的起源探寻到多维生态比较这一文明学转型的学术猜想及假设走向。与此相同，印度和东南亚之行是梅棹根据生态或地域分布对比较文明学进行调整的补充性方向，也是他后期《东南亚游行记》等民族志田野工作中的重要内容。1955 年 5 月至 11 月，梅棹在阿富汗、巴基斯坦、印度开展考察并取得丰硕成果；1957 年 11 月至 1958 年 4 月，他又在东南亚泰国、柬埔寨、越南、老挝等地区进行学术考察，充实了其生态史—比较文明视角的延伸构思。之后，梅棹还在美国和法国展开学术交流，推广了其比较文明学的宏通构想·实践之理念。梅棹对后期民族志的写作以旅行记形式得以完成，与中根千枝的《未开的脸和文明的脸》②的游记式风格颇为接近。由此断言，梅棹和中根在游记民族志、结构主义路径和机能或功能论等方面也存在某种意义上的共鸣及相似性。

作为科学民族志的内蒙古地区实地考察。《蒙古研究》等是梅棹所有田野民族志中最具实证色彩的实践范例，也是图文并茂的实例分析研究之典范。就严谨性和规范性来讲，《蒙古研究》等前期民族志可与被马林诺夫斯基赏誉为中国本土化新尝试的《江村经济》（费孝通）等经典案例相媲美。与此形成显明对比，梅棹对后期民族志的田野工作则是以日记、游记为特色的。因为，印度、东南亚之行是梅棹在内蒙古地区的调查研究之延续，也是他对世

---

① ［日］梅棹忠夫：《日本前期在通古斯与蒙古研究方面的情况》，《民族译丛》1993 年第 5 期，第 79 页。

② 中根千枝：『未開の顔・文明の顔』，角川书店 1975 年版（1972 年初版）。另见［日］中根千枝《未开的脸和文明的脸》，麻国庆等译，山东画报出版社 2001 年版。

第六章　构境假设（二）：跨地域类型结构比较

界文明的生态史构图进行改造的有力依据。比如，《蒙古研究》《回想蒙古》提倡生态文明学的综合范式，明确了其分支方向的基本范畴，因研究对象的不同可分以下三方面：植物生态学、动物生态学和人间生态学。人类作为联结畜牧和畜牧环境的中介或桥梁，其功能之关键在于把以植物和动物为中心的自然环境转化为文化化的生存环境。这就说明，关于文明的生态史观及比较方法之雏形不仅出现于《蒙古研究》《回想蒙古》等前期民族志之案例中，而且《莫卧儿族探险记》《东南亚游行记》等后期民族志对其加以补充和完善，尤其通过《文明的生态史观》夯实了其文明的生态史观这一地域比较论的逻辑假设基础。

在《文明的生态史观》中，梅棹将理论的源头追溯到芝加哥学派帕克（R. E. Park）等的人类生态学之提法。[①] 的确，梅棹立足于从实地观察到理论转型这一探索路径，与后藤十三雄、今西锦司等前辈学者进行深度对话或交流，并围绕彷徨说、共生说、阶段或发展说、非矛盾说和游牧地理学等论题，力图创立以游牧移动论—生态史观为根基的比较文明学和结构论范式。在此，游牧移动论作为梅棹基于生态史观比较论的文明学立论基石，其维度涵盖了类型的内部对比、起源的原型推定、发展的高低比较、类型的外部比较、技术和草原的类型比较等。可见，《蒙古研究》《回想蒙古》和《狩猎和游牧的世界》（1976）[②] 等无疑不但受其后藤十三雄、今西锦司等的直接影响，还受到了 C. R. Carpenter 等生物·人类学者的民族志制作及实证主义之影响。[③] 至于对民族志本身的完美追求，梅棹的民族志工作源于 20 世纪初期的内蒙古社会现状之实地考察，仍存在着一定的时代局限性。例如，这些美中不足之处：基于道具类型和极相论的游牧生态学就不具有普遍性，已失去了原有现实价值。因为这与现在和未来的内蒙古地区的社会发展状况不符。

继早期的民族志工作之后，梅棹以文明或社会的人类学研究及开创性工作而著称，这一屈指可数的独创性工作无疑成就了他关于文明类型的历

---

① 梅棹忠夫：『文明の生態史観』，119-120.
② 梅棹忠夫：『狩猟と遊牧の世界——自然社会の進化』（略称『狩猟と遊牧の世界』），講談社 1976 年版。
③ 梅棹忠夫：『モンゴル研究（「著作集」第 2 巻）』，643. 详见 C. R. Carpenter, *A Field Study of The Behavior and social Relations of Howling Monkeys*, Johns Hopkins Press, 1934。

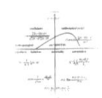

史结构·机能论（功能论）的比较范式之风格。然而，梅棹已开始背离民族学·人类学以"文化"研究为视角转向的传统范式，甚至力图从"文明的生态史观"的角度出发并揭示了文化机能—文明构型论得以成立的新可能性。

二 自我画像：生态史观—社会·文化结构

如果说《蒙古研究》《回想蒙古》中的游牧移动论是梅棹关于文明的生态史观及地域比较论的初创构思之基础，那么《文明的生态史观序说》和《文明的生态史观》中则正式提出了以文明的生态史观为问题导向的比较文明学及文化机能论。

对话视域：继承、机能与构型。提及文化机能—文明构型论，很难绕开与汤因比等继承论进行的学理性对话，其体现在《文明的生态史观序说》和《文明的生态史观》[①] 有关社会结构和平行进化的两大问题探讨上。梅棹的这种尝试以质疑或挑战的方式回应关于血统的继承论和进化学派，至少包含了两个层面上的新突破：对今西锦司共生进化说和汤因比文明类型说的超越。作为一种基于生态史观的文明构图论，梅棹的探索一开始就蕴含着对今西的普遍进化论及共生原理的某种突破。准确地说，他的地域比较论及构思雏形与《蒙古研究》和《回忆蒙古》中游牧移动论对今西共生进化原理的深化发展有着内在关联。《文明的生态史观》认为，尽管今西把共生进化论构设在生物社会和人类行动对应范畴的竞争与合作原则上，但其仍陷于普遍进化和血统视角的继承论困境，甚至并没走多远。相比之下，梅棹本人试图迈出单线进化的普遍藩篱，旨在创立以制度结构、功能和多线变迁为根基的文化或文明构型论。

《文明的生态史观》将汤因比有关文明类型的比较学说归结于文化要素的血统或继承论，并认为质疑或挑战起因于其对日本文明的坐标观念及界定：文明衰退或变迁论和信念改造论。文明衰退或变迁论，涵盖文明本身的起源、成长及衰落等历史过程之话题。汤因比借助文明类型之比较分析指出，包括

---

① 梅棹忠夫：『文明の生態史観』。另见［日］梅棹忠夫《文明的生态史观——梅棹忠夫文集》，王子今译。

第六章　构境假设（二）：跨地域类型结构比较

日本在内的几种文明是已走向衰亡的类型。① 这正是梅棹挑战文明衰退或变迁论的原因所在。在梅棹看来，汤因比的文明类型说只表征或反映西方学者的优越感及思维特征，不能阐明世界文明的历史结构之发展规律。在此，梅棹用文化机能—文明构型论来回应文明衰退或变迁论问题，以论证日本文明在世界系统中的坐标及独特性。因为，世界构造的坐标界定应包含文明在历史或文化空间中的地位及位置。这种"空间"概念不再是物理学或者地理学意义上的，而是历史文化意义上的。② 进入近代以来，西方范式这一普遍观念逐渐得以形成，尤其是欧洲或西式文明被人们美誉为人类唯一的"高级文明"。与此相反，梅棹则强调文明类型和社会、文化结构的平行进化论之可能性，坚信借此颠覆这类西方优越—高级论的思维定式及神话。因此，他质疑东、西方这一传统区分的权威性，开始摒弃侧重于文化传播起源的继承论立场，试图确立以团体（共同体）生活方式的构设为问题焦点的机能论立场。③

信念的改造论，是指文化或文明的归属论话题。依照汤因比的理解，日本文明以明治维新为界限，可分成两种类型。日本作为信念的改造者，经历了由远东向西欧迁移的文明化转型。而梅棹指出，如果以明治维新为水分岭，古代日本是东方化（中国化）的，近代或现代日本是西方化的。这是一种关于素材的血统论之话题，汤因比的信念改造论正属于此类。与汤因比不同，梅棹则密切关注整体的生活方式，立论核心是日本自我的独特类型，其不能简单地与西欧化画等号。在日本，尽管加藤周一等均把日本社会看作复合型文化并强调了起源上的多元特性，但其未能从文明比较的角度解释日本自我的独有特征，实属血统问题的继承论范畴。相较而言，梅棹倡导一种立足文化或文明的机能—构型论之新范式，坚信日本文明和西欧文明的历史结构关系呈现出了一种平行演进的普遍趋势。他还指出继承论没什么价值可言，因为它并没捕捉到日本社会的独特一面。梅棹拒绝承认部分学者理解他的学说

---

① 汤因比曾提出 26 种文明或 31 种文明等类型，前后提法不一致。详见［英］汤因比等《历史研究》（上册），曹未风译，上海人民出版社 1959 年版；［英］阿诺尔德·汤因比《历史研究》，石础缩编，浙江人民出版社 1989 年版；［英］亚诺·汤恩比《历史的研究》（上下册），余哲雄、蔡美玲译，好时年出版社 1985 年版。
② 梅棹忠夫：『文明の生態史観』，99-100.
③ 梅棹忠夫：『文明の生態史観』，172-173、201.

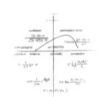

为日本人论的说法,进而解释说自己提倡的是包括日本在内的世界论范式:纯然的世界理论,至少涵盖整个旧世界的理论。① 伊藤干治也认为,作为一种以关系认识为圭臬的日本论研究,梅棹构型说基于生态史观和文明类型之比较,通过有关他者的互构关系来衬托了自我的相对化。② 如果说文化要素或血统的继承论关注的是社会或文化(含文明)的本质和起源论题,那么梅棹文化或文明形态的机能—构型论关心的是社会或文化(含文明)的一般结构、存在方式及平行进化。

由是观之,今西、汤因比的探索方向与古典人文主义历时视角的单线普遍进化论和文化传播学派(历史地理学)之延续相对应,梅棹的思索视角则与现代社会文化人类学共时历时结合视角的多线进化论、人文区位学和结构功能学派密切相关。

社会结构—文化机能论。《文明的生态史观》理解社会结构—文化机能论为探讨各种文化要素怎样组合并如何起作用的学问。以建筑为例,谈论每个具体的材料是吉野杉还是美国松,属继承论;讨论造出的建筑是住宅还是学校,则属机能论。继承论侧重于文化要素——什么树的问题,是树种的系统论。而生活方式论或文化机能论,则探讨的是什么形状的树林这一话题,并不关心树种。在此,梅棹着眼于各地区制度结构和变迁的一致性层面,讨论了不同地域团体的生活方式及共性特征,即"社会的一般结构"。③ 有别于继承论以要素或血统的本质和起源为基点,社会结构或文化形态—机能论聚焦于以社会或文化(含文明)的一般结构及存在方式为主线的共时视角问题。

《文明的生态史观》有关社会结构的文化机能论立足于制度结构和类型变迁的比较观察,安置在第一地区、第二地区和中间地带三域的极相学论断上。具体来说,日本和西欧作为第一地区的典型或代表,两者均经历了从封建制度到资本主义制度的平行进化过程。第二地区包括中国、印度、俄罗斯、伊拉克和蒙古草原等,说到底,该地区的社会类型不以封建制(西欧式)和资本主义为制度追求,而多选择以君主专制或帝国制、殖民地体制和社会主义等为制度内

---

① 梅棹忠夫:『文明の生態史観』,102-105、108-109、170.
② 伊藤幹治:『柳田国男と梅棹忠夫——自前の学問を求めて』,岩波書店 2011 年版,13.
③ 梅棹忠夫:『文明の生態史観』,104、119、113.

容。① 因此，一方面第一、第二地区的社会结构存在着显明的差别，另一方面各地区的内部却有着诸多规律可循的共同点。在古代这一阶段，第二地区帝国制较发达，不同时期以不同的相应形式出现；第一地区封建制较盛行，也出现了一些规模小的模仿型国家。与第一地区（首先指西方人，其次指日本人的入欧倾向）较强的自我意识不同，第二地区是以集体主义、社会主义等为基调的。作为中间的地带，干旱地区是暴力和破坏力之源，同时也是威胁文明社会的环境力因素。② 这种极端化的推理思索激发着《文明的生态史观》的想象力，其对社会结构—文化机能论乃至坐标构型说的形成假设具有不可忽视的特殊意义。可以说，第一地区以封建制（模仿或拟制型的）和自我意识为特征；而第二地区则以与帝国制和集体主义、社会主义等为特色。同理，封建制的内在基础是自我意识或个体主义的异质性，而帝国制的内在基础则是集体主义的同质性。这与现代社会理论所说的机械团结——集体主义、有机团结——个体主义的对应关系极为相似。诚然，与生理或运动的动力学相比，梅棹对文化机能论的新尝试更多倾向于共时形态和存在方式——解剖视角的静力学。

《文明的生态史观》把社会结构—文化机能论看作人间生态学（人文区位学）的一个支点，其前提是制度形态（结构和机能）与地理环境互为映射的关系假设。旧世界的生态学构造是由干旱、亚干旱和湿润等地带组成的，呈现出一个椭圆形状：以由东北向西南斜跨大陆的干旱地带为中轴和以亚干旱地带和湿润地带为外围。干旱地带，包括沙漠、绿洲和草原等地区。亚干旱地带以森林或热带干草原为主，处于第一地区和第二地区的交界。湿润地带的森林覆盖率较高，属于第一地区。③ 显然，汤因比和梅棹的出发点皆是对人类社会造成危害或影响的自然环境因素。④ 不同的是，梅棹把第一地区和第二地区的发展安置在各个历史阶段上的平行差异中，其被归结成为生态学的结构分布论题。据此发现，古代文明均出现在以中间的干旱地带和第一外围的热带干草原或亚干旱地带为轴线的广袤地域上。例如，从尼罗河到美索不达

---

① 梅棹忠夫：『文明の生態史観』，109-113、115-118.
② 梅棹忠夫：『文明の生態史観』，122-125、129-131.
③ 梅棹忠夫：『文明の生態史観』，202-203、212-213、123-124.
④ 虽然汤因比自称是环境决定论的反对者，但在他的相关表述中不乏其环境论之影子。详见[英] 汤因比《历史研究》，石础缩编，第30—31页。

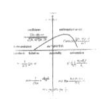

米亚、印度河等河谷文明，再到黄河流域和地中海地区文明统统都是这种生态学构造论的产物。① 如果以上生态—人文的对应或适应是共时大于历时的情形，那么梅棹的社会结构—文化机能论所探讨的是"什么样的树林"或"世界以怎样的结构构成"等核心话题。固然，梅棹把结构和机能看作一种存在的方式或形态，并没有对两者进行严格区分，甚至还没注意到机能或功能介于静态学和动力学的重叠化特征。依照现代社会理论解释，涂尔干、拉德克里夫-布朗和马林诺夫斯基各自坚信功能是需求和运动、结构和过程、需求和反应之间的关系模式。结构是功能的前提或内在根基，功能是结构变迁的形式或过程；结构是共时的和静力学的，变迁或进化是历时的和动力学的。有时，机能或功能概念则被描述成结构和变迁或过程两者之间的桥梁或联结，至少在后结构主义或解构主义出现之前是如此。图6-1为《文明的生态史观》（改版）中的文明分布图，Ⅰ、Ⅱ、Ⅲ和Ⅳ分别代表中国、印度、俄罗斯和地中海·伊斯兰（包括土耳其在内的阿拉伯世界）等文明。②

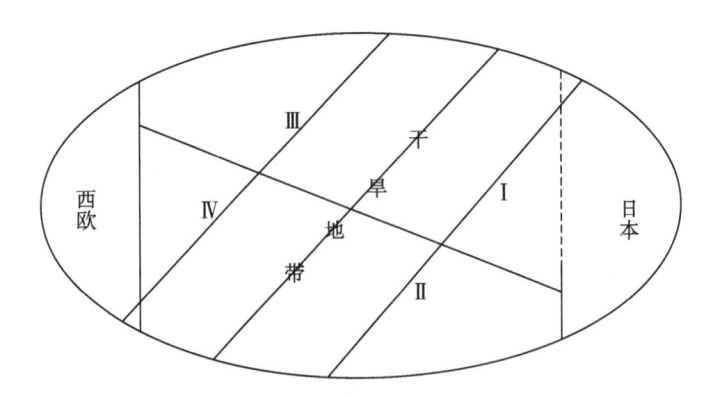

图 6-1 文明坐标比较

注：根据《文明的生态史观》所制。

文化机能论（有关社会结构的）形成于文明坐标构型说的第一个基本假设中，与其说它是结构或机能单一视角的，毋宁说是结构和机能复合视角的。作为环境决定论的一种极端表述之范例，梅棹的社会结构—文化机能论把文化或文明的不同类型置于地理分布的结构图式中，对各类文明的社会结构进

---

① 梅棹忠夫：『文明の生態史観』，123-125.
② 梅棹忠夫：『文明の生態史観』，202-203.

行了平行进化的比较考察。值得一提的是，在梅棹著书立说初创期的相关论述中，结构、功能和社会、文化（含文明）等概念并没有得到详尽的阐释，这大大增加了人们对其整体思想进行评解的难度。

平行进化—文明构型论。在《文明的生态史观》构思的转换式框架中，与社会结构—文化机能论的共时视角和静力学维度不同，有关平行进化的文明构型论之第二个假设是指生活结构和坐标方式的平行进化或多线变迁，即历时大于共时的纵式情形。梅棹把这种历时化的维度设想为动力学范畴，其建立在文明内部的自我律和文明互动的他者律基础上。的确，平行进化的文明构型探索既是认识论的，又是多线进化论的。如同文化依赖于结构和机能，文明也依赖于构型和变迁（进化）。

《文明的生态史观》指出，生态学的历史观（生态史观）是一种能够说明历史演变规律的历史观。与此同时，梅棹为了解决历史和结构的相关性问题，引入了生态学意义上的变迁（Succession）概念。在他看来，平行进化—文明构型论专注于"群体生活方式的变化"，旨在提倡通过比较观察平行进化的方法。从生物学的角度说，变迁理论推导出了动植物这一"自然群体（团体）的历史规律"；以此类推，人类自在团体的历史结构变迁论也因此应运而生。[①]究其原因，变迁的发生是主体和环境互为作用的结果，原有生活方式已发生改变，转化为新的生活方式。因为条件不同，随之运动规律或法则也会形成不同的特性。很显然，梅棹依傍于能动性和变迁的概念来解析内外部力量对文明类型的影响等，强调了第一地区和第二地区在历史结构上形成的平行化差异。第一地区是循序渐进的变迁区域，它的历史是借由团体内部力量的作用而得以展开的。这是自成或能动的变迁情况。与此相反，第二地区的历史进程是因团体外部力量的推动而形成的。这类是他成或被动的变迁情形。至此，梅棹把平行进化的文明构型论描述或发展为历史地理的平面几何学范式，认为历史是人与土地互为作用的结果，是主体和环境系统自我运动的产物。在决定这种运动形式的各类因素中，"自然的因素"无疑尤为重要。[②]可见，梅棹对自我律和他者律的动力学探索倾向于地理环境—气候论，凸显了环境

---

① 梅棹忠夫：『文明の生態史観』，120、118-119.
② 梅棹忠夫：『文明の生態史観』，121、126-127、216.

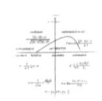

和气候因素对人类生活方式之类型的决定性作用。对于他而言，自然因素的动力原则与自然哲学和科学主义的第一原理颇为接近。无论第一地区内部生成的自律运动，还是第二地区因外部影响产生的他律运动，它们均是按照这种自然因素的动力法则或第一原理发生了变化的过程或结果。

平行进化—文明构型论不单是历时视角的和动力学的，同时也是理论或认识论意义上的。涂尔干以需要+功能便是群体运动或分工，拉德克里夫-布朗以结构+功能便是社会过程，马林诺夫斯基以需要+功能便是文化反应进行解说或理解。同理，梅棹也认为结构+功能便成为认知过程。正因如此，平行进化的文明构型论着重探讨"世界由什么样的结构构成"和"结构又是以怎么样的过程形成的"问题，它是"关于世界的结构及形成过程的认识论"。[①] 正如伊藤干治所言，梅棹强调历史的连续性，认为文明的历史不是单一过去事实的变迁过程，而是由诸多文化要素、制度、装置构成的共时历时交织体或变迁系统。[②] 梅棹还批评说，西格弗里德（André Siegfried）的"一般文明论"也难以站住脚，其运用的是传统的方法，而且地区之间的比较却被忽略了。这正是西格氏的文明论之一大缺陷。[③] 作为一种转换式视角的认识论，平行进化的文明构型论俨然是文明类型和社会结构的平行进化之比较学问，彰显了其整体理论构建的核心论域和独创性一面。1958 年，梅棹还发表《东南亚之旅的启示》一文，并对《文明的生态史观》中的世界构图做了适当的修正。作为续篇，此文提出镶嵌结构的形成及存在，论证了东南亚和东欧在世界文明构型系统中的坐标及位置。图 6-2 为《文明的生态史观》（改版）中修正后的文明分布构图。[④] 事实上，这种文明坐标构型说—历史结构的比较构图论，有待进一步考证。

《文明的生态史观》绘制出一个世界文明历史结构的平面几何学地图，学术野心在于通过地理环境和制度变迁的相关性比较来阐释各文明的发展及历史轨迹。如果文明坐标构型说的方法论维度建筑在政治制度、行为方式、社

---

① 梅棹忠夫:『文明の生態史観』, 175.
② 伊藤幹治:『柳田国男と梅棹忠夫——自前の学問を求めて』, 18.
③ 梅棹忠夫:『文明の生態史観』, 138-139.
④ 梅棹忠夫:『文明の生態史観』, 208-210、212-217、217-219. 別見梅棹忠夫等『文明の生態史観はいま』, 中央公論新社 2001 年版, 34-38.

会或文化结构和生物极相、地理构造的对应关系上，那么其认识论维度的构建则在文明构型和平行进化的转换视域上得以形成，但两者在由地理和社会文化的结构功能论至文明形态—平行变迁理论的延线上并没形成逻辑上的有效联结。

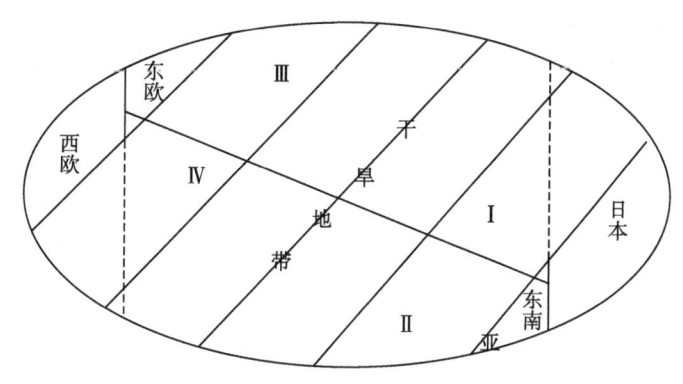

图 6-2　文明坐标比较—修正

注：根据《文明的生态史观》（改版）等。

三　超级体系：文明·文化与坐标构型辨析

作为前期作品和学术思想的精华，生态文明学·游牧移动论如同"他者"表象和"自我"画像的一面镜子，同后期以日本—现代工业文明为中心的观念体系形成明显对比，反映了梅棹学术思想从游牧文明论到日本·工业文明之比较研究的范式转换。这与他的研究对象之变化有着很大的关系。《文明的生态史观》等借用几何学式、数理学式的"坐标""位置"等独特术语，描绘出了以生物学和地理学的相融为出发点的世界文明·历史结构之图式。文明坐标构型说极力强调地域文明的历史结构类型之相同性，认为这种同构性来自世界格局中以环境·气候的生态学原理为前提的平行进化之规律。

文化或文明的概念论域。文明坐标构型说专注于日本、西欧和中间地区等制度结构及变迁话题，提出了社会结构—文化机能、平行进化的比较文明·生态史论，其可谓福泽谕吉的《文明论概略》[①] 等日本近代文明学创作之延续。福泽立足于野蛮、半开化和文明三段模式的文明发展观，认为与半开化

---

① ［日］福泽谕吉：《文明论概略》，北京编译社译，商务印书馆 2014 年版。

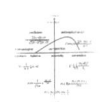

的亚洲其他地区相比，日本借助文明开化的路径能够跻身于西式文明的社会行列。他指出日本社会的衰退源自落后的文明状况，所以通过文明的开化可提升国民的智德及精神素养。至于福泽是否脱亚入欧论的倡导者这一点，在日本学界仍存在着相互对立的观念和争论。丸山真男等认为福泽不是脱亚入欧论的倡导者，而安川寿之辅、子安宣邦等则抨击丸山等的观点，指出福泽是脱亚入欧论的提出者和推动者之一。① 尽管福泽和梅棹都把西方文明看作人类社会发展的最高状态，但两者的不同点在于日本社会或文明的定位差异之上。福泽通过学习或借鉴西方经验的途径来以实现近代日本的文明开化，而梅棹则以与西欧平起平坐的姿态和方式试图重构现代日本在世界文明中的坐标及位置。再有，梅棹拒绝接受冈仓天心的亚洲一体及共荣圈说，还提倡了"亚洲并非一体""日本是亚洲的孤儿"等赋予日本社会以独特性的一面。② 这种的日本文明观意味着与欧洲并列的亚洲独特的"理想类型"，其设立在日本和西欧平行进化的文明构型论之立场上。虽然梅棹自称是个包容的相对主义论者，但其自民族情感远胜于前者。③ 据此断言，文明坐标构型说以社会结构—文化机能论和平行进化—文明构型论为两翼或车轮，它是一部对战后日本社会和现代化进程抱有自信的赞礼曲。它借此来阐释世界体系中的新秩序及关系动向，以呼唤日本自身定位的未来走向及精神构设。

在《文明的生态史观》等中，虽说梅棹对"文明""文化"的概念界定相对模糊，但其以平行进化、文明构型和社会结构、文化机能的对应形式出现较多。《何谓日本》认为，文明是文化和社会的总和，也是一种作为整体的生活模式。它质疑把日本文明视为西方文明的一种变型之看法，向西方（特别是德国式）的"日本—月光文明"说和汤因比的"走向没落的日本文明—转向"说提出了挑战。进而，梅棹力图论证日本文明的独立性，并指出日本是西方文明之外极具独特性的高度发达的社会类型。④ 同理，《何谓日本》还

---

① ［日］安川寿之辅：《福泽谕吉的战争论与天皇论》，刘曙野译，中国大百科全书出版社2013年版；［日］子安宣邦：《福泽谕吉〈文明论概略〉精读》，陈玮芬译，清华大学出版社2010年版。
② 梅棹忠夫：『文明の生態史観』，199-200、227、265-268。
③ 详见梅棹忠夫《关于民族艺术的对话》，《民族艺术》1990年第2期；《二十一世纪的文明与社会》，《民族译丛》1980年第5期。
④ 梅棹忠夫：『日本とは何か——近代日本文明の形成と発展』，日本放送出版協会1986年版，22、24-25。

把日本比喻为"黑洞"或"受信机""鲸鱼"等①。在它看来,文明是作为制度和国家形式的外在装置②,文化是作为精神和价值形式的内在部分。文明是由人类创造的,与各种各样的装置群和制度群同时产生的一种系统,而文化是存在于人类精神内部的价值体系。③ 在日本,二十世纪四十年代前流行文明国的说法,之后宣扬文化国的说法。因为,文明的要素是可以移植的。例如,在古代日本引入的是中国等国家的文明传统,在明治维新后日本引进的是西方的文明经验。④ 由此观之,《文明的生态史观》和《何谓日本》等对文明论的表述是连贯一致的。后来,学界对以上问题予以关注,考证了文明和文化的概念在日本传入的历史演化及轨迹特征:明治时期的文明概念——《文明论概略》等;大正时期的文化概念——各种文化研究。据相关表述,伊东俊太郎对文明和文化的理解与梅棹的观点颇为接近。图6-3为伊东所理解的文明和文化之关系(社会精神和艺术意境,指日文エートス和英文e-tosu)。⑤

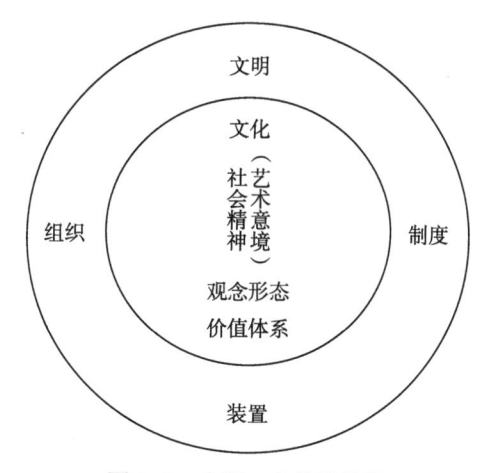

图 6-3 文明、文化的关系

注:根据《文明的生态史观》和相关资料改制。

---

① 梅棹忠夫:『日本とは何か——近代日本文明の形成と発展』,37-38.
② 在此参照了中牧弘允的观点,中牧认为梅棹关于文明的定义涉及人间=装置·制度系统等内容,它是在作为生态系统的人间=自然系统之上发展起来的。
③ 伊藤幹治:『柳田国男と梅棹忠夫——自前の学問を求めて』,89-91.
④ 梅棹忠夫:『文明の生態史観』,105-106、128.
⑤ 佐藤洋子:「文明と文化の変容」,『早稲田大学日本語研究教育センター紀要3』,1991年,45-73.

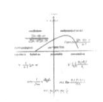

鉴于世界领域的历史格局，从过去到现代的文明转型蕴藏着人类学传统与生俱来的矛盾性，说明了其以文化为介入手段重构文明理想的整体历程。德国学者诺贝特·埃利亚斯曾指出，法国人首先创造了文明的概念，随后德国人制造了文化的概念。① 这一方面体现出西方学界对文明和文化的一般认识和理解差异，而另一面则反映了上述两类概念在西方人文学科视域中的实际用途及历史脉络。A.韦伯（A. Weber）和 MacIver 等也指出，文明与物质相关，文化与精神有关。以此类推，文化是艺术的和自足的，文明是功利的和工具的；前者属于人的，后者属于物的。然而，吴文藻则认为这种"文化即内心生活，文明即外界行为"的观点建设在德国唯心论派的哲学基础上。事实上，法国的文明（启蒙时代）以人格教养为特征，代表精神；德国的文化指技术上的优越，与人民的教化无关，代表物质。除上述情况外，萨丕尔的人类学观点较为特殊，他指出文化与国士（national genius）被统合起来，便成为文明。② 克罗伯理解人类的文明或文化为一种超级的有机体系，倡导并发展出了以超级的体系理念为导向的人类学路径。③ 萨林斯在文明、历史和结构论域深入耕耘，形成自己"颇有建树，成就斐然"的风格。④ 据此发现，萨林斯和梅棹忠夫的人类学探索有一定的相似之处。多数超有机体论者以社会或文化为事实或超验现实，紧随其涂尔干和莫斯之后尘亦步亦趋，甚至拒绝接受把集体行为或表象还原为个体的行为层面。

学界常常把文化的概念理解为比起文明更宽泛的概念范畴，认为文明是社会文化自身不断进步和发展的结果。因为，文化和文明的概念不仅以相近含义的形式相辅相成，而且通过社会化的观念模式体现于内在精神和外在物质的对应关系中。不过，吴文藻的研究已经证明这种文明—物质、文化—精神的对应观念来自德国唯心论派传统的哲学视角。显然，文化是一种更接近

---

① 参见ノルベルト・エリアス（Norbert Elias）『文明化の過程〈上下〉——ヨーロッパ上流階層の風俗の変遷』，赤井慧爾、波田節夫等訳，法政大学出版局 2010 年版（1977 年初版）。
② 吴文藻：《论社会学中国化》，商务印书馆 2010 年版，第 299—304、51 页。另见梁漱溟有关文化的看法：西洋以科学为本位，中国以人本主义为本位和印度以宗教—精神为本位。
③ 詳見 A. L. クローバー『文明の歴史像——人類学者の視点』，社会思想社 1971 年版；『様式と文明』，創文社 1983 年版。
④ 关于历史结构的话题，由萨林斯等发展为人类学理论的一种范式。详见［美］萨林斯（Sahlins, M.）《历史之岛》，蓝达居等译。

于社会基层及现实的综合状态；提起文化人们就会想到自民间、信仰、乡下至社会的各层·整体等词汇。而文明是一种倾向于理想的生活状态；说起文明人们就会联想到高雅、发达、时尚、先进等词汇。

文明坐标构型说的形成与评述。上山春平、川胜平太和吉泽五郎等纷纷参与其探讨，不仅从不同的视角总结出了文明坐标构型说的相关特征，还借助谱系法追溯了其梅棹学说的理式脉络。[①] 梅棹的文字风格简练直白，通俗易懂，但这并不削弱其学术洞见及独创性，甚至不乏灵活性。梅棹的前期观点源于他对自然生物学主义和社会有机论的统合性尝试，而他的后期观点则倾向于一种极端化的生态环境决定主义之视角范式。[②] 尽管梅棹以上对游牧移动—文明坐标构型的假说可谓向着地理学·生物学的科学主义进军而到达顶点的日本民族学之特定范例，但中尾佐助却以照叶树林文化论倡导者的敏锐视角批判说梅棹的这种尝试只停留在生态学或植物学初级水平的发挥层面。无论如何，梅棹专注于人类文明过去、现在和未来三侧面的人类学比较研究，他的人类像—未来研究不断得以延续并完成在《日本人的精神——文化未来学之尝试》（1971）、《二十一世纪的人类像探索》（1989）、《近代世界中的日本文明——比较文明学序说》（2000）、《地球时代的文明学——系列文明学的挑战》（2008）等[③]著作中。

纵观社会理论的历史经验，有关社会结构的定义无外乎有以下几种：（1）横向结构是角色及行动的关系模式（涂尔干、拉德克里夫-布朗等）；（2）纵向结构是角色及身份（地位）的关系网络（韦伯等）；（3）深层结

---

① 詳見上山春平『日本の土着思想——独想的なリベラルとラディカル』，弘文堂 1965 年版；『日本の思想——土着と欧化の系譜』，サイマル出版会 1971 年初版（岩波書店 1998 年再版）；川勝平太『文明の海洋史観』，中央公論公社 1997 年初版（中央公論新社 2016 年再版）；吉澤五郎『世界史の回廊——比較文明の視点』，世界思想社 1999 年版。

② 在日本文明论和环境论方面，志贺重昂和冈仓天心等人的研究具有代表性。另见志賀重昂：『日本風景論』，岩波書店 1995 年版；岡倉天心：『茶の本・日本の目覚め・東洋の理想——岡倉天心コレクション』，櫻庭信之、斎藤美洲、富原芳彰、岡倉古志郎翻訳，筑摩書房 2012 年版。

③ 梅棹忠夫：『日本人のこころ——文化未来学への試み』，朝日新聞社 1974 年版（1971 年初版）；『二十一世紀の人類像をさぐる』，講談社 1989 年版；『近代世界における日本文明——比較文明学序説』，中央公論新社 2000 年版；『地球時代の文明学——シリーズ文明学の挑戦』（監修），京都通信社 2008 年版。

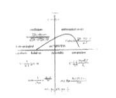

构是人类意识的认知构型之反映（列维-斯特劳斯等）。鉴于社会结构的静力学视角，与上述三个结构类型相关的功能概念已经预示了社会变迁理论的动力学维度。正如米尔斯（C. W. Mills）等所言，社会静力学以社会及组织的结构和功能为中心，社会动力学则以社会的延续和变化为聚焦点。一个完整的社会研究，始终贯穿着"事件、历史以及两者在社会中的相互交错等问题的系统观察"。[①] 因而，梅棹所面临的更大挑战可能来自历史学和文明学，而不是别的，这也反映出了文明学图式吸引众人眼球的独特性一面。对于民族学或人类学来说，文明坐标构型说无疑也是一种超越性的深化尝试，这是因为饱受争议的文明学研究变得陌生而不易引起注意。诚然，这种探索也与早期的考古人类学、历史人类学的发展和后期人文生态学的兴起有着内在关联。

梅棹有关日本或世界的体系论，实则关涉差异和平等或平行之间不可化约的矛盾。一方面接近共时的横向表述，它是包括日本在内的各文明差异构图论；另一方面贴近历时的纵向表述，它是有关进化或转换的多线平行论。也就是说，构图分布源于自我意识和集体主义的差异性，而平等或平行进化则来自不变结构和转换原理。很显然，梅棹的立论范式在表述上仍存在含糊和偏见之嫌，其涉及平等或平行和差异两个层面的表述问题。从研究对象及内容上说，日本论·世界论倾向于平等或平行的表述，接近包括日本在内的人类各文明之世界论范式；从坐标论的意义上说，日本论·世界论偏向于差异的表述，是一种关于日本文明的位置构建论。

综上，文明坐标构型说建立在社会结构—文化机能和平行进化—文明构型的对应关系和转换系统上，融合了其静力学（方法论）和动力学（认识论）的共时、历时双重维度。但这种方法和认识论域的尝试均植根于结构转换和平行进化的普遍原理，并不能构成叠加式的完整坐标系统。因为，社会文化或文明构型蕴含着内在意识或精神的不变原则，其通过结构转换和平行进化的途径或形式如何体现出来，这也是值得思考的。

---

① ［美］赖特·米尔斯、［美］塔尔考特·帕森斯：《社会学与社会组织》，何维凌、黄晓京译，浙江人民出版社1986年版，第3页。

第二节　日本文化的基层和多重结构

《稻作以前》《照叶树林文化之道》等（佐佐木高明）[①]把刀耕火种或旱作农耕看作日本稻作文化的二元基层（旱稻和水稻）之一，以"照叶树林文化假说"（中尾佐助）和地域—饮食—信仰考证（上山春平）为理论阵地并加以改造，从文化地理学的实地经验角度论证和丰富照叶树林文化说的多重结构论传统，就对"东亚半月弧"核心带的确定等做出了重要的贡献。

一　照叶树林的文化地带和基本假设

照叶树林文化的假设（中尾佐助，1966）被提出之后，逐渐引起学界持续关注，随后上山春平、佐佐木高明等纷至沓来并加入其该假说行列中，形成了前期实地工作、理论设想—中后期实证调查和拓展研究的完整发展历程。

照叶树林文化的早期发展和理论假设。在中尾对日本绳文时期的旱田原型这一推论基础上，佐佐木也理解日本照叶树林文化的基层·起源探索为植物学领域发掘并被文化人类学广泛接受的"基层或源流假说"之典范[②]，其最早期的假设前提（中尾的田野工作）就兼顾并统合了经验和理论的两个方面：喜马拉雅山一带的实地经验和农耕起源论的理论假设。根据佐佐木对中尾回忆的阐发，于1952年中尾首次发现并观察到喜马拉雅山中腹或半山腰植被的独特性，并判断这种植被特征十分接近日本照叶树林的地带类型。之后，中尾佐助和今西锦司再次确认了这些地区均可归类为"以常绿橡科为主的照

[①] 佐々木高明：『稻作以前』，日本放送出版協会1971年版；『熱帯の燒畑——その文化地理学的比較研究』，古今書院1970年版。别见佐々木高明『照葉樹林文化の道——ブータン・雲南から日本へ』（略称『照葉樹林文化の道』），日本放送出版協会1982年版；『照葉樹林文化とは何か——東アジアの森が生み出した文明』（略称『照葉樹林文化とは何か』），中央公論新社2007年版。

[②] 佐々木高明：『縄文文化と日本人——日本基層文化の形成と継承』（略称『日本基層文化の形成と継承』），小学館1986年版（講談社2001年版）；『東・南アジア農耕論——燒畑と稻作』，弘文堂1989年版。别见佐々木高明『日本文化の基層を探る——ナラ林文化と照葉樹林文化』（略称『ナラ林文化と照葉樹林文化』），日本放送出版協会1993年版；『日本文化の源流を探る』（遺稿集，*The Origins of Japanese Ethnic*），海青社2013年版。

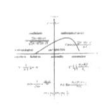

叶树林地带",即在结束田野工作前的最后一天傍晚达成共识。这种森林属于"东亚一个巨大的植物带",从喜马拉雅山直至云南,并经由江南地区延伸到西日本,形成一个沿东·西方向延续着的自然结构。①

《栽培植物和农耕的起源》(1966)② 指出,世界农业文化的原型或元范畴可分为四大类型:一是起源于东南亚和以芋类为主的根栽农耕文化;二是起源于非洲,以及印度热带草原地带以杂谷类为主的夏作农业——热带草原农耕文化;三是起源于自西亚至地中海沿岸以冬雨地带的麦类为主的地中海农耕文化;四是包括南北美洲起源的根栽农耕和夏作农耕在内的新大陆农耕文化。在此,所谓的照叶树林文化指上述四种类型中根栽农耕文化的一种变型,实属产生于热带环境的根栽农耕的温带适应形式(表6-2所示)。

表6-2 世界农业起源的四种文化类型③

分类事项＼文化名称	芋类农耕文化（根栽农耕文化）	夏作物农耕文化（热带草原农耕文化）	冬作物农耕文化（地中海农耕文化）	美洲农耕文化
起源地	马来半岛附近	尼日尔河流附近	东方（Orient,指中国和日本等)	加勒比海
分布	大洋洲·马来西亚·印度·中部非洲	撒哈拉·埃塞俄比亚·西印度	地中海地域·东方·欧洲	
人种	黄色（蒙古）人种	尼格罗人种	高加索人种	
环境	热带降雨林	夏雨性热带草原	冬雨性地中海气候	
作物生态	多年生	夏作物	冬作物	

---

① 佐佐木高明:『照葉樹林文化とは何か——東アジアの森が生み出した文明』,100-115. 詳見「第4章 照葉樹林文化論の誕生」,中尾佐助、佐々木高明『照葉樹林文化と日本』,くもん出版1992年版。

② 上山春平等:『照葉樹林文化——日本文化の深層』(略称『日本文化の深層』),中央公論社1984年版(1969年初版),13. 別見中尾佐助『栽培植物と農耕の起源』,岩波書店1966年版;中尾佐助「農業起源論」,載森下正明·吉良竜夫等『自然——生態学的研究』(今西錦司博士還暦記念論文集),中央公論社1967年版;中尾佐助:『花と木の文化史』,岩波書店1986年版;『分類の発想——思考のルーツをつくる』,朝日新聞社1990年版。

③ 根据原表格,做了适当的简化和调整;詳見上山春平等『照葉樹林文化——日本文化の深層』,14.

第六章 构境假设（二）：跨地域类型结构比较

续表

分类事项 \ 文化名称	芋类农耕文化（根栽农耕文化）	夏作物农耕文化（热带草原农耕文化）	冬作物农耕文化（地中海农耕文化）	美洲农耕文化
主要作物	薯蓣或山药、油脂、香蕉、甘蔗	杂谷、稻子、豆子类	麦子、豌豆、蚕豆	玉米、南瓜、马铃薯
形成年代	B.C.15000?	B.C.5000?	B.C.5000?	

《日本文化的深层》（上山春平）指出，中尾把照叶树林文化认定为农耕系统的产物，因为它是利用野生的薯类而出现的，进入旱田（狭义指刀耕火种）阶段以薯类栽培和杂谷或陆稻栽培等为主，逐渐演变为水田农耕的稻作文化这一类型。事实上，照叶树林文化说对极相概念的假设建立在从旱田·杂谷的栽培到后期发展的完整文化类型上，并发现由于水稻耕作的支配性作用或传播，照叶树林文化的独自性逐渐被丢失掉了。如同今西有关物种的分栖共存说，中尾也认为照叶树林文化无疑是产生于山岳栖居（=山棲み）情境的文化类型。①

作为世界农业起源的四大类型说之一，照叶树林文化假设（中尾）的核心内容是由五个不同的发展阶段组成的。其一，与当时日本考古学的年代假设对应，稻作以前的日本文化原型是相当于绳文时期的文化产物，也是照叶树林文化的一环。② 继照叶树林文化说被推出之后，《日本文化的深层》也对此深入讨论，并明确了该学说的核心立场：绳文文化是日本由"自然社会"演化至"农业社会"的连接点，即把绳文文化作为照叶树林文化的一环来理解（中尾的主张）。③ 其二，日本式的农业起源论把照叶树林文化的发展过程分为五个阶段：野生采集、半栽培、根栽植物栽培、杂谷栽培和水稻栽培等时期。之后，中尾的观点也发生变化，他把野生采集、半栽培的时期改成照叶树林文化的第一阶段，并将根栽植物的栽培、杂谷

---

① 上山春平等：『照葉樹林文化——日本文化の深層』，16-17. 极相（クライマックス），指生态学领域的森林等推移，以及最后平静的状态——极相·极盛相。

② 上山春平：『照葉樹林文化——日本文化の深層』，13、18、85. 别见中尾佐助『中尾佐助著作集（第1卷）——農耕の起源と栽培植物』，北海道大学出版会2004年版；『中尾佐助著作集（第6卷）——照葉樹林文化論』，北海道大学出版会2006年版。

③ 佐佐木高明：『照葉樹林文化とは何か——東アジアの森が生み出した文明』，110-115.

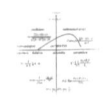

栽培的时期归入照叶树林文化的第二段和第三段。于是，野生采集、半栽培的第一阶段就相当于"照叶树林文化前期复合"，而旱田农耕的杂谷栽培这一体系则接近于"照叶树林文化复合"。① 具体而言，照叶树林文化说对农耕文化及发展阶段的一般假设如下：②

1. 野生植物采集阶段

   坚果或豆豉类（栗子、枥·栖、柯树、橡子、核桃）

   野生根茎类（甘葛藤、蕨菜、天南星）

2. 半栽培阶段——开始选择、改良品种

   栗子、野山药、石蒜

3. 根栽植物栽培阶段

   芋头、长芋、魔芋

   旱田或刀耕火种（灌木、花草）

4. 杂谷栽培阶段

   稗子、紫黑稗子、粟、黍、旱稻（草·花?），受西方先进文化的影响而形成

5. 水稻栽培阶段

   水稻种植，灌溉及其他设施，长年耕作旱田

绳文时期的半栽培农耕是属于"照叶树林文化前复合阶段"的；其晚期的栽培阶段转型是处于"照叶树林文化复合阶段"的。③ 与此形成对比的是，吉良龙夫则认为照叶树林是指"暖温地带的常绿阔叶树林"，也指"欧亚大陆东部沿岸地域的特殊形态"，与同属"暖温地带的常绿阔叶树林即地中海地域的硬叶树林"有所不同。④

《稻作以前》《照叶树林之道》等对照叶树林文化说的继承和发展。根据

---

① 上山春平等：『照葉樹林文化——日本文化の深層』，20-21.
② 佐々木高明：『照葉樹林文化の道——ブータン・雲南から日本へ』，29. 別見佐々木高明『稻作以前』，29.
③ 上山春平等：『照葉樹林文化——日本文化の深層』，131.
④ 上山春平等：『照葉樹林文化——日本文化の深層』，131、43.

中尾对照叶树林文化的前农业·农业阶段假设，佐佐木也以野性采集（含半栽培）、杂谷栽培（根系栽培）、水稻栽培等为发展时期，试图勾勒出以照叶树林地带为生态底色的东南亚初期农耕文化及其形成模型，① 见图6-4。②

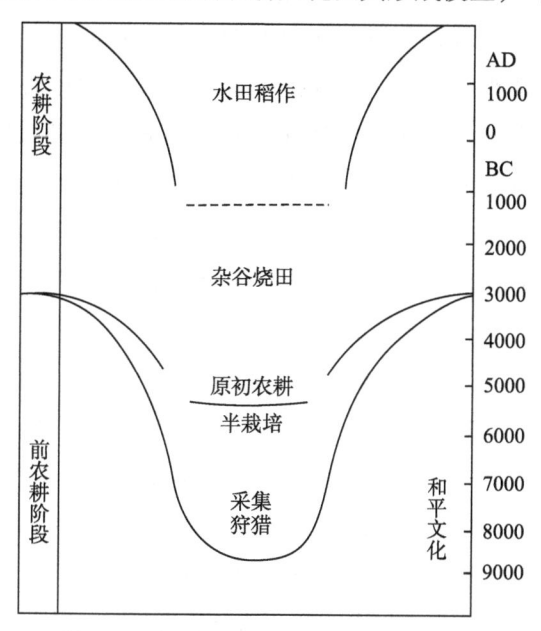

图 6-4　东南亚初期农耕文化的形成模型
注：根据佐佐木所制的简化图式。

该假说（中尾和佐佐木等）提出，喜马拉雅山脉"南麓海拔1500米至2500米"左右，这一带分布着"与日本极为相似的常绿柞树之森林"，覆盖"整个东亚的暖温带"，横跨"喜马拉雅山南麓、阿萨姆、东南亚北部山地、云南高原、长江南侧（江南一带）的山地和日本的西南部"等。树种"以柞树、柯树、楠树、山茶树为主，全是常绿乔木"；树叶表层因光的照射像山茶树叶闪闪发光，故被称为"照叶树林"。与此对应，生活资料加工的方法有：除涩味以"蕨菜和甘葛藤的野生芋类及柞树的坚果类等的漂白"为主；"对茶叶的加工、饮用"；"用蚕黄抽丝编绢"；"以漆木或相近绿色

---

① 关于上山春平、中尾佐助的观念，别见上山春平等『照葉樹林文化——日本文化の深層』，29-32、34-38、43-58、83-88.
② 佐々木高明：『照葉樹林文化の道——ブータン・雲南から日本へ』，83. 和平文化，英语意为 Hoabinhian Culture，而 BC 和 AD 分别表示公元前后的年代。

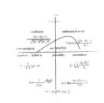

的树液来制作漆器";"柑桔和紫苏类植物的种植及利用";"用曲子酿酒"等。但是,最具代表照叶树林带特色的植物类无疑是该文化赖以生存的"芋头、野山药等芋类",以及"刀耕火种的粟、稗子、紫黑稗子、高粱、旱稻等"。① 他们还声称,亚洲地区存在两个相似的自然结构,分别是照叶树林带结构和草原地带结构。前者指从喜马拉雅山的中腹或半山腰到日本西部的照叶树林地带,沿着东·西方向横穿约五千公里而形成的东亚温带构造,而后者指顺着东·西方向横跨中亚大陆而出现的大干旱地带极相构造。根据佐佐木的表述,在东亚(主要是东南亚和东北亚)植物的生态系统里分布着很多种的树林地带,但文化领域则以"照叶树林和栎林的两大类型"为中心。②

虽然亚洲大陆以北、南或东、西结构为自然分布基础,但它们不仅有湿润和干燥、森林和草原的自然属性之差别,而且各自又产生了与当地环境对应的不同的独特生计方式。相比之下,照叶树林带开端于"以采集和半栽培为基础的生活",并向着"以杂谷和芋类为主要作物的,旱田(刀耕火种)为中心的生活方式发展";干旱地带发端于"猎获草原上的大型野兽的生活",朝着"饲养大型有蹄兽,以畜牧为基础的生活发展"。与北方系狩猎民和游牧民的生计文化传统不同的是,南方系的照叶树林带起源于印度和东南亚以杂谷栽培为中心的农耕文化系统,或者产生于以栽培芋类为主的根栽文化传统,体现在绢、漆、豆酱、豆豉、酒、茶,对歌、神话传说等极具特色的日常生活和仪式活动中。③ 对此进行深入观察,就会发现这种自然结构基础无疑是全面理解照叶树林文化的传播路径和形成过程的关键所在。④

《照叶树林之道》承认阔叶树文化(北方系)和照叶树或稻作文化(南方系)的交错传播,同时还对柳田"海上之道"学说提出了质疑。在它看来,照叶树林文化是由中国大陆,尤其是"从扬子江以南的江南地带传到日本的",并成为稻作以前"日本文化的重要组成部分"。但是,除此之外,日本"也确实存在着以燕麦和W型大麦为代表的一系列北方作物",和"以阿尔泰

---

① 佐々木高明:『照葉樹林文化の道——ブータン・雲南から日本へ』,13-14.
② 埴原和郎等:『日本人と日本文化の形成』,208.
③ 佐々木高明:『照葉樹林文化の道——ブータン・雲南から日本へ』,205-206.
④ 佐々木高明:『照葉樹林文化の道——ブータン・雲南から日本へ』,204-245.

语为代表的起源于欧亚大陆中北部的各种北方文化现象"（阔叶树林文化，需要与通古斯语系文化作比较）。另外，早期民俗学假说（柳田国男）提出自南岛或南部等至九州沿着"海上之路"而北上的文化传播路线，而照叶树林说（佐佐木等）则认为早期的稻作文化仍处于旱田耕作阶段，它"却具有捕捞和以芋、栗为主要作物的刀耕火种文化特征"。可以推测，"奥斯特罗尼西亚语系的文化要素或许也是沿着这一路线进入日本的"。① 事实上，佐佐木的观点基本来自历史民族学（冈正雄等）对日本基层文化的多重假设。②

该假说尤其是佐佐木等坚信，草原地带和照叶树林带在亚洲的生态分布中形成北、南的自然结构，与栎林或落叶树林带（东日本）和照叶树林带（西日本）的东、西结构呈现出大致对应的关系。据此来看，较之西日本所发现的照叶林文化地带，东日本以及北部等地区则以阔叶或落叶树林的自然带为生态分布之特征。这种东日本的林带就是"柞树林（栎林）地带"，其以落叶或阔叶的树林为中心，包括北海道地区"针叶树林"在内的树林带。正如佐佐木等所强调，至于日本文化中所见北方系统之元素，它是指在绳文文化出现及其发展过程中形成的一种历史交往形式，即北方系统农耕或柞树林带文化传入日本列岛，并因东北亚青铜器文化的社会政治影响而产生的文化现象。

二 "东亚半月弧"即核心地带结构

进入中后期的发展阶段，照叶树林文化说（佐佐木）以《日本基层文化的形成与继承》《栎林文化和照叶树林文化》《日本文化的多重结构》等③为阵营，并把绳文时期·旱田农耕阶段看作该文化假说和历史构建的重要根基，科学地论证或确定了作为照叶树林文化核心地带的"东亚半月弧"

---

① 佐々木高明：『照葉樹林文化の道——ブータン・雲南から日本へ』，18-19.
② 冈正雄的观点，可以与柳田国男和石田英一郎的看法形成对比，柳田以《水稻与日本人》《稻作与日本文化》为切入点，提出如果没有稻作不可能有日本民族，日本的祭祀以水稻等农耕祭祀为基础等观点。石田也认为日本文化等于稻作文化，它成形于弥生时代的语言环境和文化传统。
③ 佐々木高明：『日本文化の基層を探る——ナラ林文化と照葉樹林文化』；『日本文化の多重構造——アジア的視野から日本文化を再考する』（略称『日本文化の多重構造』）。別見『多文化の時代を生きる——日本文化の可能性』，小学館 2000 年版；『日本文化の多様性——稲作以前を再考する』，小学館 2009 年版。

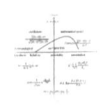

这一分布结构，以及向着照叶树林带周边各地传播开来的文化圈形成及过程。

照叶树林文化的结构及系统化考证。 作为生态分布的结构性表征，照叶树林文化是一种具有特定结构的独特类型。该文化"产生并发育于东亚照叶树林带的山地"环境，其生产是以杂谷和芋类等主要作物和刀耕火种或旱田农耕为基础的。在较早期的阶段，除了刀耕火种或旱田农作外，照叶树林带还以采集、狩猎、木工、养蚕及其他各种生产活动等为多元化的历程或特征。也就是说，照叶树林文化是"以山地和森林作为舞台的生活文化"，构成其文化的诸要素"以刀耕火种为中心，形成了一系列的照叶树林带的生产活动和独特文化群"。例如，除涩味以蕨菜和甘葛藤，半栽培的芋类和坚果类等的漂白为加工法，有关绢或绸、漆、茶等的采集活动也都起源于照叶树林带的自然条件加上人工劳作的互动过程。与除涩味方法相同，对绸、漆、茶的加工等山地生活技术相继出现，并作为刀耕火种农耕阶段的特定文化指标而融入其中。在饮食方面，大豆发酵制作的豆酱、酱油和豆豉等食品，以及杂谷酿成的谷粒酒和糯米制品等可谓数不胜数，便构成照叶树林带文化的重要特征之一。从"东亚半月弧"到日本西部地带，这些具有照叶树林文化特色的神话、礼仪、习俗与衣食住行的诸要素紧密相连，集中出现在以旱田农作或刀耕火种为基础的山地民族的生活结构中。[①]

《续·照叶树林文化》（1976）[②] 在原有照叶树林文化地带（《日本文化的深层》）的假设基础上提出其核心区的设想，以确定和论证"东亚半月弧"这一核心区的地域轮廓和文化谱系范围。从地理生态学的形成情况看，"东亚半月弧"的提法与西亚"肥沃半月弧"的情形相对应，同样也是按照气候分布和生态环境原则形成的自然构造及对称呈现。在此，"东亚半月弧"地带作为照叶树林文化的核心区或"中心域"，包括"从不丹、阿萨姆邦到中国云南、贵州、湖南的部分地区"所见的半月弧形分布范围。持照叶树林文化说者（中尾、上山、佐佐木等）极力强调对东亚存在"半月弧"地带一说的确认和深化考证，其所描绘的"云南这块常绿叶树林文化中心的轮廓"即为东

---

① 佐々木高明：『照葉樹林文化の道——ブータン・雲南から日本へ』，207-208.
② 上山春平、佐々木高明、中尾佐助：『続・照葉樹林文化——東アジア文化の源流』（略称『続・照葉樹林文化』），中央公論新社1976年版。

第六章　构境假设（二）：跨地域类型结构比较

亚的"半月弧"，它"以云南为中心，西面与阿萨姆相接，东面连着湖南省山地"，等等。①"东亚半月弧"位于照叶树林文化圈的核心地带，与阿萨姆—云贵高原地带的稻作起源中心（渡部忠世）大致重合，渡部认为比起栽培稻起源于"热带的低湿地"，栽培稻产生于"高纬度的山岳地带即阿萨姆—云南等高地"的假说更有说服力。事实上，在稻作文化传入日本方面，主要假说以北方说（A）、南方或江南说（B）和"海上之道"说（C）三者为代表：一是，北方说指经由朝鲜半岛南下并传到日本的传播；二是，南方或江南说即渡部的假说以绳文晚期或弥生初期——经由长江下游即江南、中国东海传入日本为依据；三是，"海上之道"说以柳田提出经由 Okinawa 等传播而形成的路径为内容。②

A. 北方说的主要支持领域：民族学、考古学等
B. 南方或江南说的主要支持领域：民族学、植物学等
C. "海上之道"说的主要支持领域：民俗学（柳田国男）等

照叶树林文化之中心——"东亚半月弧"设定。在早期，该假说的提倡者把照叶树林文化的中心假定在"中国的云南高原"，认为那是"以云南高原为中心"，西起"阿萨姆和东至中国湖南省的半月形地带"。之后，中尾和佐佐木等以西亚的农耕发源地——富饶的"月牙形地带"这一构造假说为参照基础，尤其是佐佐木进一步提出了照叶树林核心区——"东亚半月弧"（East Asian Crescent）假设，与西亚的"月牙形地带"相对应。这些命名和确定地域范围之工作大致完成在《续·照叶树林文化》中。与此同时，上山也把"构成照叶树林文化的要素最多、分布最密集的地区"理解为"照叶树林文化的中心"分布域，进而基本确认了存在"东亚半月弧"这一地带的合理性。③

---

① ［日］安田喜宪：《森林——日本文化之母》，蔡敦达译，上海科学技术出版社 2002 年版，第 55 页。
② 渡部忠世：「アジア稲の起源と伝播」，载祖父江孝男『稲からみたアジア社会』，放送大学教育振興会 1988 年版，26、33-35。
③ 佐々木高明：『照葉樹林文化の道——ブータン・雲南から日本へ』，25.

根据地理位置和文化要素的关联性,"东亚半月弧"的分布范围"从不丹东部、阿萨姆的中东部到缅甸北部",还包括中国云南省,并经"贵州省中南部到洞庭湖附近的湖南省西南部山地"。在这一地带中,至今"只有从不丹到阿萨姆地区仍保留着"其原貌,即"近似于原始森林的美丽的照叶树林"。然而,"东亚半月弧"原本却"被典型的照叶树林所覆盖",并位于"东亚照叶树林带中心"。从单纯的地理上看,这一地区位于"雅鲁藏布江、怒江、澜沧江、长江等"河流上游地带,因为"印度、东南亚、东亚的所有水系都发源于此"。因此,"东亚半月弧"作为"这一地区的扇轴部位",同时又"被认为是亚洲种植稻、稗子和荞麦的发源地",它在东亚的文化探索方面"有着极其重要的意义"。譬如,在这个地区最先出现的手工技术和饮食,有"茶叶的饮用习惯""制作用曲发酵的浊酒""编和漆的加工方法",以及"豆豉或者豆酱这类用大豆制成的发酵食品"等;加上,"柑桔和紫苏的利用,以及许多具有照叶树林带特色的文化要素",现在仍保留在"居住于这一地区的各民族的传统文化生活中"。[①] 自古以来,在东南亚大陆居住着操"奥斯特罗尼西亚系(孟·高棉语系)语言的民众",包括"散居在云南高原和老挝、缅甸北部山地的德昂族、佩族"和人数不多"阿萨姆的克西族和北泰的克族"等不同族群;当地古代生产活动以狩猎和采集为主,现在"大部分人从事刀耕火种农耕"。[②] 这就说明,奥斯特罗尼西亚系民族以"东亚的半月弧"地带为居住地,进而其分布向南扩展,他们对古老文化的传承并没中断,仍继续得到保护并传播至今。

照叶树林文化和"东亚半月弧"这一地带的最大特色在于,除了各自形成特定民族或地域之间的具体差异外,居住在该地区不同的民族不但"接受了类似的文化",而且其结果是直接产生了"贯穿于照叶树林带的共同的文化"。正因如此,《续·照叶树林文化》以来把日本文化之根(基层或源流)置于诸民族文化比较中进行探索,因东亚半月弧等核心带所投射或延伸出的这种假设之所以能够成立,"与自古以来共同的文化就沿着照叶树林带扩展的事实密切相关"。见图6-5,下面为东亚照叶树林、"东亚半月弧"和文化圈

---

① 佐々木高明:『照葉樹林文化の道——ブータン・雲南から日本へ』,26.
② 佐々木高明:『照葉樹林文化の道——ブータン・雲南から日本へ』,27-28.

第六章　构境假设（二）：跨地域类型结构比较

的形成结构模型。①

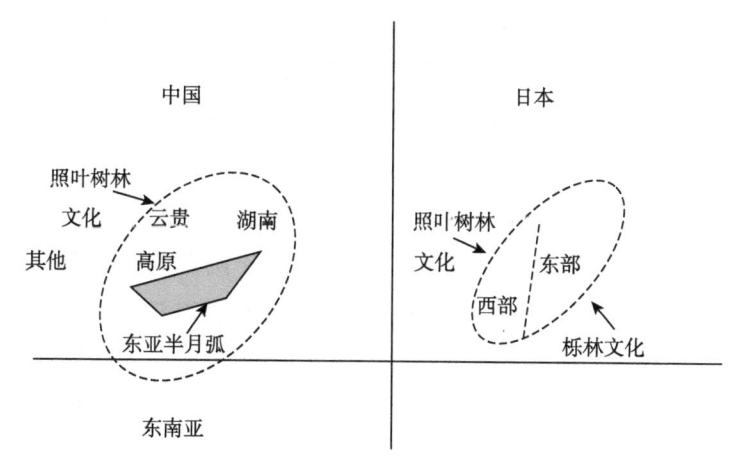

图 6-5　东亚的照叶树林、"半月弧"和文化圈模型
注：根据照叶树林文化说所制。

在确定照叶树林地带和文化框架之后，特别是《续·照叶树林文化》（1976）等所涉核心的议题涵盖以下方面：根据该地带的所有文化要素和分布范围，并以核心要素和与此对应的集中区域的重合程度为依据，假定其重合度较高的部分为照叶树林文化的中心地带。该地区以云南高地为中心，"西至印度的阿萨姆邦"，东至"中国湖南省，呈半月形"。言归原初，"东亚半月弧"的雏形可追溯到中尾的初步构设，他曾在《栽培植物和农耕文化的起源》（1966）和《照叶树林文化——日本文化的深层》（1984）② 中尝试提出"彝中心"和"云南省附近的山岳部"或"云南中心"等核心带的相关概念，③后又在《续·照叶树林文化》中正式宣称其为东亚的"半月弧"构造，所受影响无不以西亚的肥沃"半月地带"这一极其相似的自然结构发现及启示为前提。

《稻米之道》（1977）④ 等之问世。随着新的发现，这种农业起源论探索

---

① 佐々木高明：『照葉樹林文化の道——ブータン・雲南から日本へ』，28、77.
② 中尾佐助：『栽培植物と農耕の起源』，岩波書店 1966 年版。别见上山春平等『照葉樹林文化——日本文化の深層』。
③ 佐佐木高明：『照葉樹林文化とは何か——東アジアの森が生み出した文明』，116-121. 别见上山春平、渡部忠世『稲作文化——照葉樹林文化の展開』，中央公論社 1985 年版。
④ 渡部忠世：『稲の道』，NHK 出版 1977 年版。别见渡部忠世『アジア稲作文化への旅』，NHK 出版 1987 年版。该书以追寻亚洲稻作的起源和传播为主线，通过对亚洲各地进行调查来观察和思索了亚洲稻作文化及其周边的各种关系、演化进程。

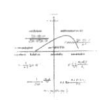

也迈入中期发展阶段，对稻作文化的起源论后期构建产生了广泛的影响。从河姆渡遗址出土的炭化稻壳中，佐藤洋一郎不仅检测出了"野生稻和野生、栽培未分化的水稻"，还使用水稻叶绿体的DNA分析来弥补水稻起源探索之空白，抛出了完全不同于以往各种假说的新观点："热带粳稻（Tropical Japonica，又称爪哇稻）和温带粳稻（Temperate Japonica）有不同起源"，而且传入日本的水稻"主要是抗寒性的温带粳稻"；事实上，对渡部的假说提出挑战或质疑甚至否定了"稻作起源于阿萨姆—云南"的学说依据。①《照叶树林文化之道》也指出，日本或东亚照叶树林带的文化均具有最重要的一个特征，那就是借助"以杂谷和芋类为主要农作物的刀耕火种农耕来维持该地区的生计"。因为旱田耕种的文化是"水田稻作的先行文化"，可谓"稻作文化的母体"，是它孕育和创造了水田稻作、稻作文化的初级形貌。同理，《稻作以前》"把照叶树林文化尤其是杂谷和芋类文化当作稻作文化的母体"来看待，竭力主张在绳文末期或弥生初期，即"在稻作文化传来以前，照叶树林带的刀耕火种文化已传到日本"，并对日本"基础文化的形成给予了极大的影响"。也就是说，该书通过对日本传统文化的深入分析，"列出与照叶树林的刀耕火种或农耕文化有密切关系的几个要素"，同时还"对此进行比较民族学的研究，以重构稻作以前的文化"。②以上（佐佐木）对日本文化基层的分解判断来自下面这种区分：旱田农作——稻作以前和水田农作——弥生时代。这一努力方向，在后期民俗学探索得到延续和发展，即《芋头与日本人》（坪井洋文，1979）③着眼于对第一类型（弥生水田）和第二类型（杂谷芋类旱田）的区分基础，强调日本文化层以"稻作价值体系"（第一种类型）和"旱田作物传统"的（第二种类型）为二元框架。④

照叶树林的假说聚焦于文化—传播和类型两方面，实则属于栽培系统的结构，还可加上对起因系统即历史结构的综合讨论。《照叶树林文化之道》指出该假说以栽培植物谱系和地域类型为基础，它不仅是叙述照叶树林带"具

---

① 佐藤洋一郎：『DNAが語る稲作文明——起源と展開』，NHK出版1996年版。
② 佐々木高明：『照葉樹林文化の道——ブータン・雲南から日本へ』，16.
③ 坪井洋文：『イモと日本人——民俗文化論の課題』，未来社1979年版。
④ 佐々木高明：『照葉樹林文化の道——ブータン・雲南から日本へ』，17.

有相似文化要素的单一的文化类型论",更是一种探究此类"文化的时间重叠性",以及"系统和谱系问题"的起源·传播论。正如考古学、植物学等所证实,当代绝大部分学者也认为日本的农耕不是"土生土长的,而是从外部传来的",尤其是"在绳文末期或弥生初期从大陆传播来的",因为稻子、杂谷类以及芋类等"主要农作物全部不是日本本来就有的"。① 据相关推断,日本大致绳文时期就有"稻子、麦子、粟、稗子、芋头等栽培植物"和"蕨菜、甘葛藤、石蒜等半栽培植物",但也很难辨别或判断出"这些食用植物的起源、传播途径和传播时间"。②

与以往民族学等文献学传统(柳田、冈正雄、石田等)相比,照叶树林文化说的最大特色在于以植物生态学、作物学实地调查为根基的植物谱系分析和文化史构建。道理很了然,冈正雄和柳田等"是通过研究文献来建立自己的学说的",而照叶树林文化观则"是在实地考察的基础上建立起来的",在这一点上两者"有着显著的不同"。因为,该假说是以"走进照叶树林带各地的每次巡回调查、实地考察资料为基础",并在对那些"各种民族文化进行严密的比较分析基础上提出的"。这也正是照叶树林文化观假设的最大的特点之一。③ 同理,这类民族志的实地论证④主要体现在亚洲地域与植物谱系的相关讨论中。

三 日本文化的基层或源流、多元结构

在照叶树林文化的假设基础上,《日本基层文化的形成与继承》《日本文化的多重结构》《探寻日本文化的根源》等⑤大力开展对中国西南部、尼泊尔、喜马拉雅、印度北部等的实地调查,完成了东亚的半月弧这一核心带等后期构设的检验工作。于1971—2009年,多数学者提倡日本文化的多样性构

---

① 佐々木高明:『照葉樹林文化の道——ブータン・雲南から日本へ』,21-22.
② 佐々木高明:『照葉樹林文化の道——ブータン・雲南から日本へ』,23.
③ 佐々木高明:『照葉樹林文化の道——ブータン・雲南から日本へ』,19-21.
④ 佐々木高明:『照葉樹林文化の道——ブータン・雲南から日本へ』,59-82、90-201.
⑤ 佐佐木高明:『縄文文化と日本人——日本基層文化の形成と継承』;『日本文化の多重構造——アジア的視野から日本文化を再考する』,小学館1997年版;『日本文化の源流を探る』,海青社2013年版。别见佐佐木高明『照葉樹林帯の食文化——日本文化のルーツを探る』、れんが書房新社(作陽学園出版部)1999年版。

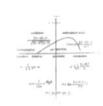

成，是因为以摆脱柳田国男等所倡导以直观类比假设为前提的"日本＝稻作"单一说之影响，尤其是佐佐木等从多层累积的复合说角度出发，重新界定了日本照叶树林文化的基层及多重结构特征。

日本民族单一·复合性的社会或文化基层假设。尽管日本民俗学创立者柳田曾提出稻作文化＝日本社会的类比判断，但佐佐木等人类学者却认为这种凭借诗人直觉获得的日本即稻作传统这一说法存在很多缺陷。不过，上山则把照叶树林文化说归类于20世纪中叶形成的日本文化起源论之流派（柳田国男和江上波夫等以来），首次明确了其该假设以日本文化的深层分析及形成论见长的理论特征。①

照叶树林说对单一·复合民族说的批判和继承：佐佐木通过对标榜"一国一民族一语言"的近现代民族（国民）国家观进行反思，否定并修正了"单一日本＝稻作文化"的这一柳田式假设及自画像构想，其与他将日本文化根源的五种基层假设（冈正雄）和日本西部山地人的照叶树林文化说相结合的尝试有关。正如《单一民族神话的起源》（1995）②所言，社会或文化的制度论者支持以"多个民族共有的日本"说（20世纪中叶前）和"日本＝单一民族"说（20世纪中叶后）为社会观基础的两种政治神话假设，指形成于20世纪四五十年代前后的观念分野或转型。佐佐木也认为"日本＝单一民族"的提法与"绳文锁国论"十分接近，实则日本从根本上说是一个"多文化国家"，属于多重结构的社会或民族类型。尽管民俗学（柳田等）和民族学（坪井、鸟居、冈正雄等）对日本的民族构成所持的核心观念不尽相同，甚至它们借由是单一还是复合的对立形式得以出现并卷入其后续争论中，但后来更多学者不仅开始摒弃"日本＝单一民族"视角的一元论思索，而且他们坚守并发展出了复合民族假设的多元结构说。

较之对单一民族说的批判性继承，照叶树林说对复合民族说的接受途径是发展性和继承性的。具体来说，佐佐木等对日本文化基层和多元结构之尝

---

① 佐佐木高明：『照葉樹林文化とは何か——東アジアの森が生み出した文明』，中央公論新社。在此需要说明，柳田和江上对国神和天神的不同理解，主要体现在发展阶段的差异表达上。

② 小熊英二：『単一民族神話の起源——「日本人」の自画像の系譜』，新曜社1995年版。另见［日］小熊英二《单一民族神话的起源——日本人自画像的系谱》，文婧译，生活·读书·新知三联书店2020年版。

第六章 构境假设（二）：跨地域类型结构比较

试无不受其复合民族或文化的多重结构（冈正雄）、日本稻作神话及多重制度结构（大林太良）等民族学主流观点之影响，同时它们之间却形成了一种无缝衔接或前后呼应的学理性传承的关系格局。作为复合民族说的支持者，佐佐木还高度评价日本古代的征服王朝论或骑马民族王朝论（江上波夫）①，并将其与日本文化基层—复合民族结构说（冈正雄）和多元民族构成说（石田英一郎、八幡一郎等）相提并论，通过加以比较明确了之所以出现多重结构的内在关联性。因此，佐佐木视"日本文化基层"——旱田·稻作格局为日本文化多重结构的根基部分，其本质上是从"单一日本＝稻作文化"（柳田）到日本文化基层——复合民族结构（冈正雄等）的转型设想之延续。可以说，多数照叶树林说者尤其是佐佐木对日本单一·复合民族说所持态度本身包含着区别明显的或极具异质的两方面，反映在对单一说的批判性继承（否定性修正）和对复合说的发展性继承。当然，佐佐木还受到中尾和上山等之启发，他对照叶树林地带文化说的后续发展和"东亚半月弧"说的提出等无疑是一种遵照生态系统内部原则去发现的结构假设，与社会结构—文化机能（历史·地域）的文明坐标构型假设（梅棹忠夫）、双重结构的模型假说（埴原和郎）颇为相似。

后期对该假说的补充性发展和"东亚半月弧"地带的确定。《日本文化的多重结构》（佐佐木）以坚定捍卫其所推出日本稻作以前即旱田农耕形态的观点为基调，并从中尾的"农业起源论"汲取理论养分，以发展和丰富后期对照叶树林文化假说的补充和"东亚半月弧"地带的考证。日本文化基层的多元结构假设以日本稻作＋复合民族说（冈正雄等）为逻辑基础或起点，后期发展又以大林太良、石田英一郎、江上波夫、八幡一郎等对神话、传说乃至制度结构的深入挖掘为主线而展开，但也招致了对日本人的本土说有浓厚兴趣的柳田国男和折口信夫等的强烈批判。对此，佐佐木还指出：

> 民俗学者坪井洋文立足于"无年糕正月"（芋头正月）的分析等，提出日本文化中除以稻作为基轴的文化类型外，还存在以旱田为基轴的

---

① 佐佐木高明：「戦後の日本民族文化起源論——その回顧と展望」，『国立民族学博物館研究報告』2009 年 34 卷 2 号，211-228. 别见佐佐木高明『日本文化の源流を探る』，海青社 2013 年版。

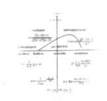

类型，这可谓是对柳田的日本文化＝稻作文论的一次严厉批判。①

佐佐木指出，在出版《稻作以前》之前，日本学界一致认为日本文化"就是稻作文化"，起源"可以追溯到弥生时代以前"，农耕"始于绳文时代"，等等。而与单一说常识相左，无疑被认为是"异类邪说"，不过，事实是"当时完全没有绳文时代存在过栽培植物的考古学证据"。即便是出版《稻作以前》之后了，但不出所料，针对日本文化之根或源流形成于杂谷栽培农耕阶段的假说，尤其是考古学者们"全都提出了反对声音"。的确，来自考古学领域的"攻击非常激烈"，他们认为"在采集狩猎的时代不可能存在农耕"。说到底，诸如此类的这样批判不仅没能使稻作前身即照叶树文化这一"立论全盘崩溃"，而且后来又"不断地出现新的发掘结果"，证明"在绳文时代已经有栽培植物出现"。上述种种结果均表明，让多数者意识到"在绳文时代前期存在过某种农耕方式"，况且这一认识"现在也成了日本考古学界的常识"。与此同时，激烈批判照叶树林说（佐佐木）的考古学者们"也沉默下来转变了想法"。这些想法一方面通过"日本和亚洲各地的田野调查"和后期新成果得以验证；另一方面也有力地论证了"适用于日本文化起源论考察"的照叶树林文化说框架及其有效性。②

早期民族学对日本起源的考古式探路和东、西假设。提及佐佐木对日本文化起源的结构假说，还可联想到坪井正五郎主张的日本石器时代人＝传说人物（克鲁波克罗）说和鸟居龙藏提倡的日本人复合或混合民族说等。之后，冈正雄提出日本起源的5个种族性或多元文化基层说，认为在古老狩猎、采集的第一类文化基础上，前后传入日本的则有源于中国东部和东南亚的芋头栽培第二类文化、旱田（烧田）农耕第三类文化和源自北方的旱田农耕第四类文化，并且还接受了来自江南地区的水田稻作农耕第五类文化。③ 据此断

---

① 佐々木高明：「多文化国家日本と比較民俗学」，『比較民俗研究』2010年24（3），2. 江户时代以前，在除水稻种植外进行旱田种植的山间部和岛屿部，有正月三日把年糕供奉给神佛，禁止自己吃的"无年糕正月"这类习俗。

② 佐々木高明：『照葉樹林文化とは何か——東アジアの森が生み出した文明』，110-115.

③ 石垣悟：「書評『日本文化の多重構造——アジア的視野から日本文化を再考する』（佐々木高明著，東京：小学館1997年初版）」，『比較民俗研究』1997年15（6），282.

第六章　构境假设（二）：跨地域类型结构比较

言，冈正雄虽然没有直接论述日本的东、西差异，但他在对日本文化根源的多元结构讨论中也设想了来自北方的文化和源自南方的文化，认为这与日本的东、西一地域条件等构境有着很深的关系。①

在日本，特别是西日本也被认为是照叶树林带这个范畴的，并且也成为日本文化形成的基层。② 一般而言，西日本或日本西部以京都、大阪或九州（福冈）等所代表的地区为中心，其社会或文化原型是从东南亚的文化共生条件演化而来的。从这一点上看，照叶树林假设和双重结构模型假说（埴原和郎）也存在一些观念的分歧，后者则坚信在西日本前后出现来自东南亚、东北亚两种文化的两次传播。佐佐木指出《日本文化的故乡》（岩田庆治）③ 一书所涉相关尝试，为"照叶树林文化论"提供了有力的证据。④

日本源流和传播路线的诸假设：中尾曾以由芜菁（蔓菁，Turnip）线和大麦（Barley）线合成的坐标为关系图（如图6-6所示），将日本列岛分为四个"民族植物学的区域（Ehnobotanical Region）"，还指出旋涡性大麦线两侧的内·外日本区域易于出现"作物或植物的等质传播"趋势，而芜菁线则显示"因接受外国的作物或植物而形成的不同系统"。⑤

照叶树林文化说以京都学派的理论走向为底色：这种假说注重植物发展的自然主义基础，其建立在环境适应与植物分布学的内在对应关系上。在日本的人类学·民族学、社会学领域里，这种自然·理性的对应律尝试较为常见，从分栖共存说（今西锦司）到文明坐标构型说（梅棹忠夫），加上照叶树林文化说等便是如此。

在佐佐木看来，在水田稻作传入日本西部之前，恐怕在绳文时代的后

---

① 石垣悟：「書評『日本文化の多重構造——アジア的視野から日本文化を再考する』」，『比較民俗研究』1997 年 15（6），285.
② 石垣悟：「書評『日本文化の多重構造——アジア的視野から日本文化を再考する』」，『比較民俗研究』1997 年 15（6），281.
③ 岩田慶治：『日本文化のふるさと——東南アジア稲作民族をたずねて』（略称『日本文化のふるさと』）.
④ 佐佐木高明：「戦後の日本民族文化起源論——その回顧と展望」，『国立民族学博物館研究報告』2009 年 34 巻 2 号，216.
⑤ 末原達郎：「文化としての農業、文化としての食料（1）——ブラシカ（Brussica L.）を中心として」，『京都大学生物資源経済研究』（10），2005 年，4. 別見中尾佐助『中尾佐助著作集 第 1 巻』，金子務（編集），北海道大学出版会 2004 年版，217.

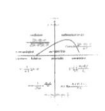

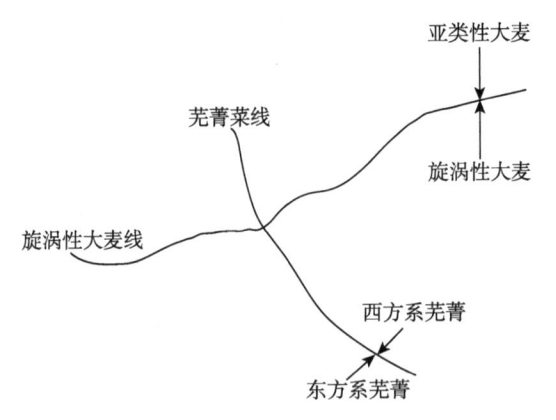

```
                    亚类性大麦
         芜菁菜线    ↓
                   ／￣￣
                  ／  旋涡性大麦
        ＿＿＿＿＿／
   旋涡性大麦线　＼
                  ＼
                   ＼西方系芜菁
                    ↓
                   东方系芜菁
```

图 6-6　东、西日本植物带分界线（中尾佐助所制）

注：旋涡性大麦线表示内·外日本的分界线；芜菁线表示东·西日本的分界线。

晚期左右，旱田农耕文化不同于水稻农耕而具有了"杂粮·根栽型"特色；其从东亚的照叶树林带传入日本，并以西日本的山地为中心而扩散至其他地区。这一事实表征着弥生初期的水稻农耕在西日本迅速发展的过程，并为其创造了基础条件。《稻作以前》从南亚、东南亚或日本的旱稻农耕调查出发，并与民族学和民俗学在当时积累的各种数据资料进行比较，旨在验证照叶树林和旱稻农耕（杂粮·根栽型）之间的内在性关系这一假设。[①] 大林太良也指出，《稻作以前》《日本文化的多重结构》等着力于日本的照叶树林文化，特别是"杂谷栽培型的烧田耕作在绳文时期的存在特征和起源探索"，而《照叶树林文化之道》的重点则在于"通过东亚和北部的东南亚"及其比较观察，来勾勒"大型文化史（栎林文化和照叶树林文化）的动力或作用"方面。作为需要前进和实证的方向，其为这一尝试提供重要支柱的不仅是"近些年中国和泰国的史前史或考古发掘"，更是渡部忠世等对"水稻栽培的起源论"。[②]

佐佐木也认为，从照叶树林文化说到多元或复合结构说等均强调地域空间—人种分布或迁徙的文化史视角，以传统日本文化的东、西地域差异为重要标尺，并以比较观察的视角逐次讨论了以下几种文化类型的传播路线和演

[①] 小松和彦、田中雅一、谷泰、原毅彦、渡辺公三：『文化人類学文献事典』，434.
[②] 大林太良：「書評『照葉樹林文化への道——ブータン・雲南から日本へ一』（佐々木高明著，日本放送出版協会，1982 年版）」，『民族学研究』1983 年 48（1），111.

化脉络：由山地和森林形成的非稻作文化、海洋的文化，或者经由西南诸岛传播而来的南方文化、与东北亚民族文化相结合的阿伊努文化等北方类型。结果表明，作为一种复合体的存在形式，日本文化是由具有不同历史系谱和特色的多种文化成分构成的，同时在这种多样文化的基础上形成日本国这一概念或政体范畴，于是被称为"多文化之国"这一特质所强化了。① 由此可见，照叶树林文化说和基层结构的多元假说（冈正雄）得以出现并被广泛地接纳，可谓聚焦日本文化根基或起源而形成的"20世纪中叶后日本民族学的出发点"或转折点。

与《稻米之道》（渡部忠世）相同，佐佐木高明也确认并指出日本文化起源的传播路线以下面三种为代表性：一是"南岛之路"说（或"海上之道"，最初由柳田国男提出），即"从福建（中国）出发，经由台湾（中国）、琉球列岛，进入九州（日本）"；二是江南说，"自江南（中国）地区直接传入北九州（日本）"（渡部忠世）；三是北方说，"经由朝鲜半岛从江淮地区进入北九州（日本）"。此外，冈正雄等学者也认为"吴越地区渔民移居日本后将稻作技术传给了日本"，等等。②

从文化基层到多元结构的假设。作为"日本民族文化的形成论"，《稻作以前》《日本文化的多重结构》《照叶树林文化之道》《探寻日本文化的根源》（佐佐木）等以栎林·照叶树林的文化带分布为人文—生态的对应律依据，发展了中尾佐助提倡的"照叶树林文化""栎林文化"等假设或构想。即设定"以植被为指标的生态学领域"，立足于"在各个领域发生的以生业（或生机）形态为核心的文化传统"，进而制作出了其阐释所需的"大的框架"，借此明确了"参与日本民族文化形成的文化复合"历程。

《日本文化的多重结构》的核心论点大致如下：在绳文时代，栎林文化传统以北方系的采集狩猎经济为基础，并以东日本为中心而进入盛行阶段。与此同时，源于南部的照叶树林文化也已形成相当的规模，并以下面几个阶段

---

① 佐々木高明:「多文化国家日本と比較民俗学」,『比較民俗研究』2010年24（3）；别见「戦後の日本民族文化起源論——その回顧と展望」,『国立民族学博物館研究報告』2009年34卷2号。

② 佐々木高明:『縄文文化と日本人——日本基層文化の形成と継承』,小学館1986年版,182-206. 别见佐々木高明、松山利夫等『畑作文化の誕生——縄文農耕論へのアプローチ』,日本放松出版協会1988年版,10、286.

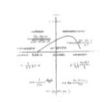

为发展过程：从绳文前期开始作为前农耕阶段的文化、后或晚期作为以杂谷栽培为主的旱田（或烧田）阶段文化。并且，水稻耕作首先在东亚照叶树林地带发展了起来，然后逐渐迈入绳文末或弥生初期，弥生时代后以西日本为中心而得以发展。另一方面，"根菜·杂谷"型农耕文化伴随着南岛式的陆稻或前栽培传统而来，从绳文后期到晚期左右，经由南部列岛北上而得到传播。可以说，该书把"根菜·杂谷型"农耕文化看作原初农耕（含半栽培）和水田稻作之中间形态，进而借助作为核心论题和两大支柱的照叶树林文化和栎林文化来探索日本文化形成的基本构想，其自《日本基层文化的形成与继承》（甚至可追溯到《稻作以前》）以来几乎没有发生过改变。[①] 关于日语起源的问题，佐佐木强调了其混合语言型性格和形成过程。但是对于混合语言型性格，语言学者和民族学者之间也有争议；佐佐木对形质（性状或类型）的看法以埴原和郎的假说为独专依据，而并没有触及或提到尾本惠市的假说。事实上，尾本不但像埴原和郎那样说明了日本人起源的双重阶段，而且与埴原的假说相左，认为绳文人也仍然是北方型蒙古人种，这一点对佐佐木的构想来说可能更有裨益。[②]

　　日本基层文化之所以形成多重的结构进程，其与以下四种情况密切相关：绳文风尚形成中"前农耕阶段的栎林文化传入"、前或中期"前农耕阶段的照叶树林文化传入"、弥生文化形成中"稻作文化·青铜器文化传入"和巨大古坟时期形成中"支配意识的确立"。[③] 佐佐木还指出，现在所见的东日本、西日本这一地域差异的根源是因基层文化系统的差异造成的。因此，他本人否定"日本文化=稻作文化的假定"，试图确立"日本文化=异文化复合的立场"，进而主张或论证了"绳文文化中早已存在东部的栎林文化"，以及"西部的照叶树林文化"这一架构之合理性。而且，至少在日本文化=稻作文化

[①] 大林太良：「書評『日本文化の多重構造——アジア的視野から日本文化を再考する』（佐々木高明著，東京：小学館，1997 年初版）」，『民族学研究 Japanese Society of Cultural Anthropology』1997 年 62（2），250-251.

[②] 大林太良：「書評『日本文化の多重構造——アジア的視野から日本文化を再考する』」，『民族学研究』1997 年 62（2），252.

[③] 石垣悟：「書評『日本文化の多重構造——アジア的視野から日本文化を再考する』」，『比較民俗研究』1997 年 15（6），278.

第六章 构境假设（二）：跨地域类型结构比较

的时代，日本的东和西被绳文和弥生的对比所取代。①

归根究底，大林太良对东·西的假说也同佐佐木的构想颇为相似。佐佐木认为，绳文时代"顺应着生态学领域的不同情况，形成了两大文化领域"；并且东·西两个领域作为独立的框架得以延续，之后，由于历史长流中出现过"东·西两大中心并列存在"之现象，所以后来"被进一步强化了"。在此，特别就东·西方各中心地带的影响力方面，已注意到并指出了东部的江户化和西部的大阪化这种并置现象。②佐佐木也指出，下面为有关稻作文化形成过程的简化图示，见图6-7。③

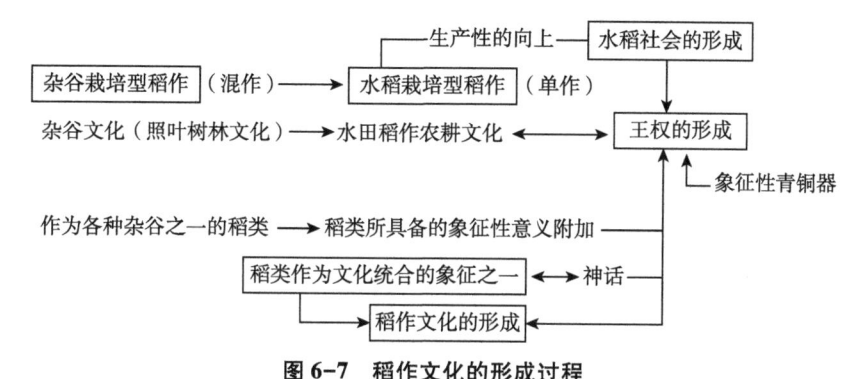

```
杂谷栽培型稻作（混作）——→水稻栽培型稻作（单作）——生产性的向上——→水稻社会的形成
                                                              ↓
杂谷文化（照叶树林文化）——→水田稻作农耕文化 ←——————————————→王权的形成
                                                              ↑——象征性青铜器
作为各种杂谷之一的稻类——→稻类所具备的象征性意义附加—————————┘
                         稻类作为文化统合的象征之一 ←——→ 神话
                                    ↓
                              稻作文化的形成 ←———
```

图6-7 稻作文化的形成过程
注：根据《农耕的技术与文化》中原所制。

---

① 石垣悟：「書評『日本文化の多重構造——アジア的視野から日本文化を再考する』」，『比較民俗研究』1997年15（6），286. 别见佐々木高明「縄文文化の東と西」，『創造の世界』1985年第53号。

② 石垣悟：「書評『日本文化の多重構造——アジア的視野から日本文化を再考する』」，『比較民俗研究』1997年15（6），286.

③ 佐々木高明：『農耕の技術と文化』，31.

第五部

ZHISHI 领域的数理统计原理

结语　中日人类学的基本结构及领域假设

第一节　亲属体系的基本结构领域和相关评述

亲属关系假设：纵式和横式的坐标结构。在亲属（含家庭和家族）关系假设中，纵式和横式的结合方式从来不是分离开的，两者在多数情况下易于形成一种组合或融合的坐标结构。就中日人类学或民族学的经验而言，乡土社会的差序格局—结构（费孝通）以等差的纵式"伦"格+伦或格的横式纹-圈（水波比喻），宗族组织的集合表象结构（林耀华）以静态形式和动态内容的双线叠加，自在地域的生活类型结构（蒲生正男）以血缘型同族结合、地缘型讲组结合和血缘+地缘的年龄结合的地域性分布，社会拟制的场合—伸展型结构（中根千枝）以场所的纵向组合、内外或自他的横向延展的关系模式来统合了坐标化的结构因素。与此相比，孔德等有关纯粹的社会学讨论把家庭结构和功能分化当作社会结构和历史变迁的自在根基来看待，在与结构的静力学和功能的动力学相对应的分类传统中这种倾向更是根深蒂固的。

一　乡土与宗族："格-纹"波状、集合表象

乡土社会的差序格局或"格-纹（波）"圈结构假设。如果说《生育制度》《乡土中国》对生育制度的结构分形说和差序格局说之假设深受有关合作与分工的行为或行动结构和功能分化论（涂尔干）等之影响，那么其对家庭结构—生育过程等的假设以需求—功能主义的文化论（马林诺夫斯基）和亲属关系—家庭三角结构说（弗思）为理式依据。

《生育制度》《乡土中国》等聚焦于中、西社会文化的分层·结构比较论

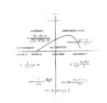

视角，就关于中国家庭—家族等总体结构、社会的一般结构等分支领域问题进行讨论和深入挖掘，开启或提出了具有中国特色的本土经验—乡土结构论范式。就这一点而言，家庭—家族的生育制度结构（集体主义—总体结构）指以人类社会的行动方式及普遍性解释为目的的一般抽象模型（主要指社会分工合作结构），而自我主义—差序格局（一般或特定结构）实指以中国乡土社会的人际或人伦纵式关系及横向拓展为判断框架的"格-纹（圈）"波状假设模型。《生育制度》断言，社会整体结构一般以家庭结构和分工合作结构为基本内容：家庭是所有结构形成的基础，而分工或合作则是结构得以进一步拓展的行动或关系延伸。《乡土中国》以纵式（中国）·横式（西方）之区分为切入点，并把纵向的伦序（身份）之格差嵌入到横向的纹序（纹-波）格局中来，进而凸显了其因自我主义式的外溢或涟漪形成的乡土结构（序+差=格，以及由格—纹外延出的波—圈模式）之独特风格。在此，作为一种结构的差序格局，它包含了构造方式、人际关系，以及身份基础、家·家庭·家族的范围及功能等方面。

继《江村经济》《乡土中国》等之后，《社区的历程》《蒙古游牧社会的变迁》（1998）[①] 和《科尔沁蒙古族农民生活》（1999）[②] 等也沿着《江村经济》的社区研究进路得以展开，并通过村落传统的实地调查和量化分析等，系统地勾画了其有关社区结构—功能主义的发展愿景；而《家与中国社会结构》《礼物的流动》（2000）和《私人生活的变革》（2003）等则对中国社会的分层·结构探索予以关注，旨在挖掘或探究差序格局和个体化—家族主义在立体或多面结构方面的相关特征。依照《社区的历程》等[③]的相关论述，其学术意义可能会体现在三方面：一是王斯福所写的序言及评价；二是延续《社会人类学与中国研究》中的社区史设想，即超越社区研究的新尝试；三是关于宗族祭祀仪式与复兴活动的象征——历史人类学分析。与此相同，在中国南部的村落跟踪调查方面，《凤凰村的变迁》（2006）[④] 等可谓延续或发展

[①] 色音：《蒙古游牧社会的变迁》，内蒙古人民出版社1998年版。
[②] 包智明：《科尔沁蒙古族农民生活》（蒙古文），辽宁民族出版社1999年版。另见其《比较社会学》，知识出版社1995年版。
[③] 另见王铭铭《超越新战国——吴文藻、费孝通的中华民族理论》等等。
[④] 周大鸣：《凤凰村的变迁——〈华南的乡村生活〉追踪研究》，社会科学文献出版社2006年版。

《华南的乡村生活》（1925）①——家族主义或社区研究的典型案例。

值得加以讨论的是，仅从对差序格局说的后续情况来看，《家与中国社会结构》《永远的家》等也提出中国的"家"具有经济和文化的两组单位之含义，前者表示分家式的"离心的分散结构"；后者意味着永不分离——"走心的一体结构"。《私人生活的变革》《中国社会的个体化》（2012）②等以亲属关系结构（尤其是实践性的亲属关系结构）、互惠原则（莫斯的礼物交换）与人情伦理（接近费孝通的差序格局）为主线，进一步深入探讨了近现代以来中国村落社会在个体化—家族主义等方面的结构性转型话题。尤其是《差序—等级观》（阎云翔）一文③则认为，差序格局作为一种"立体的结构"，包含纵向——"刚性的等级化的'序'"，也包含横向——"弹性的以自我为中心的'差'"。正如该文所提示，如果人们对差序格局的解释仅仅囿于降格成普遍的人际关系或单一化结构之一隅，那么这种缺乏全方位或立体视角的做法也终将难免表现出更趋比喻认识或类比逻辑的"幼稚"一面。

近些年来，部分学者曾用"超越新战国""走出乡土""离土中国""后乡土中国""新乡土中国"等来表示这种转型或转化的状况和态势，实则后学者们以这样那样的不同形式再次拾起费氏后期工作几近摒弃的差序格局等论题，旨在实现超越现代中国自我困境的两个方面：超脱乡土或宗族—差序格局的强关联（血浓于水）和奔向理想化的弱关联（化血缘为地缘等）。

宗族组织——集合表象结构假设。《义序》《金翼》以关于村落社会的家族或宗族结构（孔德、斯宾塞和涂尔干等社会学传统）及变迁探究（类似涂尔干——《社会分工论》、埃文思-普理查德——《努尔人》等）而著称，后续还借助《凉山彝家》《凉山彝家的巨变》等民族志论著——发展并统合了静力学

---

① ［美］葛学溥（Kulp, D. H.）：《华南的乡村生活——广东凤凰村的家族主义社会学研究》，周大鸣译。

② ［美］阎云翔：《私人生活的变革——一个中国村庄里的爱情、家庭与亲密关系（1949—1999）》，龚小夏译，上海书店出版社2006年版；《中国社会的个体化》，陆洋等译，上海译文出版社2012年版。另见其《差序格局与中国文化的等级观》，《社会学研究》2006年第4期。

③ 另见阎云翔《差序格局与中国文化的等级观》，《社会学研究》2006年第4期，第201、212—213页。根据学界的相关考证，于1947年左右，"差序格局"概念被提出来，这便被多数人理解为"水纹—波式的结构"，忽略了其立体化的结构特性。有鉴于此，提出"差序格局"说的重要性"还不仅仅在于它对中国社会的解释能力"，更在于"它对全人类理解某些普遍存在的社会文化现象的贡献"。

(《义序》）和动力学（《金翼》）之双线风格。

《义序》的结构论假设，既是社会结构的，又是社会功能的。有关社会结构的探索可分为形式的和内容的两大版块。社会结构的形式，是指宗族结构的"纲领和固定文化的规条"；社会结构的内容，是指个人的或团体的"实际生活、行为和活动"，即中国宗族社会的整体结构，建立在宗族与家庭、婚姻的联锁关系和整体系统之上，本质上说是一种因社会或文化的形式和内容叠加而构成的双线或双层组合结构。尤其在对待亲属关系的基本立场上，除了《义序》等所受上述结构—功能的转化主义（涂尔干）和人生历程的民俗学（范·热内普）的直接影响之外，《义序》等还融合了马林诺夫斯基式的内部需求—外在制度或文化反应（从内向外看）和拉德克里夫-布朗式的外在制度—过程或实体的结构（从外向内看，不关心需求—行为或行动的实际作用）的两种不同的互补性视角。

与《义序》对宗族组织的静力学观察相比，《金翼》则站在动力学的初步构想不仅记述了作为中国南方村落社会之缩影的两个家族——宗族制度及其变迁，而且坚持并强调了其对民间信仰及命运观的科学主义解释视角。依照《银翅》（庄孔韶）的论证，《金翼》运用均衡论的社会学方法解析村落家族的兴衰史，其有别于《生育制度》《乡土中国》所用的功能主义方法。在宗族组织的这类延线上，弗里德曼依据 A（单一的家庭模式）∷M（折中、过渡的现实模式）∷Z（功能最强的复合模式）的构想或假设，把中国东南的宗族类型看作一种单系继嗣性的功能团体，提出其并不构成一个独立的社会单元。作为《金翼》（林耀华）的续篇和发展，《银翅》（庄孔韶）以《努尔人》的"变奏"分析法进行深入观察和解析，仍然坚持使用家庭或家族研究的传统术语及概念框架，并以"核心、主干、扩大和组合家族"等为主要参照系，但最终通过新平衡论、反观法和文化直觉主义的方法论等自创提法，来试图超越《金翼》等所用社区功能法和平衡论之局限。

在中国，早期社区研究以《江村经济》（含《乡土中国》）、《义序》（含《金翼》）和《祖荫下》等为代表，后期所兴起的跟踪调查也不在少数，从寥寥无几到比比皆是的发展过程也可见一斑。① 值得一提的是，与人类学者所

---

① 详见庄孔韶等《时空穿行——中国乡村人类学世纪回访》，中国人民大学出版社 2004 年版。

追求的村落传统及延续不同，《村落的终结》等偏重于社会学的现代性转型视角，在城市和村落边界上思索了村落社会或文化真正所面临的消亡或转型论题。① 这种类似再研究工作，从米德和弗里曼之争论②也见霜知冰，其两者对萨摩亚人的不同经历和视角导致或产生了一场激烈的学术辩论或广泛延展之效应。

二 亲属与拓展：地域生活、纵横关系

地域类型——村落生活结构假设。《序说》（蒲生正男）以婚姻的诸形态、指标—亲属体系分析（受默多克之启发）为方法论基础，聚焦于同族（东北型）—讲组和年龄组（西南型）等亲属—地缘关系的基础领域，纵深挖掘并谈论有关婚姻、亲属制度等的母·父系假设及地理分布之对应性，实则发展并统合了以下两点走向：民族学对日本起源的五种基层—东、西地域假说（冈正雄、泉靖一和大林太良等的文化史要素—领域论）和社会学对家庭—亲属类型等的其他探索（有贺喜左卫门、福武直等的地域差异—结构或类型论）。

《序说》（蒲生正男）视日本的村落为地域性关系的社会类型（含自然村），其基本领域包括社会结构或功能、纵横结构的区分、同族（东北型）—讲组和年龄组（西南型）分布等。在日本，家庭（或家族）—亲属结构主要有两种：以类型为根基的横向关系结构和以辈分或身份为基础的纵向关系结构。与此对应，日本村落社会的婚姻—亲属类型可分为四种：亲缘（表亲+地缘）型、地类（或地缘）型、一党（一组或一团）型、单位（单位＝个人的自我中心）型等亲属集团。据此断言，日本村落社会的结构特色在于：村民把全部社会生活当作组织化运营的意识范围来看待，其具体内容由自然村落的家或家族联合等基本形式组合而成。因而，该书还强调地域差别是以人际关系的形态为基础的，所以村落地域类型之形成则以东北·同族型和西南

---

① 李培林：《村落的终结——羊城村的故事》（下文简称《村落的终结》），商务印书馆2004年版。
② ［美］德里克·弗里曼：《米德与萨摩亚人的青春期》，李传家、蔡曙光译，光明日报出版社1990年版。另见其《玛格丽特·米德与萨摩亚——一个人类学神话的形成与破灭》，夏循祥等译，商务印书馆2008年版；［美］玛格丽特·米德《萨摩亚人的成年——为西方文明所作的原始人类的青年心理研究》，周晓虹、李姚军译，浙江人民出版社1988年版。

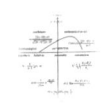

型·讲组—年龄组型为内容或特色。值得一提的是,《序说》把婚姻—亲属体系的制度模型置换到地域结构之差异上来进行论证,进而旨在勾勒日本东北·西南地域差异的村落类型—领域论,其无疑建筑在对冈正雄和大林太良等有关婚姻、亲属制度——母系或父系假设的要素—领域论加以改造的基础上。

再者,与自有贺、蒲生等以来的日本村落—亲属结构研究一道,日式稻作或乡土社会的结构探索在日本学界也具有较高的地位,其代表者有柳田国男、大林太良、福田亚细男等。例如,《民间传承论》(1934)、《乡土生活研究方法》(1935)等[1]以上述突出成就而闻名,深受德国的文化层·文化圈论说和法国的语言变化波状说—或语言地理学(Linguistic Geography)之影响,其《民间传承论》所提出的方言周圈论方法、《乡土生活研究方法》注重有形文化、语言艺术和心意现象的三民俗结构分类,与差序格局的"格-纹(波)"圈结构论(费孝通)和文化史传播的领域论(大林太良)等尝试性的本土论工作颇为相似。不过,柳田的研究不仅与八幡一郎、本尼迪克特的域外视角研究不同,而且与冈正雄、石田英一郎等受维也纳学派或文化圈—层说之影响的文化史比较研究有一定的区别。

在日本,人类学者和社会学者对村落社会内部—类型结构的基本观念和看法并不一致,其发端于冈正雄等所强调年龄阶梯制的村落内部结构论,以及有贺喜左卫门和福武直等提倡同族制·讲组(行会)制的村落内部类型结构论等,而村武精一、坪井洋文、住谷一彦、江守五夫、蒲生正男和大林太良等作为后期的代表者或中坚力量纷纷加入其以上论题延续的行列,进而发展并形成了有关同族制·讲组(行会)制·年龄制的地域结构类型之新解说。

单一社会的纵式·拟制结构假设。《纵式社会理论》(含《日本社会》)、《适应的条件》和《纵式社会的动力学》等(中根千枝)标志着其对日本社会的纵式·弹性结构论探索,为日本自我乃至东亚社会的分层·结构比较提供了较为独特的观察视角。事实上,中根有关纵式和场合的亲属关系·拟制结构探索,除上述西方结构理论之影响外,还融合了中国学者提出生育制

---

[1] 柳田國男:『定本 柳田國男集 25』(「民間伝承論」「郷土生活の研究法」),筑摩書房 1964 年版。别见藤井隆至『柳田国男:経世済民の学——経済·倫理·教育』,名古屋大学出版会 1995 年版;川田稔『柳田国男——知と社会構想の全貌』,筑摩書房 2016 年版。

度—乡土社会—差序格局（费孝通）、纵式主轴—祖荫模式—宗族、种姓、集团和家元等文明类型比较（许烺光）等理论假设之相关影响。

根据《纵式社会理论》等的相关论断，中根对日本社会的纵式·弹性结构假设之核心，无疑包括纵式关系的单一社会说、连续性的思维说和无原则的软性或伸缩说三方面。在日本，有别于"资格"（身份或类属）的情形，"场合"（场所或组合）是营造地域、所属之关系的范畴，因为社会化的组织或团体也是基于场所或场合的一定认知框架而构成的。相比而言，在印度、中国、西方等社会，更重要的是与职业、血缘、身份等相关的资格。因为《纵式社会理论》《日本社会》等所立论的假说建立在日本社会以下几种特点的糅合性推论上：集团主义、纵式关系和场合或场所秩序等，以及这些纵式认同的组合或重构。可以说，西方的人际关系是点和线的结构，而日本的人际关系（第三者的非介入）是面的展开。在后续补充中，《适应的条件》提出连续性的思维假说，认为这种思维在强制和逃避的选项中做出适应的判断，实指其处于他者场所中的日本人之适应性和其被场所投影的自我意识之结构性表达。《纵式社会的动力学》提倡"日本社会的法律规则极弱"之观点，其与《纵式社会理论》中把日本社会的力学原则及根源追溯到"纵式社会的行为基础即非正式的结构"之主张基本一致。例如，从村落到现代组织的社会结构所见拟制化的转型：中根对社会结构的静力—动力学假设以日本社会中从农村到企业（或公司）和国家的纵向组合—场所说为中心，与之形成对照的是以江守五夫的《日本村落社会的结构》等为代表的农村结构·组织制度研究事例。

该假说虽然取材或考据范围涵盖了从家庭到各组织或集团的广泛领域，但注意力仍倾注在"个人行为和人与人的关系"这一根本点上。因为以上两者作为集团或组织的基础，它们是决定着一个集团或组织发展趋势和结构特性的。另从学理性谱系看，中根对日本社会的结构探索，与其说是对冈正雄、石田英一郎和大林太良的亲属制度及结构观察的发展，不如说是对《家族结构》（户田贞三）[1]、《日本农村社会学原理》（铃木荣太郎）[2] 和《村落生

---

[1] 户田贞三：『家族構成』，弘文堂1937年版。别见户田贞三『家族の研究』，弘文堂书房1926年版；『家と家族制度』，羽田书店1944年版。

[2] 铃木荣太郎：『日本農村社会学原理』，時潮社1940年版；『日本農村社会学要論』，時潮社1949年版。别见铃木荣太郎、喜多野清一『日本農村社会調査法』，国立书院1948年版。

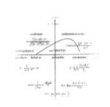

表结-1 亲属体系的诸结构说

分类		费孝通 差序格局（中国）	团体格局（欧美）	林耀华 宗族—集体表象结构	蒲生正男 等 村落—生活类型结构	中根千枝 纵式社会（日本）	横式社会（印中西）
内容	事例	家族社会	家庭（三角关系）—父子轴的延伸	家庭（直线平行）—夫妻轴的延伸	家（灶）→户（屋）→支（派）→房（祠堂）	家族—长子、养子—拟制系统	自家＝亲属关系单—所属	他家兄弟＝人际关系复线所属
		社会组合	"格—纹"波状模型	捆绑式契约模型	黄氏宗族（宗祠）→庙宇、联甲、结社	东北日本型和西南日本型；同族阶梯制·年龄阶梯制及其他	序列主义（企业）—组合模式	能力主义（职业）—组合模式
	理论	原理	自我主义	个体主义	家族—宗族主义	人际—地域关系	感情/场所依赖	契约/资格规范
后期发展	人物和具体实例		麻国庆等："社会结合"—"走心、走合"—分离、分合中心、以及互动的关系—经济上"家"的分离和文化上"家"永不分离的一体。	阎云翔等：基于序格局（含人格）的立体结构与西方社会的比较	弗里德曼：A（单一的家庭模式）::M（折中、过渡的现实模式）::Z（功能最强的复合模式）	大林太良等：东北地区的同族组织型·北陆地区的模拟亲子组织型和西（南）日本海岸地区的年龄阶梯型·近畿地区的宫座型（头屋）组织型、伊豆群岛南部和奄美群岛地区的松散组织型	秦山敬己①：当地人、研究者、读者三维场域—复合型本土的民族志论	威廉·大内：文化人和Z理论—人的行动由价值观决定，与所受文化熏陶有关。

① 秦山敬己：「ネイティヴの人類学と民俗学——知の世界システムと日本」，弘文堂2008年版。

活——乡村的生活组织》（有贺喜左卫门）① 等有关家庭制度及结构研究的某种延续。继户田、铃木、有贺和中根等工作之后，与其形成鲜明对比的是《社会结构与社会变迁——现代化理论》（富永健一）② 所表达的社会学看法：其以全部社会（传统家庭和家族）、部分社会（产业化社会、功能和结构分化）为主线，提出作为宏观层面的社会结构研究不能还原到偏重微观视角的角色行动层面上来。

中根对单一纵式结构的静力—动力学构筑在日本社会的场所或组合—纵式结构和横向关系结构、亲属系统（家庭或村落）和现代组织（企业或城市）等一系列矛盾假设之上，最终没能准确地说明或描绘出日本社会的传统—现代结构运作及转化原理。正如津城宽文、别府春海等所总结，尽管在日本集团主义（中根千枝）作为西方个人主义的对照假设而出现，但它与"依赖心理"（土居健朗）或"间人主义"（滨口惠俊）一同也能体现出日本独有的"相互依存主义""相互信任主义"和"对人关系的本质观"等特征。

第二节 人格形成的基本结构领域和相关论述

人格模式假设：行为—心智互动结构。在人格（含宗族或国民性格）模式假设中，行为—心理表象的结合方式不再是纵式和横式的单纯分离或组合，而是形成一种完形心理融合（格式塔效应）——作为动态整体的行为场（含自我或人格和环境）的坐标结构（符合背后数理统计逻辑）。从中日民族学和人类学的实践来看，这些诸结构论的阐释假设去试图挖掘优势亲属和关系结构背后的祖荫阶序—纵式人格的伞形结构（许烺光等），可观察文化表层背后的"三层次均衡和谐"—语法结构（李亦园等），日本神话和制度·文化领域所蕴含的秩序—心智结构（大林太良等），以人格层次和众趋人格等为根基的县民性的地域结构（祖父江孝男等），等等。与亲属关系坐标的纵式和横式

---

① 有贺喜左衞門：『村落生活——村の生活組織』，国立書院1948年版。别见有贺喜左衛門『農村社会の研究——名子の賦役』，河出書房1938年版；『日本家族制度と小作制度』，河出書房1943年版。

② ［日］富永健一：《社会结构与社会变迁——现代化理论》，董兴华译，云南人民出版社1988年版。

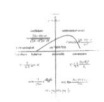

结构相比，人类学心理—人格结构论所关心是源于心理或心智活动本身的内外·深表型的拓展结构，主要与行为或行动的因果关系及其结果——形成静力学和动力学的多面因素交融的立体坐标有着内在的关联。

一　宗族与国民性：祖荫模型、文化语法

祖荫模型——主轴系谱的阶序结构假设。《祖荫下》（许烺光）的核心论题集中在祖荫模型——主轴系谱和大家庭理想的阶序结构及解析探路方面，其后又通过《美国人与中国人》《宗族、种姓与社团》等得以进一步深化，并发展成为祖荫拓展式的中国多阶伞形结构和大型文明类型比较之考察典范。诚然，该书对基本或地位人格的早期结构假设，带有亲属主轴结构—文化或人伦决定论的色彩，但与博阿斯、克罗伯、萨丕尔、本尼迪克特、米德等人类学心理研究之原本传统相比，两者至少在研究方法上既有区别又有联系。

作为社区——微型的"类实验"尝试，《祖荫下》等所见三个领域实指亲属关系的基础部分及其拓展—拟制范围：一是亲属或家庭（人伦主轴）——父子同一（Identification）、性别疏远、财产与续香火；二是宗族（教育模式）——大家庭理想、模仿与服从、竞争与协作；三是国家（祖荫影响）：文化与人格、国民性格等。很明显，《祖荫下》对亲属结构的体系化理解以人伦的纲目、延伸形式为根本基础，至少引出了以下两种假说的发展形态：（1）文化或文明的比较观察（《美国人与中国人》《宗族、种姓与社团》等）；（2）源于结构—关系、内涵—属性的亲属体系·优位假说和角色—自觉感情假说（《文化人类学新论》《家元》《心理人类学》等）。对此，尽管《中国学派》（李培林）[①] 等把《祖荫下》祖先影响之假设看作祖先崇拜或权威延伸，但抛开《祖荫下》等初创阶段不讲，而从后期大型文明比较来看——包括《祖荫下》（修订版）在内的《宗族、种姓与社团》《中国人与美国人》《家元》等，以上这种过于简化的评述（《中国学派》等）也有不全面之处，甚至难免有失偏颇。

《祖荫下》从国民性格观摩并揭示宗族兴衰—王朝更替的内在联系，认为除了以上贫富阶层的行动或能力差异（因果关系模型）外，这种兴衰或更替

[①] 李培林：《20世纪上半叶社会学的"中国学派"》，《社会科学战线》2008年第12期，第206页。

现象的根本原因在于作为第三个内生因素的人格（个性）结构之缺陷，乃是国民性格形成的内在性条件。该书对社会兴衰论的解释模式并不满足于《中国学派》所提到①马尔萨斯（T. R. Malthus）的人口过剩学说和威特福吉尔（K. A. Wittfogel）的阶层循环学说等，进而用人格结构对地位等所产生的影响或作用来进行解答，得出这样结论：人格或性格特征是家族乃至国家兴衰不可忽视的内在因素，懦弱的性格常常与家业衰败相关联，而力量常常是兴旺之家庭成员的象征。事实上，这与后期《宗族、种姓与社团》等提出中国社会以情境中心—相互依赖为中心的基本假设基本一致。相比之下，韦伯式的社会行动是因个体产生社会交往的过程性产物，而《祖荫下》的社会行为则是祖先观念优势影响下产生的个体行为之抽象概括。就《祖荫下》的修订版而言，它开始增加或引入了从大家庭到国家的领域构设和社会心理—人格结构分析（林顿等），同时也完成了走向"社会—心理平衡"（PSH）假说——"人类关系的基本理论"的初步转型：从结构（关系）—角色到内涵（属性）—自觉感情，即源于"人性常数"的社会中心模型。

从《祖荫下》到《心理人类学》等，尤其是《家元》《回忆录》借鉴或发展马林诺夫斯基的文化表格（1—5项分表）之做法②，对亲属体系的结构系统和社会—心理平衡（PSH）这一属性或内涵系统进行统合，进而形成关于纲（结构）—角色、属性（内涵或内容）—自觉感情的"人类关系的基本理论"。《心理人类学》也认为，虽然说马林诺夫斯基发现了人的基本需求："食物"和"性"（性别），但他从未走出上述"两个基础范围"，尤其是对人类行为的观察也就停留在食物与性——这类生物学的初级层面。说到底，作为人际关系的基本理论，社会—心理平衡或角色·感情假说不是从西方式的"个人中心"模式出发的，而是基于"社会中心"模型而形成的。

"三层次均衡和谐"——文化语法结构假设。从《文化的图像》到《人类的视野》《文化与行为》和《宗教与神话》等，立足于中国大小传统土壤的整体文化观，以人类学象征主义（道格拉斯等）、心理人格研究（本尼迪克特、许烺光）和结构人类学神话理论（列维-斯特劳斯等）为参照系并加以

---

① 李培林：《20世纪上半叶社会学的"中国学派"》，《社会科学战线》2008年第12期，第207页。
② 吴文藻：《论社会学中国化》，第315—332页。

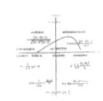

深化，进而使其发展成为中国文化传统中"独自创立"的"三层次均衡和谐"结构—文化语法论假设。从总体上看，该假说不仅受凌纯声、芮逸夫、卫惠林、李济等对其早期研究的启发或影响，还打上了来自国民的性格抑或众趋人格（克拉克洪、许烺光、杜波依斯和本尼迪克特）等——美国式心理学派的深刻烙印。

《人类的视野》《宗教与神话》等有关社会结构、"三层次均衡和谐"—文化语法结构的假设，正是构设在对关系结构—人格结构—拟制结构的逐次层级论证之基础上。因此，该假说强调横式和纵式的叠加结构（含大小传统的结合），其突破口或特色在于：以祖荫模式（许烺光）、亲属组织—循环说（弗里德曼）和差序格局（费孝通）为前提或参考，试图融合以下两种情况：家庭的横向拓展（家族—宗族，而至氏族）和祖荫的纵向延伸（祖先—父子—子孙）。其中，特别是《人类的视野》等深受《祖荫下》的亲属优势假说之影响，认为中国家庭关系以父子伦为主轴，其特性包括四个方面：延续性、包容性、权威性和非"性"性。如果说"差序格局"带有乡土现实的浓厚色彩，那么"祖荫模式"和"三层次均衡和谐"模型均带有"离土"想象的超脱色彩。

《文化与修养》等论著，专注于从父子伦轴的社会结构到价值系统和人格构成，再到有关宗教信仰仪式、人际伦理的国民性格系统，无不反映了其关于三种文化及其两大类型的宏大构想：以物质或技术、社群或伦理、精神或表达为内涵的可观察的文化，以及作为语法根基的不可观察的文化。尤其在拟制化的结构（《宗教与神话》等）方面，宗教研究以道格拉斯的仪式主义为基础，而神话探讨则以列维-斯特劳斯的结构主义为架构，试图解释传统中国包括宗教、仪式和神话内在的和谐均衡观及内在精神。在此，三层次的均衡和谐包括三个焦点或分支领域：自然系统（天）的和谐、个体系统（人）的和谐和人际关系的和谐（中国传统文化——作为价值系统的最高目标）。根据该假说的归纳，中国民族的性格可概括为以下几点：一是，依赖整体或群体；二是，"他人取向"、家庭中心和强式权威的三维融合；三是，"乐天知命"的观念。

确切地讲，尽管《人类的视野》等对大小传统——国家（或儒家）文化和民间或日常生活现象理解常常是并非严谨的，但仅从上述"三层次均衡和谐"——致中和模式这类文化语法假设来看，它无疑是首次根据民间—国家（或儒家）文化的混合实例而构筑起来的理论化实践①，其除了主要受"祖荫模式"（许烺光），尤其是亲属优位假说和 PSH（心理—社会和谐模型）之启发外，同时还融合或吸收了文化三维论（罗素）、"致中和"之说（杜维明）、"差序格局"（费孝通）等不同风格的相关因素。

二　秩序与性格：基本领域、面具原则

神话传统中的制度和心智结构假设。作为日本神话—秩序结构的探究典范，大林太良的工作深受德国式文化圈论和冈正雄、石田英一郎等文化史·古层说之启发，后又追随列维-斯特劳斯等以神话材料构拟制度、秩序结构的心智探索之步伐，通过构建从东亚、日本的神话谱系到仪式、制度结构的文化领域论来，为日本历史民族学的中后期进程及其中坚地位打下了基础。大林的早期考察等聚焦于亲属制度、仪式结构的起源—原型比较视角，而中后期探考则着重讨论了日本神话的起源、文化系谱及其仪式—制度结构原型等方面。

继对亲族或亲属组织和仪式制度的早期观察之后，《日本神话的起源》聚焦于宇宙（制度或文化）起源神话和国家起源神话，包括创世神话（天地形成）、出云神话、天孙降临神话和日向神话等论域，试图确立日本神话体系—秩序化心智结构所载的自然·文化之领域。大林的早期工作从亲属—制度、仪式的秩序原型出发，力图阐明稻作·农耕起源神话的结构和系统，认为日本文化传统是以种稻型的农耕模式为基础的，这些无疑反映在作为集体心智历程的日本神话结构及其交往频繁的周边体系中。据此发现，《日本神话的起源》等对《日本民族的起源》（冈正雄、石田英一郎等）所说文化史古层的原型构拟观点进一步发展并加以完善，进而勾勒了日本神话的谱系、世界观—文化领域论之基本框架。

《日本神话结构》《东亚王权神话》等特色在于对神话的结构和谱系所发

---

① 关于本土化的理论尝试，详见何星亮《李亦园的文化观与文化理论》，《广西民族学院学报》（哲学社会科学版）1999 年第 3 期，第 11 页。1956 年，美国人类学者罗伯特·雷德菲尔德（Robert Redfield）出版《乡民社会与文化》（*Peasant Society and Culture*）一书，并提出了大传统与小传统（great and little tradition）的这对概念之划分。

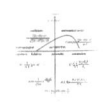

现文化秩序—领域及相关假说探索方面，着重采用列维-斯特劳斯对自然、文化结构的对应关系分析和沼泽喜市对天地分离神话的结构观察等方法，尤其以"宇宙领域"的自然创制和"文化领域"的人为创造这种区分为突破口，旨在修正历史民族学的世界观—秩序领域论及文化史重构这一探索路径。正如《稻作文化的世界观》（岛田义仁）所分析，大林所说的秩序—领域范式对日本古代社会的近亲通婚这种微妙性问题没给出明确的解读方法，因此这种做法不能被称为范型。因此，在神代神话的结构探究方面，当推上山春平——二分结构、大林太良和吉田敦彦、北泽方邦以及马塞等，他们所进行的尝试皆是最具刺激性的。在岛田来看，《古事记神话的结构》（马塞）是《日本神话的结构》等（大林太良）所示的构思方向之连续，前者发展了后者提出的基本架构和二分法："古事记"神话首先是讲述"宇宙领域的创造"，然后是彻底推进了"文化创造"。岛田还指出，神代神话的结构可分为基本结构和整体结构。在神代神话的基本结构中，恋爱神话和兄弟斗争神话均具备三段式过程的同构性，因此它们均通过"密屋隐居"这一中间环节的转化路径，来孵化出"因生而死"："因死而生"＝"水胜于地"："地胜于水"的循环叙事之模型。与此相比，《神话与日本人的心灵》（河合隼雄）则坚信，《古事记》神话的基本结构是按照"中空结构"——"均衡的力本学"而形成的，因为这种中心空格能够起保持整体平衡的作用。

从《日本神话结构》到《东亚王权神话》无疑以日本神话所见印欧神话中的三功能为线索，并在东亚神话群和印欧语族文化的关联中寻找相同功能体系的存在，以拓宽东、西方的王权文化比较—制度原型探索路径及可能性范围。与其《稻作神话》相比，《日本神话的结构》对日本神话的结构及体系探索更加趋于成熟，其主要在分类理论、三功能体系和天·海·山领域三方面着力，试图揭示了古代日本人生活——心智历程所承载着的自然·文化观之骨架。《东亚王权神话》把神话、制度和仪式的内在同一结构及其解释维度作为立论点，并拓展到包括日本、朝鲜和南岛地区等在内的东亚社会和文化传统中来考察，实际上延续了《稻作神话》和《日本神话的结构》的结构分析和基本构思。

与同时代学者提倡日本文化的"南道"假说相比，大林从20世纪八九十年代开始倾注于有关"北方民族"的世界民族学论题，事实上作为其在东亚—日本领域所构想的南来稻作——文化史重构之延续而得以展开。具体来说，大林的后期历史民族学以日本南、北双路线乃至东亚地区神话中的秩序结构·心智假设为整体的背景或文化脉络，同时又重新回到最初所关心的祭祀、制度组织等中来，以完成致力于秩序原型—文化要素及历史构拟的文化领域论之范式。

人格层次和县民性的地域结构假设。作为当今日本人类学小众派的探路者，祖父江孝男提倡行动—人格实证检验法的心理人类学方向，包括三个内容：心理人类学的深耕细作、西方和日本的结构比较、日本县民性的人格构图。这不仅不同于冈正雄、石田英一郎、大林太良等以文化要素的起源、原型和古层结构为重塑标杆的历史民族学传统做法，而且有别于蒲生正男、中根千枝等以家庭、集团的行动规范、制度根基、拟制结构系统为勾画或实证标本的社会人类学风格。

《人格测定方法》《县民性再考》（文章完成法）等对整体性观察的比喻或类比模式质疑，认为人类学心理研究应以分析性的测验乃至统计视角为方法论基础。这种心理人类学的人格测验法（文章完成）方法，可分为以下七种：（1）观察；（2）实地访谈；（3）内省测验；（4）神经反应测验；（5）精神作业测验；（6）投射性测验；（7）作品分析。值得一提的是，本尼迪克特等所开启的"精神特质"（エトス，Ethos）之分析——"酒神（狄俄尼索斯）型"和"太阳神（阿婆罗）型"的两种文化之形态比喻，无论如何努力或接近"科学的路径"，最终无一例外均属于这种浓厚主观主义色彩的"整体的、文学者的观察"，因为所谓光环或晕轮效应（Halo-effect）一旦被说成科学的做法，那么这种以点概面或以偏概全的主观推论会产生极其危险的片面结果。① 当然，除了上述这类国民性探究之传统（本尼迪克特等）之外，许烺光等所述后期的心理人类学也难以摆脱这种比喻或类比模型之陷阱。

《县民性再考》也认为，通常被称为"县民性"的第一个含义只是作为"表象或印象"而存在的。"只是印象"意味着其已不是"实像"，而是"虚像"。显然，曾经"实像的东西也随着时代变迁而发生变化"，成为"今日所

---

① 祖父江孝男：「文化人類学に於けるパースナリティの測定方法」，『人類学雑誌』1951 年第 62 卷 2 号，82.

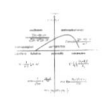

谓虚像的情况也不少"。① 正如我妻洋所反思或总结，过度地"扩大了县民性仍存在危险性"。但是，要测量或检验各县级地区在基层人格（个性或性格）和表层人格所见的差异之大小，仅凭借"有限实例的文章完成法测试结果来看"，似乎不能全面反映"表层存在较大差异"这一点，甚至出现与原假设不一致的"结果也是意料之中的"。② 由此可见，《县民性再考》等不仅回应了我妻洋有关县民性结构的无差异说和土居健郎有关人格结构的依赖说，还与其《文化与人格》（祖父江）所主张的人格层次—三维结构说这一自己的理论衔接了起来。诚然，除了祖父江孝男、我妻洋、米山俊直等外，土居健郎等提倡日本心理—人格结构论③也极为独特，可谓日本自社会的精神分析及母系原型探索的典范事例。

《县民性的人间学》（2000）④，把县民性看作现代日本文化的人格中轴，认为它包括"从语言的口音、文化风俗到人品（性格）气质的差异"，以及极具"地方色彩的丰富话题"。祖父江还把县民性文化人格（或个性）部分看作日本人行动的根本基础，认为尽管在不同地域中仍存在差异，但这种不同或差别与形成县民性的历史观变化有关。尤其是《简明文化人类学》（《文化与人格》的中译本）把人格结构理解为三个层次的阶序模式："职业性行为"（最表层或外部）、"核心部外层""核心部内层"。以此类推，人格的最核心部分（也就是核心部内层），是接近于第一次性制度（卡丁纳或卡迪纳）—基本人格结构（个体人格）、社会性性格—集体人格的元模式（弗洛姆）和众趋或最频性人格（杜波依斯）。

---

① 祖父江孝男：「県民性再考——文章完成法テストにあらわれた日本人パーソナリティの地域差」，『国立民族学博物館研究報告』1981 年第 6 期，231.

② 祖父江孝男：「県民性再考——文章完成法テストにあらわれた日本人パーソナリティの地域差」，『国立民族学博物館研究報告』1981 年第 6 期，232.

③ 如果说《依赖的结构》（1971）、《表和里》（1985）、《注释"依赖"的结构》（1993）是以现代日本人、社会心理的人格基础为研究对象的话，那么《续"依赖"的结构》（2001）特别以时代性的考察为焦点，从"依赖"和自立的关系来论述了日本人和社会的未来走向。详见土居健郎『「甘え」の構造』，弘文堂 1971 年版；『表と裏』，弘文堂 1985 年版；『注釈「甘え」の構造』，弘文堂 1993 年版；『続「甘え」の構造』，弘文堂 2001 年版.

④ 别见祖父江孝男『県民性——文化人類学的考察』；『出身県でわかる人柄の本——日本人の常識』；祖父江孝男等『日本人の構造』。

结语　中日人类学的基本结构及领域假设

表结-2　性格（人格）论域的诸结构说

分类 内容		许烺光	李亦园	大林太良	祖父江孝男
事例		中国（宗族社会）、印度（种姓社团）、日本（家元）、欧美（家元）	中国（关系—人格—拟制的三层次结构）	神话传统中的制度结构和心智结构	县民性的地域结构（日本）
	内部	父子同一、性别疏远、大家庭理想、成年教育和祖先意愿	印度：种姓制欧美：契约制日本：长子和养子—家元	祖荫的纵向延伸（祖先—父子—子孙）	日本古典神话体系—自然（宇宙）和文化（人造）的秩序、心智根基	内在统一
	外部	社会组织、国家模式	跨文明比较	家庭横向拓展（家族、宗族、氏族）和社会组织、国家	亚洲或跨领域比较—王权模式或三功能体系	地域差异
理论	原理	从结构（关系）一角色到内涵（属性）—自觉感情即源于"人性常数"模型	印度：超自然中心和片面依赖；欧美：个人中心和自我依赖；日本：集团主义和场域依赖	横式和纵式的叠加结构，"三层次均衡和谐"模式	神话资料—制度结构或秩序原型—文化史重构	人格层次结构（普遍）核心部外层、核心部内层 职业性行为 面具—内化原则 性原则
	人物和具体实例	许烺光，"人类关系的基本理论"和相互依赖和"心理平衡"（PSH）假说；中根千枝，场或组合的关系结构论；滨口惠俊，《间人主义，《间人主义的社会》	李亦园等，文化的表—深层分类；中国人的性格形成于三层次均衡和谐中。	大林太良，自然秩序和文化秩序的领域结构论；马塞，"神话连续"—"宇宙"和"人类"的秩序结构；	祖父江，《文化与人格》（1976），人格三层次结构，人类学的人格测验法
后期发展					祖父江，《县民性的人间学》（2000）；《县民性再考》（2012），文章完成法测试

327

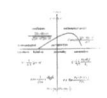

续表

分类	许烺光	李亦园	大林太良	祖父江孝男
内容	印度（种姓）、欧美（社团）、日本（家元）	中国（关系—人格—拟制的三层次结构）	神话传统中的制度和心智结构	县民性的地域结构（日本）
			河合隼雄，日本神话的人物关系——"深层中空结构"	人格层次结构（普遍）
	土居健郎，《依赖的结构》[此外，还受其九鬼周造提出的"粹"（いき）的"结构"之影响]			
	日本》(1982)			

328

《日本人的国际性——及其结构分析》从日本人的国际性和适应角度出发,把日本性格走向分为义理和人情等,并与漱石型和鸥外型之比喻进行比较,提出了自己独特的见解。因此,祖父江所说"他者志向性"("自我不确定性")与日本人的依赖性格结构(土居健郎)极为相似,因为日本人的行动基础和个性(人格)表达以个人主义和自我主张的软弱(河合的《母性社会日本的病理》所说母系制之遗留)为前提或必然条件。

尽管历史特殊学派(博阿斯等以来)均注重人与文化人格之间的关系问题,但"文化形貌"说(萨丕尔)、"文化模式"说(本尼迪克特)和"超文化体系"说(克罗伯)等在个体人格和集体人格的解释选择上略微不同。显然,祖父江有关人格三层次——"职业性行为"或"他人意向性"等概念不仅深受C.克拉克洪等"对外性人格"说法之影响,而且与林顿的"身份性人格"(面具化)和荣格(C.G.Jung)的"人格面具"颇为接近。

第三节 构境网络的基本结构领域和相关评述

构境之网假设:社会文化—地理学结构。在情景或环境—构境之网假设中,社会文化—行动或意义结构所显示的已不是环境适应与植物分布的直接或单一映射方面,而是遵循其以上诸多因素或现象的内在对应原则的关系表达或反映。这种对应律之核心是对那些模仿、拟制、复制或移植等手段或过程的观测,其主要体现在中国青铜文明—行动·意义及聚落结构(张光直等)、日本人起源和双重模式结构(埴原和郎等)、文化·文明—历史类型结构(梅棹忠夫等)、日本文化的基层和多重结构(佐佐木高明等)等实例上。因此,除了中国青铜文明—行动·意义及聚落结构(张光直等)外,从双重结构的模型假说(埴原和郎)到文明坐标构型说(梅棹忠夫)和照叶树林文化地带或"东亚半月弧"假说均以日本人起源或文明类型的生态—地理学进路为问题导向,实则其与该领域早期探寻实践—分栖共存说(今西锦司)等民族学或人类学之京都学派做法基本相同。

一 单一文明类型:聚落、路线、结构

中国青铜文明—行动·意义及聚落结构假设。考古学或考古人类学专注

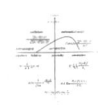

于有关城邑、聚落乃至王族政治的网络研究，建造在依存于遗物、遗迹和遗址中的层位关系及形态模型等经验性的实体概念构架上。相较而言，文化人类学或民族学着眼于血缘关系或亲属制度的社会或群体研究，建立在社会或文化乃至结构等相对抽象逻辑的概念框架基础上。

根据《商文明》，商文明的社会结构不仅包括商王制结构（血缘组织）、商的王都结构（血缘+地缘或拟制组织）和国家或政体结构（地缘或拟制组织），而且被熔铸于与家庭—村落或城镇—国家对应的初级、次级等多元架构中。其一，商王制的结构，以对血缘组织的拟制化（国家化）为基础，因为商代王制有两个特征：商王制或亲属制度的初级结构基础是以家庭、家族、宗族的亲属模式为前提的，其关系还延伸到氏族、部落的平行联合等论域。其二，商王国的国家结构以"内服"和"外服"为认识前提，形成商的王都结构（内部—血缘+地缘）和国家结构（整体—与外部链接）：商的王都结构指接近"内服"—城邑（血缘和族的延伸、地缘化网络）规模——包括作为王都的殷或商地区结构和王都即安阳核心的关系结构；商的国家结构，是指由"外服"—"邑"（城）+"方"（"四面"环绕的区域）组成的地缘型社会或政治单位（组织）。

《中国青铜时代》《美术、神话与祭祀》等认为，独占权力的整个过程常常通过对稀有资源（首先是青铜器）的控制或其他积聚手段等方式来完成，正如神话、艺术、仪式的历史现实所示那样，文字或九鼎等无疑作为拥有权力（统治产生）的象征而趋于得以合理化或法制化。尤其是《艺术、神话与祭祀》专注于攫取手段的动力学视角，以独特的文明观考证夏、商、周三代的社会政治景观，揭示了神话、祭祀、艺术和文字等手段背后的权力分配及运作过程。因为，《商文明》指出如果把王族（王位—象征）的祭仪活动看作一种权力分配的机制系统，那么商代的十个天干群可分为遵循权力交替原则的两大组系：A组（乙、甲、戊、己、庚、辛）和B组（丁或癸、丙、壬、庚、辛）。就国家或政体结构而言，权力分配之运作是社会分层的产生基础和主要内容。因此，A::B两组意味着权力分配的过程结构，便形成A：B/B：A的循环模式。以上源于考古单位或聚落的还原结构视角与列维-斯特劳斯说的生食：熟食和自然：文化之间的二元对立和转化模式颇为相似，关键是二元对立——整体守恒和部分转化——系统调节的普遍原理。

结语　中日人类学的基本结构及领域假设

《考古学再思考》等对考古单位结构和聚落模型的阐释视角如下：其一，与社群—抽象化事实（社会文化人类学）相比，作为稳定态的聚落，考古单位指经验性的实体（考古人类学）。其二，较之共时构境—社会结构（时间过程的理论总结），如果考古学者谈论微观时段，所谈的是一个考古结构，这种物理世界是用考古遗存的变化来描述的。其三，与社会学上的静态单位，基于单纯关系的事实结构或抽象结构（超出关系模式）相比，聚落结构作为静态的单位或对经验实体的直接反映，它是蕴藏着社群行动之关联的意义结构。即在共时性和历时性的两项前提下，假设聚落—宏观结构建立在生态、技术、社会和风格四个维度上，那么按照2×4排列（组合）原则总体结构可分解成八种分支结构。

《古代中国考古学》《商文明》等以古代中国的相互作用圈与文明形成为立论构架，以确立中国古代文明的典型特征（连续性）这一初步假设，进而提出它源于"整体性框架的宇宙形成论（有机物性程序的宇宙起源论）"之论断。在此基础上，《中国青铜时代》《艺术、神话与祭祀》进一步推进中国文明—"连续性"（与西方文明—"破裂性"对应）的合理性论证，直至《考古学专题六讲》明确了这样的结论：中国古代社会的文明型特征之关键在于意识形态或政治程序的连续性，借助整体性框架的宇宙形成论（＝有机物性程序的宇宙起源论）得以传播或延续，体现在从史前到文明的过渡，乃至整序的转型中。正如《中国青铜时代》等所说，这种中国宇宙观—起源论说无疑受以下几种观点之影响，包括有机物性程序的起源论—整体观学说（牟复礼）、有机物性程序的连续性、整体性和动力性三主题说（杜维明）、联系性的宇宙观（本杰明·史华兹）、无文字社会的"人类世界观"（列维-斯特劳斯）等。与此同时，《美术、神话与祭祀》也认为，以往对中国文明的种种探路不足以建立社会或文化体系论的一般范式，其以亚细亚制度（马克思）、世袭制国家—中央集中制、河流管理（韦伯等），以及"水利社会"或"灌溉文明"（Wittfogel）为典型或代表。诚然，这些方法论和理论之所以进行假设，其与考古单位结构和聚落模型的阐释视角（《考古学再思考》等）及理论化理解有着密切关联。

从《商文明》到《考古学再思考》（张光直）等深受聚落考古学（戈登·威利）和人类学结构主义（列维-斯特劳斯和埃德蒙-利奇等）之启发，试图

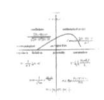

确立以聚落形态的分析法、理论假设为根基或导向的考古人类学框架及基本领域：（1）什么是聚落——稳定态、考古单位；（2）聚落是怎么样的——抽象的还是经验的，共时性的还是历史性的；（3）聚落结构和规模延伸。因此，与偏重自然科学——透物见物范式的遗迹特征及类型研究，即传统考古学和文化人类学或民族学等不同，有关聚落形态的考古人类学则旨在构建偏重自然科学+人文学——透物见人的生存状态·行为结构研究。该假说完全站在方法论上的视角，以"蓝图"一词来替代"模式"这类的表达，因为后者作为一种地理学和民族学上的"认识论构筑"，是用来模仿研究所涉真实的基础的（见《考古学专题六讲》）。

日本人起源和双重路线结构假设。自然人类学始终以人类的起源及相关论题为核心，涵盖一元论与多元进化论、气候环境（地层学）与人类身体适应、DNA序列与生物医学等方面。根据双重结构模型说（埴原和郎），该假说只关心对日本人的根源或起源论题，而并不对路线这一分支领域进行深入讨论。对于路线探索持不触碰或保留的态度，因为群体形成的根源或起源（roots）和路线或途径（route）两者却有着本质上的不同。

日本人的诸起源假设是以置换（交替）说、原人（或混血）说和变形（移行或连续）说为核心论题而发展起来的。之后，埴原和郎、山口敏和C.G.托纳等以对人体或头骨等的形态学和数值统计分析为重要手段，并把日本人的起源—过程命题归类于"二重结构"这一新名称或范畴的形成框架，进而勾勒出了先住或原先人（第一结构）和渡来人（第二结构）这南·北两类集团或团体的近缘性，其主要体现在从《日本人的构成》《日本人的诞生》到《日本人的骨和起源》等（埴原和郎）的相关论证中。因此，与铃木和长谷部提倡单一民族的变形说相比，埴原则以对贝尔茨等混血说的补充或改造为深化方向，发展出了双重结构模型这一日本人起源论题的新假说。按照该假说的推测，从旧石器时代或到整个绳文时代，这一时间段先住人登场并孕育出绳文系单一人种融合的群体，并且保存了几近东南亚人种的诸多遗传特征。步入弥生时期，渡来人的出现或流动对当时日本人群的两极分化和南北逆转现象——"双重结构模型"之形成起到了决定性作用。在此，该假说从地理和生物、社会或文化的角度出发，把东南亚系的先住人群和北亚系的渡来人群的两次交替（勾配）过程理解为日本东、西部差异形成的事实原型和对应性依据。

对于双重结构模型假说而言，它的立论核心在于人种一元论和两极分化——南北逆转的合理化解释上，并以气候或地理适应——人口移动和多元进化为对应律的基本内容。在此，需要注意三点：（1）双重结构模型的大前提是古代亚洲板块气候变动及环境适应这一背景因素和人种一元论，而小前提则是人口移动和地域差异的内在对应关系和多元"小进化"。（2）两极分化和南北逆转这对概念是双重结构模型假说的全部内容基础，也是借助多元进化——融合或勾配这一视角解释日本人起源和东、西差异的关键所在。（3）生物—地理—社会或文化的对应律，借此来考证两极或两路线分化的双重起源的叠加结构路径。值得注意的是，该假说又把从地理或气候条件到生物—社会或文化层面的对应律和转型过程当作两极分化和南北逆转一对概念之象征——过程现象来对待，但在这个两个概念之间并没形成或也没揭示出所谓逻辑转化过程的推理步骤或环节。这样导致，双重结构模型假说去触及或解释社会或文化层面——东西差异是极为被动的。

在对该假说的评说方面，尾本惠市、沟口优司等就双重结构模型假说和三种团体说（阿伊努人、Okinawa人、和人或大和民族——狭义的日本人）质疑，认为该假说不仅以对置换、混血、变形等的修正或调和为前提或导向，而且均建筑在一种直观又朴素的类比判断或推理上——非基于DNA序列形态学和数值分析的类型化论证。与此相同，该假说所解释的象征性过程之核心矛盾在于日本人地域分布所见"南北逆转"现象背后的形成路线逻辑，因为表象所示的是亚洲大陆各地区的东西—南北格局及分布形态，以及其与日本列岛（九州南部和西南诸岛除外）的东西—北南格局的形态特征呈现出的相反格局，或者可以说两者存在相互逆向的对应关系。因此，面对以上两种现象浮出表层，埴原用"象征性过程"来阐释其两极分化和南北逆转——二重结构之形成难免误入非科学化的论证努力之陷阱；事实上，两极分化的用意重在"差异"，而南北逆转的用途重在"勾配"。

该假说之模型解释围绕日本人起源的双重或二重结构之独到考证而取得了一定的进展，同时还利用古人口学的数理统计方法等填补了单纯医学或考古学等视角的生物模型分析上的不足。特别是，与民族学、人类学和社会学的东、西—北、南之地理—文化一体化这一对应说法相比，二重结构之模型

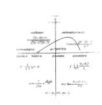

解释几乎忽略了古代亲属结构—社会结构方面的相关考据和论证。这就导致，该假说批评上述各类相关学说时，对待"勾配""失衡""差异"等所表现出的无差别用意也有偏颇之处，甚至似乎无视了这些现象背后逻辑自洽的一面。

二 平行进化、交流传播和多元构成

文化·文明—历史类型结构假设。作为日本文化勋章的获得者，梅棹忠夫不仅与今西锦司、江上波夫和中根千枝等[①]开拓型学者齐名并价，而且使他声名鹊起的正是基于日本自社会的比较文明史—坐标构型探索这一尝试。小长谷有纪等也指出，梅棹提倡生态学和文明学相结合的新路径及方向，足见其极具特色的独创性，以及所受的文理交叉训练之职业特点。

《文明的生态史观》（梅棹忠夫）着眼于各地区制度结构和变迁的一致性层面，讨论了不同地域团体的生活方式及共性特征，即"社会的一般结构"。因此，文化机能论（有关社会结构的）缘起于文明坐标构型说的第一个基本假设，建立在第一地区（日本和西欧）、第二地区（中国、印度、俄罗斯、伊拉克）和中间地带三域（内陆草原等干旱地带）的极相学论断上。之后，梅棹发表《东南亚之旅的启示》（1958）一文，尤其对《文明的生态史观》中的旧世界文明之几何构图做了适当的修正。作为《文明的生态史观》的续篇，此文试图论证镶嵌结构的形成及存在，明确了东南亚和东欧在世界结构之构图中的坐标及位置。该书——后期延续的核心假设与其说是结构或机能单一视角的，毋宁说是结构和机能之复合视角的。然而，该假说把结构和机能看作一种存在的方式或形态，并没有对两者进行严格区分，甚至还没注意到机能或功能介于静力学和动力学的边界化特征。再有，社会和文化（文明）的概念化关系也并没有得到清晰的阐释。在生活结构的类型研究中，虽然梅棹尝试讨论了以制度变迁为主的结构—机能内容，但其并不构成系统的或成熟的静力学结构论范式。可以说，作为一种极端视角的地理环境决定论，他有关社会结构和平行进化的构思和探索尽管包含了共时历时等多维层面，但由于过度依赖平行进化或转换视角的原因，并没有构成一种叠加式的完整坐标系统。

[①] 今西锦司——灵长类学（1979）奖章的获得者；江上波夫——亚洲考古学（1991）奖章的获得者；梅棹忠夫——民族学（1994）奖章的获得者和中根千枝——社会人类学（2001）奖章的获得者。

根据《文明的生态史观》，平行进化（文化机能）—文明构型论之第二个假设不单是历时视角的和动力学的，同时也是理论或认识论意义上的。第一地区的历史是自然发展的过程；第二地区的历史大致是因破坏与征服的动力学造成的结果。在此，该书将自然的因素及动力原则与自然哲学和科学主义的第一原理等同起来看待。正因如此，无论第一区因内部生成的自律运动，还是第二区受外部影响而产生的他律运动，它们均是按照这种自然因素的动力法则或第一原理发生了变化的过程或映射。事实上，该假说对自我律和他者律的动力学探索倾向于地理环境—气候论，凸显了环境和气候因素对人类生活方式之类型的决定性作用。从这个意义上讲，梅棹把平行进化—文明构型论设想成一种社会动力学之静态转换，其建立在文明内部的自律和文明互动的他律基础上。所以，它既是认识论的，又是多线进化论的。原因是，与文化依赖于结构和机能一样，文明依赖于构型和变迁（进化）。但据此发现，文化机能—文明构型论仅仅停留在平面几何学构图的理论设想上，其动力学历时维度依附于静力学的共时维度及转换原理范畴，并没有在坐标系统的叠加式和立体延线上得以展开。

《文明的生态史观》有关旧世界（或日本）的体系论这一总体——第三个假设，实则关涉差异和平等或平行之间不可化约的逻辑矛盾或非同构性。一方面接近共时的横向——倾向于平等或平行的表述，它是包括日本在内的各文明差异构图论；另一方面贴近历时的纵向——偏向于差异存在的表述，它是有关进化或转换的多线平行论。也就是说，构图分布源于自我意识和集体主义的差异性，而平等或平行进化则来自不变结构和转换原理。与西方（汤因比等）对日本文明的评说相比，《何谓日本》认为文明是文化和社会的总和，也是一种作为整体的生活模式。梅棹氏的这种质疑或看法理解日本文明为西方文明—地理对应上的一种变型，并借此来挑战或回应了西方（特别是德国式）的"日本——月光文明"说和汤因比的"走向没落的日本文明——转向"说之偏见或不足。进而，该假说力图论证日本文明的独立性，并指出日本是西方文明之外极具独特性的高度发达的社会类型。另外，在《文明的生态史观》等中，虽然梅棹对"文明""文化"的概念界定相对模糊，但其以平行进化、文明构型和社会结构、文化机能的对应形式出现较多。可见，梅棹的学术野心在于绘制出一个世界文明历史结构的几何学地图，通过环境—制度变迁的相关性之比较阐释各文明的发展及历史轨迹。

对于《文明的生态史观》（梅棹）而言，平行进化—坐标构型论是理论或认识论意义上的，而社会结构—机能论是结构主义—方法论意义上的。当然，这一简化世界文明图式论，也存在着以下不足之处：中间干旱地区的片面理解具有误导性；政体制度的不对称导致历史考证可信度降低；过于抽象化的归纳无法顾及细节；东南亚和东欧的构图补充缺乏完整性和说服力。

日本文化的基层和多重结构假设。《稻作以前》《日本文化的多重结构》等（佐佐木高明）理解照叶树林文化，特别是杂谷栽培型的烧田耕作为绳文时期的早期阶段之产物，而《照叶树林文化之道》之探究聚焦于刀耕火种旱作的农耕文化及其向稻作演化的过程，以中尾佐助倡导的"照叶树林文化"论假设和上山春平所描绘的地域—饮食—信仰考证为理论根据地，深入发展了以日本文化的二元基层（旱田和稻作）格局为前提的"照叶树林文化"论—"东亚半月弧"核心带的多重结构学说传统。

作为照叶树林文化地带说的发起者，中尾佐助提出"照叶树林文化"（1966）之假设，随后上春平、佐佐木高明等纷纷加入其中。因此，在确定照叶树林这一文化地带基础上，佐佐木将冈正雄以来的文化史基层及多重结构研究与有关"山人"社会的照叶树林文化论相结合，尤其对标榜"一国一民族一语言"的近现代国民或国家模式进行反思，借此来否定并回应了柳田国男等倡导的"单一日本＝稻作文化"及其自画像构想。同时，佐佐木还认为"日本＝单一民族"的说法与"绳文锁国论"十分接近；与此不同，日本从根本上说是一个"多文化国家"，实属多重结构的社会或民族类型。另在日本，农村社会学和乡土研究（柳田等）、中根的纵式关系—单一结构说主要以村落社会的家族结构及民俗探索为根据地，而历史结构—文明坐标构型说（梅棹）和双重结构模型说（埴原）、日本文化的多元结构说（冈正雄、佐佐木）等则以日本文化和制度结构的比较论为出发点，就其社会形成的层累结构及历史变迁等加以深化和进行了讨论。事实上，佐佐木对照叶树林文化地带假说的捍卫和支持，基本说明了其否定柳田的单一稻作说，支持冈正雄的多元基层结构说的立场这一事实。

从照叶树林文化论到"东亚半月弧"的核心地带说，其通过缩小范围的生态谱系—测定法来加以明确化，进而考证了照叶树林文化之所以存在文圈型地带—核心区域的内在逻辑关联性。就从地理生态学的形成情况看，东亚半月弧的提法与西亚"肥沃半月弧"的情形相对应，前者同样也是按照气候分布和生态环境原则形成的自然构造及对称性呈现。从本质上说，这种假说注重植物发展的自然主义基础，建立在环境适应与植物分布学的内在对应关系上，其与从分栖共存说（今西锦司）到文明坐标构型说（梅棹忠夫）、双重结构的模型假说（埴原和郎）的生态—地理学进路基本相似。其中，以上这些假说（梅棹、埴原、佐佐木等）皆具有浓厚的京都学派味道（今西锦司的分栖共存说）[①]，或带有广义的社会生物学视角之特征[②]，与柳田、中根等社会或制度模式、心理或精神领域的结构化探索有着很大的不同。

与以往民族学等文献学传统（柳田、冈正雄、石田等）相比，照叶树林文化地带说的最大特色在于以植物生态学、作物学实地调查为根基的植物谱系分析和文化史构建。从某种意义来看，佐佐木借助对日本文化层结构——照叶树林文化假说的捍卫和发展，并进而以单一稻作文化说（柳田式民俗学）和多层累积结构说（冈正雄的民族学）的融合为立论导向，力图勾勒以稻作文化为根基或中心的照叶—稻作型多元结构假设的合理性存在。尽管如此，这种日本文化基层的多元结构假设以日本稻作+复合民族说（冈正雄等）为逻辑基础或起点，后期发展又以大林太良、石田英一郎、江上波夫、八幡一郎等对神话、传说乃至制度结构的深入挖掘为主线而展开，但也招致了对日本人的本土说有浓厚兴趣的柳田国男，以及折口信夫等的强烈批判和不满。另需要指出的是，与《日本人的骨头和根源》（埴原和郎）、《日本文化的多元结构——亚洲视野下日本文化再考》（佐佐木）[③] 等侧重于文化起源—生成路

[①] 今西锦司：『生物の世界』，弘文堂1941年版；『生物社会の論理』，陆水社1958年版；『人間社会の形成』，日本放送出版協会1966年版。别见伊藤正春『人間生態学——動物社会学からみた人間社会』，関書院1960年版。真木悠介（見田宗介）『自我の起原—愛とエゴイズムの動物社会学』，岩波書店2008年版。

[②] 今西锦司对动物社会的进化说，与泰勒、赫胥黎、高尔顿等提倡社会或文化的进化视角，后又E.O. 威尔逊的社会进化说所强化的路径非常接近。另见［美］爱德华·奥斯本·威尔逊《新的综合——社会生物学》，阳河清译，四川人民出版社1985年版；［美］威尔逊《社会生物学——新的综合》，毛盛贤等译，北京理工大学出版社2008年版；［美］法伯《探寻自然的秩序——从林奈到E.O. 威尔逊的博物学传统》，杨莎译，商务印书馆2017年版。

[③] 佐々木高明：『日本文化の多重構造——アジア的視野から日本文化を再考する』，小学館1997年版。

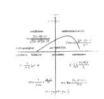

径的生态学视角相比，从《近代日本的精神结构》（神岛二郎）① 到《日本人的结构》② 和《日本人的国际性——结构分析》（祖父江），再到《宗教和社会结构》（伊藤干治）③ 和《日本的文化结构》（中西进）④ 等更多彰显其对心理或精神领域的宏观类比之观察特点，以把握或阐释日本社会——精神或心智结构的相关维度及主要特征。

照叶树林—核心带假说（佐佐木）指出，在亚洲板块存在照叶树林带和草原地带的南北结构，而在日本地理学框架中对应着的是西日本的照叶树林带和东日本的落叶树林带的东西结构。这也许是该假说得以发展的前提或必然条件，同时更是这种认识框架—论证过程的关键所在。此外，尤其是大林太良对东·西的领域论假说也同佐佐木的地域类型构想颇为接近。

表 结-3 基于场域（构境）关联的日本结构说之比较

人物 / 内容	年份	出版物	结构假设	依据和支持学说
冈正雄	1949	《日本民族文化的起源与日本国的形成》（《民族学杂志》）	日本文化多重结构（东、西·南、北格局）	五种文化的复合说（从西日本传播和其他），参见（《稻作以前》1971年）
柳田国男	1961	《海上之道》（论著）	稻作——农耕单一结构（南北格局）	农耕——稻种单一文化的南来北上说（从南日本—冲绳传播）
石田英一郎	1961	《永恒的日本人》（论文）	稻作——农耕单一结构（东西格局）	弥生文化——与渡来人说相似的（从西日本传播），否定南来北上说
中尾佐助	1966 1967	《栽培植物与农耕的起源》（论著）《农业起源论》（森下正明等编，《自然—生态学的研究》）	日本文化基础结构（东、西·南、北格局）	绳文时期的旱田栽培——"照叶树林文化"说（从西日本传播）

---

① 神岛二郎：『近代日本の精神構造』，岩波书店1961年版。
② 祖父江孝男等：『日本人の構造』，至文堂1980年版。
③ 伊藤幹治：『宗教と社会構造』，弘文堂1988年版。
④ 中西進：『日本の文化構造』，岩波书店2010年版。

结语　中日人类学的基本结构及领域假设

续表

人物 \ 内容	年份	出版物	结构假设	依据和支持学说
上山春平 中尾佐助 佐佐木高明	1969 1976	《照叶树林文化——日本文化的深层》（编著，中央公论社）《续·照叶树林文化》（文集）	东亚半月弧类型结构（东、西·南、北格局）	绳文时期的旱田栽培——"照叶树林文化"说（从西日本传播）
埴原和郎	1980以后	《日本人的起源——围绕其与周边民族的关系》（1986）；《日本人新起源论》（1990）；《日本人和日本文化的形成》（1993）—编著	日本人起源的双重结构（东、西和北、南的逆转格局）	南来系的先住（原先）人或古蒙古人种说——绳文时代；北来系的渡来人或新蒙古人种说——弥生时代初期开始进入并扩散
考古学、自然人类学等	1998	《照叶树林文化之路——自不丹、云南至日本》（论著，佐佐木高明的归纳）	日本文化基础的东、西结构	渡来说——弥生·稻作文化以前，以芋类和杂谷类为作物的。
各家学说	1998	《照叶树林文化之路自不丹、云南至日本》（论著，佐佐木高明的归纳）	日本文化二元基础和多重结构	先住（原先）人或原人——交替说——弥生时代初期，日语以奥斯特罗尼西亚系语言或藏缅语系的语言或其他南方语系的语言为基础；渡来人说——弥生中后期开始，受到来自北方并经朝鲜半岛传入的阿尔泰语系的强烈影响。

　　本书系统地评价并勾勒出中日社会文化人类学结构假设在近现代国际学术舞台中的具体贡献及位置，提出一般语言—人文逻辑和数理统计逻辑的结合是完整并全面评估传统人文各类假设和形成原理的最佳途径；构建这种学术命运共同体是实现中国学术开创性的科研工作得以全球化传播的根本基石。

续评　基本领域结构假设及其相关检验过程

第一节　亲属、人格和构境：结构领域及数理统计路径

亲属、人格和构境三领域，无疑来源于自然（生物和物理）—社会（生活、技术或文明）—文化（语言、习俗和精神）的更大背景或范围，因此本书所提倡的数理统计视角的假设检验之路径是这样的：首先对上述三领域的层级关联进行识别或辨别，然后根据各层类现象本身——内部流通（因果—拟制或复制）和外部关联（对应或适应—模拟或移植）加以深入观察和分析，最后借此去阐释层级内部形成的因果—拟制或复制、层级外部关联的对应或适应—模拟或移植，以及内外层互构所衍溢出的转型或转化运行等情况。

第一个领域——亲属体系：包括乡土社会—"格—纹"波状（同心圆）结构或差序格局（费孝通）、宗族组织—集合表象结构（林耀华）、地域类型—村落生活结构（蒲生正男）和单一社会·拟制场所的纵式结构（中根千枝）等，从上述四种有关自我社会或文化的结构性质或理论阐述之特征来看，其无疑均建筑在纵横或立体式的坐标结构—亲属关系（从生物到精神）的本质特性、类型或领域，以及内容或形式和构成方式等比喻或类比—直观假设之上。

第二个领域——人格或行动范式：关涉祖荫模型—主轴系谱的阶序结构（许烺光）、"三层次均衡和谐"—文化语法结构（李亦园）、神话·制度—秩序化的心智领域结构（大林太良）和人格层次—县民性的地域结构（祖父江孝男）等，根据上述四种偏重社会或文化的行动—精神领域及理论化构建来观察，其无不起因于对这些表象—心智结构所见人格模式的价值观、

行动范式，以及本质特性和相关类型进行还原的比喻或类比判断—直观假设。

第三个领域——情景或构境关联：涵盖中国青铜文明—行动·意义及聚落结构（张光直）、日本人起源—双重结构（埴原和郎）、文化·文明—历史类型结构（梅棹忠夫）和日本文化的基层—多重结构（佐佐木高明）等，就从上述有关考古·自然·生态模型的四种对应或适应领域和理论阐述来说，这些显然反映了基于社会文化—生态地理学的对称结构、情境分布等科学主义猜想—直观类比假设及基本原理。

鉴于上述亲属、人格和构境三类领域及本质特征，作为更多倾向于语言—经验逻辑（适当地含有理性—行动逻辑）的基础领域论题，它们皆是以自然（生物和物理）—社会（技术或文明）—文化（精神）为必然前提或条件而产生的。殊不知，因为语言—经验逻辑产生的是思维表达的最基本符号形式。有了语言之工具之后，人类还创造并衍生出了文字、数学、几何学等知识系统，但从一定意义上说数学和几何等是属于科学语言—理性逻辑的。相比之下，广义语言沟通是指借助于书面语言和口头语言所进行的所有信息交往过程；而狭义语言沟通则仅限于口语的直接交流。据此推断，书面作为逻辑思维的理性表达，具有较强的严密性、准确性和规范性；口语作为非逻辑化或境况思维的经验性表达，善于使用倒装句、象征、夸张（乃至比喻或类比）等非规范性方式。由此可得出，思维本体假设—阐释基础应形成以下关系情况：

形象思维（文学、艺术、文化——直觉、类比原则、互渗律——整体观）

逻辑思维（科学、技术、文明——归纳和演绎原则，结构律——系统、分析）——两大分类：类型逻辑思维和总体逻辑思维

形象思维（原则）∷逻辑思维⟷总体逻辑思维（法则）∷类型逻辑思维（机制）

依照维特根斯坦的相关推测，必然是逻辑的本质，偶然是逻辑中不存在

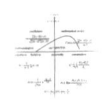

或没有意义的。类的概念或理论在数学逻辑里是多余的。同理，单纯人文逻辑的类比推理是在数学逻辑的严格框架里没有位置或意义的。① 因此，人文学者单靠"文献堆积"和"经验体系"来构建理论化体系和后现代主义范式，并用这种方法去彻底地推翻自然科学实验结果或挑战现代科学体系的合理性，这种可能性是微乎其微的。换个角度看，包括人文传统在内的社会科学之新尝试，应借助一般语言——人文逻辑和数理统计逻辑、人文学科和自然科学的统合视角，探索一种在全面地重新评估传统人文各类假设和形成条件之基础上的新社会科学路径，进而去实现或完成开创性的科研工作得以全球化传播和构建这种学术命运共同体的时代使命。

在人文主义或实证社会科学的部分研究中，存在一种带有极其偏见色彩的普遍观念：人类对社会文化的理解和解释应建立于传统人文主义的直觉整体和类比逻辑上，而不应建立在现代科学主义或理性主义的逻辑推理上。之后，这种观念在后现代主义的推动下得以放飞或发展，大力宣扬源于直觉整体和类比原则的"地方性知识系统"（韦伯—格尔兹式），形成了一种沉浸于整体或总体的动态过程的新人文主义。可以说，这种强式的人文主义倾向之萌芽出现于以因果关系及其结果——社会行动范式（韦伯）、历史特殊—文化相对论（博阿斯）等为理论或观念根基的德国式文化研究传统中，其后期改造则完成于以新式结构—功能变迁主义（埃蒙德-利奇和埃文思-普理查德）、地方性知识—阐释主义（格尔兹）和结构—反结构的过程主义（维克多-特纳）、常人或民俗学方法论（加芬克尔，H. Garfinkel）等为代表的社会文化人类学——后现代主义化的人文主义转向过程中。可见，尽管在学界仍存在将人文主义传统当作社会文化研究的唯一途径和把数理统计模式看作单一的微观研究范式的两种看法，但两者均是不合理的和不切实际的。

诺米（Nurmi）指出，社会因果分析难以满足普遍因果律的决定论—概率法的情境要求，因此这个普遍因果律的假设是不够完美或不成立的。严格说来，条件概率之变化"在本质上不能证明因果推理"；或者也可以说，统计的

---

① ［奥］维特根斯坦：《逻辑哲学论》，贺绍甲译，商务印书馆1996年版（2005年印刷），第25、88页；另见［奥］维特根斯坦《逻辑哲学论》，郭英译，商务印书馆1962年版（1985年印刷）。通常认为，数学基础研究也包括以下三点：直觉主义、形式主义和逻辑主义等。

相关性"不一定是因果联系的一个指标"。① 有些"因果方法",特别是"概率法,包括本质主义",否认"决定论是它们所采用的公理结构的结果"。然而,决定论"却是支持因果关系的根本要素"。当然,人类行为"总是体现了重现的规律",这些规律"不能被归于原因"。条件制约其"人类行为不可能被精确的泛化",因为它"密切的联系着特定的时间和情境",甚至并不太可能"把因果关系的概念脱离于人类经验、判断、认识的影响"。② 根据数理统计的原—备择假设惯例,下面可以去观察亲属、人格和构境三领域的类型、性质和阐释之维度,并同样与以自然或生物的生成或对应律、社会或文明的拟制律和文化或精神的模仿律(对应或拟制)为根基的情况联系起来进行,或深入挖掘。

1. 原生假设

统一整体原理的思维本体假设=无文字社会假设Ⅰ(前逻辑思维—源于直觉行动经验的情境式互渗律—基于语言心理逻辑的想象·类比原则)+文字社会假设Ⅱ(逻辑思维—源于理性行动推论的类形式·总体式分析组合律—基于物化客体逻辑的数理统计原则)。

2. 次级假设

第一备择假设:统一整体原理的前逻辑思维本体假设Ⅰ=源于直觉行动经验—情境式互渗律(包括口语观)基础的延伸假设Ⅲ+遵循语言心理逻辑—想象·类比原则的延伸假设Ⅳ。

第二备择假设:统一整体原理的逻辑思维本体假设Ⅱ=源于理性行动推论—类形式·总体式分析组合律基础的延伸假设Ⅴ+遵循物化客体逻辑—数理统计原则的延伸假设Ⅵ。

尽管和谐在数学创作中"则是以逻辑相容的形式部分地得以显示出来"的,但其与语言—人文主义的逻辑化努力(分析或语言哲学、康德或黑格尔式的逻辑哲学)有着本质的区别。固然,任何"一个数学系统内部的定理"并不孤立,而且"都必须彼此相容"。欧氏几何的"整体结构与整个数学是相协调的"。通过平行的手段,人们"可以用代数的形式解释几何概念",反过

---

① 如果"情境的要求可以被充分满足,因果关系的概率法就具有一个假设"——作为普遍因果律的决定论范畴:"概率是固定的,价值是可分析的。"转引自[美]林肯等《自然主义研究——21世纪社会科学研究范式》,杨晓波等译,第100页。

② [美]林肯等:《自然主义研究——21世纪社会科学研究范式》,杨晓波等译,第101、102页。

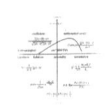

来"代数方程也有几何解释"。因此,这两种创造"彼此协调、和谐"。① 数学的使用范围是有限的,这一有限性的原因来自这样的一个判断:人类行动既是理性的,同时又是非理性的。人的理性仅仅是"其动物性的一种修饰,因为人的欲望、感情与本能只是其动物性的一部分",它们难以"与理性和谐共处,甚至常常与理性发生冲突"。除了人文学科对数理统计的不重视或甚至不了解之外,学界一般均承认或相信数学或数理统计同样也是"一种通向物质、思维和情感世界的方法"。②

自提出思维—行动的理性和非理性的区分以来,除了经济学、政治学和心理学外,社会科学尤其是人文学科宣称通过数理统计的方法去"发现社会规律并且解决所有社会问题"是难以做到的。事实上,这种追求纯粹人文主义的逻辑学或哲学努力在某种意义上是不成立的或徒劳的,相反地人类学者应该更加提倡数理统计工作对社会文化领域的推广和发展,即加强如何用数学原理或数理统计的视角去发现或思索对传统人文主义所涉的属性、分类和类型等概率化极限规律,以及其他延伸性 [0,｜1｜] 等的可能性领域。

第二节 具体个案尝试的理论批评和数理统计检验

在本书所涉亲属、人格和构境三领域之考察中,除了人格层次—县民性的地域结构(祖父江孝男)、日本人起源—双重结构(埴原和郎)和日本文化的基层—多重结构(佐佐木高明)等浅显地涉猎数理统计的少量尝试外,其他所有结构观察的论说均以从自然或生物到社会、文化或精神的本质特性、类型或领域,以及内容或形式和对应—拟制或模仿方式等比喻或类比—直观推断为理式依据,很显然以上这种单一的语言—经验逻辑之论证做法不能满足人类学者对其进行侧重于数理统计—探究之现状需求,也不足以反映或阐明科学论证所需的更深度的材料根基和基础原理。

据本书的相关考证,在所有这些结构论者中形成较强逻辑推演和理论阐释力的并不多见,下面就列维-斯特劳斯、许烺光、道格拉斯等的相关结构假

---

① [美] 莫里斯·克莱因:《西方文化中的数学》,张祖贵译,商务印书馆2020年版,第587页。
② [美] 莫里斯·克莱因:《西方文化中的数学》,张祖贵译,第590—591页。

说进行讨论,借此阐明数理统计的逻辑修正工作对从自然或生物到社会、文化或精神的人类学基本领域探索所承载着的势在必行这一走向的重要性。在过去乃至现在,人类学者常常与口语文化世界或无文字社会打交道,也因此对语言逻辑—地方性智识易于产生情有独钟的亲近感,这种支持类似语言转向者当推列维-斯特劳斯、许烺光、道格拉斯等莫属。

1. 亲属关系—神话深层的基本结构(列维-斯特劳斯)[①]

自我:他者、生:死、自然:文化,表示集体行动—社会心理的二元对立;

2. 社会行动—文化表达(埃德蒙-利奇)[②]

交通信号灯——红、黄、绿,表示停、小心或、行等不同含义;

3. 人际关系的基本理论(许烺光)

角色—纲(结构或关系):自觉感情—属性(内涵或内容),接近主语—谓语表达;

4. "格(栅)—群(体)"(Grid-Group)组合—坐标模型(道格拉斯)[③]

弱群强格(A)、弱群弱格(B)、强群强格(C)、强群弱格(D),表示宇宙观—社会类型。

正如《自然象征》(道格拉斯)所言,格栅可指分类体系—整体范围与经验的"一致性程度";而群体则表示社会组织因"我群"与"他群"间的关联建立起来的"边界或区隔"。因此,格—群模型通过格栅—群体的排列或组合过程,可分解成强格强群(阶序或等级社会)、弱格弱群(个人主义或竞争社会)、强格弱群(孤立或宿命社会)、弱格强群(平等主义社会)四种形式。之后,《象征人类学理论模型的建立》一文(李亦园)也借鉴其道格拉

---

① [美]马文·哈里斯:《文化唯物主义》,张海洋、王曼萍译,华夏出版社1989年版,第194—195、198—199、218—220页。
② [美]马文·哈里斯:《文化唯物主义》,张海洋、王曼萍译,第230—231页。
③ [英]玛丽·道格拉斯:《自然象征——宇宙论的探索》(下文简称《自然象征》),赵玉燕译,商务印书馆2023年版。另见[美]史徒华(Julian H. Steward)《文化变迁的理论》,张恭启译,远流出版公司1989年版。

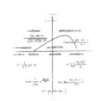

斯有关宗教—象征人类学的"格—群"组合（ABCD）之坐标模型，试图确定传统中国社会是仪式主义的社会类型这一特性，这种观念的产生与《祖荫下》所说祖先权威—长幼有序和宗教信仰—超自然秩序有着密切关联。[①]

根据数理统计的结构模型，坐标双轴——事件集 x 和事件集 y 的关系服从于 (x_1, y_1, N_{11})；(x_2, y_2, N_{11})；(x_3, y_3, N_{33}) … (x_c, y_r, N_{cr}) 的联合分布，这种情况可分成边缘分布和条件分布（$p_{ij} = N_{ij}/N$, $N = \sum_{i=1}^{c} \sum_{j=1}^{r} N_{ij}$, $\sum_{i=1}^{c} \sum_{j=1}^{r} p_{ij} = 1$）。

这种两类或多类事件集的相关问题，可以用 2×2 二维表和 r×c 多维表的统计关联模型来分析，其涉及相互独立或无关联、完全相关和两者之间即 [0，｜1｜] 三种情况。

2×2 二维表的统计模型分析以 φ（Phi）系数和 Q 系数为基础，而 r×c 多维表的统计模型分析则以基于 χ^2 估算的 C 系数、V 系数和基于 PRE（减少误差比例）的 λ（Lambda）系数、T（tau-y）系数为中心。

第一，对于 φ 系数和 Q 系数而言，假设两个变量相互独立，那么会得出如下关系：$a/a+b=c/c+d$，即 $ad=bc$。在此，差值 $ad-bc$ 的大小，反映出了两个变量关系的强弱程度，而且关系程度的取值范围在于 [−1, 1]。

依照列维-斯特劳斯和许烺光的二元对立、埃德蒙-利奇的三角对应关系等，尤其是"格（栅）—群（体）"组合—坐标模型（道格拉斯）所讨论的智识生产总体（整体）以强—强（更加强化）范式和弱—弱（更加弱化）范式交错的两类指标为根基，可形成 A、B、C、D 四种象限的坐标模型，即人文主义——直觉类比的总体化解释架构（以语言逻辑—语文学模式等为基础）：

  A：强格—弱群式（强弱交替的异质）

  B：弱格—弱群式（弱式的同频或同质）

  C：强格—强群式（强式的同频或同质）

[①] 李亦园：《社会变迁与宗教皈依——一个象征人类学理论模型的建立》，载李亦园《宗教与神话》，第 67—77 页；其《宗教与神话论集》立绪文化事业公司 2004 年版。

D：弱格—强群式（弱强交替的异质）

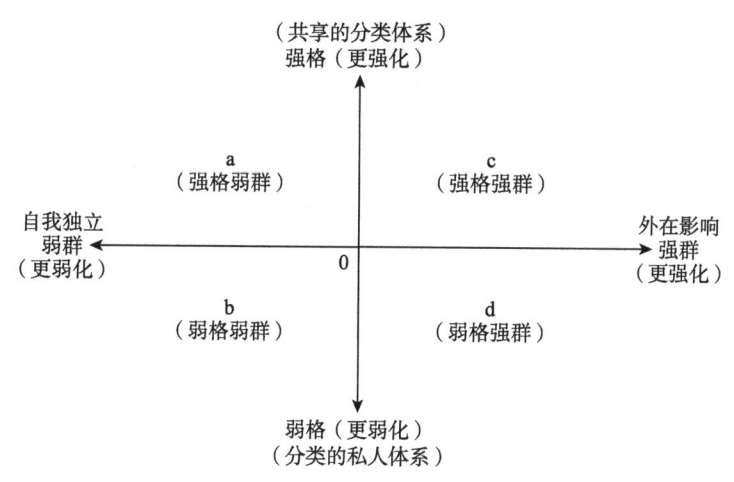

```
                    （共享的分类体系）
                      强格（更强化）
                            │
              a             │            c
         （强格弱群）        │       （强格强群）
                            │
  自我独立                   │                     外在影响
    弱群  ←─────────────────0─────────────────→    强群
  （更弱化）                 │                    （更强化）
                            │
              b             │            d
         （弱格弱群）        │       （弱格强群）
                            │
                      弱格（更弱化）
                    （分类的私人体系）
```

图续-1　语言逻辑—语文学模式等直觉类比的坐标解释

鉴于图续-1的坐标所示，人文主义传统注重单一语言逻辑、语文学模式等直觉类比推断，从事物或现象本身的性质、过程和演化等侧面入手，试图勾勒出极具宏观色彩的类型、分类及其心学描述——认知、思维、语言、心理活动乃至事物类型、本质特征等阐释。这种定性阐释——知识论，关心的是近似形象思维的相关问题，以其个体、非理性的心智本体——认识论为轴线，形成心灵第一性的集体心理学—人文主义传统。比如，人类学和民俗学—口语文化论的观点，主要建立在与巫术、宗教逻辑——民俗经验有关的传统社会和生活智识之上，其可以追溯到无文字社会的考察传统。在以上人文主义沿线上，无文字或口语文化——知识论前后受博阿斯的文化相对论、格尔兹的地方性知识及阐释主义和加芬克尔的常人方法论等某些方面之鼓舞，有了进一步的独特性发展。可以说，有关非遗·口语的文化论本质上多数是经验主义色彩的一种知识论变型，其表现特征无疑反映了与理性主义尤其是科学主义划分界限而形成的路径风格——强调直觉、感知乃至非理性因素及其所起的绝对重要性。这种观点的一般构架来自社会文化人类学等对人类社会类型的基本假设——无文字传统的简单社会和有文字文明的复杂社会之片面区分，甚至还源于自我和他者的哲学分类。话说回来，这种聚焦纯粹人文

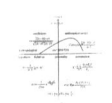

主义的做法只能把自己的探索局限于属性、分类和类型等宏观层面或大概率事件之领域，甚至很难满足基于数理统计的假设检验和严格科学论证的基本需求。

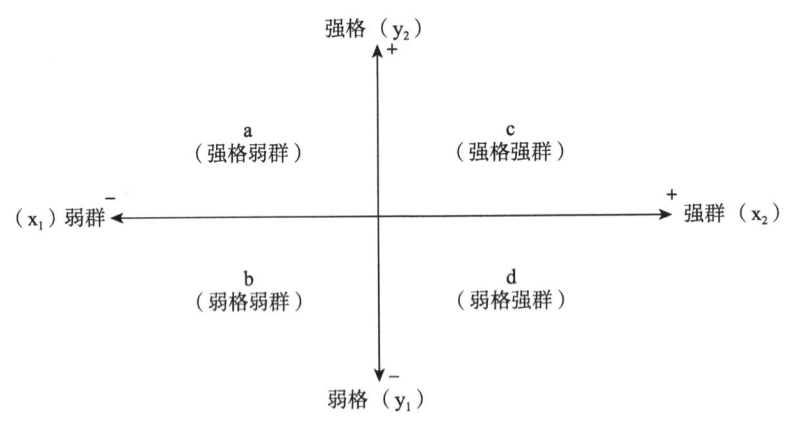

图续-2 超越定性局限——数理统计模型所见的知识构型

据图续-2，与上述人文主义的总体化解释不同，在 ϕ 系数和 Q 系数的关联模型（正、负或零相关）或数理统计检验中，所建立列联表或坐标模型的象限 a 和 d 必定表示相似分类（弱—弱，强—强）的数值，而 b 和 c 必然提示相异分类（强—弱，弱—强）的数值。

尽管结构主义的中介模型（列维-斯特劳斯）和格—群坐标结构模式（道格拉斯）都有所涉及数理视角的宏观分析，但还未达到直接用 ϕ 系数和 Q 系数来展开统计检验的关键阶段。因此，下面把格—群的总体化坐标模式可转化为表续-1，这样有助于根据 ϕ 系数和 Q 系数的计算公式来进行预测或完成检验。

表续-1 基于 ABCD 象限的相关系数之检验

x（群）＼y（格）	x_1	x_2	Σ
y_1	a（强格弱群）	c（强格强群）	$a+b$
y_2	b（弱格弱群）	d（弱格强群）	$c+d$
Σ	$a+c$	$b+d$	$n=a+b+c+d$

ϕ 系数和 Q 系数的表达式为：

$$\phi = \frac{ad-bc}{\sqrt{(a+b)(c+d)(a+c)(b+d)}}$$

$\phi = 0$，两个变量相互独立；

$|\phi| = 1$，b，c 或 a，d 同时为零；

$|\phi| < 1$，一般情况。

$Q = \frac{ad-bc}{ad+bc}$：对于 Q 而言，只要 a，b，c，d 中任一个为零，$|Q| = 1$。

值得一提的是，无论是结构主义模型，还是格—群坐标的结构模式，其均深受自索绪尔（Saussure）以来的结构语言学和形式研究之影响，各自形成或创立了结构人类学和象征人类学的结构论范式，但事实上他们对语言—神话（或模型）、构词或观念—语法或习惯法则的理解只停留在材料等于逻辑本身的简单化解释层面。另外，与列维-斯特劳斯对结构主义的模型视角解释不同，道格拉斯的做法更倾向于经验主义的路径，甚至坚信解释观念只能借助社会脉络中产生的因果关系来加以把握。

第二，如果把格栅和群体之指标的二维特性拓展成为二维以上或 n 维特性，那么 2×2 二维表就变成为 r×c（→n）多维表的关联模型。

首先，基于 χ^2 估算的 C 系数、V 系数分别为：

C 系数：$C = \sqrt{\dfrac{x^2}{x^2+n}}$

在此，$\phi = \sqrt{\dfrac{x^2}{n}}$，其中 $x^2 = \sum\sum \dfrac{(n_{ij}-E_{ij})^2}{E_{ij}}$

r×c 表的格增多，ϕ 值随之增加。但 ϕ 值没有上限，因此系数间比较失去意义，此时可以用 C 系数来解决此类问题，原因是 C 值始终在 [0, 1]，说明它永远小于 1。尽管 C 系数克服了 ϕ 系数无上限的缺点，但它不能达到 1，因此引入 V 系数是有必要的：

V 系数：$V = \sqrt{\dfrac{\phi^2}{\min[(r-1),(c-1)]}}$

对于 2×2 有 $\min[(r-1),(c-1)] = 1$

其次，基于 PRE（减少误差比例）的 λ 系数、T 系数，其中 $PRE = E_1 -$

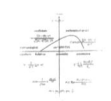

E_2/E_1，建立在减少误差比例的计算基础上。$PRE=0$，$PRE=1$，或$0<PRE<1$时，分别为无相关，全相关和其他：

λ系数：$\lambda=PRE=E_1-E_2/E_1$

T系数：$t=PRE=E_1-E_2/E_1$

不难发现，道格拉斯借用结构语言学（巴兹尔·伯恩斯坦，Basil Bernstein）有关个人和位序的控制和编码类型之分隔[①]，对其类别或属性—类型做了双维度—社会类型意义上的重要修正，并认为衡量个人受他者控制的程度——可称为"群"（Group）；反映复数个体在具体脉络中对此分类的共有程度——便构成"格"（Grid）。与此相似，现代心流（Flow）理论也提出心流通道模型（The Model of The Flow State）[②]，认为产生心流最为核心的前提是技能和挑战得以平衡。显然，该理论尽管对心流通道模型不断进行修正，前后经历了三通道、四通道到八通道等演进过程，但从数理坐标的分隔来看后期修正中作为核心的心流状态已被淡化或变得微不足道。因此，面对以上种种问题，根据a，b，c，d乃至其他维度等的变化情况，借助ϕ系数、Q系数、C系数、V系数、λ系数和T系数的计算式，对强格强群（阶序或等级社会）、弱格弱群（个人主义或竞争社会）、强格弱群（孤立或宿命社会）、弱格强群（平等主义社会）等现象进行数理统计分析和科学论证具有重要意义。

概而言之，有关智识或知识生产的论证范式，可分为定性（＝质性）范式和定量范式。定性范式一般以类型·质性的特征和内容为根基，而定量范式则以超越类型·质性一般形式或内容的数量统计为对象。首先，基于类型·质性（＝特征和内容）的定性评述部分，以整体观的属性、分类和类型探索为主线，关注了从数理统计视角出发如何思考传统人文领域的结构和逻辑形成等问题。可以说，这种定性分析侧重于一般分类和特性描述的基础工作，从宏观的概率层面上论证了中日自社会—结构研究即本土人类学的知识生产过程及核心内涵。其次，关于定量范式的论证部分更多转向于中观—微观层

[①] ［英］巴兹尔·伯恩斯（Basil Bernstein）：《教育、符号控制与认同》，王小凤、王聪聪、李京、孙宇译，中国人民大学出版社2016年版。

[②] ［美］米哈里·契克森米哈赖：《心流——最优体验心理学》，张定绮译，中信出版社2017年版。

面，并在上述定性论证的宏观考察基础上，对其中日人类学者的结构论代表作——基于语言（本土性、世界性）·理论（特定、普遍）、思维或观念·社会行动或文化事件的多层指标进行数理统计分析，进而勾勒了知识生产背后的相关数理模型及其检验过程。

主要参考文献

一 中文论著

费孝通：《生育制度》，生活·读书·新知三联书店2014年版。
费孝通、吴晗：《皇权与绅权》，岳麓书社2012年版。
费孝通：《乡土中国》，北京大学出版社2012年版。
费孝通：《乡土重建》，岳麓书社2012年版。
官文娜：《日本家族结构研究》，社会科学文献出版社2017年版。
李培林、李强、孙立平等：《中国社会分层》，社会科学文献出版社2004年版。
李亦园等：《中国人的性格》，中国人民大学出版社2012年版。
李亦园：《李亦园自选集》，上海教育出版社2002年版。
李亦园：《人类的视野》，上海文艺出版社1996年版。
李亦园：《文化的图像——文化发展的人类学探讨》（上册），允晨文化出版公司1992年版。
李亦园：《文化的图像——宗教与族群的文化观察》（下册），允晨文化出版公司1992年版。
李亦园：《文化与行为》，台湾商务印书馆1992年版。
李亦园：《文化与修养》，广西师范大学出版社2004年版。
李亦园：《信仰与文化》，Airiti Press Inc. 2010。
李亦园：《宗教与神话》，广西师范大学出版社2004年版。
林耀华：《从书斋到田野》，中央民族大学出版社2000年版。
林耀华：《金翼》，生活·读书·新知三联书店1989年版。

林耀华:《凉山夷家》,云南人民出版社 2003 年版。

林耀华:《凉山彝家的巨变》,商务印书馆 1995 年版。

林耀华:《义序的宗族研究(附:拜祖)》,生活·读书·新知三联书店 2000 年版。

林语堂:《吾国与吾民》,陕西师范大学出版社 2002 年版。

卢淑华:《社会统计学》,北京大学出版社 2021 年版。

罗泰:《四海为家——追念考古学家张光直》,生活·读书·新知三联书店 2002 年版。

麻国庆:《家与中国社会结构》,文物出版社 1999 年版。

麻国庆:《永远的家——传统惯性与社会结合》,北京大学出版社 2009 年版。

色音:《蒙古游牧社会的变迁》,内蒙古人民出版社 1998 年版。

王铭铭:《超社会体系——文明与中国》,生活·读书·新知三联书店 2015 年版。

王铭铭:《社会人类学与中国研究》,生活·读书·新知三联书店 1997 年版;广西师范大学出版社 2005 年版。

王铭铭:《社区的历程——溪村汉人家族的个案研究》,天津人民出版社 1997 年版。

王铭铭:《西学"中国化"的历史困境》,广西师范大学出版社 2005 年版。

乌丙安:《民俗学丛话》,长春出版社 2014 年版。

乌丙安:《民俗学原理》,辽宁教育出版社 2001 年版。

吴文藻:《论社会学中国化》,商务印书馆 2010 年版。

谢宇:《回归分析》,社会科学文献出版社 2010 年版。

谢宇:《社会学方法与定量研究》,社会科学文献出版社 2012 年版。

庄孔韶等:《时空穿行——中国乡村人类学世纪回访》,中国人民大学出版社 2004 年版。

庄孔韶:《银翅——中国的地方社会与文化变迁(1920—1990)》,生活·读书·新知三联书店 2000 年版。

张光直:《中国青铜时代》,生活·读书·新知三联书店 1983 年版。

张光直:《考古学专题六讲》,文物出版社 1986 年版。

张光直:《中国考古学论集》,生活·读书·新知三联书店 1999 年版。

二　蒙古文论著

包智明：《科尔沁蒙古族农民生活》（蒙古文），辽宁民族出版社 1999 年版。

［日］后藤十三雄：《蒙古游牧社会》（蒙古文），玛·巴特尔、王银莲译，内蒙古人民出版社 1992 年版。

三　中文译著

［美］阿德里安·班纳：《普林斯顿微积分读本》（修订版），杨爽、赵晓婷、高璞译，人民邮电出版社 2016 年版。

［法］阿隆：《社会学主要思潮》，葛智强等译，华夏出版社 2000 年版。

［英］埃文思-普里查德：《论社会人类学》，冷凤彩译，世界图书出版公司北京公司 2010 年版。

［英］爱德华·泰勒：《原始文化》，连树声译，上海文艺出版社 1992 年版。

［法］奥古斯特·孔德：《论实证精神》，黄建华译，商务印书馆 1996 年版。

［英］布朗：《原始社会的结构与功能》，潘蛟等译，中央民族大学出版社 1999 年版。

［日］大林太良：《神话学入门》，林相泰、贾福永译，中国民间文艺出版社 1989 年版。

［日］岛邦男：《殷墟卜辞研究》（全二册），濮茅左、顾伟良译，上海古籍出版社 2006 年版。

［美］多米尼克·萨尔瓦多、［美］德里克·瑞杰：《统计学与计量经济学》，杜艺中译，复旦大学出版社 2008 年版。

［美］弗兰兹·博厄斯：《原始人的心智》，项龙、王星译，国际文化出版公司 1989 年版。

［美］弗朗茨·博厄斯：《种族、语言与文化》，余华注释，上海译文出版社 2022 年版。

［英］弗里德曼：《中国东南的宗族组织》，刘晓春译，上海人民出版社 2000 年版。

［英］弗思、费孝通：《人文类型·乡土中国》，费孝通译著，辽宁人民出版社 2012 年版。

［美］戈登·威利：《聚落与历史重建——秘鲁维鲁河谷的史前聚落形态》，谢银玲、曹小燕、黄家豪、李雅淳译，陈淳审校，上海古籍出版社2018年版。

［美］格尔茨：《地方知识——阐释人类学论文集》，杨德睿译，商务印书馆2014年版。

［法］古德利尔：《礼物之谜》，王毅译，上海人民出版社2007年版。

［美］郭申阳、［美］弗雷泽：《倾向值分析——统计方法与应用》，郭志刚、巫锡炜译，重庆大学出版社2012年版。

［德］赫尔穆特·贝尔金：《馈赠的社会符号学》，魏全凤、廖洋昇兰译，四川大学出版社2016年版。

［美］金、［美］基欧汉、［美］维巴：《社会科学中的研究设计》，陈硕译，格致出版社、上海人民出版社2014年版。

［德］康德：《实用人类学》，邓晓芒译，上海文艺出版社2005年版。

［美］科塔克：《简明文化人类学——人类之镜》，熊茜超等译，上海社会科学院出版社2011年版。

［美］克利福德·格尔兹：《文化的解释》，纳日碧力戈等译，上海人民出版社1999年版。

［法］克洛德·莱维-斯特劳斯：《结构人类学》，谢维扬、俞宣孟译，上海译文出版社1995年版。

［英］拉-布朗：《社会人类学方法》，夏建中译，山东人民出版社1988年版。

［美］莱斯利·A.怀特：《文化科学——人和文明的研究》，曹锦清等译，浙江人民出版社1988年版。

［德］兰德曼：《哲学人类学》，阎嘉译，贵州人民出版社1988年版。

［英］利奇：《缅甸高地诸政治体系——对克钦社会结构的一项研究》，杨春宇、周歆红译，商务印书馆2010年版。

［日］栗原伸一、［日］丸山敦史：《统计学图鉴》，侯振龙译，人民邮电出版社2021年版。

［美］林肯等：《自然主义研究——21世纪社会科学研究范式》，杨晓波等译，科学技术文献出版社2004年版。

［美］露丝·本尼迪克特：《文化模式》，王炜等译，生活·读书·新知三联

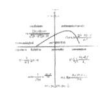

书店 1992 年版。

［美］罗维：《初民社会》，吕叔湘译，江苏教育出版社 2006 年版。

［德］马克斯·舍勒：《人在宇宙中的地位》，李伯杰译，贵州人民出版社 1989 年版。

［德］马克斯·韦伯：《经济与社会》（上下卷），林荣远译，商务印书馆 1997 年版。

［法］马里埃蒂：《实证主义》，管震湖译，商务印书馆 2001 年版。

［英］马凌诺斯基：《文化论》，费孝通译，华夏出版社 2002 年版。

［美］马文·哈里斯：《文化唯物主义》，张海洋、王曼萍译，华夏出版社 1989 年版。

［美］马歇尔·萨林斯：《亲属关系是什么，不是什么》，陈波译，商务印书馆 2018 年版。

［美］玛格丽特·米德：《萨摩亚人的成年——为西方文明所作的原始人类的青年心理研究》，周晓虹、李姚军译，浙江人民出版社 1988 年版。

［英］玛丽·道格拉斯：《自然象征——宇宙论的探索》，赵玉燕译，商务印书馆 2023 年版。

［美］迈克尔·米森马彻、［美］伊莱·阿法尔：《概率与计算——算法与数据分析中的随机化和概率技术》，冉启康译，机械工业出版社 2020 年版。

［日］梅棹忠夫：《文明的生态史观——梅棹忠夫文集》，王子今译，生活·读书·新知三联书店 1988 年版。

［美］米歇尔·刘易斯-伯克、［美］艾伦·布里曼、［美］廖福挺：《社会科学研究方法百科全书》，沈崇麟、赵锋、高勇主译，重庆大学出版社 2017 年版。

［美］米曾马克等：《概率与计算》，史道济等译，机械工业出版社 2007 年版。

［美］摩尔根：《古代社会》（全三册），杨东莼、张栗原、冯汉骥译，商务印书馆 1971 年版。

［德］莫迪恩：《哲学人类学》，李树琴、段素革译，黑龙江人民出版社 2005 年版。

［美］莫里斯·克莱因：《西方文化中的数学》，张祖贵译，商务印书馆 2020 年版。

［法］莫斯：《礼物——古式社会中交换的形式与理由》，汲喆译，上海人民出版社 2002 年版。

［法］莫斯：《论馈赠》，卢汇译，中央民族大学出版社 2002 年版。

［英］普里查德：《努尔人——对一个尼罗特人群生活方式和政治制度的描述》，褚建芳等译，华夏出版社 2002 年版。

［美］乔纳森·H. 特纳：《现代西方社会学理论》，范伟达主译，天津人民出版社 1988 年版。

［美］乔治·史铎金：《人类学家的魔法——人类学史论集》，赵丙祥译，生活·读书·新知三联书店 2019 年版。

［美］瑞泽尔：《古典社会学理论》，王建民译，世界图书出版公司北京公司 2014 年版。

［美］萨林斯：《文化与实践理性》，赵丙祥译，上海人民出版社 2002 年版。

［美］萨丕尔：《萨丕尔论语言、文化与人格》，高一虹等译，商务印书馆 2011 年版。

［德］舍勒：《哲学人类学》，魏育青、罗悌伦等译，北京师范大学出版社 2014 年版。

［英］斯宾塞：《社会学研究》，张红晖、胡江波译，华夏出版社 2001 年版。

［美］唐启明：《量化数据分析——通过社会研究检验想法》，任强译，社会科学文献出版社 2018 年版。

［美］特纳：《社会学理论的结构》（上下册），邱泽奇等译，华夏出版社 2001 年版。

［英］特纳：《仪式过程——结构与反结构》，黄剑波、柳博赟译，中国人民大学出版社 2006 年版。

［法］涂尔干：《社会分工论》，渠东译，生活·读书·新知三联书店 2000 年版。

［日］土居健郎：《日本人的心理结构》，阎小妹译，商务印书馆 2006 年版。

［奥］维特根斯坦：《逻辑哲学论》，郭英译，商务印书馆 1985 年版。

［英］休谟：《人性论》（全两册），关文运译，商务印书馆 1996 年版。

［美］许烺光：《彻底个人主义的省思——心理人类学论文集》，许木柱译，南天书局 2002 年版。

［美］许烺光：《美国人与中国人——两种生活方式比较》，彭凯平、刘文静

等译，华夏出版社 1989 年版。

［美］许烺光：《美国人与中国人》，沈彩艺译，浙江人民出版社 2017 年版。

［美］许烺光：《家元——日本的真髓》，于嘉云译，台北：南天书局 2000 年版。

［美］许烺光：《文化人类学新论》，张瑞德译，联经出版社事业公司 1986 年版。

［美］许烺光：《宗族·种姓·俱乐部》，薛刚译，华夏出版社 1990 年版。

［美］许烺光：《祖荫下——中国乡村的亲属、人格与社会流动》，王芃、徐隆德译，南天书局 2001 年版。

［美］阎云翔：《礼物的流动——一个中国村庄中的互惠原则与社会网络》，李放春、刘瑜译，上海人民出版社 2000 年版。

［美］阎云翔：《中国社会的个体化》，陆洋等译，上海译文出版社 2012 年版。

［美］张光直：《古代中国考古学》，印群译，辽宁教育出版社 2002 年版。

［美］张光直：《考古学——关于其若干基本概念和理论的再思考》，曹兵武译，辽宁教育出版社 2002 年版。

［美］张光直：《商文明》，张良仁、岳红彬、丁晓雷译，辽宁教育出版社 2002 年版。

［美］张光直：《美术、神话与祭祀》，郭净译，辽宁教育出版社 2002 年版。

［日］中根千枝：《日本社会》，许真、宋峻岭译，天津人民出版社 1982 年版。

［日］中根千枝：《适应的条件》，朱京伟、张吉伟译，河北人民出版社 1989 年版。

［日］中根千枝：《纵向社会的人际关系》，陈成译，商务印书馆 1994 年版。

［日］子安宣邦：《福泽谕吉〈文明论概略〉精读》，陈玮芬译，清华大学出版社 2010 年版。

［日］祖父江孝男等：《文化人类学百科辞典》，山东大学日本研究中心译，青岛出版社 1989 年版。

［日］祖父江孝男：《简明文化人类学》，季红真译，作家出版社 1987 年版。

四　中文论文

龚东林：《一代人类学巨擘——克罗伯》，《世界民族》1999 年第 3 期。

何星亮：《李亦园的文化观与文化理论》，《广西民族学院学报》（哲学社会科学版）1999 年第 3 期。

李培林：《20世纪上半叶社会学的"中国学派"》,《新华文摘》2009年。

李亦园：《人类学要关心人类的未来——人类学者访谈录之十五》,《广西民族学院学报》（哲学社会科学版）2002年第2期。

马腾岳：《对中国人类学亲属研究的若干反思——兼纪念李亦园院士》,《思想战线》2017年第4期。

阎云翔：《差序格局与中国文化的等级观》,《社会学研究》2006年第4期。

庄英章：《李亦园与中国家庭研究——一个长期的对话》,《中南民族大学学报》（人文社会科学版）2018年第4期。

五　日文论著

A. L. クローバー：『様式と文明』,創文社1983年版。

A. スラヴィク：『日本文化の古層』,未来社1984年版。

八幡一郎：『日本石器時代文化』,鎌倉書房1947年版。

八幡一郎：『日本文化のあけぼの』,吉川弘文館1968年版。

北沢方邦：『古事記の宇宙論』,平凡社2004年版。

ジョン・F. エンブリー：『日本の村——須恵村』,植村元覚訳,日本経済評論社2005年版。

Milne, John：『ミルンの日本人種論——アイヌとコロポクグル』,吉岡郁夫、長谷部学（解釈共訳）,雄山閣出版1993年版。

川村伸秀：『坪井正五郎——日本で最初の人類学者』,弘文堂2013年版。

川田稔：『柳田国男——知と社会構想の全貌』,筑摩書房2016年版。

大久保喬樹：『日本文化論の系譜——「武士道」から「甘えの構造」まで』,中央公論新社2003年版。

大林太良：『稲作の神話』,弘文堂1973年版。

大林太良：『東南アジア大陸諸民族の親族組織』,東京大学東洋文化研究所1955年版。

大林太良：『東アジアの王権神話——日本・朝鮮・琉球』,弘文堂1984年版（2014年再版）。

大林太良：『東と西・海と山——日本の文化領域』,小学館1990年版。

大林太良：『日本神話の構造』,弘文堂1975年版（2014年再版）。

大林太良：『日本神話の起源』，角川書店 1961 年版。
大林太良：『神話の系譜——日本神話の源流をさぐる』，青土社 1986 年版。
大林太良：『神話学入門』，中央公論社 1966 年版。
大林太良：『銀河の道・虹の架け橋』，小学館 1999 年版。
大林太良：『葬制の起源』，角川書店 1965 年版。
嶋田義仁：『稲作文化の世界観——「古事記」神代神話を読む』，平凡社 1998 年版。
ヨーゼフ・クライナー等：『小シーボルトと日本の考古・民族学の黎明』，同成社 2011 年版。
東亜考古学会蒙古調査班：『蒙古高原横断記』，東京朝日新聞社 1937 年版。
渡部忠世：『稲の道』，NHK 出版 1977 年版。
渡部忠世：『アジア稲作文化への旅』，NHK 出版 1987 年版。
岡正雄、八幡一郎、石田英一郎：『日本民族の源流』（編：江上波夫；解説：上田正昭），講談社 1994 年版。
岡正雄等：『日本民族の起源——対談と討論』，平凡社 1958 年版。
岡正雄：『異人その他——日本民族＝文化の源流と日本国家の形成』，言叢社 1979 年初版。
岡正雄：『異人その他：他十二篇——岡正雄論文集』，岩波書店 1994 年版。
フランソワ・マセ：『古事記神話の構造』，中央公論社 1989 年版。
河合隼雄：『中空構造日本の深層』，中央公論新社 1999 年版（1982 年初版）。
後藤十三雄：『蒙古の遊牧社会』，生活社 1942 年版。
戸田貞三：『家族構成』，弘文堂 1937 年版。
江守五夫：『日本村落社会の構造——日本基層文化の民族学的研究』，弘文堂 1987 年版。
今西錦司：『生物社会の論理』，陸水社 1958 年版。
今西錦司：『生物の世界』，弘文堂 1941 年版。
ルース・ベネディクト：『菊と刀——日本文化の型（定訳）』，長谷川松治訳，社会思想社 1972 年版。
鈴木栄太郎：『日本農村社会学要論』，時潮社 1940 年版。
鈴木栄太郎、喜多野清一：『日本農村社会調査法』，国立書院 1948 年版。

綾部恒雄：『文化人類学15の理論』，中央公論社1984年版。

柳田國男：『海上の道』，筑摩書房1961年版。

柳田國男：『蝸牛考』，岩波書店1980年版（刀江書院1930年初版）。

柳田國男：『定本 柳田國男集25』（「民間伝承論」「郷土生活の研究法」），筑摩書房1964年版。

梅棹忠夫等：『文明の生態史観はいま』，中央公論新社2001年版。

梅棹忠夫：『地球時代の文明学——シリーズ文明学の挑戦』（監修），京都通信社2008年版。

梅棹忠夫：『回想のモンゴル』，中央公論社1991年版。

梅棹忠夫：『近代世界における日本文明——比較文明学序説』，中央公論新社2000年版。

梅棹忠夫：『狩猟と遊牧の世界——自然社会の進化』，講談社1976年版。

梅棹忠夫：『文明の生態史観』，中央公論社1998年改版。

梅棹忠夫：『モンゴル研究（「著作集」第2巻）』，中央公論社1990年版。

ヨーゼフ・クライナー：『南西諸島の神観念』（住谷一彦との共著），未来社1977年初版（1999年再版）。

鳥居龍蔵（竜蔵）：『有史以前の日本』，磯部甲陽堂1925年版（1918年初版）。

鳥居龍蔵：『人類学上より見たる我が上代の文化』，叢文閣1925年版。

蒲生正男：『日本人の生活構造序説』，誠信書房1960年版；『増訂・日本人の生活構造序説』，ぺりかん社1978年版。

前田速夫：『鳥居龍蔵——日本人の起源を探る旅』，アーツ・アンド・クラフツ2015年版。

青木保：『「日本文化論」の変容——戦後日本の文化とアイデンティティー』，中央公論新社1990年版。

清野謙次等：『古代人骨の研究に基づく日本人種論』，岩波書店1949年版。

清野謙次：『日本原人の研究』，岡書院1925年版。

三上徹也：『人猿同祖ナリ・坪井正五郎の真実——コロボックル論とは何であったか』，六一書房2015年版。

桑山敬己：『ネイティヴの人類学と民俗学——知の世界システムと日本』，弘文堂2008年版。

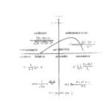

山口敏：『日本人の生いたち——自然人類学の視点から』，みすず書房 1999 年版。

上山春平等：『照葉樹林文化——日本文化の深層』，中央公論社 1984 年版（1969 年初版）。

上山春平、渡部忠世等：『稲作文化——照葉樹林文化の展開』，中央公論社 1985 年版。

上山春平：『日本の思想——土着と欧化の系譜』，サイマル出版会 1971 年版（岩波書店 1998 年再版）。

上山春平：『日本の土着思想——独想的なリベラルとラディカル』，弘文堂 1965 年版。

上山春平：『神々の体系——深層文化の試掘』，中央公論社 1972 年版。

上山春平：『続・神々の体系——記紀神話の政治的背景』，中央公論新社 1981 年版。

石田英一郎：『河童駒引考——比較民族学的研究』，東京大学出版会 1966 年版。

藤井隆至：『柳田国男：経世済民の学——経済・倫理・教育』，名古屋大学出版会 1995 年版。

土居健郎：『表と裏』，弘文堂 1985 年版。

土居健郎：『「甘え」の構造（第三版）』，弘文堂 1991 年版（1971 年初版）。

土居健郎：『続「甘え」の構造』，弘文堂 2001 年版。

土居健郎：『『注釈「甘え」の構造』，弘文堂 1993 年版。

尾本惠市『分子人類学と日本人の起源』，裳華房 1996 年版。

我妻洋：『家族の崩壊』，文芸春秋 1985 年版。

我妻洋：『偏見の構造——日本人の人種観』（米山俊直と共著），日本放送出版協会 1967 年版。

我妻洋：『自我の社会心理』，誠信書房 1964 年版。

喜多野清一：『家——その構造分析』（岡田謙共編），創文社 1959 年版。

喜多野清一『家と同族の基礎理論』，未来社 1976 年版。

小松和彦、田中雅一、谷泰、原毅彦、渡辺公三：『文化人類学文献事典』，弘文堂 2004 年版。

伊藤幹治：『柳田国男と梅棹忠夫――自前の学問を求めて』，岩波書店2011年版。

有賀喜左衛門：『村落生活――村の生活組織』，国立書院1948年版。

埴原和郎等：『日本人の起源』，朝日新聞社1984年版（1994年増補版）。

埴原和郎等：『日本人と日本文化の形成』，朝倉書店1993年版（2011年新版）。

埴原和郎等：『日本人新起源論』，角川書店1990年版。

埴原和郎：『骨を読む――ある人類学者の体験』，中央公論新社1982年版。

埴原和郎：『人類の進化史――20世紀の総括』，講談社2004年版。

埴原和郎：『人類進化学入門』，中央公論新社1972年版。

埴原和郎：『日本人の成り立ち』，人文書院1995年版。

埴原和郎：『日本人の誕生――人類はるかなる旅』，吉川弘文館1996年版。

埴原和郎：『日本人の骨とルーツ』，角川書店2002年版（1997年初版）。

中根千枝：『家族の構造――社会人類学的分析』，東京大学出版会1970年版。

中根千枝：『家族を中心とした人間関係』，講談社1977年版（2001年再版）。

中根千枝：『社会構造の比較――アジアを中心として』，旺文社1981年版。

中根千枝：『タテ社会の力学』，講談社1978年版（1996年再版）。

中根千枝：『タテ社会の人間関係――単一社会の理論』，講談社1967年版。

中根千枝：『適応の条件――日本的連続の思考』，講談社1972年版（1990年再版）。

中尾佐助：『分類の発想――思考のルーツをつくる』，朝日新聞社1990年版。

中尾佐助：『花と木の文化史』，岩波書店1986年版。

中尾佐助：『栽培植物と農耕の起源』，岩波書店1966年版。

中尾佐助：『中尾佐助著作集（第1巻）――農耕の起源と栽培植物』，北海道大学出版会2004年版。

中尾佐助：『中尾佐助著作集（第6巻）――照葉樹林文化論』，北海道大学出版会2006年版。

中尾佐助、佐々木高明：『照葉樹林文化と日本』，くもん出版1992年版。

住谷一彦：『歴史民族学ノート』，未來社1983年版。

住谷一彦ほか：『異人・河童・日本人――日本文化を読む』，新曜社1987年版。

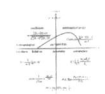

祖父江孝男：『出身県でわかる人柄の本——日本人の常識』，同文書院 1993 年版。

祖父江孝男：『稲からみたアジア社会』，放送大学教育振興会 1988 年版。

祖父江孝男等：『日本人の構造』，至文堂 1980 年版。

祖父江孝男：『人間を考える——学際的アプローチ』（教材），放送大学教育振興会 1995 年版。

祖父江孝男：『日本人の国際性——その構造分析』，くもん出版 1989 年版。

祖父江孝男：『文化とパーソナリティ』，弘文堂 1976 年版。

祖父江孝男：『文化人類学入門』，中央公論新社 1979 年版。

祖父江孝男：『文化人類学のすすめ——行動する人間』，講談社 1976 年版。

祖父江孝男：『県民性の人間学』，新潮社 2000 年版。

祖父江孝男：『県民性——文化人類学的考察』，中央公論新社 1971 年版（1990 年新版）。

祖父江孝男：『行動する人間』，日本評論新社 1959 年版。

佐々木高明：『稲作以前』，日本放送出版協会 1971 年版。

佐々木高明：『東・南アジア農耕論——焼畑と稲作』，弘文堂 1989 年版。

佐々木高明：『熱帯の焼畑——その文化地理学的比較研究』，古今書院 1970 年版。

佐々木高明：『日本文化の多重構造——アジア的視野から日本文化を再考する』，小学館 1997 年版。

佐々木高明：『日本文化の基層を探る——ナラ林文化と照葉樹林文化』，日本放送出版協会 1993 年版。

佐々木高明：『日本文化の源流を探る』，海青社 2013 年版。

佐々木高明：『縄文文化と日本人——日本基層文化の形成と継承』，小学館 1986 年版（講談社 2001 年版）。

佐々木高明：『照葉樹林帯の食文化——日本文化のルーツを探る』，れんが書房新社（作陽学園出版部）1999 年版。

佐々木高明：『照葉樹林文化の道——ブータン・雲南から日本へ』，日本放送出版協会 1982 年版。

佐佐木高明：『照葉樹林文化とは何か——東アジアの森が生み出した文明』，

中央公論新社 2007 年版。

六　日文论文

大林太良：「書評『日本文化の多重構造——アジア的視野から日本文化を再考する』（佐々木高明，初版東京：小学館 1997 年）」，『民族学研究（62/2）』，1997 年。

大林太良：「書評『照葉樹林文化への道——ブータン・雲南から日本へ—』（佐々木高明，日本放送出版協会 1982 年）」，『民族學研究 48（1）』，1983 年。

嶋田義仁：『稲作文化の世界観——「古事記」神代神話の構造分析より』，京都大学博士論文，2000 年。

溝口優司：「混血説」と「二重構造モデル」——そして今後の日本人形成論，『人類誌 102（5）』，1994 年。

津城寛文：『日本の深層文化と宗教』，國學院大學博士論文，2000 年。

口羽益生：「東南アジアにおける村落の構造——特に双系制について」，『東南アジア研究 12 巻 4 号』，1975 年。

末原達郎：「文化としての農業、文化としての食料（1）：ブラシカ（Brussica L.）を中心として」，『京都大学生物資源経済研究（10）』，2005 年。

石垣悟：書評『日本文化の多重構造』，『比較民俗研究（15）』，1997 年。

石垣悟：「書評『日本文化の多重構造——アジア的視野から日本文化を再考する』（佐々木高明，初版東京：小学館 1997 年）」，『比較民俗研究 15』，1997 年。

真鍋一史：日本的な「宗教意識」の構造——「価値観と宗教意識」に関する全国調査の結果の分析，『関西学院大学社会学部紀要（104）』，2008 年。

埴原和郎：「二重構造モデル——日本人集団の形成に関わる一仮説」，『Anthropol. Sci. Asia 102（5）』，1994 年。

埴原和郎：「寒冷気候とモンゴロイドの成立」，『第四紀研究第 12 巻第 4 号』，1974 年。

埴原和郎：「判別関数による日本人骨および歯の性別判定法」，『人類誌 89（4）』，1981 年。

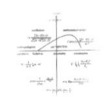

埴原和郎：「日本人のルーツ」(第35回日本老年医学会総会記録〈特別講演II〉)，『日本老年医学会雑誌30巻11号』，1993年。

祖父江孝男：「文化人類学に於けるパースナリティの測定方法」，『人類学雑誌62巻2号』，1951年。

祖父江孝男：「県民性再考—文章完成法テストにあらわれた日本人パーソナリティの地域差—」，『国立民族学博物館研究報告 (6) 』，1981年。

佐々木高明：「多文化国家日本と比較民俗学」，『比較民俗研究 (24) 』，2010年。

佐佐木高明：「戦後の日本民族文化起源論—その回顧と展望」，『国立民族学博物館研究報告 34 (2) 』，2009年。

七　英文论著

A. L. Kroeber, *Anthropology*: *Race, Language, Culture, Psychology, Prehistory*, New York: Harcourt, Brace and Company, 1948.

A. L. Kroeber, Clyde Kluckhorn, *Culture*: *A Critical Review of Concepts and Definitions*, Kraus Reprint Co., 1952.

A. L. Kroeber, *Configurations of Culture Growth*, University of California Press, 1947 [1944].

B. M. Harris, *Culture, People, Nature*: *An Introduction to General Anthropology*, New York: Crowell, 1975.

Chie Nakane, *Japanese Society*, Penguin Books Ltd. (England), 1973.

C. R. Carpenter, A Field Study of The Behavior and social Relations of Howling Monkeys, Johns Hopkins Press, 1934.

David M. Schneider, A Critique of the Study of Kinship, Ann Arbor: The University of Michigan, 1984.

David M. Schneider, American Kinship : A Cultural Account, University Of Chicago Press, 1980.

Edward S. Morse, Shell-Mounds of Omori (日文《大森介墟古物編》，矢田部良吉訳), the University Tokio, Japan (Nisshuska Printing-office), 1879.

Edward Sylvester Morse, Japan Day by Day, Houghton Mifflin Comp, 1917.

E. Pritchard, *The Nuer: A Description of the Modes of Livelihood and Political Institutions of a Nilotic People*, Oxford University Press, 1969 [1940].

Francis L. K. Hsu, Iemoto: The Heart of Japan. Cambridge, Massachusetts: Schenkman, 1975.

Francis L. K. Hsu, Psychological Anthropology: Approaches to Culture and Personality, Homwood, Illinois: Dorsey Press, 1961.

Francis L. K. Hsu, Rugged Individualism Reconsidered: Essays in Psychological Anthropology (a collection of some essays from 1948 to 1979), Knoxville: The University of Tennessee Press, 1983.

Francis L. K. Hsu, *Under the Ancestors' Shadow: Chinese Culture and Personality*, New York: Columbia University Press, 1948.

Henry Sumner, Sir Maine, *Ancient Law: Its Connection With the Early History of Society and Its Relatio Williams*, Hein & Co., 1984 [1861].

John F. Embree, Suye Mura: A Japanese Village, Chicago: The University of Chicago Press, 1939.

L. A. White, *The Science of Culture: A Study of Man and Civilization*, Farrar, Straus, 1949.

L. K. Hsu. Francis, *Under The Ancestors Shadow: Kinship, Personality & Social Mobility in China*, Stanford University Press (January 1), 1967.

Michael Herzfeld, *The Social Production of Inditference: Exploring the Symbolic Roots of Western Bureaucracy*, Berg Publishers, 1992.

Radcliffe-Brown, *A Natural Science of Society*, Glencoe, Illinois: The Free Press, 1957.

Richard Feinberg, Martin Ottenheimer, The Cultural Analysis of Kinship: The Legacy of David M. Schneider, University of Illinois Press, 2001.

Ruth Benedict, The Chrysanthemum and the Sword: Patterns of Japanese Culture, Houghton Mifflin, 1946.

Theodora Kroeber, *Alfred Kroeber: A Personal Configuration*, University of California Press, 1970.